■2025年度中学受験用

昌平中学校

3年間スーパー過去問

●収録内容一覧

入試問題と解説・解答の収録内容

2024年度 一般・グローバル１回	算数・社会・理科・英語・国語 （英語は解答のみ）
2024年度　Ｔクラス１回	算数・社会・理科・国語
2023年度 一般・グローバル１回	算数・社会・理科・英語Ⅰ・国語 （英語Ⅰは解答のみ）
2023年度　Ｔクラス１回	算数・社会・理科・国語
2022年度 一般・グローバル１回	算数・社会・理科・英語Ⅰ・国語 （英語Ⅰは解答のみ）
2022年度　Ｔクラス１回	算数・社会・理科・国語

～本書ご利用上の注意～　以下の点について，あらかじめご了承ください。

★別冊解答用紙は巻末にございます。本書に収録している試験の実物解答用紙は，弊社サイトの各校商品情報ページより，一部または全部をダウンロードできます。

★編集の都合上，学校実施のすべての試験を掲載していない場合がございます。

★当問題集のバックナンバーは，弊社には在庫がございません（ネット書店などに一部在庫あり）。

合格を勝ち取るための『スーパー過去問』の使い方

本書に掲載されている過去問をご覧になって，「難しそう」と感じたかもしれません。でも，多くの受験生が同じように感じているはずです。なぜなら，中学入試で出題される問題は，小学校で習う内容よりも高度なものが多く，たくさんの知識や解き方のコツを身につけることも必要だからです。ですから，初めて本書に取り組むさいには，点数を気にしすぎないようにしましょう。本番でしっかり点数を取れることが大事なのです。

過去問で重要なのは「まちがえること」です。自分の弱点を知るために，過去問に取り組むのです。当然，まちがえた問題をそのままにしておいては意味がありません。

本書には，長年にわたって中学入試にたずさわっているスタッフによるていねいな解説がついています。まちがえた問題はしっかりと解説を読み，できるようになるまで何度も解き直しをしてください。理解できていないと感じた分野については，参考書や資料集などを活用し，改めて整理しておきましょう。

このページも参考にしてみましょう！

◆どの年度から解こうかな　「入試問題と解説・解答の収録内容一覧」

本書のはじめには収録内容が掲載されていますので，収録年度や収録されている入試回などを確認できます。

※著作権上の都合によって掲載できない問題が収録されている場合は，最新年度の問題の前に，ピンク色の紙を差しこんでご案内しています。

◆学校の情報を知ろう!!「学校紹介ページ」

このページのあとに，各学校の基本情報などを掲載しています。問題を解くのに疲れたら息ぬきに読んで，志望校合格への気持ちを新たにし，再び過去問に挑戦してみるのもよいでしょう。なお，最新の情報につきましては，学校のホームページなどでご確認ください。

◆入試に向けてどんな対策をしよう？「出題傾向＆対策」

「学校紹介ページ」に続いて，「出題傾向＆対策」ページがあります。過去にどのような分野の問題が出題され，どのように対策すればよいかをアドバイスしていますので，参考にしてください。

◇別冊「入試問題解答用紙編」

本書の巻末には，ぬき取って使える別冊の解答用紙が収録してあります。解答用紙が非公表の場合などを除き，（注）が記載されたページの指定倍率にしたがって拡大コピーをとれば，実際の入試問題とほぼ同じ解答欄の大きさで，何度でも過去問に取り組むことができます。このように，入試本番に近い条件で練習できるのも，本書の強みです。また，データが公表されている学校は別冊の１ページ目に過去の「入試結果表」を掲載しています。合格に必要な得点の目安として活用してください。

本書がみなさんの志望校合格の助けとなることを，心より願っています。

株式会社　声の教育社　編集部

昌平中学校

所在地	〒345-0044 埼玉県北葛飾郡杉戸町下野851
電　話	0480-34-3381
ホームページ	http://www.shohei.sugito.saitama.jp/contents/jhs/
交通案内	東武日光線「杉戸高野台駅」西口より徒歩15分またはスクールバス5分 JR宇都宮線・東武伊勢崎線「久喜駅」東口よりスクールバス10分

くわしい情報は
ホームページへ

トピックス

★埼玉県初の国際バカロレア中等教育プログラム認定校。
★グローバル入試では，英検取得者の優遇措置がある(参考：昨年度)。

創立年 平成22年

男女共学

高校募集あり

▍応募状況

年度	募集数		応募数		受験数	合格数	倍率
2024	125名	一般①	男	96名	87名	67名	1.3倍
			女	84名	76名	65名	1.2倍
		一般②	男	107名	52名	38名	1.4倍
			女	87名	40名	28名	1.4倍
		一般③	男	108名	23名	15名	1.5倍
			女	97名	24名	17名	1.4倍
		一般④	男	103名	7名	1名	7.0倍
			女	89名	9名	1名	9.0倍
		グローバル①	男	14名	13名	10名	1.3倍
			女	11名	11名	10名	1.1倍
		グローバル②	男	15名	8名	5名	1.6倍
			女	10名	4名	2名	2.0倍
		Tクラス①	男	92名	80名	61名	1.3倍
			女	83名	74名	62名	1.2倍
		Tクラス②	男	49名	30名	4名	7.5倍
			女	38名	15名	1名	15.0倍
		Tクラス③	男	84名	36名	21名	1.7倍
			女	71名	30名	15名	2.0倍

※帰国子女入試(募集数５名)は含んでいません。

▍入試情報（参考：昨年度）

・入試の種類，入試日：

【一般入試】　第１回　2024年１月10日午前
　　　　　　　第２回　2024年１月11日午前
　　　　　　　第３回　2024年１月12日午前
　　　　　　　第４回　2024年２月５日午前
【グローバル入試】
　　　　　　　第１回　2024年１月10日午前
　　　　　　　第２回　2024年１月11日午前
【Ｔクラス入試】第１回　2024年１月10日午後
　　　　　　　第２回　2024年１月11日午後
　　　　　　　第３回　2024年１月13日午前
【帰国子女入試】　　　2023年12月22日午後

・入試教科：

【一般入試】第１回～第４回…４科または２科
【グローバル入試】第１回・第２回…３科
【Ｔクラス入試】第１回・第３回…４科
　　　　　　　第２回…算数１科
【帰国子女入試】…英・作文＋面接／２科＋面接
※４科は国算社理，３科は国算英，２科は国算。

▍2024年春の主な大学合格実績

＜国公立大学＞

東京大，東京工業大，一橋大，東北大，北海道大，筑波大，千葉大，横浜国立大，埼玉大，お茶の水女子大

＜私立大学＞

慶應義塾大，早稲田大，上智大，東京理科大，国際基督教大，明治大，青山学院大，立教大

編集部注─本書の内容は2024年3月現在のものであり，変更されている場合があります。正確な情報は，学校のホームページ等で必ずご確認ください。

算数 出題傾向＆対策

◆基本データ（2024年度一般１回）

試験時間／満点	50分／100点
問題構成	・大問数…６題 計算１題（５問）／応用小問１題（６問）／応用問題４題 ・小問数…23問
解答形式	解答のみを記入する形式になっている。必要な単位などはあらかじめ印刷されている。
実際の問題用紙	Ａ４サイズ，小冊子形式
実際の解答用紙	Ａ４サイズ

◆出題傾向と内容

▶過去３年の出題率トップ３
１位：四則計算・逆算22％　２位：体積・表面積11％　３位：角度・面積・長さ10％
▶今年の出題率トップ３
１位：四則計算・逆算28％　２位：体積・表面積，角度・面積・長さ９％

計算問題は，整数・小数・分数の四則計算がほとんどです。なかには，小数と分数が混じったやや複雑なものや，くふうして計算する問題も見られます。

応用小問は，はば広い基礎力を問う内容となっています。取り上げられた単元は，単位の計算，割合，売買損益，濃度，面積，体積などです。

後半の大問は応用問題となっており，旅人算，速さと比，数列，辺の長さや面積の比，立体図形などが取り上げられています。

全体的に，基礎的でかたよりのない試験です。

◆対策～合格点を取るには？～

算数の基本となるのは計算力です。標準的な計算問題集を用意して，10分でも15分でもよいので，毎日欠かさずに練習しましょう。日々の積み重ねによって，少しずつ実力がついてくるはずです。特殊算については，それぞれの単元において，解き方の基本となる考え方を理解し，その解き方がきちんと使えるかどうかを，練習問題で確かめるようにしてください。図形の問題については，まず基本的な解き方を確認しておきましょう。面積や体積の求め方，角の大きさの求め方など，公式や解き方をノートにまとめて，きちんと整理しておきましょう。

分野＼年度		2024		2023		2022	
		一般１	Ｔ１	一般１	Ｔ１	一般１	Ｔ１
計算	四則計算・逆算	●	●	●	●	●	●
	計算のくふう		○		○		○
	単位の計算	○	○	○	○	○	○
和と差	和差算・分配算						
	消去算						
	つるかめ算						
	平均とのべ		○				
	過不足算・差集め算						
	集まり						
	年齢算				○		
割合と比	割合と比	○		○	○	○	◎
	正比例と反比例				○		
	還元算・相当算					○	
	比の性質						
	倍数算						○
	売買損益		○	○		○	
	濃度	○					
	仕事算		○				
	ニュートン算						
速さ	速さ			○			
	旅人算	○	○	○	○	○	○
	通過算						
	流水算						
	時計算						
	速さと比	○	○		○		
図形	角度・面積・長さ	◎	○	●	○	◎	◎
	辺の比と面積の比・相似	○	○	○	○	○	◎
	体積・表面積	○	◎	●	◎	●	◎
	水の深さと体積						
	展開図				○		
	構成・分割	○		○			○
	図形・点の移動						
表とグラフ							
数の性質	約数と倍数						
	N進数						
	約束記号・文字式						
	整数・小数・分数の性質						
規則性	植木算						
	周期算						
	数列	○	○	○	○	○	○
	方陣算						
	図形と規則					○	
場合の数							
調べ・推理・条件の整理							
その他							

※　○印はその分野の問題が１題，◎印は２題，●印は３題以上出題されたことをしめします。

社会 出題傾向＆対策

◆基本データ（2024年度一般１回）

試験時間／満点	理科と合わせて50分／50点
問題構成	・大問数…４題 ・小問数…30問
解答形式	記号選択と用語を書かせる問題になっている。記述問題などは見られない。
実際の問題用紙	Ａ４サイズ，小冊子形式
実際の解答用紙	Ａ４サイズ

◆出題傾向と内容

●地理…日本のすがた，各地の自然，農業や水産業，工業，伝統工芸品などについて，はば広く問う出題が見られます。また，特定のテーマにしぼった大問となることや，都道府県の特色を説明した文章を使った問題が出されることもあります。写真などの資料が頻出することも，見逃せません。

●歴史…時代やテーマをしぼって，短い文や資料をいくつか示し，関連することがらを問う形式がよく見られます。最近では，道具や建築物，肖像画など，各時代の文化・宗教史や外交・戦争史が題材とされています。さらに，写真などの資料を使った問題や，年表を使った問題，歴史上のできごとを年代順に並べかえさせる問題が出題されています。

●政治…国会・内閣・裁判所のそれぞれのはたらき，日本国憲法，国際関係・国際政治などを中心に出題されています。また，環境問題やSDGs（持続可能な開発目標）などにも注意をはらいましょう。

分野＼年度			2024		2023		2022	
			一般1	T1	一般1	T1	一般1	T1
日本の地理		地図の見方						
		国土・自然・気候	○	○	○	○	○	○
		資源		★				
		農林水産業	○	○	○	○	○	★
		工業	○	○	○	○	○	○
		交通・通信・貿易		○	○		○	○
		人口・生活・文化	○	○			○	
		各地方の特色	○	○		○		○
		地理総合	★	★	★	★	★	★
世界の地理			○	○	○		○	
日本の歴史	時代	原始～古代	○	○	○	○	○	○
		中世～近世	○	○	○	○	○	○
		近代～現代	★	○	○	○	○	○
	テーマ	政治・法律史						○
		産業・経済史						
		文化・宗教史	○					
		外交・戦争史		★			○	
		歴史総合	★		★	★	★	★
世界の歴史								
政治		憲法	★			★	○	★
		国会・内閣・裁判所	○	○	○	○	○	○
		地方自治	○				○	
		経済	○					
		生活と福祉						
		国際関係・国際政治		○	○			○
		政治総合		★	★		★	
環境問題				○		○		
時事問題								
世界遺産			○		○	○		○
複数分野総合				★		★		★

※　原始～古代…平安時代以前，中世～近世…鎌倉時代～江戸時代，近代～現代…明治時代以降

※　★印は大問の中心となる分野をしめします。

◆対策～合格点を取るには？～

問題のレベルは標準的ですから，まず，基礎を固めることを心がけてください。教科書のほか，説明がていねいでやさしい標準的な参考書を選び，基本事項をしっかり身につけましょう。

地理分野では，地図とグラフが欠かせません。つねにこれらを参照しながら，白地図作業帳を利用して地形や気候をまとめ，さらに，統計資料などを使って，農業や水産業・工業など，産業のようすの学習へと広げていってください。

歴史分野では，教科書や参考書を読むだけでなく，自分で年表をつくると学習効果があがります。できあがった年表は，各時代や各分野のまとめに活用できます。また，教科書や参考書にのっている各時代の代表的な法令や美術品なども，しっかりおさえておきましょう。さらに，重要な用語については，漢字で正確に書けるようにしておきましょう。

政治分野では，国会・内閣・裁判所のはたらきやしくみ，日本国憲法の内容について，やや細かいことがらが出題されることもありますから，教科書や参考書を使ってくり返し学習しましょう。また，中学受験用の時事問題資料集を活用するのも効果的です。

理科　出題傾向＆対策

◆基本データ（2024年度一般１回）

試験時間／満点	社会と合わせて50分／50点
問題構成	・大問数…４題 ・小問数…17問
解答形式	記号選択が多いが，用語を書かせる問題や計算問題も出題されている。
実際の問題用紙	Ａ４サイズ，小冊子形式
実際の解答用紙	Ａ４サイズ

◆出題傾向と内容

問題量は標準的です。基礎的な知識問題がほとんどですが，やや発展的な計算問題も出題されています。

●生命…植物のからだのつくりとはたらき，光に対する反応の実験，ヒトと動物のからだのつくりとはたらき，微生物などが取り上げられています。基礎的な知識を問うものが多く出題されています。

●物質…水溶液の性質・中和，水の温度変化，気体の性質や発生，ものの燃え方などが出題されており，基礎的な知識を問うものから，やや難しい計算問題まで，さまざまな問題がふくまれています。

●エネルギー…物体の運動と衝突，ふりこの運動，力のつりあいなどが取り上げられています。この分野では，基礎的な計算問題が出題されています。

●地球…気象と雨量，太陽と地球の動き方，太陽の南中高度，月の満ち欠け，月食と日食，地層などが出題されています。

分野＼年度		2024		2023		2022	
		一般1	T1	一般1	T1	一般1	T1
生命	植物	★	★				★
	動物						
	人体			★	★	★	
	生物と環境						
	季節と生物						
	生命総合						
物質	物質のすがた						
	気体の性質						
	水溶液の性質	★	★	★			★
	ものの溶け方						
	金属の性質	○				★	
	ものの燃え方				★		
	物質総合						
エネルギー	てこ・滑車・輪軸				★		
	ばねののび方		★			★	
	ふりこ・物体の運動			★			★
	浮力と密度・圧力						
	光の進み方	★					
	ものの温まり方						
	音の伝わり方						
	電気回路						
	磁石・電磁石						
	エネルギー総合						
地球	地球・月・太陽系		★		★		★
	星と星座					★	
	風・雲と天候						
	気温・地温・湿度						
	流水のはたらき・地層と岩石	★		★			
	火山・地震						
	地球総合						
実験器具							
観察							
環境問題							
時事問題							
複数分野総合							

※　★印は大問の中心となる分野をしめします。

◆対策～合格点を取るには？～

各分野からの出題の多くは，基礎的な内容を問うものです。まずは知識をはば広く身につけましょう。どの分野でも，知識を整理して覚えていくことが合格につながります。

「生命」は，身につけなければならない基礎知識が多い分野ですが，山登りする気持ちで一歩一歩楽しみながら確実に学習する心がけが大切です。植物や動物，ヒトのからだのつくりなどを中心に，ノートにまとめながら知識を深めましょう。

「物質」は，計算問題が毎年出題されている分野なので，中和などについての計算問題の対策をしておきましょう。また，表やグラフを読み取って計算する問題にも積極的に取り組み，実力をつけておいてください。

「エネルギー」では，電気回路，てこのつり合いなどの基本的な考え方を身につけ，計算問題の練習をしておきましょう。さまざまなパターンの問題に取り組んでおくことが大切です。

「地球」では，太陽と地球の動き方，月の見え方，気象の変化などについての理解を深めておくことが重要です。

国語 出題傾向＆対策

◆基本データ（2024年度一般１回）

試験時間／満点	50分／100点
問題構成	・大問数…６題 文章読解題３題／知識問題３題 ・小問数…41問
解答形式	記号選択と適語・適文の書きぬきが出題されている。自分の考えを述べる自由記述などは出題されていない。
実際の問題用紙	Ａ４サイズ，小冊子形式
実際の解答用紙	Ａ４サイズ

◆出題傾向と内容

▶近年の出典情報（著者名）
説明文：齋藤　孝　池田清彦　姜尚中
小　説：瀧羽麻子　佐野久子　三輪裕子

●説明文…内容・要旨の読み取りを中心に，接続語や指示語の問題，空らん補充の問題が出されるほか，「あてはまらないもの」を選ぶ記号選択もあります。文脈からあてはまる語句・熟語を挿入する文脈理解の問題も見られます。

●文学的文章…設問内容は読解に比重がおかれているのが特ちょうです。文脈の理解，情景や登場人物の心情，行動の理由の読み取りのほか，文脈に沿った発言を挿入する問題もあります。

●知識問題…漢字，文法，語句の基本的なレベルの問題が出されています。漢字の書き取りが例年出題されるほか，文の組み立て，熟語，慣用句・ことわざなどが多く出題されています。

◆対策～合格点を取るには？～

読解力を養うには，いろいろなジャンルの本を読むことが第一です。しかし，ただ本を読むだけでは入試問題で高得点をあげることはできません。一冊の本を単に読み進めるのとちがって，入試では内容や心情の読み取りなどが細部にわたって質問されるうえ，似たような選択肢がいくつも用意されているからです。したがって，本を読むさいには，①指示語のさす内容，②段落・場面の構成，③人物の性格と心情などについて注意しながら読みすすめてください。

知識問題については，漢字の問題集を一冊仕上げるほか，ことわざや慣用句などについても，ノートにまとめて覚えていきましょう。

分野 ＼ 年度			2024		2023		2022	
			一般1	T1	一般1	T1	一般1	T1
読解	文章の種類	説明文・論説文	★	★	★	★	★	★
		小説・物語・伝記	★	★	★	★	★	★
		随筆・紀行・日記						
		会話・戯曲						
		詩						
		短歌・俳句		○				
	内容の分類	主題・要旨	○	○	○	○	○	○
		内容理解	○	○	○	○	○	○
		文脈・段落構成	○	○	○			
		指示語・接続語	○	○	○	○	○	○
		その他	○	○	○	○	○	○
知識	漢字	漢字の読み	○	○	○	○	○	○
		漢字の書き取り	○	○	○	○	○	○
		部首・画数・筆順						
	語句	語句の意味	○	○		○	○	○
		かなづかい						
		熟語	○	○	○	○	○	○
		慣用句・ことわざ	★	★	★	★	★	★
	文法	文の組み立て	○		○	○	★	○
		品詞・用法	○	○	○	○	○	○
		敬語				○		
	形式・技法							○
	文学作品の知識							
	その他			○		○		○
	知識総合		★	★	★	★	★	★
表現	作文							
	短文記述							
	その他							
放送問題								

※　★印は大問の中心となる分野をしめします。

カコを追いかけ
ミライをつかめ
「今の説明、もう一回」を何度でも
web過去問
ストリーミング配信による入試問題の解説動画
もっと古いカコモンないの？
カコ過去問
「さらにカコの」過去問をHPに掲載（DL）
声の教育社
詳しくはこちらから

2024年度 昌平中学校

〈編集部注：一般は算数・社会・理科・国語，グローバルは算数・英語・国語を受験します。算数・国語は，一般・グローバルの共同問題です。〉

【算　数】〈一般・グローバル第１回試験〉（50分）〈満点：100点〉

（注意）分数は，それ以上約分できない分数で必ず答えなさい。また，図形は，必ずしも正確ではありません。

1 次の □ にあてはまる数を答えなさい。

(1) $52-(34-6)+19=$ □

(2) $1.25\times6-0.9\times3=$ □

(3) $3\frac{1}{2}+1\frac{1}{5}-4\frac{2}{3}=$ □

(4) $\frac{8}{15}\div0.4-4\frac{4}{5}\times0.25=$ □

(5) $24-($ □ $\times3)\div7=18$

2 次の □ にあてはまる数を答えなさい。

(1) 長さ 14 cm のばねにおもりをつるすと，もとの長さの $\frac{3}{7}$ だけのびたので，ばね全体の長さは □ cm になりました。

(2) 4.1 ha ＝ □ m^2

(3) 濃さ５％の食塩水 180 g を熱して水を □ g蒸発させると，濃さは６％になります。

(4)　あるクラスでは，男子の生徒数と女子の生徒数の比は７：５で，男子の生徒数は女子の生徒数より６人多いです。このクラスの男子の生徒数は □ 人です。

(5)　右の図のように，１辺の長さが８cm の正方形ABCD と直角三角形DCE があります。

このとき，三角形CEF の面積は □ cm^2 です。

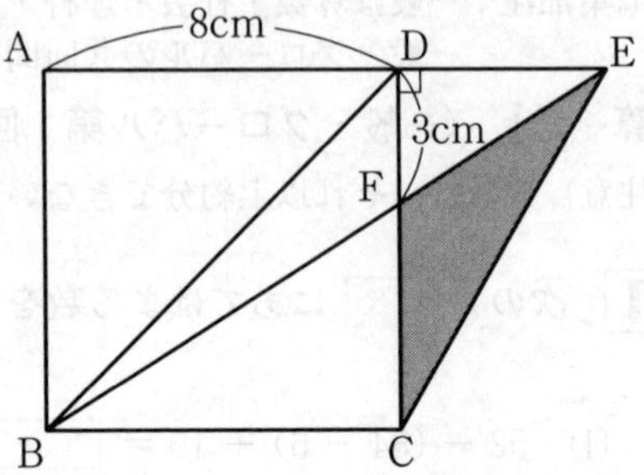

(6)　右の図は，１辺の長さが６cm の立方体の各面の対角線の交点を結んで作った正八面体です。

この正八面体の体積は □ cm^3 です。

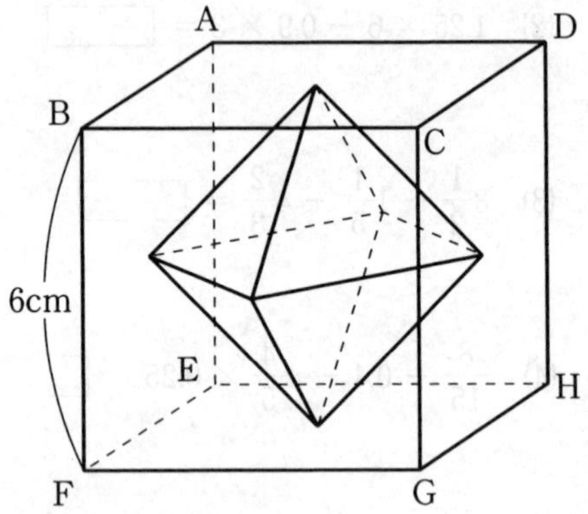

3　下のように，あるきまりにしたがって順に整数を並べました。

1，2，3，4，5，2，3，4，5，6，3，4，5，6，7，4，5，6，…

これについて，次の問いに答えなさい。

(1)　最初から数えて42番目に現れる整数を求めなさい。

(2)　４回目の21が現れるのは，最初から数えて何番目か求めなさい。

(3)　最初から数えて113番目に現れる整数から，最初から数えて147番目に現れる整数までの和を求めなさい。

4 右の図のように，半径が 6 cm の半円Oと半径が 4 cm の半円Qを組み合わせた図形があり，AB は半円Oの直径を，AC は半円Qの直径を表しています。

また，点D，E は，角 DOB と角 EQB がそれぞれ 90° となる半円の円周上の点です。

これについて，次の問いに答えなさい。ただし，円周率は 3.14 を使いなさい。

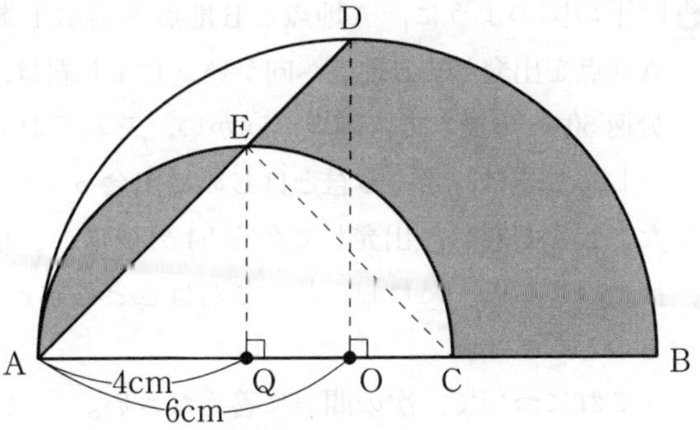

⑴ 台形 EQOD の面積を求めなさい。

⑵ 半円Oと半円Qの面積の比を，最も簡単な整数の比で求めなさい。

⑶ かげをつけた部分の面積を求めなさい。

5 1 辺の長さが 2 cm の立方体を積み重ねて立体を作りました。その立体を，真上，正面，右横から見ると，下の図のようになりました。

これについて，次の問いに答えなさい。ただし，真上から見た図で，1 段目はすべて立方体が積んであるものとします。

真上から見た図

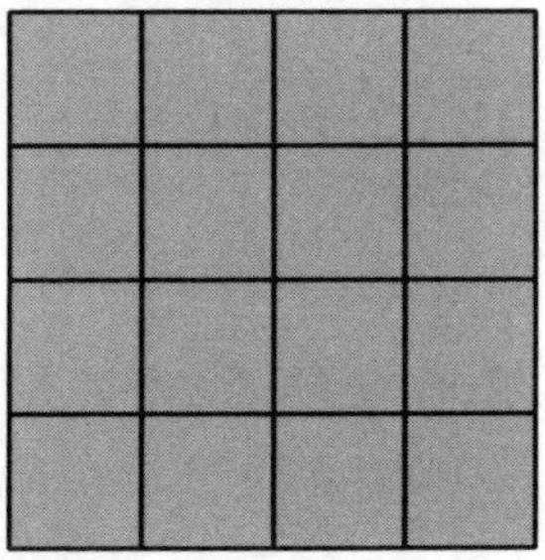

正面から見た図

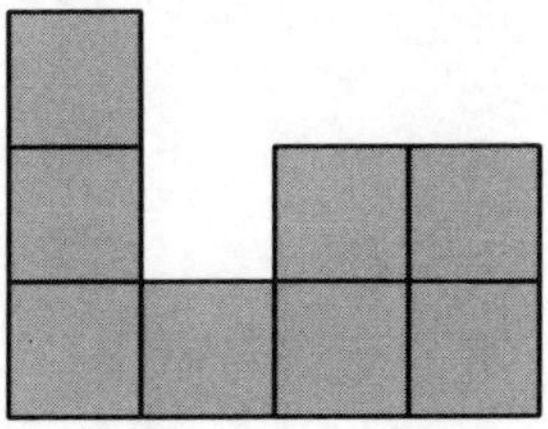

右横から見た図

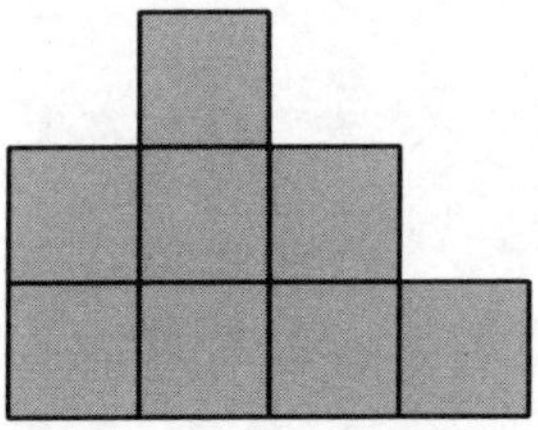

⑴ 積んである立方体の個数が最も少ないとき，1 辺の長さが 2 cm の立方体の個数を求めなさい。

⑵ 積んである立方体の個数が最も多いとき，この立体の体積を求めなさい。

⑶ ⑵のとき，この立体の表面積を求めなさい。

6 下の図のように，Ａ地点とＢ地点を結ぶ１本道があります。さとる君とよしこさんは，同時にＡ地点を出発してＢ地点へ向かい，しんじ君は，さとる君とよしこさんと同時にＢ地点を出発して，分速 50 m の速さでＡ地点へ向かい，それぞれＡ地点とＢ地点の間をくり返し往復します。

しんじ君は，さとる君とはじめて出会ってから４分後によしこさんとはじめて出会いました。また，しんじ君は，出発してから 54 分後に，Ａ地点から 720 m はなれた地点でさとる君と２回目に出会いました。ただし，しんじ君はさとる君と２回目に出会ったときＡ地点で１度折り返しているものとします。

これについて，次の問いに答えなさい。

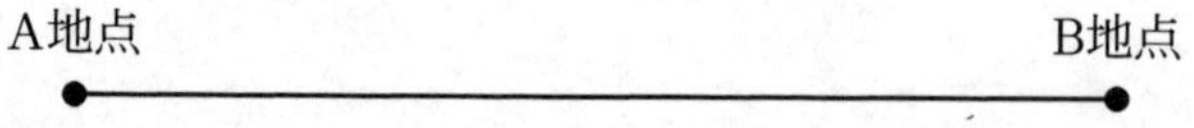

⑴　Ａ地点とＢ地点の間の道のりは何 m か求めなさい。

⑵　さとる君の速さは分速何 m か求めなさい。

⑶　しんじ君がよしこさんと２回目に出会うのは，Ｂ地点から何 m はなれたところか求めなさい。

【社　会】〈一般第１回試験〉（理科と合わせて50分）〈満点：50点〉

1　次のＡ～Ｆの文章を読んで，あとの問いに答えなさい。

Ａ　北陸地方の中央付近から日本海へ北につき出た能登《のと》半島は，日本海側の海岸線で最も突出《とっしゅつ》面積の大きな半島である。大半が①石川県に属していて，北側にある輪島《わじま》市はある②伝統的工芸品が有名である。

Ｂ　近畿《きんき》地方の中央部から太平洋へ南につき出た紀伊《きい》半島は，日本最大の半島である。西側は大阪湾《わん》や紀伊水道をはさんで ③ や四国に面し，東側には熊野灘《くまのなだ》や伊勢《いせ》湾が広がっている。

Ｃ　知床《しれとこ》半島は④北海道東部にあり，オホーツク海の南端《なんたん》につき出た半島である。2005年に⑤世界自然遺産に登録され，毎年多くの観光客が訪《おとず》れる。対岸には⑥北方領土の一つである国後島《くなしりとう》がある。

Ｄ　九州南部に位置する大隅《おおすみ》半島は，⑦鹿児島県に属している半島で，1914年の桜島《さくらじま》大正噴火《ふんか》により桜島と陸続きになった。大隅半島の北部から鹿児島湾の北部地域にかけては，火山噴出物からなる ⑧ 台地が広がっている。

Ｅ　関東地方の南東につき出た房総《ぼうそう》半島は，⑨千葉県の大部分をしめている。東京湾岸沿いには⑩京葉《けいよう》工業地域が造成され，住宅や工場の進出がいちじるしく，都市化と工業化が進んでいる。

Ｆ　中部地方の太平洋側にある渥美《あつみ》半島は，全長約50㎞，はば約５～８㎞の細長い半島である。⑪愛知県に属しており，沖合を流れる暖流の ⑫ の影響《えいきょう》で冬でも温暖な気候にめぐまれていることから，農業がさかんである。

問１　下線部①について，石川県の県庁所在都市の名前を，**漢字**で答えなさい。

問２　下線部②について，輪島市の伝統的工芸品として正しいものを，次の**ア～エ**から１つ選び，記号で答えなさい。

ア

イ

ウ

エ

問３　[③] にあてはまる，瀬《せ》戸《と》内海《ないかい》で最大の島の名前を答えなさい。

問４　下線部④について，北海道では米の栽培《さいばい》がさかんです。次の表は，2022年産の米の収穫《しゅうかく》量上位５都道府県とその収穫量を示したものです。表中の**Ｘ**，**Ｙ**にあてはまる都道府県名をそれぞれ答えなさい。

順位	都道府県名	収穫量（ｔ）
１位	Ｘ	631,000
２位	北海道	553,200
３位	Ｙ	456,500
４位	山形県	365,300
５位	宮城県	326,500

（農林水産省「作物統計調査」より作成）

問５　下線部⑤について，世界自然遺産である知床半島の説明として正しいものを，次の**ア〜エ**から１つ選び，記号で答えなさい。

ア　ブナを主体とする東アジア最大級の原生林が，ほとんど手つかずのまま残っている，世界的にもめずらしい半島である。

イ　樹齢《じゅれい》数千年をこえるスギなどからなる原生的な天然林があり，固有種や絶滅《ぜつめつ》のおそれがある動植物など，めずらしく美しい自然を数多く有している。

ウ　この地域でしか見ることのできない固有種の割合が高く，特にカタツムリの仲間や植物など，進化の過程がわかる貴重な証拠《しょうこ》が残されている。

エ　海と陸の生き物たちの命が循環《じゅんかん》する豊かな生態系があり，オオワシやシマフクロウなどの絶滅危惧《きぐ》種が生息し，希少な植物も多数生育している。

問６　下線部⑥について，日本が領有権を主張する北方領土を現在支配している国として正しいものを，次の地図中の**ア〜エ**から１つ選び，記号で答えなさい。

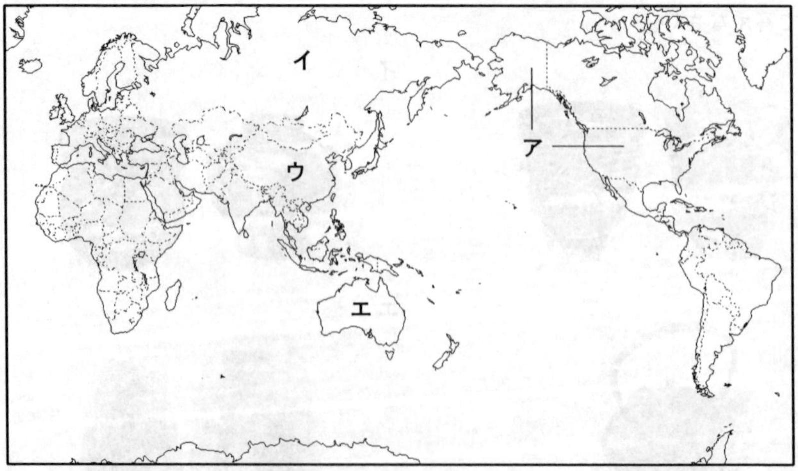

問７　下線部⑦について，全国でも有数の水あげ量をほこる鹿児島県にある漁港として正しいものを，次の**ア～エ**から１つ選び，記号で答えなさい。

ア　境《さかい》港　　**イ**　焼津《やいづ》港　　**ウ**　枕崎《まくらざき》港　　**エ**　石巻《いしのまき》港

問８　［⑧］にあてはまることばを，**カタカナ**で答えなさい。

問９　下線部⑨について，千葉県が生産量全国１位の農産物として正しいものを，次の**ア～エ**から１つ選び，記号で答えなさい。

ア　らっかせい　　**イ**　さとうきび　　**ウ**　こんにゃくいも　　**エ**　さつまいも

問10　下線部⑩について，次のグラフは，2020年の三大工業地帯と京葉工業地域の製造品出荷《しゅっか》額等の構成を示したものです。京葉工業地域のグラフとして正しいものを，グラフ中の**ア～エ**から１つ選び，記号で答えなさい。

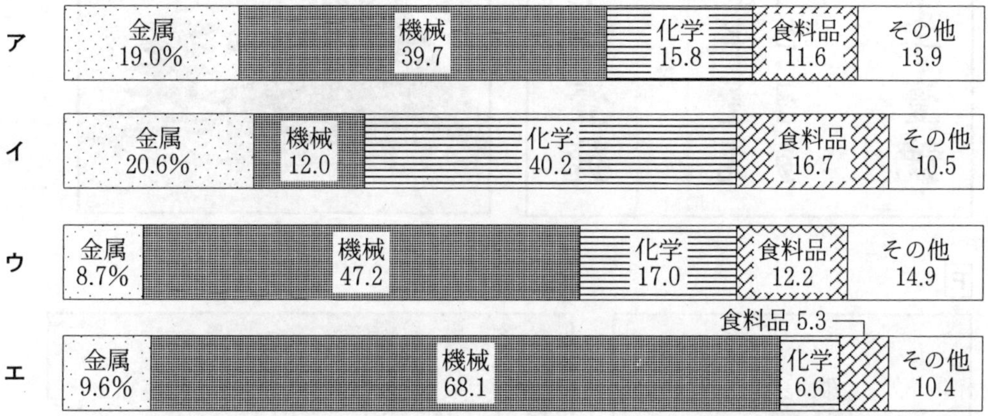

（『日本国勢図会《ずえ》2023/24』より作成）

問11　下線部⑪について，愛知県の説明として**誤っているもの**を，次の**ア～エ**から１つ選び，記号で答えなさい。

ア　県庁所在都市である名古屋《なごや》市は，人口200万人以上の政令指定都市である。
イ　愛知県にある豊田《とよた》市は，製造品出荷額が全国１位の都市である。
ウ　愛知県は，静岡県，長野県，岐阜県，三重県の４つの県と隣接《りんせつ》している。
エ　愛知県には，長篠《ながしの》の戦いや関ヶ原《せきがはら》の戦いが行われた古戦場がある。

問12　［⑫］にあてはまる海流の名前を答えなさい。

2 次の A ～ I の資料を見て，あとの問いに答えなさい。

A

B

C

D

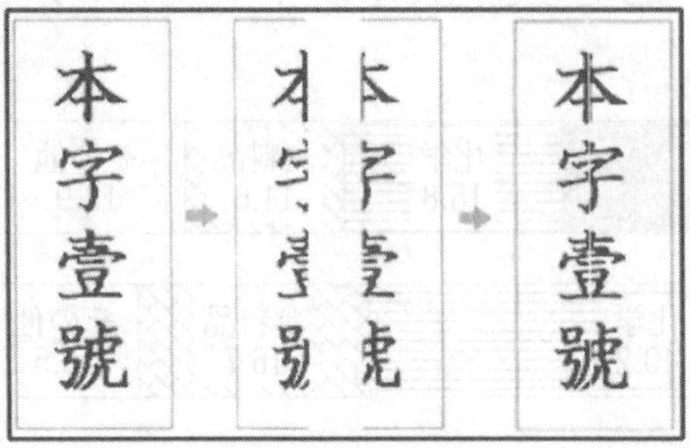

E

F

G

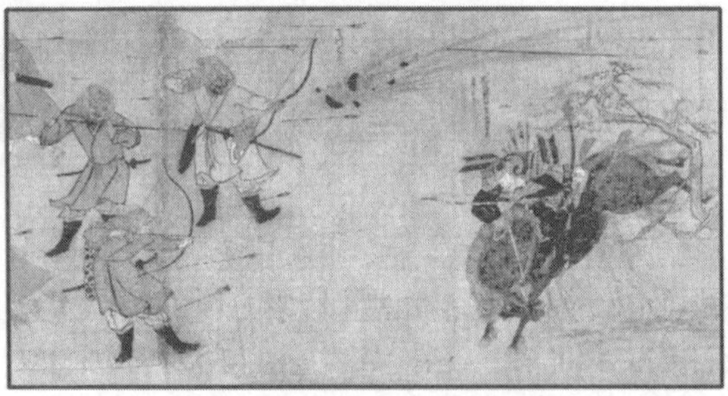

H

I

問１　資料Aについて，この人物は壇ノ浦《だんのうら》の戦いで平氏をほろぼした人物です。この人物の名前として正しいものを，次の**ア～エ**から１つ選び，記号で答えなさい。

ア　源頼朝《みなもとのよりとも》　　**イ**　北条義時《ほうじょうよしとき》　　**ウ**　源義経《よしつね》　　**エ**　北条時政《ときまさ》

問２　資料Bについて，この写真は縄文《じょうもん》時代の人々が食べたあとの貝がらや動物の骨を捨てたものが積もってできた遺跡《いせき》の様子です。この遺跡を何というか，答えなさい。

問３　資料Cについて，この写真は大阪府堺《さかい》市にある大仙古墳《だいせんこふん》（大山古墳，仁徳陵《にんとくりょう》古墳）で，５世紀につくられた日本最大の古墳です。このような形の古墳を何というか，答えなさい。

問４　資料Dについて，次の問いに答えなさい。

(1)　この資料は，中国の王朝との貿易で使用された，勘合《かんごう》と呼ばれる通交証書のしくみを示したものです。この貿易が行われた中国の王朝の名前として正しいものを，次の**ア～エ**から１つ選び，記号で答えなさい。

ア　明《みん》　　**イ**　宋《そう》　　**ウ**　元　　**エ**　唐《とう》

(2)　この貿易を始めた人物の名前として正しいものを，次の**ア～エ**から１つ選び，記号で答えなさい。

ア　平清盛《たいらのきよもり》　　**イ**　足利義満《あしかがよしみつ》　　**ウ**　後醍醐《ごだいご》天皇　　**エ**　足利尊氏《たかうじ》

問５　資料Eについて，次の問いに答えなさい。

(1)　この寺院を建てた人物として正しいものを，次の**ア～エ**から１人選び，記号で答えなさい。

ア　桓武《かんむ》天皇　　**イ**　中大兄皇子《なかのおおえのおうじ》　　**ウ**　藤原道長《ふじわらのみちなが》　　**エ**　厩戸王《うまやとおう》（聖徳太子《しょうとくたいし》）

(2)　この寺院が建てられた時代の説明として正しいものを，次の**ア～エ**から１つ選び，記号で答えなさい。

ア　鑑真《がんじん》が来日して，日本に仏教を広めた。
イ　遣唐使《けんとうし》が停止され，日本独自の文化が生まれた。
ウ　家がらではなく能力により役人を取り立てる制度が定められた。
エ　将軍と家来は，御恩《ごおん》と奉公《ほうこう》の関係で結ばれていた。

問６　資料Fについて，この写真は，おもに弥生《やよい》時代に収穫《しゅうかく》した稲《いね》をたくわえていた倉庫を復元したものです。この倉庫の名前を答えなさい。

問７　資料Gについて，この資料は元が日本に攻《せ》めてきたときの様子をえがいたものです。このできごとが起こった世紀として正しいものを，次の**ア～エ**から１つ選び，記号で答えなさい。

ア　10世紀　　**イ**　11世紀　　**ウ**　12世紀　　**エ**　13世紀

問８　資料Hについて，この写真は聖武《しょうむ》天皇の宝物などを収めた□という建物です。□にあてはまる建物の名前を答えなさい。

問9　資料I について，この写真は観阿弥《かんあみ》と世阿弥《ぜあみ》によって大成された日本の伝統芸能です。この芸能の名前として正しいものを，次のア～エから1つ選び，記号で答えなさい。

ア　狂言《きょうげん》　　イ　歌舞伎《かぶき》　　ウ　能（能楽）　　エ　神楽《かぐら》

問10　A，B，C，D，E の資料を，時代の古いものから順に並べかえ，記号で答えなさい。

3　次の年表を見て，あとの問いに答えなさい。

年	できごと	
1603年	徳川家康《とくがわいえやす》が［　　］となり，江戸《えど》幕府を開く	…A
1637年	島原《しまばら》・天草一揆《あまくさいっき》が起こる	…B
1774年	杉田玄白《すぎたげんぱく》らが『解体新書』を出版する	…C
	↕ D	
1868年	戊辰《ぼしん》戦争が起こる	…E
1873年	地租《ちそ》改正が行われる	…F
1889年	大日本帝国《ていこく》憲法が発布される	…G
1902年	日本と［　　］が同盟を結ぶ	…H
1933年	日本が［　　］を脱退《だったい》する	…I
1951年	日本が48か国と平和条約を結ぶ	…J
2004年	イラクの復興支援《しえん》に［　　］が派遣《はけん》される	…K

問1　年表中のAの［　　］にあてはまる役職名を答えなさい。

問2　年表中のBについて，大軍を送ってこの一揆をおさえた将軍の名前として正しいものを，次のア～エから1つ選び，記号で答えなさい。

ア　徳川秀忠《ひでただ》　　イ　徳川家光《いえみつ》　　ウ　徳川綱吉《つなよし》　　エ　徳川吉宗《よしむね》

問3　年表中のCについて，『解体新書』はどこの国の医学書を翻訳《ほんやく》して出版されましたか。その国名として正しいものを，次のア～エから1つ選び，記号で答えなさい。

ア　イギリス　　イ　ポルトガル　　ウ　オランダ　　エ　アメリカ

問4　年表中のDの期間に起こった次のア～エのできごとを，時代の古いものから順に並べかえ，記号で答えなさい。

ア　薩長《さっちょう》同盟が結ばれる。　　イ　寛政《かんせい》の改革が行われる。

ウ　天保《てんぽう》の改革が行われる。　　エ　桜田門外の変が起こる。

問５　年表中のＥについて，新政府側の指導者として戊辰戦争を戦い，後に西南戦争で新政府軍と戦って敗れた薩摩藩《さつまはん》出身の人物として正しいものを，次のア～エから１人選び，記号で答えなさい。

ア

イ

ウ

エ

問６　年表中のＦについて，地租改正の内容として正しいものを，次のア～エから１つ選び，記号で答えなさい。

ア　収穫《しゅうかく》した米の10％を納めることとした。

イ　収穫した米の３％を納めることとした。

ウ　地価の10％を現金で納めることとした。

エ　地価の３％を現金で納めることとした。

問７　年表中のＧについて，大日本帝国憲法の内容として**誤っているもの**を，次のア～エから１つ選び，記号で答えなさい。

ア　天皇が国民にあたえるという形で発布された。

イ　条約を結ぶのは天皇の権限とされた。

ウ　国民には自由が一切あたえられなかった。

エ　ドイツの憲法を参考にしてつくられた。

問８　年表中のＨの［　　　］にあてはまる国として正しいものを，次の地図中のア～エから１つ選び，記号で答えなさい。

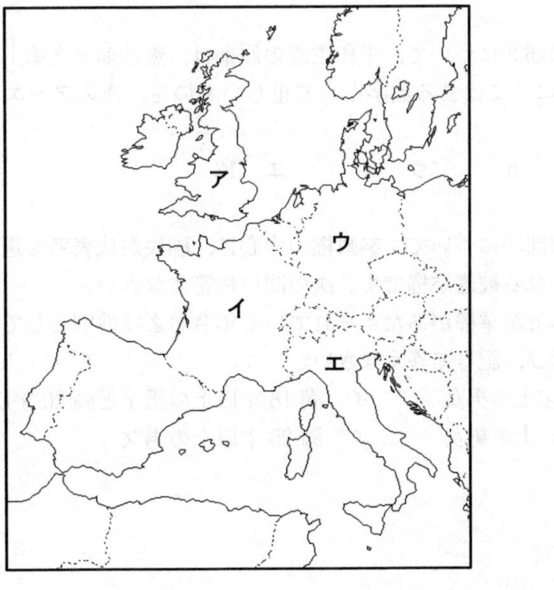

問９　年表中のⅠの□にあてはまる組織の名前を答えなさい。

問10　年表中のＪについて，当時この条約に調印した日本の内閣総理大臣の名前として正しいものを，次のア～エから１つ選び，記号で答えなさい。

ア　佐藤栄作《さとうえいさく》　**イ**　池田勇人《いけだはやと》　**ウ**　吉田茂《よしだしげる》　**エ**　岸信介《きしのぶすけ》

問11　年表中のＫの□にあてはまる組織の名前を答えなさい。

4　わかなさんとたもつさんは，国民の権利と義務について話し合っています。これを読んで，あとの問いに答えなさい。

わかな：①日本国憲法には三つの原則があるんだね。
たもつ：［②］と③平和主義，それに基本的人権の尊重がその三大原則だよ。
わかな：基本的人権の尊重については，憲法第11条に「侵《おか》すことのできない永久の権利」と定められているね。
たもつ：基本的人権には，自由権，平等権，④参政権などがあるんだ。
わかな：参政権は，基本的人権を守るための大切な権利だね。
たもつ：国民は，さまざまな権利を保障される代わりに，三つの義務も負っているんだ。
わかな：⑤子どもに教育を受けさせる義務，仕事について働く義務，そして⑥税金を納める義務の三つだね。

問１　会話中の下線部①について，日本国憲法は，法の中で最も高い地位にある□として定められています。□にあてはまることばを，**漢字４字**で答えなさい。

問２　会話中の［②］にあてはまることばを，**漢字４字**で答えなさい。

問３　会話中の下線部③について，平和主義の原則は，憲法前文と第□条で定められています。□にあてはまる数字として正しいものを，次のア～エから１つ選び，記号で答えなさい。

ア　１　**イ**　５　**ウ**　９　**エ**　12

問４　会話中の下線部④について，参政権の中心は，国民が代表者を選ぶ選挙権と，代表者として国民に選出される被《ひ》選挙権です。次の問いに答えなさい。

⑴　現在の日本で選挙権があたえられている年令および性別として正しいものを，次の**ア**～**エ**から１つ選び，記号で答えなさい。

ア　満18才以上の男女　**イ**　満18才以上の男子と満20才以上の女子
ウ　満20才以上の男女　**エ**　満25才以上の男女

⑵　衆議院議員，参議院議員，都道府県知事，市区町村長の被選挙権として正しいものを，次の表の**ア～オ**から１つ選び，記号で答えなさい。

	衆議院議員	参議院議員	都道府県知事	市区町村長
ア	満25才以上	満25才以上	満30才以上	満30才以上
イ	満25才以上	満30才以上	満30才以上	満25才以上
ウ	満30才以上	満25才以上	満25才以上	満25才以上
エ	満25才以上	満30才以上	満25才以上	満25才以上
オ	満30才以上	満25才以上	満30才以上	満30才以上

問５　会話中の下線部⑤について，日本では，義務教育を［　　］年と定めています。
［　　］にあてはまる数字を，**算用数字**で答えなさい。

問６　会話中の下線部⑥について，税金には直接税と間接税の２種類があります。所得税と消費税についての説明として正しいものを，次の**ア～エ**から１つ選び，記号で答えなさい。

ア　どちらも直接税である。
イ　所得税は間接税，消費税は直接税である。
ウ　所得税は直接税，消費税は間接税である。
エ　どちらも間接税である。

【理　科】〈一般第１回試験〉（社会と合わせて50分）〈満点：50点〉

1　地層のようすについて，以下の問いに答えなさい。

ある山の地点**A**～**D**でボーリング調査を行い，地層の重なり方を調べました。**図１**はその山の地図で，図中の曲線は等高線を，数字は標高を表しています。**図２**は，地点**A**～**C**のボーリング調査の結果を示したものです。ただし，この山の地層は，曲がったり切れたりせずに，ある一方向にかたむいていることがわかっています。

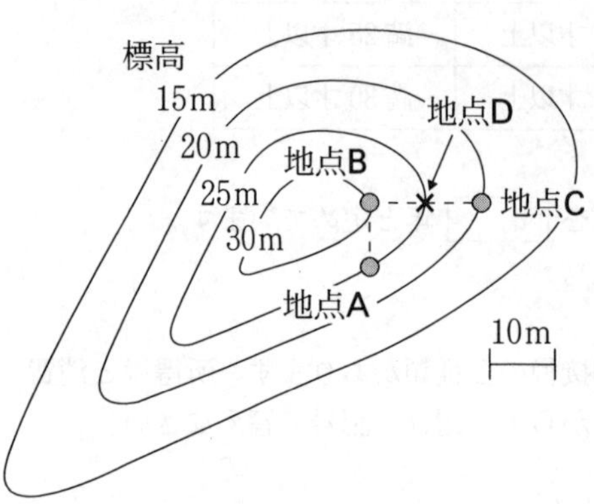

図１

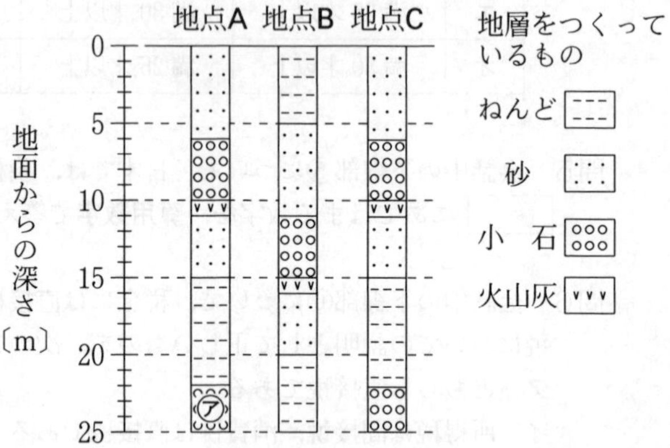

図２

(1)　小石，砂，ねんどがおし固められてできた岩石を何といいますか。

(2)　小石の地層にふくまれる小石はすべて丸みを帯びていました。その理由として正しいものを，次の**ア**～**オ**の中から１つ選び，記号で答えなさい。

ア　海の底で積もったから。

イ　川の流れで運ばれたから。

ウ　岩石になるときに小石は重さでつぶれて，必ず角がとれるから。

エ　火山がふん火したときのふん出物が冷えて固まってできたから。

オ　長い年月の間に，何回も地しんのえいきょうを受けてきたから。

(3)　**図２**の㋐の層でアンモナイトの化石が見つかりました。アンモナイトと同じ時代に栄えた生物を，次の**ア**～**エ**の中から１つ選び，記号で答えなさい。

ア　三葉虫《さんようちゅう》　　**イ**　ビカリア　　**ウ**　恐竜《きょうりゅう》　　**エ**　マンモス

(4)　**図１**の山の地層は，東西南北のどの方角に低くなるようにかたむいていますか。東，西，南，北の中から１つ選び，答えなさい。

(5)　**図１**の地点**D**（×の位置）でのボーリング調査の結果，火山灰の層は，地表から何ｍ真下の位置に初めて見られますか。ただし地点**D**は，地点**B**と地点**C**のちょうど真ん中に位置しているものとします。

2 光合成と呼吸について，以下の問いに答えなさい。

光合成と呼吸について，水草を使って次のような実験を行いました。

【実験】

1．試験管を３本用意し，それぞれに水とＢＴＢよう液を加えた。

2．それぞれの試験管に息を十分にふきこんで，ＢＴＢよう液を緑色にした。

3．図のように，ＡとＢの試験管に水草を入れ，ゴムせんをした。Ｂの試験管はアルミニウムはくでおおった。Ｃの試験管には水草を入れずゴムせんをした。

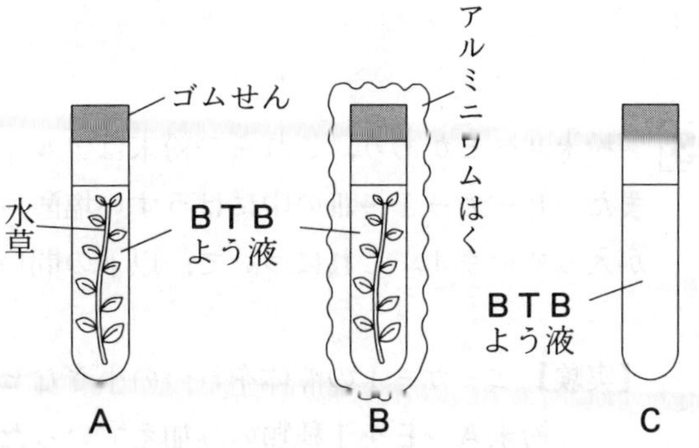

図

4．それぞれの試験管に日光を数時間あて，その後を観察した。

(1) 日光に数時間あてたあと，試験管Ａ，ＢのＢＴＢよう液の色はどのように変化しましたか。次のア～エの中から１つずつ選び，それぞれ記号で答えなさい。

ア 緑色のまま変化がなかった。　**イ** 黄色に変化した。

ウ 青色に変化した。　**エ** 赤色に変化した。

(2) 試験管Ｃに水草を入れなかった理由として正しいものを，次のア～エの中から１つ選び，記号で答えなさい。

ア 日光を数時間あてるとＢＴＢよう液の色が変化することを確かめるため。

イ 日光をあてなくてもＢＴＢよう液の色が変化することを確かめるため。

ウ 水草がなければＢＴＢよう液の色が変化しないことを確かめるため。

エ 水草がなくてもＢＴＢよう液の色が変化することを確かめるため。

次に，２枚の同じ大きさの植物の葉をガラス容器ＤとＥに１枚ずつ入れて，密閉しました。その後，ガラス容器Ｄには一定の日光をあて，Ｅにはまったく日光をあてずに，さまざまな温度で１時間放置しました。ガラス容器内の酸素の増減を調べたところ，**表**のような結果になりました。

表

温度〔℃〕	5	10	15	20	25	30
Ｄの酸素増加量〔mg〕	1.5	2.5	3.5	4.0	4.0	4.0
Ｅの酸素減少量〔mg〕	0.5	1.0	1.5	2.0	2.5	3.5

(3) 30℃の呼吸による酸素の減少量は，10℃のときの何倍ですか。その値《あたい》を答えなさい。なお，必要があれば，小数第二位を四捨五入し，小数第一位まで答えなさい。

(4)　光合成が最も活発に行われるのは何℃のときですか。その値を答えなさい。

(5)　15℃のとき，光合成によってつくられた酸素の量は何mgですか。その値を答えなさい。

3　粉末A～Eがあり，これらの粉末はアルミニウム，石灰石《せっかいせき》，銅，食塩，鉄のいずれかです。また，ビーカーⅠ～Ⅲの中にはうすい塩酸，うすい水酸化ナトリウム水よう液，水のいずれかが入っています。これについて，以下の問いに答えなさい。

【実験】ビーカーⅠの液体を５つの小さなビーカーに分け，それぞれのビーカー１つにつき，粉末A～Eを１種類のみ加えていった。その後同じように，ビーカーⅡ，ビーカーⅢの液体も５つの小さなビーカーに分け，それぞれのビーカー１つにつき，粉末A～Eを１種類のみ加えていった。

【結果】①　Ⅰの液体ではBとCがとけた。Bがとけたときには気体Xが発生した。
②　Ⅱの液体ではCのみがとけた。そのとき気体は発生しなかった。
③　Ⅲの液体ではB，C，D，Eがとけた。BとEがとけたときには気体Xが発生し，Dがとけたときには気体Yが発生した。

(1)　気体Xと気体Yの名称《めいしょう》をそれぞれ答えなさい。

(2)　粉末Dがすべてとけた Ⅲの液体を蒸発皿にとり，ガスバーナーで水分をすべて蒸発させると，蒸発皿には固体が残りました。蒸発皿に残った固体の色として正しいものを，次のア～カの中から１つ選び，記号で答えなさい。

ア　白色　　イ　黒色　　ウ　赤色　　エ　緑色　　オ　むらさき色　　カ　黄色

(3)　ⅠとⅢの液体を混ぜ合わせ，蒸発皿にとって水分を完全に蒸発させると白い固体が残りました。この白い固体は粉末A～Eのいずれかと同じ種類のものであることがわかりました。この固体の名称を答えなさい。

(4)　粉末A～Eの名称をそれぞれ答えなさい。

4　光の性質について，以下の問いに答えなさい。

(1)　**図１**のように横はばが3.0 mの鏡を地面に垂直に置き，前方に**A**～**F**の６つのマークを書きました。**図１**の１目盛りは0.5 mとし，鏡の高さは十分にあるものとします。

①　**A**のマークの位置に立ったとき，鏡の中に映る自分は，**A**のマークの地点から何mはなれていますか。その値を答えなさい。

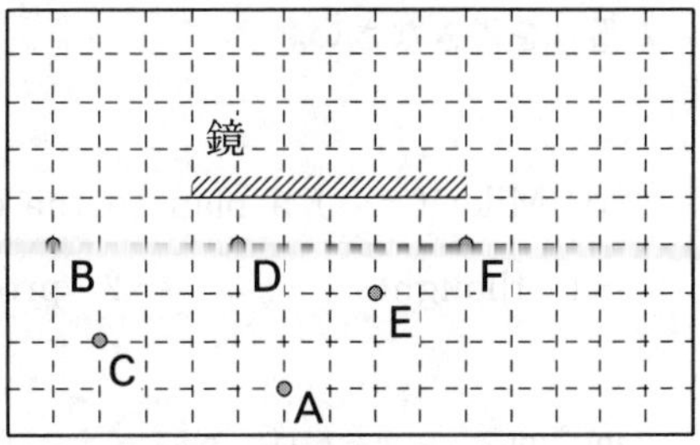

図１

②　**C**のマークの位置に立ったとき，鏡の中に見える**A**～**F**のマークを**すべて**選び，記号で答えなさい。

③　**F**のマークの位置を，右に２マス移動させます。このとき，移動させた**F**のマークが鏡に見えないのは**A**～**E**のマークのどの位置に立ったときですか。**すべて**選び，記号で答えなさい。

次に，光の反射について，**図２**のように鏡Ⅰと鏡Ⅱを使い実験を行いました。

【実験】　鏡Ⅰを**図２**の位置に固定し，鏡Ⅰの中心と鏡Ⅱの中心が縦横それぞれ1 mずつはなれる位置に鏡Ⅱを置いた。鏡Ⅰの中心に**図２**のように45度の角度で光をあて，光の進み方を調べた。ただし，鏡Ⅱは**図２**のように鏡の中心をじくに回転できるものとし，鏡の厚みは考えないものとする。

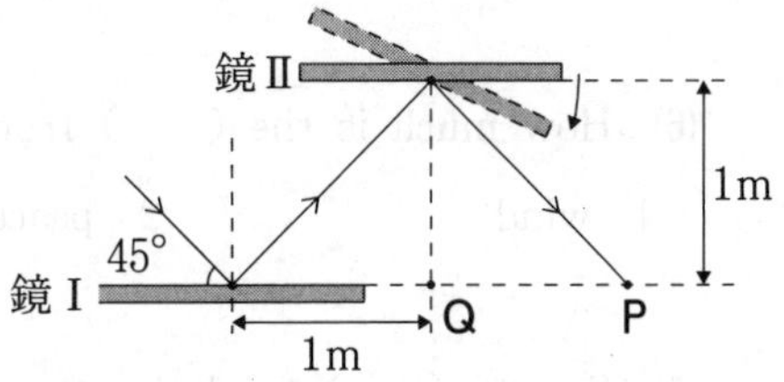

図２

(2)　鏡Ⅱを鏡Ⅰと平行になるように置いたとき，光は鏡Ⅰと鏡Ⅱで反射し，鏡Ⅰの延長線上の点**P**に達しました。このとき，鏡Ⅰの中心から点**P**までのきょりは何mですか。その値《あたい》を答えなさい。

(3)　鏡Ⅱを回転させ，ある角度になったとき，鏡で反射した光は鏡Ⅰの延長線上の点**Q**に達しました。このとき，鏡Ⅱは何度回転させましたか。ただし，鏡Ⅰの中心から点**Q**までのきょりは1 mであり，答えは90度以内であるものとします。

【英　語】〈グローバル第１回試験〉（50分）〈満点：100点〉

1 次の（　）にあてはまるものとして，最も適切なものを１～４の中からそれぞれ１つ選び，その番号を書きなさい。

(1) Mike (　　) a plan to the other group members, but they didn't agree to it.

1 thought　2 proposed　3 needed　4 solved

(2) The roof of the house was covered (　　) snow.

1 at　2 of　3 among　4 with

(3) How could I forget the day (　　) we first met?

1 which　2 what　3 when　4 where

(4) You had better go to bed early. (　　), Santa Claus won't come.

1 Otherwise　2 Meanwhile　3 Moreover　4 However

(5) We have had (　　) rain this month, so the water in the river has decreased.

1 many　2 much　3 little　4 few

(6) How much is the (　　) from Tokyo Station to Kuki Station?

1 wind　2 peace　3 tent　4 ticket

(7) Kazuki (　　) to the restroom because he had been standing for over three hours.

1 hurried　2 tried　3 spoke　4 belonged

(8) The cake you made is delicious! Could you give me your (　　) for it?

1 menu　2 recipe　3 receipt　4 cook

(9) A : Do you (　　) if I smoke here?

B : I'm sorry. Please go to the smoking room.

1 mind　2 wonder　3 think　4 like

(10) When you pick up (　　) in the park, you should wear gloves to protect your hands.

1 cars　2 air　3 socks　4 trash

2 次の会話の（　　）にあてはまるものとして，最も適切なものを１～４の中からそれぞれ１つ選び，その番号を書きなさい。

(1) A：I have to go on a business trip to Canada this weekend. Can you take care of my dog during that time?

B：I'd like to, but (　　).

A：Oh, I see. Then I'll ask someone else.

1 I have taken care of your dog before
2 I'm going to visit your house this weekend
3 I can go with you and your dog
4 I can't because I won't be home

(2) A：Have you finished your homework?

B：(　　). Which are you talking about?

A：The Japanese homework Mr. Sato gave us last week.

1 It is difficult for me to do the homework
2 We have math and Japanese homework
3 I heard you had a lot of homework last week
4 Yes, but I haven't finished my homework yet

(3) A：There are so many things in your room. Why don't you clean up now?

B：(　　), Mom. I'm looking for it.

A：Have you lost it again? Clean your room first, and you may find it.

1 I'll do that after finding my cap
2 I'm cleaning my room now
3 This is my favorite cap
4 I will help you clean the room

(4) A：What did you do with the jacket you liked very much?

B：It became too small for me, so I threw it away last week.

A：Oh, don't you know Jim likes to collect used clothes? (　　　).

1 You should have given it to him

2 They will be happy to hear that

3 You have to throw it away right now

4 Your jacket looks nice

(5) A：Thank you for getting tickets for the baseball game.

B：No problem. (　　　)?

A：No, you don't have to. I'll go to the stadium by bus.

1 How about meeting at the stadium

2 What time should we meet

3 Shall I pick you up at your house

4 Do I have to get the ticket

3 次の（　　）にあてはまる最も適切な語を，日本語を参考にしてそれぞれ１語で書きなさい。ただし，初めの１文字に続けて書くこと。

(1) I left home at 10:00 to (c　) the 10:30 train.

私は10時30分の電車に間に合うように10時に家を出ました。

(2) The festival will be (h　) on July 4.

そのお祭りは７月４日に開催《かいさい》されます。

(3) I'm (t　). Can I have something to drink?

のどがかわいたよ。飲み物をくれない？

(4) I saw a girl (s　　) on a bench in the park yesterday.
私は昨日公園のベンチに座っている女の子を見かけました。

(5) I'll tell you about tomorrow's plan now. Please listen (c　　).
今から明日の予定について話します。注意して聞いてください。

4 次のイラストを表すものとして，最も適切なものを１～４の中からそれぞれ１つ選び，その番号を書きなさい。

(1)
1 There are three children. Two are singing and the other is playing the piano.
2 There are three children. Two are playing the piano and the other is singing.
3 There are three children. All of them are playing the piano.
4 There are three children. All of them are listening to a CD.

(2)
1 Two girls are playing with dolls and baking a cake.
2 Two girls are playing with dolls and a toy house.
3 A girl is playing with dolls and the other girl is making a toy house.
4 A girl is playing with dolls and the other girl is eating cake.

(3)

1 They look cold because they have just taken off their coats and gloves.

2 It must be winter because it is snowing outside.

3 They look cold because they aren't smiling.

4 It must be winter because they are wearing coats and gloves.

(4)

1 The man is full because he has eaten all the food that was in front of him.

2 The man is hungry because he hasn't eaten anything yet.

3 The man has just started eating the food in front of him.

4 The man has a stomachache and looks pale.

(5)

1 The man got out of his car and is taking a rest next to it.

2 The man's car has broken down, and he is trying to repair it himself.

3 The man has trouble with his car and is asking for help.

4 The man is driving his car and feels that something is wrong with it.

5 次の(A)，(B)に答えなさい。

(A) 次のポスターの英文を読んで，あとの問いに答えなさい。

New Cafe Open Soon!

Mark's Cafe will open on January 11 in 2024!　We hope you will come and enjoy our delicious drinks and desserts!

☆About the owner, Mark Wilson

Hi, everyone!　I am from the U.S.　Having my own cafe was my dream, so I am very happy it is coming true.　Have a good time at my cafe!

＜Menu＞

Drink	Price (yen)	Dessert	Price (yen)
Coffee	400	Fruit cake	500
Tea	400	Chocolate cake	500
*Cafe au lait	450	Cheesecake	550
Orange/Apple juice	400	*Parfait	700

✓50 yen discount if you order a drink and dessert.

☞All the desserts are made by Mark and his wife, Jennifer!

●More information

You can get three cookies for free until the end of January.　Please don't miss out!

・We are open from 7:00 a.m. to 6:00 p.m.
・We are closed on Wednesdays.

cafe au lait：カフェオレ　　parfait：パフェ

(1) Why is Mark very happy?

1 Because he will realize his dream.

2 Because his wife's dream is coming true.

3 Because he can eat delicious cake.

4 Because he had a good time at the cafe.

(2) How long is Mark's Cafe open for each day?

1 One hour.

2 Six hours.

3 Seven hours.

4 Eleven hours.

(3) ポスターの内容に合うものを1～6の中から3つ選び，その番号を書きなさい。

1 Mark's Cafe had already started when the poster was made.

2 Mark was born in Japan, but he lives in the U.S. now.

3 If you order coffee and cheesecake, you will pay 900 yen.

4 Mark will make desserts, but his wife won't.

5 You can get three cookies without any money on January 30.

6 Mark's Cafe is closed one day a week.

(B) 次の２つのメールを読んで，あとの問いに答えなさい。

From: Takahashi Atsuko <atsutaka@yoursmail.com>
To: Jeff Brown <call.me.jb@life.co.au>
Date: August 10, 2023
Subject: Big News!

Dear Jeff,

How are you doing in Australia? It's been five months since you left our school and moved back there. Our classmates and I had very good days with you. We all miss you, but we are enjoying our school life.

Guess what? I will go on a trip to Australia with my parents. We'll stay there for five days, from December 26 to 30. On December 26 or 27, we'll visit Sydney. I know you live there. We want to see you. What is your schedule?

And can you help me with one thing? We want to go and see *Ayers Rock. How can we get there?

Your friend,
Atsuko

From: Jeff Brown <call.me.jb@life.co.au>
To: Takahashi Atsuko <atsutaka@yoursmail.com>
Date: August 11, 2023
Subject: See you in Sydney and about Ayers Rock

Dear Atsuko,

I'm happy to know you'll come to Sydney. Then how about having dinner together on December 27?

And you want to see Ayers Rock! There is an airport near there. To get to the airport, you can take an airplane from Sydney. There are two things that you should know about Ayers Rock. First, tourists were allowed to climb it before, but now they are not. Second, in some of the areas there, you cannot take any pictures or videos.

I can't wait to see you again!

Bye,
Jeff

Ayers Rock：エアーズロック（オーストラリアにある世界で二番目に大きい一枚岩）

(1) When did Jeff move back to Australia?

1 In January.

2 In March.

3 In August.

4 In December.

(2) What is one thing that you learned about Ayers Rock from Jeff's e-mail?

1 It is near the airport in Sydney.

2 Tourists must not go there by car.

3 Tourists must not climb it.

4 Tourists can take pictures in all the areas there.

(3) メールの内容に合うものを1～6の中から3つ選び，その番号を書きなさい。

1 Atsuko and her classmates are sad that Jeff is not with them.

2 Atsuko and her family will stay in Sydney for five days.

3 Atsuko decided to visit Sydney on December 27 before sending the e-mail.

4 Atsuko asked Jeff how she and her family could visit Ayers Rock.

5 Jeff told Atsuko to have lunch with him on December 27.

6 Jeff is looking forward to seeing Atsuko again.

6 次の英文を読んで，あとの問いに答えなさい。

What type of animal do you like the best? Some of you say, “I like lions very much.” In fact, the number of wild lions has become (①). About 50 years ago, there were more than 100,000 lions in some parts of Africa. But now, there are only about 30,000 wild lions. Surprisingly, lions are an *endangered species.

Why has this happened? One of the reasons is that some people hunt wild lions *illegally. They get their *claws, teeth, and *pelts. Those things can be sold for a high price. Another reason is that buildings and roads have been built in areas where lions and their *prey live. (②) of that, lions have lost their homes, and their food is also decreasing in number.

How can people protect lions? National parks in Africa play an important role. There are about 300 national parks there. But many of them don’t have enough money to maintain their areas. So, some are making efforts to get money from tourists. However, not all of them can do that because some of the countries haven’t developed tourism well.

Although you can see lions in many zoos around Japan, that may not be natural in the future. It is important for you to think about what you can do for lions.

endangered species：絶滅《ぜつめつ》危《き》惧《ぐ》種　illegally：違法《いほう》に　claw：爪《つめ》　pelt：毛皮　prey：獲物《えもの》

(1) (①)に入る最も適切なものを１～４の中から１つ選び，その番号を書きなさい。

1 large　2 small　3 old　4 simple

(2) (②)に入る最も適切なものを１～４の中から１つ選び，その番号を書きなさい。

1 Because　2 Speaking　3 Instead　4 First

(3) 英文の内容に合うものを１～４の中から２つ選び，その番号を書きなさい。

1 Lions are the most popular animal in the world.
2 The number of wild lions now is about 30,000.
3 Wild lions must not be hunted, but some people do.
4 None of the national parks are making efforts to get money.

(4) 英文の内容に合うように，(③)～(⑦)に入る算用数字や日本語をそれぞれ書きなさい。

野生のライオンは約(③)年前は約10万頭いたが，今は絶滅危惧種の一つとなっている。その原因は，爪，(④)，毛皮を得るための狩猟《しゅりょう》や，ライオンやその獲物の生息地における建物と道路の(⑤)である。ライオン保護に重要な役割を果たす国立公園がアフリカには約(⑥)か所あるものの，資金難からその領域の維持《いじ》が難しくなっているところが多い。将来，(⑦)でライオンを見るのは当然ではなくなるかもしれない。ライオンのために何ができるのかを考えることが重要である。

五　次の①～⑤の慣用句の□に共通してあてはまる漢字一字をあとから選び、記号を書きなさい。

① □がない　□が高い　□がくもる
② □にかける　□がきく　□持ちならない
③ □がかたい　□がうまい　□が重い
④ □がつぶれる　□が立つ　□が広い
⑤ □を焼く　□がかかる　□があく

ア　頭　イ　顔　ウ　目　エ　鼻　オ　耳
カ　口　キ　歯　ク　首　ケ　手　コ　足

六　次の①～⑩の文の――線をつけた漢字は読みをひらがなで、カタカナは漢字に直して書きなさい。

① 防衛大臣が答弁に立つ。
② 小型の飛行機を操縦する。
③ 地図の縮尺を調べる。
④ 貧しい国に援助《えんじょ》を行う。
⑤ 独りで静かに本を読む。
⑥ 映画のヒヒョウを読む。
⑦ 会社のソンエキを計算する。
⑧ 部屋をセイケツに保つ。
⑨ 太陽の光をアびる。
⑩ 受付で荷物をアズける。

ア 試写会　**イ** 逆効果　**ウ** 雪月花
エ 不可能　**オ** 建築物

問３　③きっと　と同じ品詞のことばを、次の**ア**～**エ**の中から一つ選び、その記号を書きなさい。

ア 美しい　**イ** きれいだ　**ウ** しても　**エ** ほほえむ

問４　④よく　と同じ使い方をしているものを、次の**ア**～**エ**の中から一つ選び、その記号を書きなさい。

ア 今回の絵は非常によくかけている。
イ あの人のことをよく知っている。
ウ よくそんなことが言えたものだ。
エ これは兄がよく読んでいる本です。

問５　⑤思いきって　がかかることばを、次の**ア**～**オ**の中から一つ選び、その記号を書きなさい。

ア 比呂は　**イ** 千秋の　**ウ** 家の
エ 電話番号を　**オ** プッシュした

四　次の問いに答えなさい。

問１　次の①～⑤の文の主語を、**ア**～**エ**の中から一つずつ選び、それぞれ記号を書きなさい。

① **ア** 母は　**イ** にんじんと　**ウ** トマトを　**エ** スーパーで　買った。
② **ア** 教室の　**イ** 窓から　**ウ** 友だちが　**エ** わたしを　呼んだ。
③ **ア** 床《ゆか》には　**イ** どんなに　**ウ** 小さな　**エ** ほこりさえ　存在しない。
④ **ア** 今年も　**イ** 文化祭の　**ウ** シーズンが　**エ** そろそろ　始まる。
⑤ 飛びたったんだよ、**ア** あの　**イ** 白くて　**ウ** 美しい　**エ** 鳥が。

問２　次の①～⑤の各組の中で性質の異なることばを、**ア**～**エ**の中から一つずつ選び、それぞれ記号を書きなさい。

① **ア** 正直に　**イ** ついに　**ウ** 安易に　**エ** きれいに
② **ア** 祝日だ　**イ** 小説だ　**ウ** 簡単だ　**エ** 書店だ
③ **ア** かなり　**イ** まわり　**ウ** しっかり　**エ** はっきり
④ **ア** おかしな　**イ** 静かな　**ウ** 困難な　**エ** やわらかな
⑤ **ア** 買える　**イ** 言える　**ウ** 会える　**エ** 考える

「比呂はやな子だなあ。おれなら絶交だよ」

もちろん笑いながら、だ。

でも比呂はどきんとした。

「プライドが傷つくだけじゃないのかな。もし、ほいほいよろこぶようなら、その先輩も問題だと思うけど」

そしてきょうの日曜日。

近くのスーパーに、買い物に出かけていた比呂が家にもどると、とうさんが言った。

「ともだちが来たよ。伊丹さんって言ってた」

「千秋先輩が？」

「すぐ帰るからと言ったんだけどね。なんだか忙《いそが》しいらしくて」

とうさんは、居間のテーブルいっぱいに、ミニカーのプラモデルを広げていた。

組み立て中のパーツが、無数に散らばっている。

「大のおとながおもちゃの車なんか組み立てて、何がおもしろいのかしら」

かあさんは皮肉まじりに言うけれど、比呂はプラモの組み立てに熱中しているときのとうさんの顔が好きだった。

少年みたいに目が輝《かがや》いている。声の張りだってけっこう若い。

物を作るということに関して言えば、とうさんとおにいちゃんは、とても④よく似ている。

「電話してみたら。だいじな用があったのかもしれないでしょ」

冷蔵庫に顔を半分つっこみながら、かあさんが言う。

うんと答えたまま、比呂はしばらく迷う。

あしたには総体の代表メンバーが発表になる。

はたして羽場先生は、うまく千秋先輩を説得してくれたのだろうか。

「とうさん、その人、怒《おこ》ってた？　ふきげんそうじゃなかった？」

とうさんは、いやべつに、と言った。

「にこにこしてた。言葉づかいもていねいだったし、感じのいいおじょうさんだったよ。比呂によろしくって」

「わたしによろしくって言ったの？」

「言った、と思うけど。たぶん」

プラモに熱中しているときのとうさんは、気持ちここにあらずという感じになる。

比呂は、⑤思いきって千秋の家の電話番号をプッシュした。

（佐野《さの》久子《ひさこ》『走る少女』による。）

問1　①結果　と反対の意味のことばを、次の**ア**〜**エ**の中から一つ選び、その記号を書きなさい。

ア　結論　**イ**　検討　**ウ**　用意　**エ**　原因

問2　②職員室　と同じ組み立ての三字熟語を、次の**ア**〜**オ**の中から**すべて**選び、その記号を書きなさい。

三　次の文章を読んで、あとの問いに答えなさい。

中学一年生の比呂《ひろ》は陸上部のテストで良い成績をおさめたが、代表選手になることに迷いがあり、顧問《こもん》の羽場《はば》先生に相談に行く。

「総体の代表のことなんですが……」
羽場が、うん？というように、比呂の顔をのぞきこむ。
「あの、やっぱりきのうの①結果で決めるんですか」
「そのつもりだが」
「わたし……陸上はじめてそんなに日がたってないし……公式の競技にも出たこともないし……」
「それで」
「自信、ないんです」
「自信があるのは藤堂《とうどう》くらいのもんだろう」
「あの、でも、わたし……」
「なんだよ、ごちゃごちゃと」
食べかけの昼飯を横目に見ながら、早く結論を言えと羽場にせかされ、比呂は心を決めた。ゆうべからずっと考えてきたことだった。
「伊丹先輩《いたみせんぱい》はこれが最後の総体だし……わたし、自信ないんです。みんなにめいわくかけたくないし……」
「どういうことだ」
「代表をおりたいんです。かわりに伊丹キャプテンに走ってもらいたいんです」
羽場の指がとんとんと机をたたく。何か考えているときのくせだった。どなられるかもしれない。ばかやろと一喝《いっかつ》されるかもしれない。
比呂はドキドキしながら、羽場の返事を待った。
羽場はとんとひとつ強く机をたたいて、よし、わかったと言った。
「代表は伊丹にしよう。それが順当というものかもしれない」
あっけないような結論だった。
ただ問題は千秋《ちあき》だ。素直に応じてくれるだろうか。
「おれがうまく説得してみる。おまえは知らないふりをしていろ」
「はい」
比呂は一礼して②職員室を出た。気持ちが軽くなっていた。
――千秋先輩は③きっとよろこんでくれる。きっと……。
雨の日も風の日も走りこんで、やっと手に入れた代表切符《きっぷ》を、比呂がいともかんたんに手放したことを知ったかあさんは、最初とてもおどろいたようだった。
事情を知ると、うってかわって満面の笑顔になった。
「そうなの。かあさん、見直しちゃったわ。知らない間に、比呂ちゃん、ずいぶんおとなになってたんだ」
手放しのほめように、比呂はちょっと照れた。
でもとうさんはそうは言わなかった。
晩ご飯のあとの習慣で梅干しをひとつほおばると、すっぱさに顔をしかめながら、こう言ったのだ。

問6 Ｄ にあてはまることばとして最も適切なものを、次の**ア**〜**エ**の中から一つ選び、その記号を書きなさい。

ア 日常的　**イ** 一時的　**ウ** 基本的　**エ** 強制的

問7 ③「話すように書く」ことが、徐々に「書くように話す」こととイコールになっていく とありますが、それによってどのような変化が起きますか。最も適切なものを、次の**ア**〜**エ**の中から一つ選び、その記号を書きなさい。

ア 書くときに使っている言葉が話しているときにも口をついて出るようになり、知性や教養を感じさせる人間に成長できるということ。

イ 書き言葉と話し言葉で使われる語彙が一致《いっち》して、書くときでも話すときでも、思考や感情を言葉で豊かに表現できるようになること。

ウ 話すときにも書くときと同様に正確な意味で言葉を使うことで、会話での誤解が減って、より深く人とつながれるようになること。

エ 話すことと書くことの両方が得意になることで、自分という人間も、自分が生きる人生も豊かになるという循環が起こること。

問8 本文中から次の一文がぬけています。元にもどすのに最も適当な場所を文中の〈 **ア** 〉〜〈 **エ** 〉の中から一つ選び、その記号を書きなさい。

こうした表現が自然に口から飛び出すようになるでしょう。

問9 この文章で書かれていた内容として最も適切なものを、次の**ア**〜**エ**の中から一つ選び、その記号を書きなさい。

ア 考えながら書くことや書きながら考えることは、二つのことを同時に行うことなので、非常に難しい。

イ 人間の持つ能力であることには変わりはないが、話すことと書くことはまったく別の能力である。

ウ 国語辞典の言葉のうち、話し言葉として普通に使われているのは多くても１０００語ほどである。

エ 話し言葉としても書き言葉としても通用する言葉もあるが、片方にしか使えない言葉の方が多い。

〈エ〉

書くときでも話すときでも、思考や感情を言葉で豊かに表現できる人は、自分自身を深く理解している人ともいえます。そして、その深い理解をもとに、的確に表現することができれば、より深く人ともつながれるようになるでしょう。

言葉が磨かれることで、自分という人間も、自分が生きる人生も豊かになるという循環《じゅんかん》が起こるのです。

（齋藤孝《さいとうたかし》『書ける人だけが手にするもの』による。）

問1 [A] にあてはまることばを文中から二字で探し、書きぬきなさい。

問2 [B]・[E] に共通してあてはまることばとして最も適切なものを、次のア〜エの中から一つ選び、その記号を書きなさい。

ア だから　イ しかし　ウ さらに　エ たとえば

問3 ①こうした要素 とありますが、どのようなものですか。次の文の [a]・[b] にあてはまる最も適切なことばを、文中から指定の字数で探し、それぞれ書きぬきなさい。

[a（五字）]、あるいは [b（六字）] などの表現。

問4 [C] にあてはまることばとして最も適切なものを、次のア〜エの中から一つ選び、その記号を書きなさい。

ア 肩肘《かたひじ》張って書いていたり、勢いのまま話すように書いていたり
イ 的確な言葉が使われていなかったり、説明が足りなかったり
ウ 言葉を勝手に言い換えていたり、長々と詳しく説明していたり
エ 事実と異なる部分があったり、大げさに表現していたり

問5 ②さまざまな言葉を駆使し、表現を工夫しなければいけない書き言葉は、少しの言葉ですむ話し言葉よりも不便なものに思える とありますが、話し言葉と書き言葉の関係について筆者はどのように考えていますか。最も適切なものを、次のア〜エの中から一つ選び、その記号を書きなさい。

ア 書く行為は労力が大きくて疲れてしまうので、今後は書き言葉を使用する機会がかなり減っていく。
イ 話し言葉の使用をやめて書き言葉を意識的に使用することで、書き言葉の不便さは解消される。
ウ 書く行為を習慣づけて書き言葉の語彙を増やすことで、思考力も話し言葉の表現力も磨かれていく。
エ 書く行為に慣れると書き言葉にもとづく思考力は高まるが、話し言葉で思考する力はおとろえる。

現として加わりますが、書き言葉には、①こうした要素がありません。言葉のみで表現する必要があります。

ですから、話し言葉をそのまま文字に起こしたものを読むと、[C]して、結果として内容がきちんと伝わってこないという印象になるわけです。

事実、書き言葉の語彙数《ごいすう》（※使用される言葉の数）は、話し言葉の語彙数をはるかにしのぎます。

国語辞典に掲載《けいさい》されている何万という言葉のうち、「この言葉は話しているときにも普通《ふつう》に使うな」と思うものは非常に少ないはずです。おそらく５００語、多くても１０００語ほどで事足りてしまう。ひとつの会話の中だけでいえば、せいぜい20語くらいでしょう。

となると、②さまざまな言葉を駆使《くし》し、表現を工夫しなければいけない書き言葉は、少しの言葉ですむ話し言葉よりも不便なものに思えるかもしれません。

でも、本当にそうでしょうか。

書くという行為には、たしかに一定の労力が必要です。

「言葉のランタン（※筆者が自分で造った言葉で、自分の思考や感情を明らかにしていくという書き言葉の役割を、ランタンにたとえたもの。ランタンは持ち運び用のランプ）」を使って自分の思考や感情を明らかにしていくのは、ワクワクする反面、疲《つか》れることでもあります。

ただ、この労力を払《はら》うことで思考力は確実に磨《みが》かれます。シンプルにいえば「頭がよくなる」のです。

[D]に「書く」ということをしていると、実は普段の話し言葉も磨かれていきます。

〈　ア　〉

話し言葉と書き言葉とでは、語彙の数が違うとお話ししましたが、文章を書くということが常態化（※ある状態が当たり前のものになること）してくると、次第《しだい》に、書くときに使っている言葉が話しているときにも口をついて出るようになるのです。

[E]スポーツ観戦で、ファインプレーを目撃《もくげき》したとしましょう。

「あのプレーは、やばかった！」

「あのプレーは、素晴《すば》らしかった！」

前者は話し言葉にしか使えませんが、後者は、話し言葉としても書き言葉としても通用します。

〈　イ　〉

つまり、「書く」ことを通じて語彙力が磨かれると、書き言葉と話し言葉の距離《きょり》が近くなっていき、③「話すように書く」ことが、徐々《じょじょ》に「書くように話す」こととイコールになっていくのです。

〈　ウ　〉

以前は「すごく驚《おどろ》いたこと」を「まじでびっくりした！　やばかった」と言っていたのが、「驚愕《きょうがく》した」「驚きのあまり開いた口が塞《ふさ》がらなかった」といった表現に置き換わる。

「とても美味《おい》しいこと」を「めっちゃうまい！　やばい」と言っていたのが、「この味は絶品だ」「格別な味だ」といった表現に置き換《か》わる。

二　次の文章を読んで、あとの問いに答えなさい。（設問に字数制限のある場合は、句読点や符号も一字と数えます。）なお、（※　　）は作問者の注です。

考えながら書く、書きながら考える――こう聞くと、２つのことを同時に行うなんて、難しそうというイメージをもつ人もいるかもしれません。

でも、この「思考と表現を同時に行う」ということは、みなさんが日常でよく行っていることなのです。

そうです。「　A　」という行為《こうい》です。

仲のいい友達と食事などしながら会話を楽しむときに、話題をあらかじめ文章にまとめて原稿《げんこう》をつくっておくようなことはしないでしょう。その場で言葉を探し、組み立てながら、やりとりをするはずです。

「考えながら書く」というのも、このプロセスによく似ています。言葉を探しながら、その言葉を同時進行で文字に書きとめていくということなのです。

つまり、考えながら書くというのは、簡単にいえば「話すように書く」ようなものともいえるでしょう。

「書く」と「話す」はまったく別の能力と思われがちですが、実はひとつながりの能力です。人に「話す」ことができれば、ほぼ「書く」ことができるのです。

「書く」というと思わず肩肘《かたひじ》張ってしまうという人も、まずは「話すように書いてみよう」と構えてみると、フッと肩の力が抜《ぬ》けるのではないでしょうか。

とはいえ、やはり「書く」ことには、「話す」ことにはない特徴《とくちょう》があるのも事実です。

試しに、「誰《だれ》かに話したい！」と思ったことを、その勢いのまま話すように書いてみたとします。そして、翌日などにそれを読み返してみると、「興奮して書いたわりには何も伝わってこないな、おかしいな」と感じるはずです。

この違和感《いわかん》の正体こそが、「書く」と「話す」の違《ちが》いでもあります。

　B　、「やばい」という言葉は、今は肯定《こうてい》的な意味でも否定的な意味でも使われています。「とても悪い状態」と「とてもいい状態」の両極を意味するのです。

この「やばい」という言葉が、会話中など話し言葉として出てくる場合は、二度や三度使われたところで、さほど問題になることはありません。

ところが、これが書き言葉になると問題になります。

話し言葉では「やばい」といえば伝わることが、書き言葉では言葉を言い換《か》えたり、詳《くわ》しく説明したりしないと、伝えたいことが伝わらないという事態が起こるのです。

このことこそ、話すことをそのまま書き起こしたときの違和感の正体です。

話し言葉では、表情や声色《こわいろ》、身振《みぶ》り手振りなどがプラスアルファの表問6　文章中の▼から▲での千春の心情の変化を表したものとして最も適切なものを、次の**ア**〜**エ**の中から一つ選び、その記号を書きなさい。

ア　納得《なっとく》→失望→希望
イ　納得→恐《おそ》れ→前向き
ウ　安心→驚《おどろ》き→希望
エ　安心→緊張《きんちょう》→前向き

問7　この文章の一連の出来事を通して、千春はどのような考えを持つようになりましたか。最も適切なものを、次の**ア**〜**エ**の中から一つ選び、その記号を書きなさい。

ア　那彩や二階堂先輩の情熱的な姿に感動してあこがれる気持ち。
イ　星のことを少しずつでもよいから学んでみたいという気持ち。
ウ　心配しなくても知識は勝手に増えると言われて安心する気持ち。
エ　先輩がサポートしてくれるなら天文部を続けようという気持ち。

問8　千春とのやり取りからわかる那彩の人物像として最も適切なものを、次の**ア**〜**エ**の中から一つ選び、その記号を書きなさい。

ア　失敗もするが、あまり気にかけず前向きに生きようとする人物。
イ　調子に乗りやすい自分が嫌《きら》いで、努めて冷静でいようとする人物。
ウ　相手の気持ちを考えながら、精一杯《せいいっぱい》正直に付き合おうとする人物。
エ　おだやかな性格で、誰に対しても優しく接していこうとする人物。

問9　この文章全体の表現について説明したものとして最も適切なものを、次の**ア**〜**エ**の中から一つ選び、その記号を書きなさい。

ア　二階堂先輩の視点から出来事をえがくことで、千春と那彩の関係の変化を客観的に表現している。
イ　千春の心の中の思いをそのまま直接述べていくことで、千春の心情をわかりやすく表現している。
ウ　周囲の物音や様子をえがくことを通して、千春と那彩の気持ちの移り変わりを間接的に表現している。
エ　同じ出来事を、那彩と千春の視点を切りかえながらえがいて、二人の考え方のちがいを表現している。

問10　この文章で書かれていた内容として最も適切なものを、次の**ア**〜**エ**の中から一つ選び、その記号を書きなさい。

ア　千春は那彩の気持ちを傷つけたくなくて、興味のない星のことが気に入ったようにふるまった。
イ　那彩は以前の失敗をくり返さないために、十分に注意しながら千春に星の話をしていた。
ウ　千春は那彩に素直な思いを伝えたことで、それまで意識していなかった気持ちに気づいた。
エ　二階堂先輩は星にくわしいことよりも星に対する愛情のほうが大切なのだと考えていた。

問１　[　A　]・[　B　]にあてはまることばとして最も適切なものを、それぞれ次のア～オの中から一つずつ選び、その記号を書きなさい。

ア　あっさりと　　イ　ひややかに　　ウ　思いきって

エ　くよくよと　　オ　とっさに

問２　①実は、ちょっとだけ心配だったんだ　とありますが、那彩が心配していたのはなぜですか。その理由として最も適切なものを、次のア～エの中から一つ選び、その記号を書きなさい。

ア　星に関する知識が少ない千春には、易しいプラネタリウムの解説でも理解しにくいかもしれないと思っていたから。

イ　自分がプラネタリウムに夢中になってしまい、初心者の千春を楽しませる気づかいをしなかったように感じていたから。

ウ　本当は千春が星を好きではなく天文について語り合えるような相手ではなかったことに、今になって気づいたから。

エ　千春を天文部に誘った責任を感じ、千春がさほど興味もないのにがまんをしているのではないかと不安になっていたから。

問３　②前に失敗したんだ、あたし　とありますが、那彩の「失敗」とはどのようなことですか。次の文の[　]にあてはまる最も適切なことばを、文中から三字で探し、書きぬきなさい。

実際には星にあまり興味のない友だちに、相手も楽しんでいると思いこんで[（三字）]をして、自分の好きなものを勝手に押しつけてしまっていたこと。

問４　③那彩がもどかしげにさえぎった　とありますが、このときの那彩の気持ちとして最も適切なものを、次のア～エの中から一つ選び、その記号を書きなさい。

ア　見習いたいなどと言われるのは照れくさいことだが、そこまで星についての知識があると思ってほしくないという気持ち。

イ　那彩自身も星にそれほどくわしくないと感じているので、見習うと言われても千春に何も教えてあげられないとあせる気持ち。

ウ　専門家でもまだわかっていないことが山ほどあるので、がんばれば星にくわしくなれると安易に思ってほしくないという気持ち。

エ　星について学ぶべきことはたくさんあるので、足をひっぱってしまうかもなどと今から消極的でいてほしくないという気持ち。

問５　④よくわからない　とありますが、このあと、千春は二階堂先輩の気持ちをどのように理解しましたか。次の文の[　]にあてはまる最も適切なことばを、文中から九字で探し、書きぬきなさい。

千春のことを[（九字）]。

ね。最近、浮《う》かれすぎっていうか、調子に乗っちゃってた」

那彩がぐいと顔を上げ、千春と目を合わせた。

「ごめんね千春。あたし、うるさかったよね？　正直、ひいてない？」

「そんなことないよ」

少し考えて、「でも」と千春は［B］言い足した。せっかく那彩が素直な気持ちを打ち明けてくれたんだから、わたしもそうしよう。

「なんかちょっと、うらやましかった」

口に出したら、妙《みょう》にすっきりした。

ああそうか、と思う。心から夢中になれるものを持ち、それをひたむきに追いかけている那彩たちが、わたしはうらやましかったんだ。豊富な知識だけじゃなくて、その圧倒的《あっとうてき》な情熱も。

「わたしもがんばる。那彩を見習って」

目をまるくしていた那彩が、照れくさそうに頬《ほお》をゆるめた。千春の言いたいことは通じたようだ。

「星のこと全然くわしくないし、足ひっぱっちゃうかもだけど」

「いやいや、あたしだってそんなにくわしくないってば！」

③那彩がもどかしげにさえぎった。

「そもそも、専門家でもまだわかってないことが山ほどあるんだよ？」

そうみたいだ。プラネタリウムの上映中も、しつこく「まだわかっていません」と念を押された。宇宙はあまりにも広く、人間はあまりにも小さい。

「初心者っていうなら、あたしたち全員が初心者だって」

きっぱりと言いきって、那彩はななめ上にふっと視線をずらした。千春もつられて目を上げた。

▼さっき葉山《はやま》先生がいた位置に、いつのまにか二階堂先輩《にかいどうせんぱい》が立っていた。眉間《みけん》にしわを寄せ、考えこむように腕組みしている。

「すみません、先輩のことまで初心者とか言っちゃって」

那彩が気まずそうにあやまった。

「いや、それは別にいいんだけど」

先輩が首をかしげる。特に怒《おこ》っているふうではない。千春はひとまず安心したが、

「ぼくがひっかかったのは、そこじゃなくて」

と言われて、また身がまえた。じゃあ、どこがひっかかったんだろう。

「くわしいとかくわしくないとか、言ってたよね？　そこ、そんなに気にする必要ってあるかな？」

わかる？　と那彩が目で問いかけてくる。千春は小さく首を横に振《ふ》った。④よくわからない。

「知識って、要は結果でしょ。星のことがもっと知りたくて、調べたり誰かに聞いたりして、その積み重ねでくわしくなってくわけで。心配しなくても、知識は勝手に増えると思うよ」

千春にもやっと、話の流れがのみこめてきた。二階堂先輩は先輩で、那彩とはまたちがう角度から、励《はげ》ましてくれているようだ。

先輩の言うように、千春も星のことをもっと知りたい。知識が勝手に増える、というのは楽観的すぎるというか強気すぎるというか、やや無理がありそうだけれど、地道に学んでいくことはできるかもしれない。▲

（瀧羽麻子《たきわあさこ》『ひこぼしをみあげて』による。）

2024年度

昌平中学校

【国 語】〈一般・グローバル第一回試験〉（五〇分）〈満点：一〇〇点〉

一 次の文章を読んで、あとの問いに答えなさい。（設問に字数制限のある場合は、句読点や符号も一字と数えます。）

> 中学一年生の千春《ちはる》は、同級生の那彩《なさ》に誘《さそ》われて、知識も何もないまま天文部に入った。ある日、部のみんなでプラネタリウムへ行った。上映後、那彩に感想をたずねられて、千春は素直に「きれいだった」と答えた。

「気に入った？　よかったあ」

ぱあっと顔をほころばせた那彩は、すぐに表情をひきしめた。

「①実は、ちょっとだけ心配だったんだ。千春が楽しめるかなって」

「大丈夫《だいじょうぶ》、解説がわかりやすかったし。初心者でもちゃんとついていけたよ」

千春が言うと、ぎゅっと腕《うで》をつかまれた。

「ちがうの、初心者とか、そういう意味じゃなくて」

「え？」

「あのね、ええと……なんていうか……」

どうも歯切れが悪い。戸惑《とまど》いつつ、千春は続きを待った。那彩は日頃《ひごろ》からずばずばとものを言うのに、めずらしい。

「気になってたんだ」

那彩がぼそりとつぶやいて、手をひっこめた。もじもじとスカートをいじる。

「千春に、無理させてないかなって」

「無理？　わたしが？」

意味がのみこめず、千春は問い返した。

「天文部、あたしが強引《ごういん》に誘っちゃったから。千春は優しいしさ。内心、なんかちがうって思ってたりとか……」

「思ってないよ」

［A］大きな声が出てしまって、口をつぐんだ。そっとまわりをうかがう。幸い、そばには誰《だれ》もいない。

「ほんとに？」

那彩が上目づかいで千春をちらっと見やり、またうつむいた。両手で握《にぎ》りしめたスカートがしわくちゃだ。

「②前に失敗したんだ、あたし」

小学校で仲のよかった友だちに、折にふれて星の話をしていたらしい。相手も楽しそうに聞いてくれていた。というか、那彩はそう思いこんでいた。

ある日いきなり、遠慮《えんりょ》がちに本音を告げられるまでは。

「ごめん、星にはあんまり興味ないんだ、って」

那彩は深く落ちこんだ。反省もした。他人の趣味《しゅみ》を無理やり押《お》しつけられたら、あたしだっていやだ。これからはむやみに星のことばかりしゃべらないように気をつけよう、と心に決めた。

「だけど天文部に入って、舞《ま》いあがっちゃって。先輩《せんぱい》たちもあんなだし

2024年度

昌平中学校 ▶解説と解答

算数 ＜一般・グローバル第１回試験＞（50分）＜満点：100点＞

解答

1 (1) 43　(2) 4.8　(3) $\frac{1}{30}$　(4) $\frac{2}{15}$　(5) 14　**2** (1) 20cm　(2) 41000m^2　(3) 30 g　(4) 21人　(5) 12cm^2　(6) 36cm^3　**3** (1) 10　(2) 97番目　(3) 994　**4** (1) 10cm^2　(2) 9：4　(3) 30.26cm^2　**5** (1) 20個　(2) 208cm^3　(3) 280cm^2　**6** (1) 1980m　(2) 分速60m　(3) 660m

解説

1 **四則計算，逆算**

(1) 52－(34－６)＋19＝52－28＋19＝24＋19＝43

(2) 1.25×6－0.9×３＝7.5－2.7＝4.8

(3) $3\frac{1}{2}+1\frac{1}{5}-4\frac{2}{3}=3\frac{5}{10}+1\frac{2}{10}-4\frac{2}{3}=4\frac{7}{10}-4\frac{2}{3}=4\frac{21}{30}-4\frac{20}{30}=\frac{1}{30}$

(4) $\frac{8}{15}\div0.4-4\frac{4}{5}\times0.25=\frac{8}{15}\div\frac{2}{5}-\frac{24}{5}\times\frac{1}{4}=\frac{8}{15}\times\frac{5}{2}-\frac{6}{5}=\frac{4}{3}-\frac{6}{5}=\frac{20}{15}-\frac{18}{15}=\frac{2}{15}$

(5) 24－(□×３)÷７＝18より，(□×３)÷７＝24－18＝６，□×３＝６×７＝42　よって，□＝42÷３＝14

2 **割合と比，単位の計算，濃度《のうど》，面積，体積**

(1) ばねがのびた長さは，$14\times\frac{3}{7}$＝６(cm)なので，ばね全体の長さは，14＋６＝20(cm)である。

(2) １ha＝100 a より，4.1haは，4.1×100＝410(ａ)である。また，１ａ＝100m^2なので，410 a は，410×100＝41000(m^2)とわかる。

(3) ５％の食塩水180 g にふくまれる食塩の重さは，180×0.05＝９(ｇ)であり，ここから水を蒸発させても食塩の重さは変わらない。すると，水を蒸発させた後の食塩水の濃《こ》さは６％なので，その食塩水の重さは，９÷0.06＝150(ｇ)とわかり，蒸発させた水の重さは，180－150＝30(ｇ)と求められる。

(4) 男子の生徒数を⑦，女子の生徒数を⑤とすると，⑦－⑤＝②が６人にあたる。すると，①＝６÷２＝３(人)とわかり，男子の生徒数は，⑦＝３×７＝21(人)と求められる。

(5) 右の図１で，三角形CEBと三角形CDBは底辺と高さがどちらも８cmだから，面積が等しくなる。ここから，共通部分の三角形CFBを除くと，三角形CEFと三角形BFDの面積は等しいことがわかる。したがって，三角形BFDの面積は，３×８÷２＝12(cm^2)なので，三角形CEFの面積も12cm^2となる。

図１

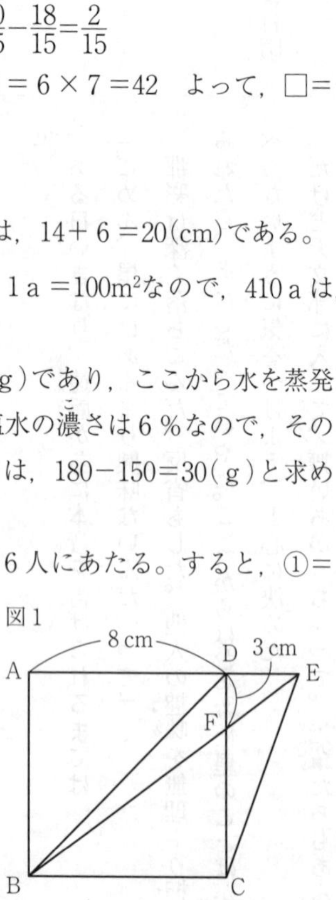

⑹　問題文中の立方体を真上から見ると，右の図２のようになり，かげをつけた正方形の面積は，６×６÷２＝18(cm^2)である。また，正八面体はかげをつけた正方形を底面とする合同な四角すい２個からできている。それぞれの四角すいの高さは，６÷２＝３(cm)なので，四角すい１個の体積は，18×３÷３＝18(cm^3)であり，正八面体の体積は，18×２＝36(cm^3)と求められる。

図２

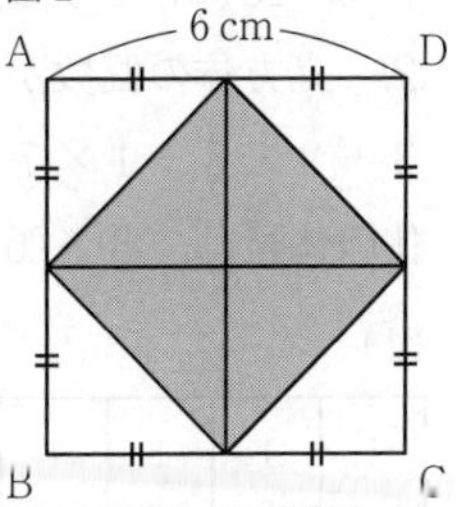

3　数列

⑴　(１，２，３，４，５)，(２，３，４，５，６)，(３，４，５，６，７)，…のように，数列を５個ずつの数の組に分けると，42番目の数は，42÷５＝８あまり２より，８＋１＝９(組目)の２番目とわかる。すると，９組目は，(９，10，11，12，13)の５個が並ぶので，42番目の数は10とわかる。

⑵　(17，18，19，20，21)，(18，19，20，21，22)，(19，20，21，22，23)，(20，21，22，23，24)，…のように，21は17組目から現れるので，４回目に現れる21は20組目の２番目の数とわかる。すると，19組目の最後の数は最初から数えると，５×19＝95(番目)になるので，20組目の２番目の数は，95＋２＝97(番目)と求められる。

⑶　113÷５＝22あまり３より，113番目の数は，22＋１＝23(組目)の３番目である。また，147÷５＝29あまり２より，147番目の数は，29＋１＝30(組目)の２番目である。23組目から30組目までは，(23，24，25，26，27)，(24，25，26，27，28)，…，(30，31，32，33，34)の８組の数が並び，23組目の数の和は，(23＋27)×５÷２＝125，30組目の数の和は，(30＋34)×５÷２＝160になる。すると，23組目から30組目までのすべての数の和は，(125＋160)×８÷２＝1140とわかる。ここから，下線をつけた５個の数を除くと，求める和は，1140－(23＋24＋32＋33＋34)＝1140－146＝994となる。

4　平面図形─面積，辺の比と面積の比

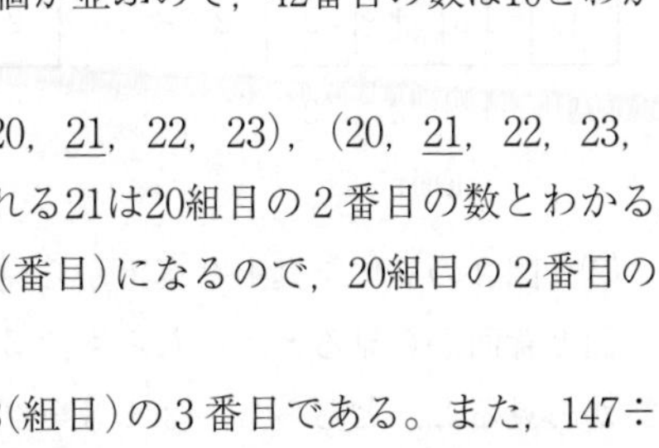

⑴　右の図でEQは半円Qの半径なので４cm，DOは半円Oの半径なので６cmである。また，QOの長さは，６－４＝２(cm)なので，台形EQODの面積は，(４＋６)×２÷２＝10(cm^2)と求められる。

⑵　半円Oと半円Qは相似であり，相似比は，６：４＝３：２である。したがって，面積の比は，(３×３)：(２×２)＝９：４とわかる。

⑶　図のようにかげをつけた部分の一部を移動すると，太線部分の面積を求めればよいとわかる。これは，四分円OBDと台形EQODの面積の和から，三角形EQCの面積を除いて求められる。四分円OBDの面積は，６×６×3.14÷４＝28.26(cm^2)，台形EQODの面積は10cm^2，三角形EQCの面積は，４×４÷２＝８(cm^2)である。したがって，太線部分の面積は，28.26＋10－８＝30.26(cm^2)と求められる。

5　立体図形─構成，分割

⑴　立方体の個数が最も少ないのは，たとえば下の図１のように積んだときである(マスの中の数字は，そのマスに積まれている立方体の個数を表す)。このとき立方体の個数は，３＋２×２＋１

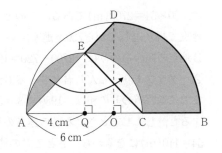

×13＝20(個)となる。

(2)　立方体の個数が最も多いのは，下の図２のように積んだときである。このとき立方体の個数は，３＋２×８＋１×７＝26(個)となる。立方体１個の体積は，２×２×２＝８(cm^3)だから，この立体の体積は，８×26＝208(cm^3)と求められる。

図１

1	1	1	1	1
1	1	2	1	2
3	1	1	1	3
1	1	1	2	2
3	1	2	2	

(右横)

(正面)

図２

1	1	1	1	1
2	1	2	2	2
3	1	2	2	3
2	1	2	2	2
3	1	2	2	

(右横)

(正面)

図３

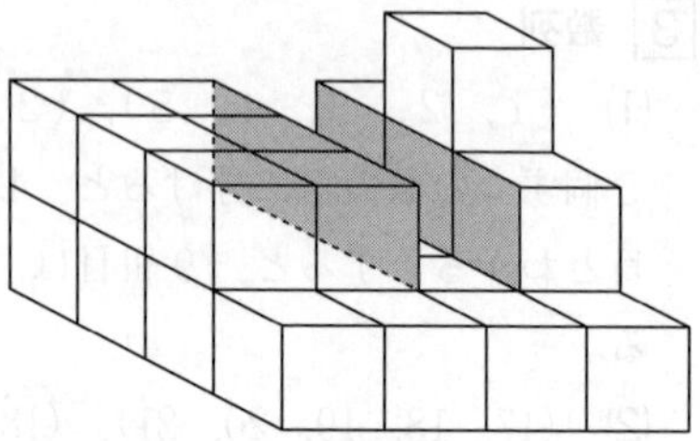

(3)　図２の立体を真上と真下から見ると，どちらも，４×４＝16(個)の正方形が見える。また，正面と背面から見ると，どちらも，３＋１＋２＋２＝８(個)の正方形が見える。さらに，右横と左横から見ると，どちらも，２＋３＋２＋１＝８(個)の正方形が見える。次に，図２の立体を背面側から見ると，上の図３のようになる。図３でかげをつけた部分には正方形が，３＋３＝６(個)あるから，この立体の表面には全部で，(16＋８＋８)×２＋６＝70(個)の正方形があるとわかる。したがって，正方形１個の面積は，２×２＝４(cm^2)だから，この立体の表面積は，４×70＝280(cm^2)と求められる。

6　旅人算，速さと比

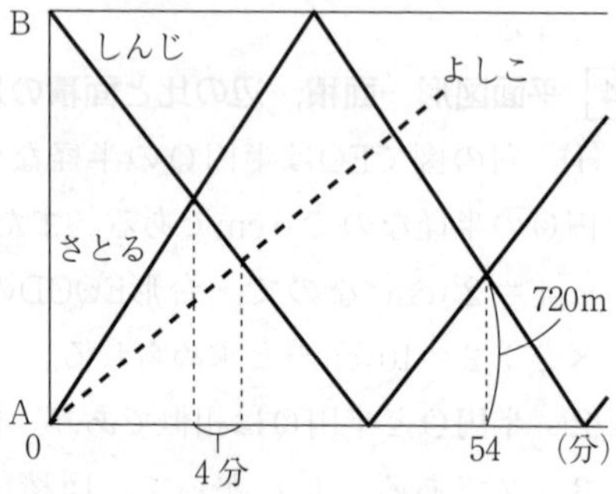

(1)　３人が進んだようすは右のグラフのようになる。しんじ君がさとる君と２回目に出会うまでに進んだ道のりは，50×54＝2700(m)である。このとき，しんじ君はA地点で折り返してから720m進んでいるので，A地点とB地点の間の道のりは，2700−720＝1980(m)とわかる。

(2)　グラフより，しんじ君とさとる君が２回目に出会うまでに進む道のりの和は，1980×３＝5940(m)である。すると，しんじ君とさとる君の速さの和は分速，5940÷54＝110(m)になるから，さとる君の速さは分速，110−50＝60(m)とわかる。

(3)　しんじ君とさとる君がはじめて出会うのは出発してから，1980÷110＝18(分後)である。すると，しんじ君とよしこさんがはじめて出会うのは出発してから，18＋４＝22(分後)なので，しんじ君とよしこさんの速さの和は分速，1980÷22＝90(m)とわかる。しんじ君とよしこさんが２回目に出会うまでに進む道のりの和は5940mだから，これは出発から，5940÷90＝66(分後)である。また，よしこさんの速さは分速，90−50＝40(m)であり，66分後までによしこさんは，40×66＝2640(m)進む。したがって，しんじ君とよしこさんが２回目に出会うのは，B地点から，2640−1980＝660(m)はなれたところである。

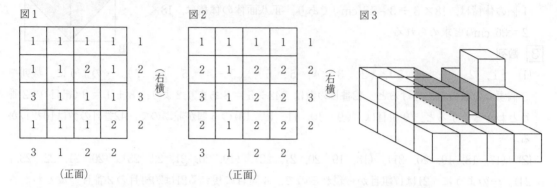

社 会　＜一般第１回試験＞（理科と合わせて50分）＜満点：50点＞

解 答

[1] 問１　金沢　問２　イ　問３　淡路島　問４　X　新潟県　Y　秋田県　問５　エ　問６　イ　問７　ウ　問８　シラス　問９　ア　問10　イ　問11　エ　問12　日本海流(黒潮)　[2] 問１　ウ　問２　貝塚　問３　前方後円墳　問４　(1)　ア　(2)　イ　問５　(1)　エ　(2)　ウ　問６　高床倉庫　問７　エ　問８　正倉院　問９　ウ　問10　[B]→[C]→[E]→[A]→[D]　[3] 問１　征夷大将軍　問２　イ　問３　ウ　問４　イ→ウ→エ→ア　問５　ア　問６　エ　問７　ウ　問８　ア　問９　国際連盟　問10　ウ　問11　自衛隊　[4] 問１　最高法規　問２　国民主権(主権在民)　問３　ウ　問４　(1)　ア　(2)　イ　問５　9　問6　ウ

解 説

[1] 日本の半島とその周辺の自然や産業についての問題

問１　石川県の県庁所在都市である金沢市は，江戸時代に加賀百万石《ごく》の前田家の城下町として発展した。2015年には北陸新幹線の長野駅―金沢駅間が開業し，首都圏《けん》からの移動時間が短縮された。

問２　輪島塗《ぬり》は，石川県輪島市で生産されている漆器《しっき》で，伝統的工芸品に指定されている。室町時代につくられ始めたとされ，江戸時代には地元の漆《うるし》・けやき・地の粉などを使って生産がさかんになった(イ…○)。なお，アは江戸切子で東京都，ウは南部鉄器で岩手県盛岡市・奥州《おうしゅう》市，エは天童将棋駒《しょうぎこま》で山形県天童市などの伝統的工芸品である。

問３　淡路《あわじ》島は，兵庫県に属する瀬戸内海最大の島で，明石海峡《あかしかいきょう》大橋で本州と，大鳴門《おおなると》橋で四国と結ばれている。比較《ひかく》的温暖な気候を生かし，たまねぎや花の栽培《さいばい》，肉牛の飼育がさかんである。

問４　近年，米の収穫《しゅうかく》量上位３都道府県は一定で，第１位(X)は「コシヒカリ」の生産で知られる新潟県，第２位は「ななつぼし」の生産で知られる北海道，第３位(Y)は「あきたこまち」の生産で知られる秋田県となっている。

問５　知床《しれとこ》は，北海道の東部に位置する半島で，流氷の育む海の生態系と手つかずに近い陸の生態系の連鎖《れんさ》が見られ，貴重な動物の生息地となっていることから，2005年にユネスコ(国連教育科学文化機関)の世界自然遺産に登録された(エ…○)。なお，アは白神山地の説明だが，半島ではなく青森県と秋田県にまたがる山地帯である。イは鹿児島県の屋久《やく》島，ウは東京都の小笠原《おがさわら》諸島の説明である。

問６　日本の最北端《たん》に位置する択捉《えとろふ》島・国後《くなしり》島・色丹《しこたん》島・歯舞《はぼまい》群島は北方領土と呼ばれる日本固有の領土であるが，現在はロシア連邦(ロシア)によって占領《せんりょう》・支配されている(イ…○)。なお，アはアメリカ合衆国(アメリカ)，ウは中華人民共和国(中国)，エはオーストラリアである。

問７　枕崎《まくらざき》港は，鹿児島県にある漁港で，かつお(冷凍)の水あげ量は焼津《やいづ》港に次いで第２位である。また，枕崎港のある枕崎市は，かつおを加工したかつお節の生産量が日本一となっている(ウ…○)。なお，アの境港は鳥取県，イの焼津港は静岡県，エの石巻港は宮城県にある漁港。

問８　シラス台地は，火山噴出《ふんしゅつ》物が積もってできた台地で，鹿児島県の大部分の地域に広がっている。水はけがよく農業用水の確保が難しい土地であったが，ダムやかんがい用水の整備によって，さつまいも栽培に加えて，野菜，茶の栽培や畜産《ちくさん》がさかんに行われるようになった。

問９　らっかせいは，明治時代から日本で栽培されるようになり，千葉県が国内生産量の約85％を占《し》めている(ア…○)。なお，イのさとうきびは沖縄県，ウのこんにゃくいもは群馬県，エのさつまいもは鹿児島県が生産量全国第１位となっている(2022年)。

問10　京葉工業地域は，東京都から千葉県にかけての東京湾《わん》沿いに形成され，市原市や千葉市に石油コンビナートが立ち並び，君津市には大規模な製鉄所がある。石油化学工業と鉄鋼業が発達し，製造品出荷額等の約40％を化学工業，約20％を金属工業が占めていることが特徴《とくちょう》である(イ…○)。なお，アは阪神工業地帯，ウは京浜工業地帯，エは中京工業地帯のグラフである。

問11　関ヶ原の戦いは，1600年に徳川家康が豊臣方の石田三成を中心とする勢力を破った戦いで，その古戦場は岐阜県南西部に位置している(エ…×)。なお，長篠《ながしの》の戦いの古戦場は愛知県東部に位置している。

問12　日本海流は，フィリピン沖から流れてきて，太平洋を日本列島に沿って千葉県の房総《ぼうそう》半島あたりまで北上し，その沖を東に流れる暖流である。栄養分が少なく透明《とうめい》度が高いために海の色が青黒く見えることから，「黒潮」と呼ばれる。

2　**歴史的な資料についての問題**

問１　源義経は，幼いころを京都や平泉(岩手県)の藤原秀衡《ひでひら》のもとで過ごし，兄である頼朝が挙兵し源平の戦いが始まると，頼朝のもとで平氏と戦い，1185年３月に壇ノ浦《だんのうら》の戦い(山口県)で平氏をほろぼした。

問２　貝塚は，縄文時代の人々のごみ捨て場で，貝類のほか，魚やけものの骨，土器・石器の破片《はへん》，骨角器などが発掘《はっくつ》され，当時の人々の生活を知る手がかりになる。また，貝塚の分布から，当時の海岸線を推測することもできる。

問３　大王《おおきみ》や豪族《ごうぞく》のつくった墳丘墓《ふんきゅうぼ》を古墳といい，円形の墳丘の前に方形(四角形)の墳丘がつながり上から見るとカギ穴のような形をした前方後円墳が，３世紀から６世紀にかけて，近畿地方を中心に各地でつくられるようになった。

問４　⑴，⑵　勘合《かんごう》と呼ばれる通交証書は，室町幕府の第３代将軍を務めた足利義満が明(中国)との間で行った貿易のさいに，正式な貿易船と倭寇《わこう》とを区別するために使用されたものである。日本の貿易船は，勘合の左半分を明の港に持参し，明が持つ右半分と照合することで正式な貿易船であることを証明した。

問５　⑴　資料Eは法隆寺である。厩戸《うまやと》王(聖徳太子)は，亡き父である用明天皇の遺志を継いで奈良の斑鳩《いかるが》に法隆寺を建てた。この寺は現存する世界最古の木造建築群として知られ，1993年に世界文化遺産に登録された。　⑵　法隆寺が建てられたのは飛鳥時代である。同じ時代に，家がらではなく能力や功績に応じて役人を登用するため，冠位十二階の制度が厩戸王によって定められた(ウ…○)。なお，アは奈良時代，イは平安時代，エは鎌倉時代の説明である。

問６　縄文時代末に大陸から伝わった稲作が，弥生時代に入って本格的に行われるようになると，米などの収穫物を保存するために高床倉庫がつくられた。この倉庫は，湿気《しっけ》を防いで風通しをよくするために床が高くなっており，ねずみの侵入《しんにゅう》を防ぐために「ねずみ返し」と呼ばれるしかけが柱に付けられていた。

問７　資料Gは「蒙古襲来絵詞《もうこしゅうらいえことば》」である。元の皇帝フビライ・ハンが，13世紀に高麗《こうらい》を従えた元軍を率いて二度にわたって博多《はかた》湾沿岸に攻《せ》めてきた出来事を元寇《げんこう》といい，それぞれ1274年を文永の役，1281年を弘安の役という。

問８　正倉院は，東大寺(奈良県)にある聖武天皇の宝物や仏具などの品々が収められた宝庫である。遣唐使や留学生が中国から持ち帰ったものも多く，中には，ペルシア(現在のイラン)などの西アジア，インドなどの南アジアのものがシルクロードを通って中国に伝わり，日本にもたらされたものもある。

問９　観阿弥《かんあみ》と世阿弥《ぜあみ》の親子は，奈良・平安時代ごろから行われていた猿楽《さるがく》や田楽をもとにして，能(能楽)を芸術的に大成させた。

問10　[A]は平安時代末期，[B]は縄文時代，[C]は古墳時代，[D]は室町時代，[E]は飛鳥時代の資料なので，年代の古い順に，[B]→[C]→[E]→[A]→[D]となる。

[3] 江戸時代から現代までの歴史的なことがらについての問題

問１　徳川家康は，1590年に豊臣秀吉が天下統一を果たすと，関東に移され，その地を支配する大名となった。1600年に関ヶ原の戦いで豊臣方の石田三成に勝利すると，1603年に朝廷から征夷大将軍に任命され，江戸に幕府を開いた。

問２　1637年，島原(長崎県)と天草(熊本県)の農民たちは，領主の厳しい年貢《ねんぐ》の取り立てと，キリスト教信者の取りしまりに対して，天草四郎時貞《ときさだ》を頭領として一揆《いっき》を起こし，原城跡に立てこもった。江戸幕府の第３代将軍徳川家光は，約12万の大軍でこれをしずめた。

問３　杉田玄白や前野良沢《りょうたく》たちは，ドイツ人医師クルムスの解剖《かいぼう》書をオランダ語訳した『ターヘル・アナトミア』を苦労の末に和訳し，1774年に『解体新書』として出版した。

問４　アは1866年，イは18世紀後半(1787年～93年)，ウは19世紀半ば(1841～43年)，エは1860年のことなので，年代の古い順にイ→ウ→エ→アとなる。

問５　西郷隆盛は，薩摩藩《さつまはん》(鹿児島県)出身の政治家で，1868年に始まった戊辰《ぼしん》戦争の新政府側の指導者となり，江戸総攻撃のときに勝海舟と話し合って江戸城無血開城を実現した。その後，征韓《せいかん》論に反対されたことにより鹿児島にもどり，1877年に起こした西南戦争で政府軍に敗れて自害した(ア…○)。なお，イは伊藤博文，ウは坂本龍馬，エは板垣退助である。

問６　明治政府は，1873年に国の財政を安定させる目的で地租《ちそ》改正を行い，全国の土地を調査して，土地の価格である地価を決定した。そして，それらを記した地券を土地の所有者に与え，土地の所有者に地価の３％にあたる額を地租として現金で納めさせた(エ…○)。

問７　大日本帝国憲法では，国民を臣民とし，臣民の権利は天皇が恩恵《おんけい》的に与えるものとされ，その権利の保障は「法律の範囲内」と制限が設けられていたが，国民に自由が一切なかったわけではない(ウ…×)。

問８　関東軍(満州にいた日本軍)は，満州(中国東北部)に軍隊を置き，朝鮮にも勢力を伸ばそうとしていたロシアを警戒《けいかい》していた。一方，イギリスは，中央アジア・インド・中国をめぐって南下政策をとるロシアと対立していた。1902年，ロシアに対して共通の利害関係を持つ両国は，日英同盟を結んだ(ア…○)。なお，イはフランス，ウはドイツ，エはイタリアである。

問９　日本は，1931年に奉天郊外《こうがい》の柳条湖《りゅうじょうこ》において南満州鉄道の線路を爆破し，これを中国側のしわざであるとして軍事行動を開始した(満州事変)。半年余りの間に満州のほぼ全域を占領し，翌32年に満州国の建国を宣言したが，国際連盟がリットン調査団の報告書にもとづいて日本の撤退《てったい》を求める勧告《かんこく》案を採択《さいたく》すると，日本は1933年に国際連盟から脱退した。

問10　1951年，吉田茂はアメリカのサンフランシスコで開かれた講和会議に日本全権として出席し，連合国48か国との間に平和条約を結んだ。これにより，連合国軍による占領が終わり，日本は独立を回復した(ウ…○)。

問11　2003年3月にイラク戦争が始まると，イラクの復興や治安維持《いじ》活動の支援を目的として，同年7月に「イラク復興支援特別措置《そち》法」が制定された。翌年1月には自衛隊がイラクに派遣され，2008年12月まで自衛隊は多国籍軍とともに現地で活動した。

4　**国民の権利と義務についての問題**

問1　日本国憲法第98条では，日本国憲法を国の最高法規と位置づけ，その条規に反する法律などは効力がないことを定めている。

問2　国の政治をどのように進めていくのかを最終的に決める権限を主権といい，日本国憲法では主権が国民にあることが定められている。これを国民主権といい，平和主義，基本的人権の尊重とともに，日本国憲法の三大原則に位置づけられている。

問3　日本国憲法では，前文と第9条において平和主義を明確に規定している。日本国憲法の前文では「再び戦争の惨禍《さんか》が起《おこ》ることのないようにすることを決意し」と表明し，第9条1項では，戦争の放棄《ほうき》と武力の行使の禁止が，2項で戦力の不保持と交戦権の否認《ひにん》が定められている。

問4　(1)　2015年に公職選挙法が改正されたことにより，現在の選挙権は満18歳以上の男女に与えられている。　(2)　参議院議員と都道府県知事の被選挙権は満30歳以上，衆議院議員と市区町村長の被選挙権は満25歳以上である(イ…○)。

問5　義務教育の期間については憲法第26条2項の規定を受け，学校教育法などで9年間と定められている。

問6　直接税は，税を負担する義務のある人と，税を実際に国や地方公共団体に納める人が同じである税のことで，所得税，法人税，相続税，住民税，固定資産税などがこれにあたる。間接税は，税を負担する人と納める人が異なる税をいい，消費税，酒税，たばこ税，関税，入湯税などがこれにあたる。

理　科　＜一般第1回試験＞（社会と合わせて50分）＜満点：50点＞

解　答

1　(1)　たい積岩　(2)　イ　(3)　ウ　(4)　東　(5)　12.5m　**2**　(1)　A　ウ　B　イ　(2)　ウ　(3)　3.5倍　(4)　30℃　(5)　5.0mg　**3**　(1)　X　水素　Y　二酸化炭素　(2)　ア　(3)　食塩　(4)　A　銅　B　アルミニウム　C　食塩　D　石灰石　E　鉄　**4**　(1)　①　4m　②　D，E，F　③　A，E　(2)　2m　(3)　22.5度

解　説

1 地層のようすについての問題

⑴　小石，砂，ねんどなどが川に流され，海などに出て底に積もり，おし固められてできた岩石をたい積岩という。

⑵　小石の地層は，小石が川に流され，海底などに積もってできる。よって，この地層にふくまれる小石は，川に流されたときに角が取れるため，丸みを帯びている。

⑶　アンモナイトは中生代と呼ばれる時代(約2.5億年前〜約6500万年前)に，世界中の海に広く栄えていた生物である。このころの陸上は恐竜《きょうりゅう》の時代であった。なお，三葉虫は古生代と呼ばれる時代(約5.7億年前〜約2.5億年前)の生物，ビカリアとマンモスは新生代と呼ばれる時代(約6500万年前〜現在)の生物である。

⑷　図１と図２から各地点における火山灰の層の標高を調べると，地点Ａでは標高，25−10＝15(m)，地点Ｂでは標高，30−15＝15(m)にある。地点Ａと地点Ｂは南北方向に並んでおり，火山灰の層の標高が同じなので，ここの地層は南北方向にはかたむいていないといえる。また，地点Ｃでは火山灰の層が標高，20−10＝10(m)にある。地点Ｂと地点Ｃは東西方向に並んでおり，火山灰の層の標高を比べると地点Ｃの方が低いので，ここの地層は東に向かうと低くなるようにかたむいていることがわかる。

⑸　地点Ｄは地点Ｂと地点Ｃのちょうど真ん中にあるので，ここでは火山灰の層が標高，(15＋10)÷２＝12.5(m)にある。したがって，標高25mの地表からは，25−12.5＝12.5(m)の深さにある。

2 光合成と呼吸についての問題

⑴　実験の２で，息をふきこんで水に二酸化炭素をとかしこんでいるので，緑色(中性)のBTBよう液にはある程度の量の二酸化炭素がとけている。よって，これよりも二酸化炭素が増加すれば酸性になってBTBよう液は黄色になり，二酸化炭素が減少すればアルカリ性になってBTBよう液は青色になる。Ａでは，中の水草に日光があたり，水草が光合成を行うために二酸化炭素を吸収する(同時に呼吸も行っているが，光合成の方がはたらきが大きい)から，BTBよう液は青色に変化する。Ｂでは，中の水草に日光が当たらず，水草が呼吸だけを行って二酸化炭素を放出するから，BTBよう液は黄色に変化する。

⑵　Ｃに入れたBTBよう液が変化した場合，ＡやＢの色の変化が水草のはたらきかどうかわからない。この実験では，ＣのBTBよう液は緑色のまま変化しない。このことから，Ａ，ＢでのBTBよう液の変化が水草のはたらきによるものだと考えられる。

⑶　Ｅでは，葉に日光があたっていないので，葉は呼吸しか行っていない。よって，表にある「Ｅの酸素減少量」は各温度での呼吸による酸素減少量を表している。表より，呼吸による酸素減少量は，30℃で3.5mg，10℃で1.0mgなので，求める値は，3.5÷1.0＝3.5(倍)となる。

⑷　Ｄでは，葉に日光があたっているので，葉は呼吸と光合成の両方を行っており，表にある「Ｄの酸素増加量」は各温度での，(光合成によってつくられた酸素の量)−(呼吸で使われた酸素の量)を表している。したがって，各温度での光合成によってつくられた酸素の量は，表における「Ｄの酸素増加量」と「Ｅの酸素減少量」の和に等しい。たとえば５℃では，1.5＋0.5＝2.0(mg)になり，ほかも同様に調べると，10℃では3.5mg，15℃では5.0mg，20℃では6.0mg，25℃では6.5mg，30℃では7.5mgとわかる。以上のことから，実験を行った温度の中で，光合成が最も活発に行われる

のは30℃のときと考えられる。

⑸　⑷で述べたことから，15℃での光合成によってつくられた酸素の量は，3.5＋1.5＝5.0(mg)となる。

3　さまざまな物質の性質についての問題

⑴　アルミニウムはうすい塩酸とうすい水酸化ナトリウム水よう液にとけて水素を発生する。石灰石はうすい塩酸にとけて二酸化炭素を発生する。銅はうすい塩酸にもうすい水酸化ナトリウム水よう液にもとけない。鉄はうすい塩酸にとけて水素を発生する。これら４種類の粉末は水にとけないが，食塩は水や水よう液にとける。以上のことから考えると，Ⅰの液体はうすい水酸化ナトリウム水よう液，Ⅱの液体は水，Ⅲの液体はうすい塩酸となる。また，Aは銅，Bはアルミニウム，Cは食塩，Dは石灰石，Eは鉄であり，気体Xは水素，気体Yは二酸化炭素とわかる。

⑵　Ⅲの液体であるうすい塩酸にDの石灰石(主に炭酸カルシウムからできている)を加えると，二酸化炭素を発生するとともに，塩化カルシウムという物質ができる。この塩化カルシウムは水よう液にとけこんでいるが，蒸発皿にとって水分を蒸発させると，塩化カルシウムの白い固体があとに残る。

⑶　水酸化ナトリウム水よう液とうすい塩酸を混ぜ合わせると，たがいの性質を打ち消しあう中和という反応が起こり，食塩と水ができる。

⑷　⑴の解説を参照のこと。

4　光の性質についての問題

⑴　①　鏡の中に映る物体，つまり物体の像は，鏡に対して線対称《たいしょう》の位置にできる。図１で，Aは鏡から２ｍはなれているので，Aに立った自分の像は鏡の向こう側に２ｍはなれた位置にできる。したがって，鏡の中に映る自分は，２×２＝４(ｍ)はなれて見える。　②　下の図のように，鏡に対するA～Fの像A’～F’をかき，Cから鏡の両はしを通る２本の直線をかく。このとき，Cからは２本の直線の間にあるD’，E’，F’を鏡の中に見ることができる。　③　右の図で，Fから右に２マス移動した位置をGとし，鏡に対するGの像G’をかく。そして，A～Eの各点とG’を直線で結んだとき，この直線が鏡を通らない場合はその位置からG’を鏡の中に見ることができない。つまり，見えないのはAとEになる。

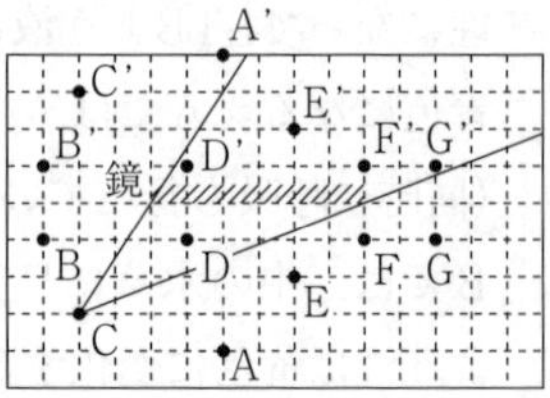

⑵　図２で，鏡Ⅰの中心から鏡Ⅱの中心に進む光の道すじは，１辺１ｍの正方形の対角線となっている。よって，鏡Ⅱでの入射角も反射角も45度となるので，鏡Ⅱの中心から点Pに進む光の道すじも１辺１ｍの正方形の対角線となる。したがって，鏡Ⅰの中心と点Pの間には１辺１ｍの正方形が２個並ぶから，鏡Ⅰの中心から点Pまでのきょりは２ｍである。

⑶　鏡Ⅱでの入射角と反射角の和が45度となるので，入射角と反射角はそれぞれ，45÷２＝22.5(度)である。よって，入射角が22.5度になるように，鏡Ⅰと平行な状態から，時計回りに，45－22.5＝22.5(度)回転させればよい。

英語　＜グローバル第１回試験＞（50分）＜満点：100点＞

※　解説は編集上の都合により省略させていただきました。

解答

1 ⑴ 2　⑵ 4　⑶ 3　⑷ 1　⑸ 3　⑹ 4　⑺ 1　⑻ 2　⑼ 1　⑽ 4　2 ⑴ 4　⑵ 2　⑶ 1　⑷ 1　⑸ 3　3 ⑴ (c)atch　⑵ (h)eld　⑶ (t)hirsty　⑷ (s)itting　⑸ (c)arefully　4 ⑴ 1　⑵ 2　⑶ 4　⑷ 1　⑸ 3　5 (A) ⑴ 1　⑵ 4　⑶ 3，5，6　(B) ⑴ 2　⑵ 3　⑶ 1，4，6　6 ⑴ 2　⑵ 1　⑶ 2，3　⑷ ③ 50　④ 歯　⑤ 建設　⑥ 300　⑦ 動物園

国語　＜一般・グローバル第１回試験＞（50分）＜満点：100点＞

解答

一 問1　A オ　B ウ　問2 エ　問3 星の話　問4 ア　問5 励ましてくれている　問6 エ　問7 イ　問8 ウ　問9 イ　問10 ウ　二 問1 話す　問2 エ　問3 a 表情や声色　b 身振り手振り　問4 イ　問5 ウ　問6 ア　問7 イ　問8 エ　問9 ウ　三 問1 エ　問2 ア，オ　問3 ウ　問4 イ　問5 オ　四 問1 ① ア　② ウ　③ エ　④ ウ　⑤ エ　問2 ① イ　② ウ　③ イ　④ ア　⑤ エ　五 ① ウ　② エ　③ カ　④ イ　⑤ ケ　六 ① ぼうえい　② そうじゅう　③ しゅくしゃく　④ まず(しい)　⑤ ひと(り)　⑥～⑩ 下記を参照のこと。

●漢字の書き取り

六 ⑥ 批評　⑦ 損益　⑧ 清潔　⑨ 浴(びる)　⑩ 預(ける)

解説

一 **出典：瀧羽麻子《たきわあさこ》『ひこぼしをみあげて』**。那彩《なさ》に誘われて天文部に入った千春《ちはる》は，夢中になれるものを持つ那彩たちをうらやましく思い，自分もがんばって星について学ぼうと決心する。

問1　**A**　「千春に，無理させてないかなって」と言う那彩の思いがけない言葉に驚《おどろ》き，千春はすぐに「思ってないよ」と返答したのだから，オの「とっさに」があてはまる。　**B**　「あたし，うるさかったよね？　正直，ひいてない？」と那彩にきかれた千春は，「そんなことないよ」と言ったものの，せっかく那彩が素直《すなお》な気持ちを伝えてくれたのだから自分もそうしようと考え，「思いきって」自分の思っていたことを言い足したのである。

問2　この後，自分が強引《ごういん》に天文部に誘《さそ》ったことで千春に無理をさせているのではないかと，不安だった気持ちを那彩は打ち明けている。よって，エがあてはまる。

問3　続く部分で那彩は，自分の「失敗」について語っている。実際にはあまり星に興味がない友だちに，楽しそうにきいていてくれると思いこんで「星の話」をよくしていたことが，自分の好き

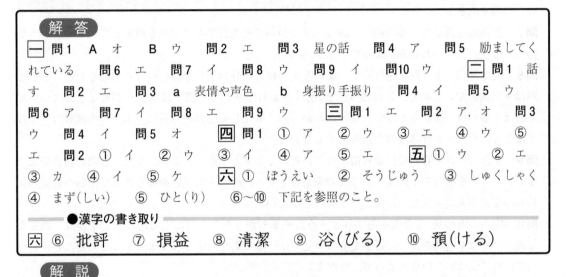

なものの押《お》しつけになっていたというのである。

問４　「もどかしげ」は，思うようにいかずあせるようす。「星のこと全然くわしくないし，足ひっぱっちゃうかも」しれないが，「那彩を見習って」がんばりたいと千春に言われた那彩は，あわてて「いやいや，あたしだってそんなにくわしくないってば！」と返している。よって，アが合う。

問５　「星のこと全然くわしくないし，足ひっぱっちゃうかもだけど」と話す千春のようすを見ていた二階堂先輩《にかいどうせんぱい》は，「くわしいとかくわしくないとか，言ってたよね？　そこ，そんなに気にする必要ってあるかな？」と話した後，「心配しなくても，知識は勝手に増えると思うよ」と続けている。この話をきいて，千春は二階堂先輩が星にくわしくない自分を「励《はげ》ましてくれている」のだと理解したのである。

問６　自分と那彩の話をきいていた二階堂先輩が，「怒《おこ》っているふう」ではないと感じて千春は「安心した」ものの，話にひっかかった部分があったと言われ，緊張《きんちょう》して身がまえている。しかし実のところ二階堂先輩は，星のことを全然知らなくても「知識は勝手に増える」から大丈夫《だいじょうぶ》だと自分を励ましてくれているのがわかったので，星について地道に学んでいこうと前向きな気持ちになったのである。

問７　最後の段落から，最終的に千春は，星について地道に学んで知識を増やしていこうという気持ちになったことがわかる。よって，イが選べる。

問８　実は星にあまり興味を持っていない友だちに，自分の興味を押しつける失敗をしたことを那彩は気に病《や》んでいるので，アは誤り。また，「浮《う》かれすぎ」て「調子に乗」りがちな自分について，反省はするが嫌《きら》っているわけではないことから，イも正しくない。さらに，ふだんの那彩は「ずばずばとものを言う」性格なのだから，エも合わない。

問９　できごとは千春の視点から描かれているので，アとエは合わない。また，周囲の物音やようすを描くことを通じてではなく，二人の表情やしぐさ，心の中の思いを描くことで千春や那彩の気持ちの変化が表現されているので，ウも正しくない。

問10　空らんＢの後，「なんかちょっと，うらやましかった」と口に出したことで千春は，豊富な知識だけでなく情熱を持って好きなものを追いかける那彩たちがうらやましかったのだという自分の気持ちに気づいている。よって，ウがよい。

二　**出典：齋藤 孝《さいとうたかし》『書ける人だけが手にするもの』**。書くことを常態化することで，思考力もふだんの話し言葉の表現力もみがかれ，自分も自分の人生も豊かになると筆者は述べている。

問１　「思考と表現」が同時になされる，日常でよく行っていることが入る。次の段落で，仲のいい友達と食事をしながら会話を楽しむとき，「その場で言葉を探し，組み立てながら，やりとりをするはず」だと述べられている。よって，「話す」が入る。

問２　Ｂ　「書く」と「話す」の違《ちが》いを説明するための例として筆者は「やばい」という言葉を取りあげ，会話では「やばい」と繰《く》り返しても問題はないが，書いて伝える場合には，言い換《か》えたりしっかり説明したりしないとわからないと述べている。　Ｅ　「文章を書くということが常態化してくると，次第《しだい》に，書くときに使っている言葉が話しているときにも口をついて出る」と述べたうえで，筆者は「スポーツ観戦で，ファインプレーを目撃《もくげき》した」ときの発言について取りあげている。　よって，両方とも具体的な例をあげるときに用いる「たとえば」があてはまる。

問３　ぼう線①は，話し言葉を使う場面で加わる「プラスアルファの表現」を指すので，空らんａ

には「表情や声色《こわいろ》」，空らんｂには「身振《みぶ》り手振り」が入る。

問４　三つ前の段落で，書き言葉は話し言葉と異なり，表情や声色，身振り手振りが使えないので，「言葉を言い換えたり，詳《くわ》しく説明したり」しないとうまく伝えられなくなると述べられている。よって，イがあてはまる。

問５　続く部分で筆者は，書くことが常態化すると「語彙《ごい》力」や「思考力」がみがかれ，話すときの豊かな表現にもつながると述べている。よって，ウがあてはまる。

問６　筆者は，書くことが常態化すると，書くときに使う言葉が話すときにも口をつくようになると述べている。つまり，普段《ふだん》の話し言葉を洗練させるためには，「日常的」に「書く」必要があるといえる。

問７　「『話すように書く』ことが，徐々《じょじょ》に『書くように話す』こととイコールになっていく」とは，〈イ〉の直前や〈ウ〉の直後の例にあるとおり，書き言葉と話し言葉の語彙が一致《いっち》することをいう。その結果，書くときでも話すときでも，「思考や感情を言葉で豊かに表現できる」ようになるのだから，イがふさわしい。

問８　もどす文に「こうした表現」とあるので，前の部分にはもともと話すときに使っていなかった言葉が，自然と口をついて出るようになることの例があげられているものと推測できる。〈エ〉に入れると，「書く」ことが常態化することで，これまで「まじでびっくりした！　やばかった」だとか「めっちゃうまい！　やばい」とだけ言っていたのが，豊かな言葉によって表現されるようになるというつながりになり，文意が通る。

問９　ぼう線②の直前の段落に，「国語辞典に掲載《けいさい》されている何万という言葉のうち，『この言葉は話しているときにも普通に使うな』と思うものは非常に少な」く，せいぜい「1000語ほど」だろうと述べられている。よって，ウが合う。

三　**出典：佐野久子《さのひさこ》『走る少女』**。代表選手になる自信がない比呂《ひろ》は，顧問《こもん》の先生に相談し，千秋《ちあき》先輩に代表の座をゆずろうとする。

問１　あることをしたために起こった結末や状態をいう「結果」と反対の意味を持つ言葉は，ものごとが起こるもとを表す「原因」である。

問２　「職員室」は，前の二字が，後の一字を修飾《しゅうしょく》している組み立て。よって，アの「試写会」とオの「建築物」が同じ。なお，イの「逆効果」とエの「不可能」は前の一字が後の二字を修飾する組み立て。ウの「雪月花」は，それぞれ対等の意味を持つ漢字を重ねた組み立て。

問３　「よろこんで」にかかる「きっと」は副詞なので，ウが選べる。なお，アは形容詞，イは形容動詞，エは動詞である。

問４　ぼう線④の「よく」は“たいへん”“ひじょうに”という意味なので，イがよい。なお，アは“うまく”，ウは“ずうずうしくも”，エは“たびたび”という意味で用いられている。

問５　言葉のかかり受けは，直接つなげてみて意味のまとまる部分が答えになる。比呂は，千秋の家の電話番号を「思いきって」「プッシュした」のだから，オがよい。

四　**主語と述語，品詞の知識**

問１　主語は「誰《だれ》は(が)」「何は(が)」，述語は「どうする」「どんなだ」「何だ」にあたる文節をいう。まずは述語を定め，それから主語を探すとよい。　①　「買った」のは母なので，アが選べる。　②　「呼んだ」のは友だちなので，ウが合う。　③　「存在しない」のはほこりなので，エがふさわしい。　④「始まる」のは(文化祭の)シーズンなので，ウが正しい。　⑤ ふつうの語順に直すと，「あの白くて美しい鳥が飛びたったんだよ」となる。この文の述語は「飛びたったんだよ」なので，主語はエの「鳥が」にあたる。

問２　① イの「ついに」は副詞だが，ア，ウ，エは形容動詞にあたる。　② ウの「簡単だ」は形容動詞だが，ア，イ，エは名詞＋断定の助動詞「だ」の構成になる。　③ イの「まわり」は名詞だが，ア，ウ，エは副詞である。　④ アの「おかしな」は連体詞だが，イ，ウ，エは形容動詞である。　⑤ エの「考える」以外は，“買うことができる”“言うことができる”“会うことができる”という意味の可能動詞である。

五　慣用句の完成

①「目がない」は，大好きであるようす。「目が高い」は，よいものを見ぬく力がすぐれているさま。「目がくもる」は，見方がかたよって適切な判断ができないようす。　②「鼻にかける」は，“自慢《じまん》する”という意味。「鼻がきく」は，“わずかな情報から有利なものやよいものを見ぬく能力がすぐれている”という意味。「鼻持ちならない」は，言動ががまんできないほど不快であるようす。　③「口がかたい」は，秘密などをしっかりと守るようす。「口がうまい」は，話し方がうまく，人をたくみにまるめこむさま。「口が重い」は，口数が少ないようす。　④「顔がつぶれる」は，“面目がつぶれる”という意味。「顔が立つ」は，“面目が立つ”という意味。「顔が広い」は，たくさんの人に知られているようす。　⑤「手を焼く」は，“もてあます”という意味。「手がかかる」は，“世話が焼ける”という意味。「手があく」は，“仕事がひと段落してひまができる”という意味。

六　漢字の読みと書き取り

① 危険などを防ぎ，守ること。　② 思うように機械などを動かすこと。　③ 地図などで，実際の大きさより縮めた割合。　④ 音読みは「ヒン」「ビン」で，「貧困」「貧乏《びんぼう》」などの熟語がある。　⑤ 音読みは「ドク」で，「独立」などの熟語がある。　⑥ 物事のよしあしを見分けて意見を言うこと。　⑦ 損失と利益。　⑧ よごれがないようす。　⑨ 音読みは「ヨク」で，「浴室」などの熟語がある。　⑩ 音読みは「ヨ」で，「預金」などの熟語がある。

2024 年度

昌平中学校

【算　数】〈Ｔクラス第１回試験〉（50分）〈満点：100点〉

（注意）分数は，それ以上約分できない分数で必ず答えなさい。また，図形は，必ずしも正確ではありません。

1 次の□にあてはまる数を答えなさい。

(1) $18 \times 4 - (114 - 12 \times 3) \div 6 = \square$

(2) $1.7 \times 91 - 1.7 \times 13 + 52 \times 8.3 + 26 \times 8.3 = \square$

(3) $1\frac{1}{2} - \frac{3}{4} \times 2\frac{2}{9} \div 1\frac{3}{7} = \square$

(4) $2.4 \times \frac{1}{8} + 1.5 \div \frac{5}{7} + \frac{4}{5} \times 0.75 = \square$

(5) $31 - \{(\square \div 2 - 9) \times 14\} \div 7 = 23$

2 次の□にあてはまる数を答えなさい。

(1) ある品物を１個□円で仕入れて，40％の利益を見こんで定価をつけましたが，実際に売るときには定価の25％値引きして売ると，１個あたり120円の利益がありました。

(2) $2800\ \text{cm}^3 + 13\ \text{dL} - 400\ \text{mL} = \square$ L

(3) ある仕事をするのに，Ａさん１人では12時間，Ｂさん１人では18時間かかります。この仕事を２人でいっしょに４時間した後，残りをＢさんが１人で□時間すると，すべて終えることができます。

(4) あるクラスで算数のテストを行うと，男子の平均点は72点で，女子の平均点は90点でした。また，男子の合計点と女子の合計点は等しくなりました。このとき，クラス全体の平均点は□点になります。

(5) 図1の三角形DBEは，三角形ABCを，頂点Bを中心に40°回転させたものです。

このとき，角**ア**の大きさは□度です。

図1

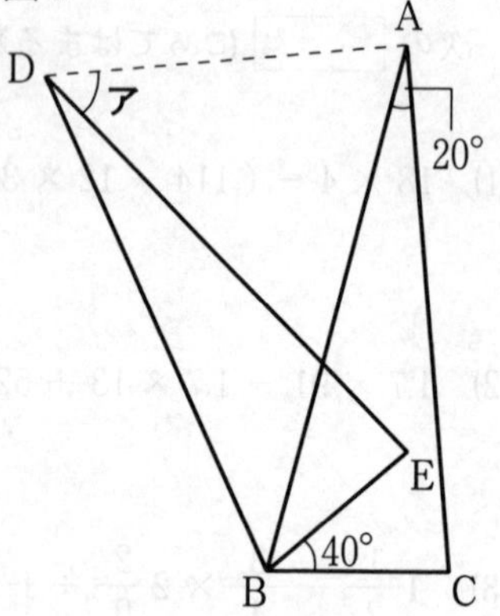

(6) 図2のように，半径4cm，高さ6cmの円柱を切り取った立体があります。

このとき，この立体の表面積は□cm^2です。ただし，円周率は3.14を使いなさい。

図2

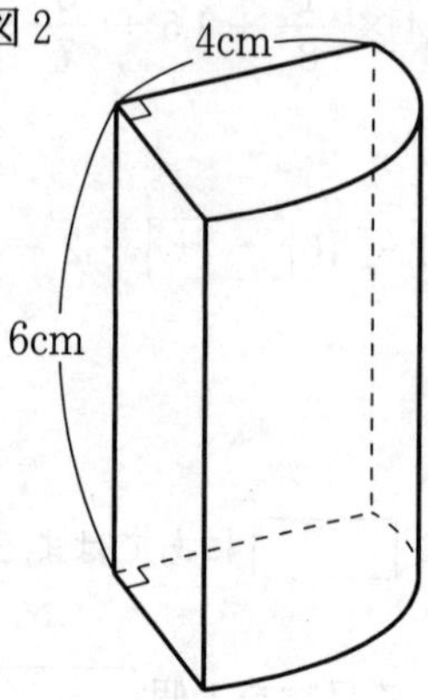

3 下のように，あるきまりにしたがって順に整数を並べました。

1，2，5，6，9，10，13，14，…

これについて，次の問いに答えなさい。

⑴ 最初から数えて 21 番目に現れる整数を求めなさい。

⑵ 最初から数えて［ア］番目の整数と，［ア］番目の整数の１つ右に並んでいる整数との和が 251 になります。
［ア］に入る数を求めなさい。

⑶ 最初から数えて 100 番目までに並んでいる整数のうち，３の倍数の整数の和を求めなさい。

4 右の図のように，三角形 ABC の辺 AB 上に，BE：DE＝1：3 となるように点D，E を，辺 BC上に，BF：FG＝2：1 となるように点F，Gをとります。

また，AG と DF，CD とFE はそれぞれ平行です。

AG と CD，CE との交点をそれぞれH，Iとし，CE と DF との交点を J とします。

これについて，次の問いに答えなさい。

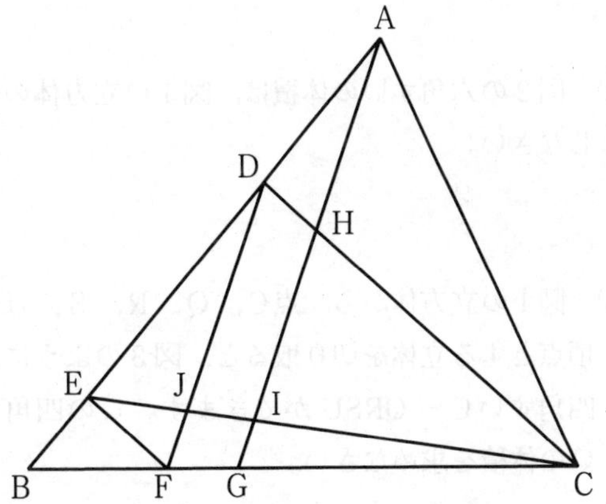

⑴ FG の長さと GC の長さの比を最も簡単な整数の比で求めなさい。

⑵ EC の長さと JI の長さの比を最も簡単な整数の比で求めなさい。

⑶ 三角形 ABC の面積が 72 cm^2 のとき，三角形 CHI の面積を求めなさい。

5 図1は，1辺の長さが6cmの立方体ABCD－EFGHで，辺AB，BF，FG，GH，DH，ADのまん中の点をそれぞれP，Q，R，S，T，Uとします。この立方体から，点C，P，Q，R，S，T，Uを頂点とする立体を切り取ると，図2のように，六角すいC－PQRSTUができます。

これについて，次の問いに答えなさい。

図1

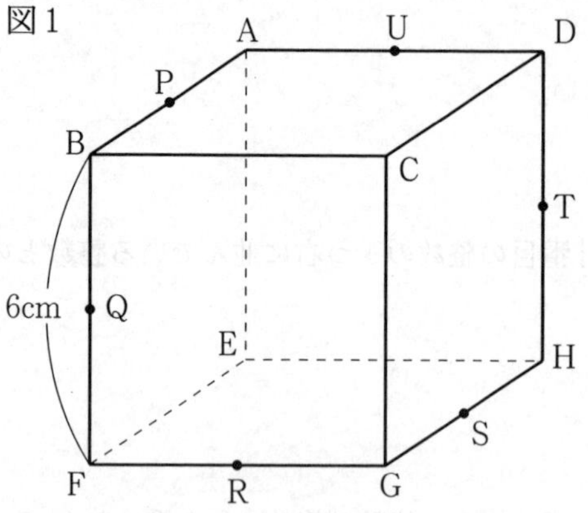

図2

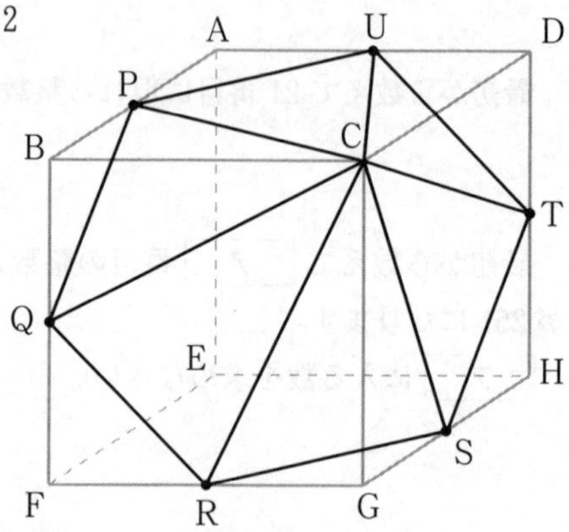

(1) 図2の六角すいC－PQRSTUの側面は，6つの三角形です。底面を六角形PQRSTUとする六角すいC－PQRSTUの側面の面積の和を求めなさい。

(2) 図2の六角すいの体積は，図1の立方体の体積の何倍か求めなさい。ただし，答えは分数で表しなさい。

(3) 図1の立方体から，点C，Q，R，S，Uを頂点とする立体を切り取ると，図3のように，四角すいC－QRSUができます。この四角すいの体積を求めなさい。

図3

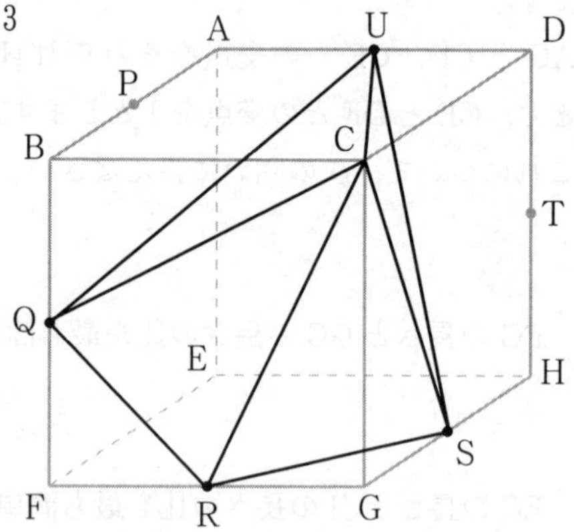

6 下の図のように，A地点とB地点を結ぶ1本道があります。あきら君は，A地点を出発してB地点へ向かい，けんた君は，あきら君と同時にB地点を出発してA地点へ向かいます。2人ともA地点とB地点で折り返して，何回か往復します。

2人は同時に出発してから16分後に，A地点とB地点の間で1回目に出会いました。その後，出発してから18分後に，あきら君がA地点とB地点のちょうどまん中の地点に着いたとき，けんた君は，A地点から540 mはなれた地点にいました。

これについて，次の問いに答えなさい。

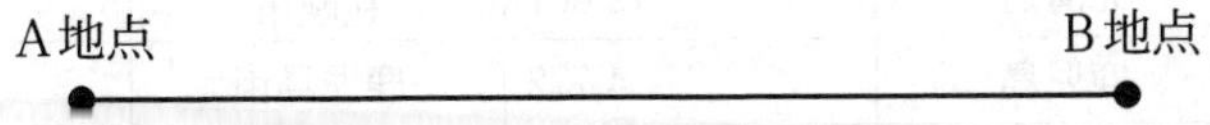

(1) あきら君とけんた君の速さの比を，最も簡単な整数の比で求めなさい。

(2) A地点とB地点の間は何mはなれているか求めなさい。

(3) あきら君とけんた君が，ちょうどA地点かB地点かのどちらかではじめて出会いました。このとき，A地点とB地点のどちらで出会いましたか。また，何回目に出会ったときですか。ただし，あきら君とけんた君のどちらかが後ろから追い抜《ぬ》かれることも，2人が出会ったものとします。

【社　会】〈Tクラス第１回試験〉（理科と合わせて60分）〈満点：50点〉

1　次の**表**は，2020 年の農業産出額が全国で１位から 10 位までの都道府県と，38 位から 47 位までの都道府県の，県庁所在都市および 2019 年の製造品出荷《しゅっか》額を示したものです。①～⑳は，その都道府県を示すものとします。これを見て，あとの問いに答えなさい。なお，出題において，都道府県はすべて県と表記します。

表　農業産出額が１位から 10 位までの都道府県

都道府県名		農業産出額（億円）	県庁所在都市	製造品出荷額（億円）
①	北海道	12,667	札幌《さっぽろ》市	61,336
②	鹿児島	4,772	鹿児島市	20,247
③	茨城	4,417	水戸《みと》市	126,383
④	千葉	3,853	千葉市	125,846
⑤	熊本	3,407	熊本市	28,706
⑥	宮崎	3,348	宮崎市	16,523
⑦	青森	3,262	青森市	17,504
⑧	愛知	2,893	名古屋《なごや》市	481,864
⑨	栃木	2,875	X	90,110
⑩	岩手	2,741	盛岡《もりおか》市	26,435

農業産出額が 38 位から 47 位までの都道府県

都道府県名		農業産出額（億円）	県庁所在都市	製造品出荷額（億円）
⑪	京都	642	京都市	57,419
⑫	富山	629	富山市	39,411
⑬	島根	620	松江《まつえ》市	12,488
⑭	滋賀	619	Y	80,754
⑮	山口	589	山口市	65,735
⑯	石川	535	金沢《かなざわ》市	30,478
⑰	福井	451	福井市	22,902
⑱	奈良	395	奈良市	21,494
⑲	大阪	311	大阪市	172,701
⑳	東京	229	新宿区	74,207

（『データでみる県勢 2023』より作成）

問１　**表**中の**X**，**Y**にあてはまる県庁所在都市名をそれぞれ答えなさい。

問2　**表**中の①の県について，次の地図中の※は，ロシアが現在支配している北方領土の一つです。この島の名前として正しいものを，あとの**ア〜エ**から１つ選び，記号で答えなさい。

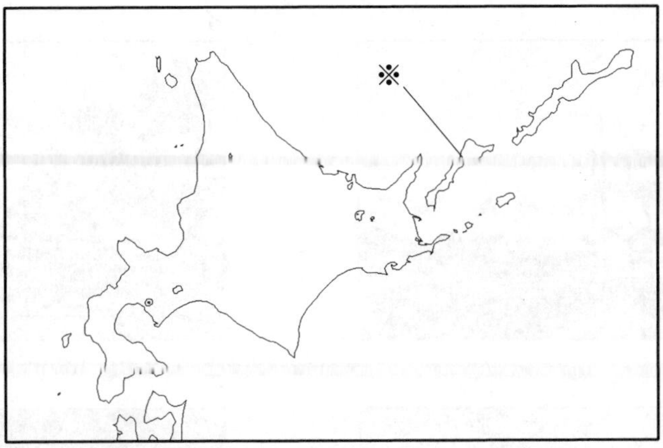

ア　択捉島《えとろふとう》　**イ**　国後島《くなしりとう》　**ウ**　色丹島《しこたんとう》　**エ**　与那国島《よなぐにじま》

問3　**表**中の③の県の説明として**誤っているもの**を，次の**ア〜エ**から１つ選び，記号で答えなさい。

ア　県の南東部には鹿島《かしま》臨海工業地域が形成され，工業化が進んでいる。

イ　県の南部には筑波《つくば》研究学園都市が整備され，高水準の研究・教育の拠点《きょてん》形成を進めている。

ウ　メロンの生産がさかんで，2021年の生産高は全国１位である。

エ　日本で最大の流域面積をもつ利根川《とねがわ》の水源は，この県にある。

問4　**表**中の⑤の県について，次の写真は，⑤の県に位置する阿蘇山《あそさん》です。この阿蘇山に見られる，噴火《ふんか》によってできた大きなくぼみを何というか，**カタカナ**で答えなさい。

問５　**表**中の⑦の県にある歴史的遺物として正しいものを，次の**ア**～**エ**から１つ選び，記号で答えなさい。

ア

イ

ウ

エ

問６　次のグラフは，**表**中の⑧の県が中心となる中京工業地帯の製造品出荷額の内訳を示したものです。グラフ中の**A**～**D**にあてはまる工業の種類の組み合わせとして正しいものを，あとの**ア**～**オ**から１つ選び，記号で答えなさい。

（2020年）

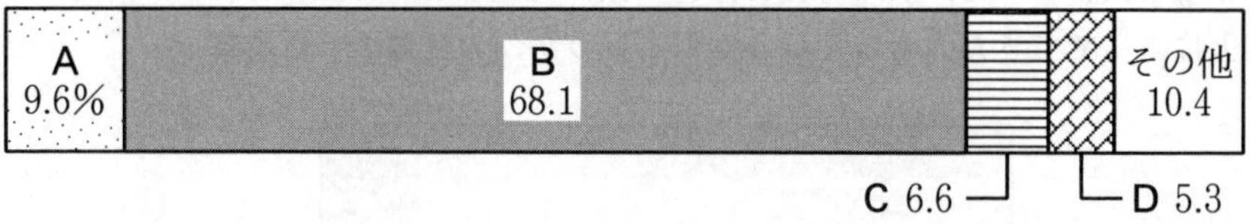

（『日本国勢図《ず》会《え》 2023/24』より作成）

ア　**A**　金属　　**B**　化学　　**C**　機械　　**D**　食料品
イ　**A**　化学　　**B**　機械　　**C**　食料品　　**D**　金属
ウ　**A**　金属　　**B**　機械　　**C**　化学　　**D**　食料品
エ　**A**　機械　　**B**　金属　　**C**　化学　　**D**　食料品
オ　**A**　化学　　**B**　金属　　**C**　食料品　　**D**　機械

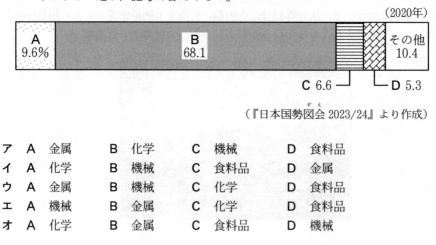

問７　**表**中の⑩の県の伝統的工芸品として正しいものを，次の**ア**～**エ**から１つ選び，記号で答えなさい。

ア

イ

ウ

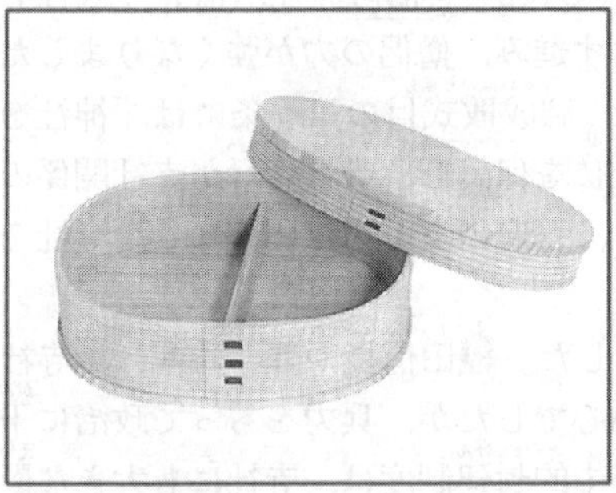

エ

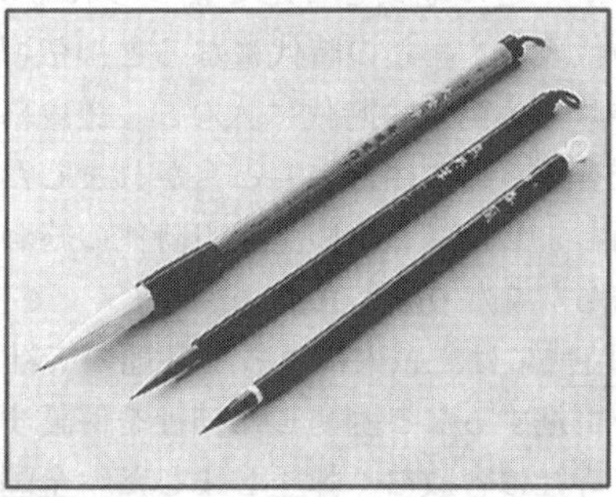

問８　**表**中の⑫の県は，ある発電方法による発電量が全国１位の県です。その発電方法として正しいものを，次の**ア**～**エ**から１つ選び，記号で答えなさい。

ア　水力発電　　**イ**　火力発電　　**ウ**　原子力発電　　**エ**　地熱発電

問９　右の写真は，**表**中の⑮の県と福岡県を結ぶトンネルの内部を写したものです。このトンネルの名前を答えなさい。

問10　**表**中の⑲の県には政令指定都市が２つあり，１つは県庁所在都市である大阪市，もう１つは［　　］市です。［　　］にあてはまる都市名を答えなさい。

問11　**表**中の農業産出額が最も多い県は，最も少ない県の約何倍の産出額ですか。**小数第二位を四捨五入して小数第一位**まで答えなさい。

問12　**表**中の県の製造品出荷額について読み取れることとして正しいものを，次の**ア**～**エ**から１つ選び，記号で答えなさい。

ア　製造品出荷額が最も多い県は中部地方の県，最も少ない県は近畿《きんき》地方の県である。

イ　関東地方の県の製造品出荷額を合計すると，50兆円以上になる。

ウ　近畿地方の県の製造品出荷額は，すべて５兆円以上である。

エ　製造品出荷額が３兆円未満の県は，全部で８県ある。

2 次の文章は，日本の神社について述べたものです。これを読んで，あとの問いに答えなさい。

①古代では，あらゆるものに神が宿ると考えられていました。特に大きな木や岩，あるいは山などは「神様が降りて来られて宿られる特別な場所」と考えられてあがめられ，一年を通して祭りが行われました。その後，その場所を神聖な場所として，通常の場所と区別するために，②しめ縄を張ったり，石で囲いをつくったりしました。

奈良時代に入ると，③律令《りつりょう》制度が整いました。朝廷《ちょうてい》は神社を組織化することによって人々を支配しようとしました。一方，中国から入ってきた仏教がますますさかんになると，諸国《しょこく》の権力者は各地の神社に付属する寺院を設け，そこに僧侶《そうりょ》を置き，神と仏を同格にあつかいました。これが神仏習合です。

平安時代初期まで，神社はそれぞれの土地の氏神信仰《うじがみしんこう》が中心でしたが，中期ごろからは信仰の強い神が一定の地域をこえてまつられるようになりました。「④稲荷《いなり》」，「八幡《はちまん》」，「天神《てんじん》」などがその代表です。この時代になると神仏習合がますます進み，僧侶の力が強くなりました。

武士が政治を動かす時代に入り，⑤鎌倉《かまくら》幕府が定めた⑥御成敗式目《ごせいばいしきもく》の第一条には「神社を修理し祭祀《さいし》を専《もっぱ》らにすべき事」と書かれました。幕府は神仏を保護し，寺社奉行《ぶぎょう》が寺社関係の事務を担当しました。しかし，室町《むろまち》時代の終わりになると，幕府の支配力は弱くなり，寺社を保護する力もなくなりました。

⑦戦国時代には，戦火によって各地の寺社が荒廃《こうはい》しました。織田信長《おだのぶなが》や豊臣秀吉《とよとみひでよし》は，寺社に造営費を寄進するなど困窮《こんきゅう》した神社を保護することに熱心でしたが，兵力をもって政治に干渉《かんしょう》してくる寺社は容赦《ようしゃ》なく弾圧《だんあつ》しました。全国統一後の集中的封建《ほうけん》制度は，寺社にも大きな影響《えいきょう》をあたえました。豊臣秀吉が統一後に行った太閤《たいこう》 ⑧ は，寺社領もその対象になりました。

⑨キリスト教が江戸《えど》時代に禁止されると，隠《かく》れキリシタンなどによって聖母マリアを観音《かんのん》としたマリア観音がひそかにつくられましたが，これは他宗教との習合という日本の文化が下地になっています。

1867年に⑩明治政府が発足《ほっそく》すると，新政府は神社を活用した国づくりを進めました。新政府は神仏分離《ぶんり》令を出し，寺社はおよそ1000年ぶりに明確に分けられました。神社を地方のコミュニティの中心と位置づける一村一社制度が導入され，神社は統合されるなどして数が半減しました。

この神社の行政管理体制は，日本がポツダム宣言を受け入れたことにより大きく変化しました。⑪連合国軍総司令部は「神道《しんとう》指令」を発して，国家による神社祭祀の禁止と，政教分離を強力に進めました。こうしてすべての神社が宗教法人になり，現在にいたります。

神社は外来文化や国家方針などによって大きな転換期《てんかんき》を何度も迎《むか》えながらも，自然崇拝《すうはい》と祖先崇拝という基礎《きそ》を残して今日にいたります。

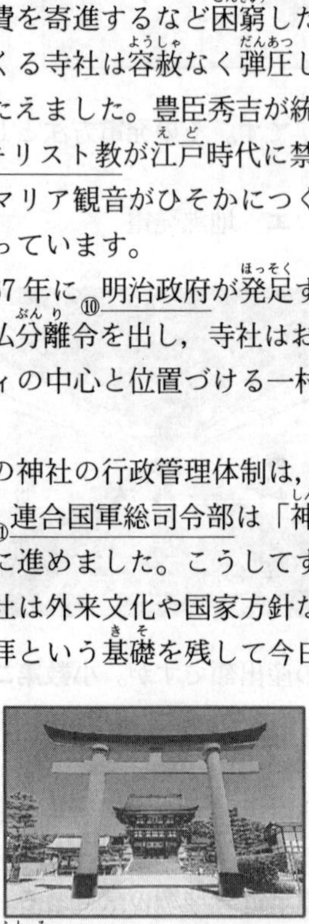

伏見《ふしみ》稲荷大社（京都府）

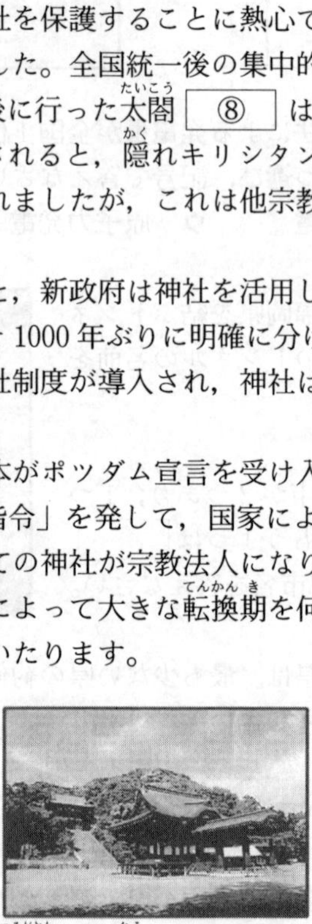

鶴岡《つるがおか》八幡宮《ぐう》（神奈川県）

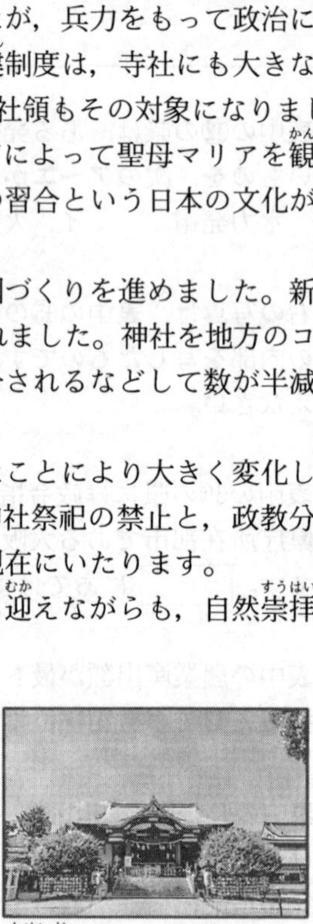

亀戸《かめいど》天神社（東京都）

問１　文章中の下線部①について，古代に起こった次の**ア〜エ**のできごとを，時代の古いものから順に並べかえ，記号で答えなさい。

ア　壬申《じんしん》の乱が起こる。　**イ**　十七条の憲法が定められる。

ウ　大化の改新が行われる。　**エ**　白村江《はくそんこう》の戦いが起こる。

問２　文章中の下線部②について，右の写真は，巨《きょ》大《だい》なしめ縄で有名な出雲《いずも》大社です。この神社がある都道府県として正しいものを，次の**ア〜エ**から１つ選び，記号で答えなさい。

ア　島根県　**イ**　鳥取県

ウ　広島県　**エ**　滋賀県

問３　文章中の下線部③について，律令制度における税のうち，収穫《しゅうかく》量の約３％の稲《いね》を納める税の名前として正しいものを，次の**ア〜エ**から１つ選び，記号で答えなさい。

ア　雑徭《ぞうよう》　**イ**　租《そ》　**ウ**　庸《よう》　**エ**　調

問４　文章中の下線部④について，稲荷神社の総本宮である伏見稲荷大社は京都府にあります。京都府の説明として正しいものを，次の**ア〜エ**から１つ選び，記号で答えなさい。

ア　海に面していない内陸県である。

イ　2022年現在の政令指定都市の人口は，100万人未満である。

ウ　兵庫県，大阪府，滋賀県，奈良県，岐阜県の５府県と隣接《りんせつ》している。

エ　2023年３月，国の省庁が地方に全面移転する初の試みとして，文化庁が移転した。

問５　文章中の下線部⑤について，鎌倉幕府は現在の神奈川県にありました。次の**ア〜エ**は，2021年の貿易額が全国で１位から４位までの貿易港（成田《なりた》国際空港，東京港，名古屋《なごや》港，横浜《よこはま》港）の主要貿易品目とその割合を示したものです。神奈川県にある横浜港にあたるものを，**ア〜エ**から１つ選び，記号で答えなさい。

ア

輸出	%	輸入	%
自動車	23.1	液化ガス	7.7
自動車部品	16.8	石油	6.9
内燃機関	4.1	衣類	5.8

イ

輸出	%	輸入	%
半導体等製造装置	9.1	医薬品	15.9
科学光学機器	5.8	通信機	13.8
金（非貨幣《かへい》用）	5.6	集積回路	9.0

ウ

輸出	%	輸入	%
自動車	16.8	石油	9.0
自動車部品	5.2	アルミニウム	4.0
プラスチック	4.5	有機化合物	3.3

エ

輸出	%	輸入	%
半導体等製造装置	7.6	衣類	7.5
プラスチック	4.8	コンピュータ	5.3
自動車部品	4.7	集積回路	4.6

（『日本国勢図会《ずえ》 2023/24』より作成）

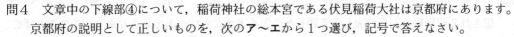

問6　文章中の下線部⑥について，御成敗式目が定められた年として正しいものを，次の**ア**～**エ**から1つ選び，記号で答えなさい。

ア　1185年　　**イ**　1192年　　**ウ**　1221年　　**エ**　1232年

問7　文章中の下線部⑦について，次の地図は，1570年ごろの戦国大名が統治していた地域を示したものです。武田信玄《たけだしんげん》が統治していた地域として正しいものを，地図中の**ア**～**エ**から1つ選び，記号で答えなさい。

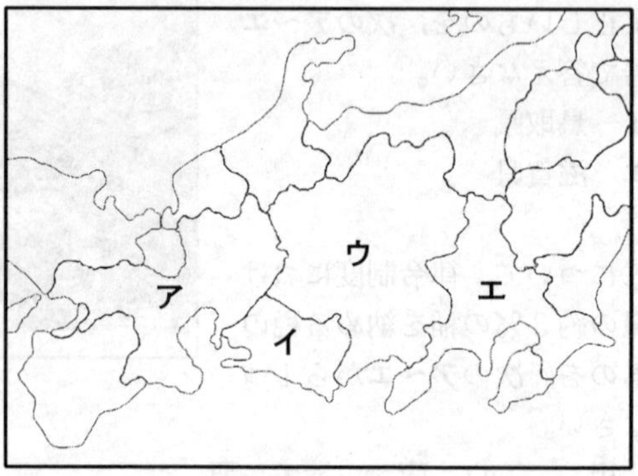

問8　文章中の ⑧ には，田畑の広さや土地のよしあし，耕作している人物などを調べ，予想される収穫量を石高《こくだか》で表して管理した政策を表すことばがあてはまります。このことばを，**漢字**で答えなさい。

問9　文章中の下線部⑨について，キリスト教を日本に伝えたフランシスコ・ザビエルの出身国として正しいものを，次の地図中の**ア**～**エ**から1つ選び，記号で答えなさい。

問10　文章中の下線部⑩について，明治政府がこの時期に行った政策の説明として**誤っているもの**を，次の**ア**～**エ**から1つ選び，記号で答えなさい。

ア　徴兵令《ちょうへいれい》を出し，満20才になった男子に，士族と平民の区別なく兵役《へいえき》の義務を負わせた。

イ　各地に官営模範《もはん》工場を建設し，外国の優れた新しい技術を全国に広めた。

ウ　藩《はん》を廃止《はいし》して県を置き，中央から府知事を派遣《はけん》して，中央集権体制を強化した。

エ　土地の所有者に地価の3％を現金で納めさせる農地改革を行い，財政を安定化させた。

問11　文章中の下線部⑪について，右の写真は，連合国軍総司令部（GHQ）の最高司令官として日本の民主化を進めた人物です。この人物の名前を答えなさい。

3　次の会話文は，まことさんとみゆきさんが「日本と中国の歴史」について話したものです。これを読んで，あとの問いに答えなさい。

まこと：日本と中国は，とても古くから関わりがあったんだね。

みゆき：そうだね。①弥生時代《やよい》には，邪馬台国《やまたいこく》の女王卑弥呼《ひみこ》が ② に使いを送ったね。

まこと：飛鳥《あすか》時代には，遣隋使《けんずいし》や ③ を派遣して，中国の進んだ文化や学問を積極的に取り入れようとしていたね。

みゆき：平安時代の894年に，菅原道真《すがわらのみちざね》が ③ の停止を進言したことで，その動きは終わったよね。

まこと：その後，平安時代の終わりごろには，④平清盛《たいらのきよもり》が宋《そう》との貿易を始めたね。

みゆき：鎌倉《かまくら》時代には，中国の王朝が日本に攻《せ》めてくるできごとがあったよね。

まこと：⑤元寇《げんこう》だね。

みゆき：室町《むろまち》時代に入ると，３代将軍の足利義満《あしかがよしみつ》が明《みん》との貿易を始めて，それによって幕府の財政は安定したんだ。

まこと：その貿易は，民間の船と幕府の正式な貿易船とを区別するために，あるくふうがされたね。

みゆき： ⑥ という通交証書をもたせたことだよね。

まこと：江戸《えど》時代には⑦徳川家康《とくがわいえやす》が，大名や大商人に海外渡航《とこう》を許可するための朱印状《しゅいんじょう》をあたえて貿易を進めたよね。明との貿易もさかんだったようだよ。

みゆき：その後，日本は⑧鎖国《さこく》の状態に入ったけれど，その間も中国船は日本に来航していたようだね。

まこと：⑨明治時代以降は，日本と中国は対立関係になることが多かったようだね。

みゆき：1894年には日清《にっしん》戦争が起こって，日本が勝利したよね。

まこと：そして，1931年の⑩満州事変をきっかけに日本と中国の対立が激しくなり，ついには1937年に日中戦争が始まったんだ。

みゆき：日本が第二次世界大戦に敗戦し，ポツダム宣言を受け入れたあと，しばらくは日本と中国の関係は正常なものではなかったよね。

まこと：1972年に⑪日中共同声明が発表されて中国との国交が正常化し，1978年には日中平和友好条約が結ばれたんだ。現在，中国が日本にとって有数の貿易相手国となっているように，両国の関わりはとても深くなっているよ。

問1　会話中の下線部①について，弥生時代に関係が深いものとして正しいものを，次のア～エから1つ選び，記号で答えなさい。

ア
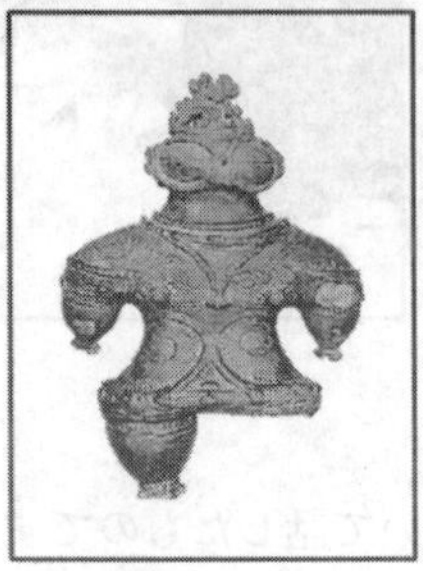
イ

ウ

エ
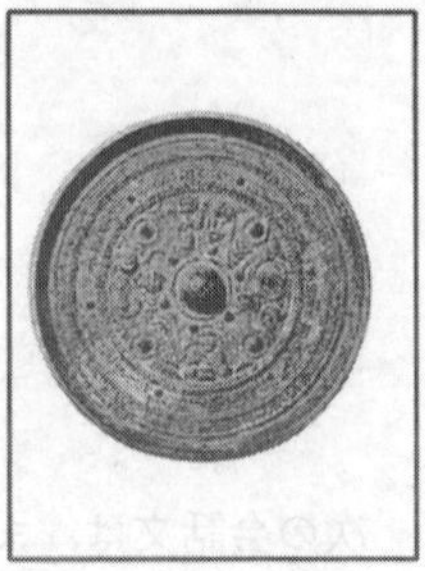

問2　会話中の ② にあてはまる王朝名として正しいものを，次のア～エから1つ選び，記号で答えなさい。

ア　漢　　イ　魏《ぎ》　　ウ　殷《いん》　　エ　周

問3　会話中の ③ に共通してあてはまることばを答えなさい。

問4　会話中の下線部④について，平清盛の説明として**誤っているもの**を，次のア～エから1つ選び，記号で答えなさい。

ア　武士として初めて摂政《せっしょう》の位についた。
イ　保元《ほうげん》の乱・平治《へいじ》の乱に勝利した。
ウ　大輪田泊《おおわだのとまり》（兵庫の港）を整備した。
エ　厳島《いつくしま》神社の建物を整備した。

問5　会話中の下線部⑤について，次の資料は元寇の様子をえがいたものです。資料中の右側にえがかれた，馬に乗って元軍と戦っている人物の名前として正しいものを，あとのア～エから1つ選び，記号で答えなさい。

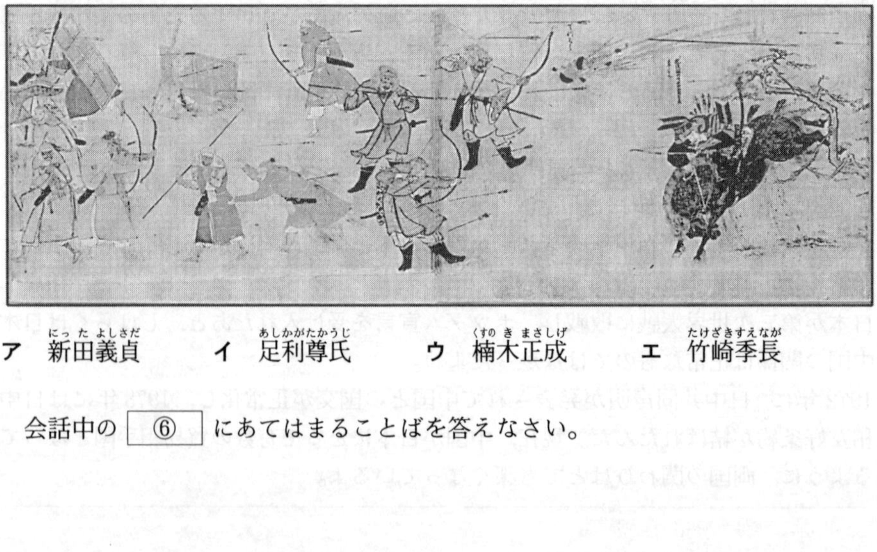

ア　新田義貞《にったよしさだ》　　イ　足利尊氏《あしかがたかうじ》　　ウ　楠木正成《くすのきまさしげ》　　エ　竹崎季長《たけざきすえなが》

問6　会話中の ⑥ にあてはまることばを答えなさい。

問7　会話中の下線部⑦について，徳川家康が行ったこととして正しいものを，次の**ア～オ**から**すべて**選び，記号で答えなさい。

ア　桶狭間《おけはざま》の戦いで今川義元《いまがわよしもと》を破った。

イ　参勤交代を制度として定めた。

ウ　関ヶ原《せきがはら》の戦いで石田三成《いしだみつなり》を破った。

エ　大阪で豊臣《とよとみ》氏を滅《ほろ》ぼした。

オ　二度にわたって朝鮮へ出兵した。

問8　会話中の下線部⑧について，鎖国が完成するまでに起こった次の**ア～エ**のできごとを，時代の古いものから順に並べかえ，記号で答えなさい。

ア　日本人の海外渡航・帰国を禁止した。

イ　島原《しまばら》・天草一揆《あまくさいっき》が起こった。

ウ　ポルトガル船の来航を禁止した。

エ　幕領にキリスト教禁止令を出した。

問9　会話中の下線部⑨について，明治時代に日本で初めて鉄道が開通しました。この鉄道の区間として正しいものを，次の**ア～エ**から１つ選び，記号で答えなさい。

ア　大阪－京都間　**イ**　新橋《しんばし》－横浜《よこはま》間　**ウ**　東京－名古屋《なごや》間　**エ**　札幌《さっぽろ》－函館《はこだて》間

問10　会話中の下線部⑩について，このできごとをきっかけに，日本はある組織から脱退《だったい》しました。この組織を何というか，答えなさい。

問11　会話中の下線部⑪について，この声明が発表されたときの日本の内閣総理大臣として正しいものを，次の**ア～エ**から１人選び，記号で答えなさい。

ア

イ

ウ

エ

4 こうじさんとひかるさんは，社会の時間に「日本のエネルギー問題」について発表することになり，資料を見ながら話し合っています。これを読んで，あとの問いに答えなさい。

こうじ：①**資料1**は，日本の発電電力量の移り変わりを示したものだよ。
ひかる：これを見ると，2010年から2021年の間に大きな変化があったことがわかるね。
こうじ：そうだね。②による発電が急激に減少したんだ。
ひかる：これは，2011年に発生した③による影響《えいきょう》が大きいと考えられるね。
こうじ：**資料2**は，各国の発電電力量の発電源別割合を比べたものだよ。
ひかる：国によって，使用する発電エネルギー源に特色があるね。
こうじ：Xは，原子力発電の割合がほかの国と比べてかなり高いね。
ひかる：Yは，全体の30％以上が再生可能エネルギーによる発電で，再生可能エネルギーへの転換《てんかん》が順調に進んでいることがわかるね。
こうじ：そうだね。再生可能エネルギーは，発電時に二酸化炭素を排出《はいしゅつ》しないため，環境《かんきょう》にやさしいんだ。
ひかる：地球温暖化の進行をくい止めるためには，再生可能エネルギーの開発を進めることが重要だね。
こうじ：④**資料3**は，世界の温室効果ガス排出量の割合を示したものだよ。
ひかる：2020年は，1990年に比べて温室効果ガスの排出量が増えているね。
こうじ：温室効果ガスの排出量を減らすためには，ぼくたち一人ひとりが努力しなければならないんだ。**資料4**は，1人の人を1㎞運ぶのに排出される二酸化炭素の量を，移動手段ごとに示したものだよ。
ひかる：この**資料4**を見ると，近くへ出かけるときには徒歩か自転車で，遠くへ出かけるときにはできるだけ⑤ようにすることが大切だとわかるね。

資料1　日本の発電電力量の移り変わり　（単位：百万kWh）

	1980年	1990年	2000年	2010年	2021年
水力	92,092	95,835	96,817	90,681	87,632
火力	401,967	557,423	669,177	771,306	776,326
原子力	82,591	202,272	322,050	288,230	67,767
太陽光	—	1	—	22	27,970
風力	—	—	109	4,016	8,246
地熱	871	1,741	3,348	2,632	2,096
計	577,521	857,272	1,091,500	1,156,888	970,249

※「－」は，数値が不明であることを示している。

（『日本国勢図《ず》会《え》 2023/24』より作成）

資料２　各国の発電電力量の発電源別割合（2020年）

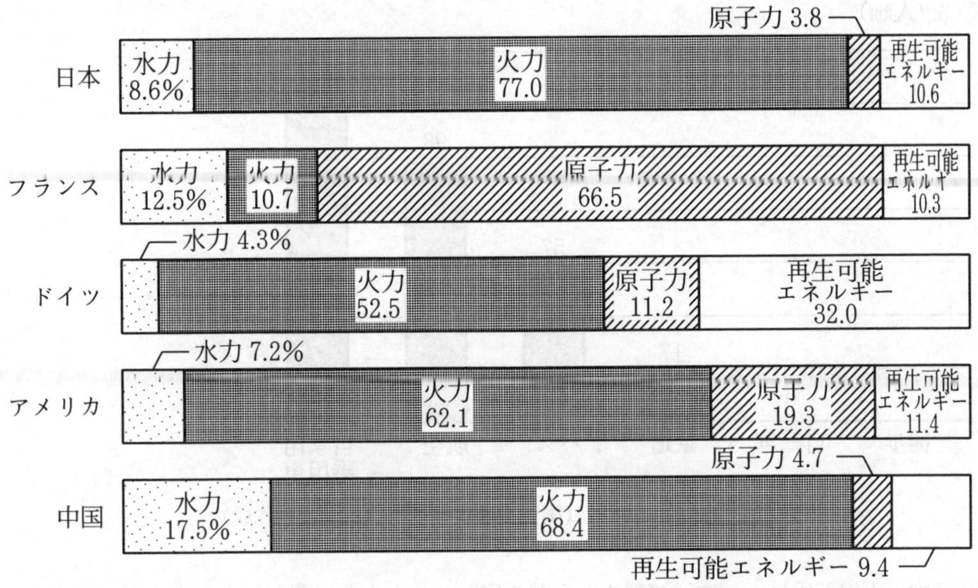

（『日本国勢図会 2023/24』より作成）

資料３　世界の温室効果ガス排出量の割合

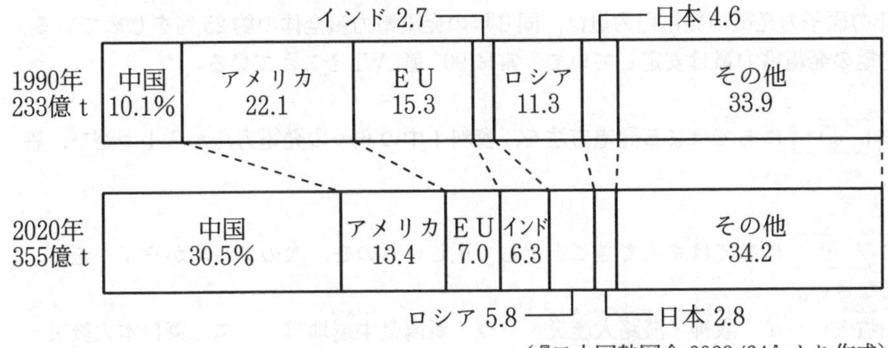

（『日本国勢図会 2023/24』より作成）

資料４　１人の人を１㎞運ぶのに排出される二酸化炭素の量（2019年）

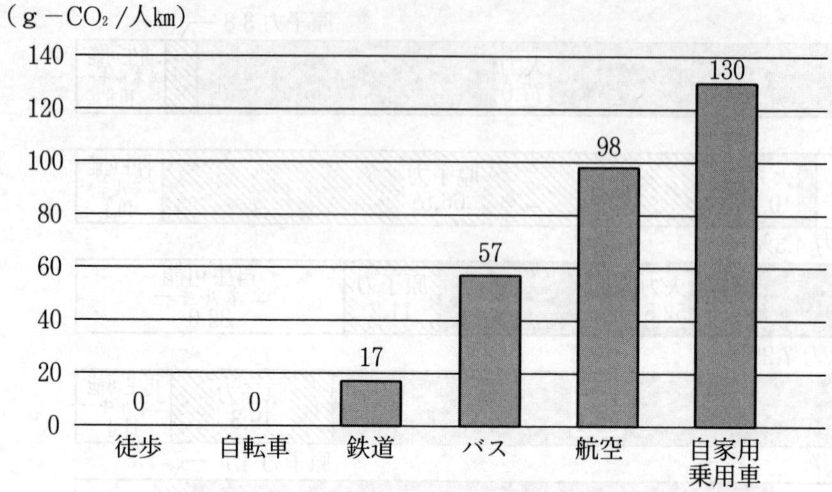

（国土交通省ホームページより作成）

問１　会話中の下線部①について，**資料１**から読み取れることとして正しいものを，次の**ア～エ**から１つ選び，記号で答えなさい。

ア　2021年の火力発電の発電電力量は，1980年の火力発電の発電電力量の２倍以上である。
イ　発電電力量の総量は，1980年以降増加し続けている。
ウ　2010年の原子力発電の発電電力量は，同じ年の発電電力量全体の約25％をしめている。
エ　水力発電の発電電力量は安定していて，常に900億kWhをこえている。

問２　会話中の［　②　］にあてはまる発電方法を，**資料１**中の６つの発電方法から１つ選び，答えなさい。

問３　会話中の［　③　］にあてはまるできごととして正しいものを，次の**ア～エ**から１つ選び，記号で答えなさい。

ア　有珠山噴火《うすざんふんか》　**イ**　阪神《はんしん》・淡路大震災《あわじだいしんさい》　**ウ**　新潟県中越《ちゅうえつ》地震　**エ**　東日本大震災

問４　会話中の［　X　］，［　Y　］にあてはまる国名を，**資料２**中の国からそれぞれ１つ選び，答えなさい。

問５　会話中の下線部④について，**資料３**の内容として正しいものを，次の**ア～エ**から１つ選び，記号で答えなさい。

ア　2020年の日本の温室効果ガスの排出量は，1990年に比べて減少している。
イ　2020年の中国の温室効果ガスの排出量は，120億ｔ以上である。
ウ　1990年と比べて2020年の温室効果ガスの排出量が最も増えたのは，インドである。
エ　2020年の世界全体の温室効果ガスの排出量は，1990年の排出量の1.8倍以上である。

問６　**資料４**を参考にして，会話中の［　⑤　］にあてはまることばを，**８字以上12字以内**で答えなさい。

5　さとみさんは，社会の授業で「ＳＤＧｓ」について発表することになり，発表のための原稿《げんこう》をまとめました。これを読んで，あとの問いに答えなさい。

①ＳＤＧｓ（持続可能な開発目標）は，2015年に②国際連合の総会で世界各国の③政府によって採択《さいたく》された，「我々の世界を変革する：持続可能な開発のための2030アジェンダ」のなかに示された17の目標です。

「持続可能」とは，将来の世代のために地球環境《かんきょう》や資源が守られ，今の状態が持続できるという意味です。また，「開発」とは，すべての人が安心して，自分の能力を十分に発揮《はっき》しながら満足に暮らせることを指しています。

17の目標は次の通りです。

問1　文章中の下線部①について，次の問いに答えなさい。

(1)　現在，大きな問題になっている「マイクロプラスチック」に最も深く関わる目標として正しいものを，次の**ア**～**エ**から１つ選び，記号で答えなさい。

ア　すべての人に健康と福祉《ふくし》を　　**イ**　気候変動に具体的な対策を

ウ　海の豊かさを守ろう　　**エ**　平和と公正をすべての人に

(2)　「食品ロス」の問題に最も深く関わる目標として正しいものを，次の**ア**～**エ**から１つ選び，記号で答えなさい。

ア　貧困《ひんこん》をなくそう　　**イ**　質の高い教育をみんなに

ウ　働きがいも経済成長も　　**エ**　つくる責任つかう責任

問２　文章中の下線部②について，次の問いに答えなさい。

⑴　国際連合の本部がある都市の名前を，**カタカナ**で答えなさい。

⑵　世界遺産を決定する国際連合の機関として正しいものを，次の**ア～エ**から１つ選び，記号で答えなさい。

ア　WHO　　**イ**　UNICEF　　**ウ**　IMF　　**エ**　UNESCO

⑶　国際連合の安全保障理事会では，重要な議題は常任理事国のうち１か国でも反対すると決定できないことになっています。常任理事国がもつこの権限を何というか，答えなさい。

⑷　国際連合が行う平和維持《いじ》活動の略称《りゃくしょう》として正しいものを，次の**ア～エ**から１つ選び，記号で答えなさい。

ア　ILO　　**イ**　PKO　　**ウ**　WTO　　**エ**　FAO

問３　文章中の下線部③について，次の問いに答えなさい。

⑴　アメリカと同じように大統領制がとられている国として正しいものを，次の**ア～エ**から１つ選び，記号で答えなさい。

ア　中国　　**イ**　イギリス　　**ウ**　韓国《かんこく》　　**エ**　ドイツ

⑵　日本の政治のしくみの説明として**誤っているもの**を，次の**ア～エ**から１つ選び，記号で答えなさい。

ア　議院内閣制がとられており，内閣は国会の信任のもとに成り立っている。

イ　国会は国権の最高機関であり，唯一《ゆいいつ》の立法機関であると定められている。

ウ　司法権は裁判所がもち，国会や内閣が干渉《かんしょう》してはならない。

エ　衆議院と参議院の二院制がとられており，参議院がより強い権限をもつ。

【理　科】〈Tクラス第１回試験〉（社会と合わせて60分）〈満点：50点〉

1　下の**表**は，各惑星《わくせい》に関するデータをまとめたものです。これについて，以下の問いに答えなさい。

表

惑星	※1 太陽からの平均きょり	※2 公転周期〔年〕	※3 赤道半径
A	0.39	0.24	0.38
B	0.72	0.62	0.95
地球	1.00	1.00	1.00
C	1.52	1.88	0.53
D	5.20	11.9	11.2
E	9.55	29.5	9.5
F	19.2	84.0	4.0
G	30.1	164.8	3.9

※1　太陽と地球の平均きょりを1.00とする。
※2　１年を365日とする。
※3　地球の赤道半径を1.00とする。

(1)　惑星**A**と惑星**E**の名称《めいしょう》を，それぞれ答えなさい。

(2)　惑星**D**の特ちょうとして正しいものを，次の**ア～オ**の中から１つ選び，記号で答えなさい。

ア　地軸《じく》が大きくかたむいている。
イ　はっきりとした大きなリングをもつ。
ウ　表面には非常に大きなうずの模様が見られる。
エ　昼と夜の表面温度の差が500℃以上もある。
オ　主にちっ素を主成分とする大気をもつ。

(3)　次の□内の文章は，太陽系について述べたものです。文章中の（　①　）～（　④　）に当てはまる語句の組み合わせとして正しいものを，あとの**ア～エ**の中から１つ選び，記号で答えなさい。

> 太陽のように，自分で光を出している星を（　①　）といい，太陽のまわりを公転するある程度の大きさをもった星を惑星という。惑星のまわりを公転する星を（　②　）という。惑星は，体積は小さいが密度が大きく，主に岩石や金属からできていると考えられている（　③　）型惑星と，反対に体積は大きいが密度が小さく，主に気体でできていると考えられている（　④　）型惑星に分けられる。

ア　①　衛星　②　恒星《こうせい》　③　地球　④　木星
イ　①　衛星　②　恒星　③　木星　④　地球
ウ　①　恒星　②　衛星　③　地球　④　木星
エ　①　恒星　②　衛星　③　木星　④　地球

(4)　右の**図**は，太陽・地球・惑星**C**がこの順に一直線に並んだようすを表しています。太陽と地球とのきょりを１億5000万km としたとき，「惑星**C**・太陽・地球」の順に一直線に並んだときの地球と惑星**C**とのきょりは何kmになりますか。「何億何万km」と答えなさい。ただし，地球と惑星**C**が進む道すじは，太陽を中心として円形をしており，同じ平面上を進むものとします。

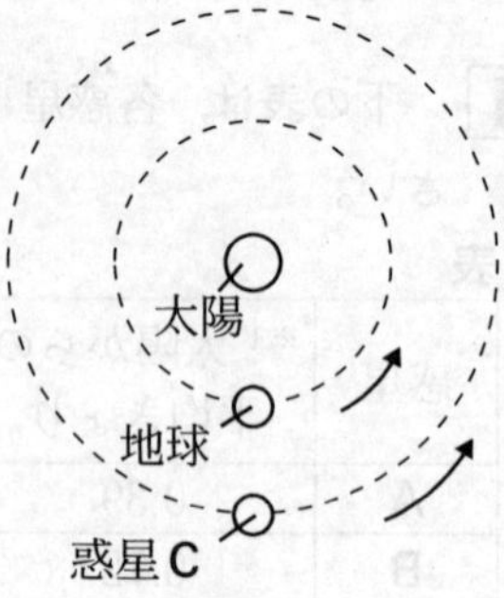

図

(5)　右の**図**のように一直線に並んだ状態から，再び同じ順に一直線に並ぶのは何日後ですか。最も近いものを，次の**ア**～**エ**の中から１つ選び，記号で答えなさい。

ア　660日後　　**イ**　770日後　　**ウ**　880日後　　**エ**　990日後

2 植物の芽やくきが成長するときには，**図１**のように，光がさす方向へ曲がる性質があります。この性質は，オーキシンというものが他の場所に送られることで起こります。このことをくわしく調べるために，イネの芽を使い，次の実験を行いました。これについて，以下の問いに答えなさい。

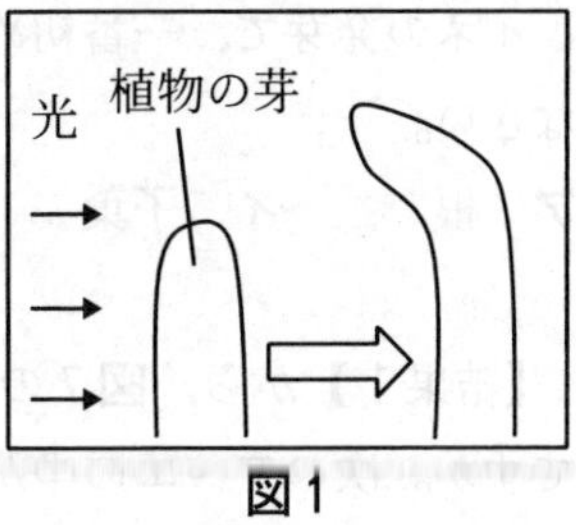

図１

【実験１】**図２**～**図４**のように，芽の先に光を通さないキャップをかぶせたものと，芽の先にとう明な光を通すキャップをかぶせたものと，芽の先を切りとったものに同じ方向から光を当て，成長の様子を観察した。

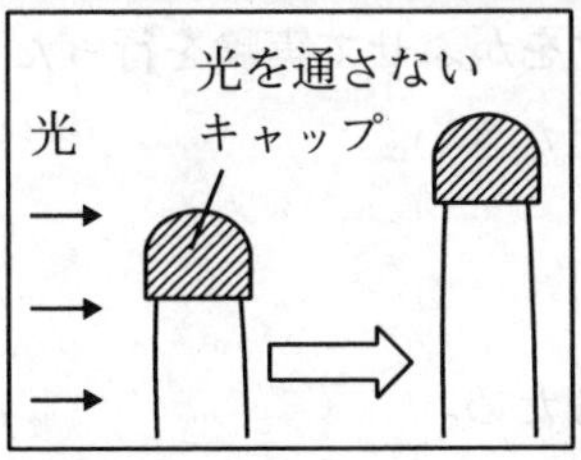

図２

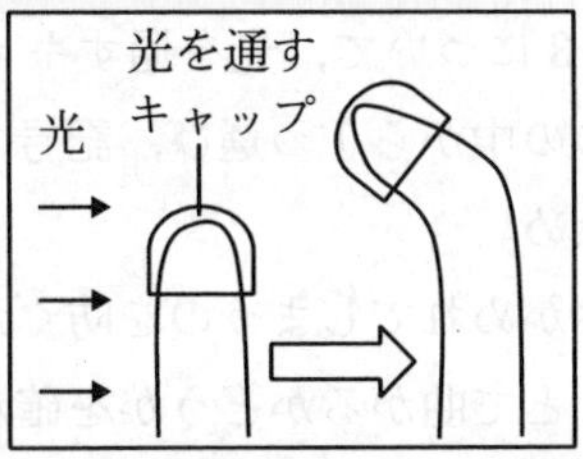

図３

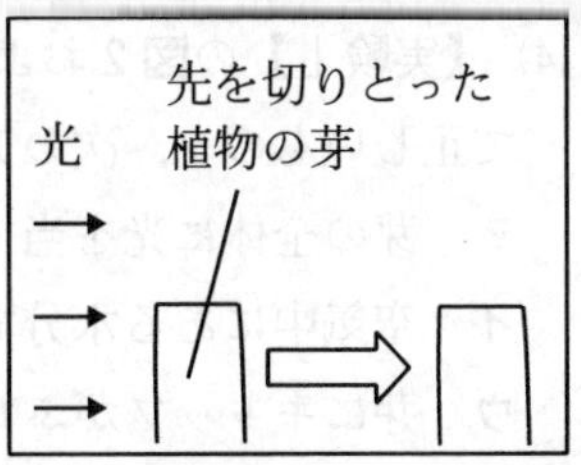

図４

【結果１】光を通さないキャップをかぶせた芽は曲がらなかった。とう明な光を通すキャップをかぶせた芽は，かぶせない芽と同じように曲がった。また，先を切りとった芽は曲がらなかった。

【実験２】**図５**，**図６**のように，光が当たる方に水平にうすいガラス板をさした芽と，その反対側に水平にうすいガラス板をさした芽に光を当てて成長の様子を観察した。

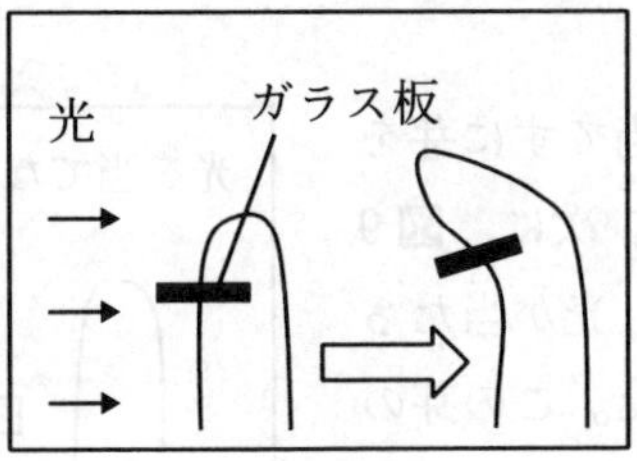

図５

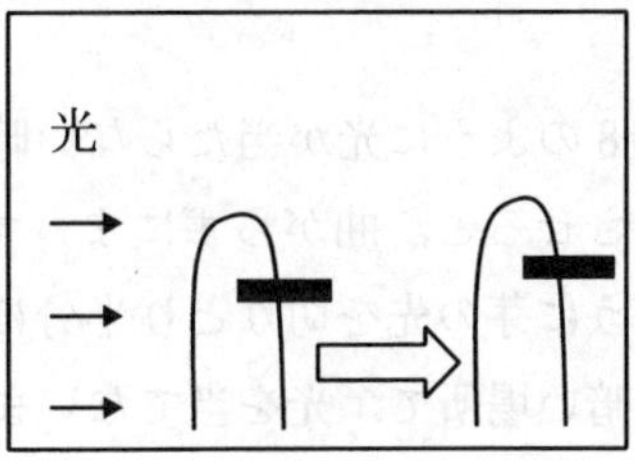

図６

【結果２】光が当たる方に水平にガラス板をさした芽は曲がった。しかし，反対側にガラス板をさした芽は曲がらなかった。

(1) イネの葉脈と同じ葉脈をもつ植物を，次の**ア**～**エ**の中から１つ選び，記号で答えなさい。

ア サクラ　　**イ** ツツジ　　**ウ** トウモロコシ　　**エ** ヒマワリ

(2)　イネの発芽で，一番初めに種子から出るものを，次の**ア**～**エ**の中から１つ選び，記号で答えなさい。

ア　根　　**イ**　子葉　　**ウ**　本葉　　**エ**　くき

(3)　【結果１】から，**図７**の**Ａ**～**Ｃ**のうち植物の芽が光を感じとる場所はどこですか。次の**ア**～**エ**の中から１つ選び，記号で答えなさい。

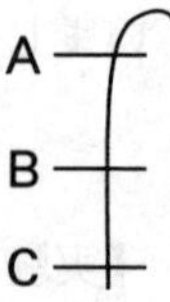

図７

ア　**図７**の**Ａ**のような芽の先たん　　**イ**　**図７**の**Ｂ**のような芽の中央付近

ウ　**図７**の**Ｃ**のような芽の下部　　**エ**　芽の全体

(4)　【実験１】の**図２**および**図３**について，光を通すキャップをかぶせて実験を行った理由として正しいものを，次の**ア**～**エ**の中から１つ選び，記号で答えなさい。

ア　芽の全体に光を当てるため。

イ　空気中にある水分で，芽がぬれてしまうのを防ぐため。

ウ　芽にキャップがふれることで曲がるかどうかを確かめるため。

エ　芽にかかる重さを**図２**の実験と同じにするため。

(5)　【結果１】と【結果２】から，オーキシンについてわかることを，次の**ア**～**エ**の中から１つ選び，記号で答えなさい。

ア　オーキシンは光が当たる方へ送られ，成長をおくらせる役割がある。

イ　オーキシンは光が当たる方へ送られ，成長を早める役割がある。

ウ　オーキシンは光が当たらない方へ送られ，成長をおくらせる役割がある。

エ　オーキシンは光が当たらない方へ送られ，成長を早める役割がある。

(6)　**図８**のように光が当たらない暗い場所で，光を当てずに芽を成長させると，曲がらずにまっすぐにのびました。次に，**図９**のように芽の先を切りとり半分ほどずらしてのせ，光が当たらない暗い場所で，光を当てないまま成長させました。この芽の成長はどのようになりますか。次の**ア**～**エ**の中から１つ選び，記号で答えなさい。

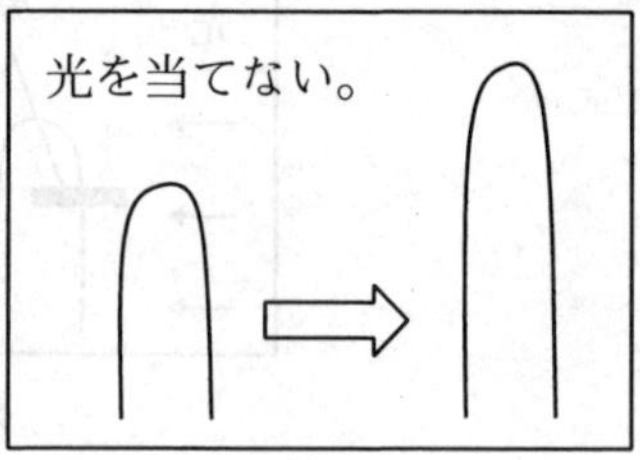

図８

ア　左の方へ曲がる。　　**イ**　右の方へ曲がる。

ウ　曲がらずにのびる。　　**エ**　曲がりものびもしない。

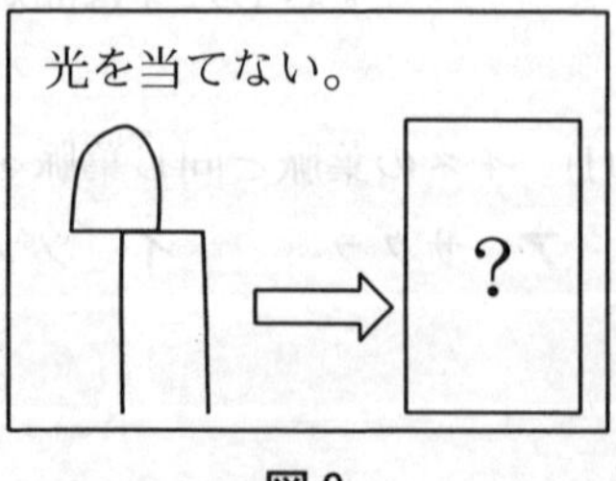

図９

3　酸性の水よう液には，酸の性質を示すもとになる小さなつぶが入っています。これをＰとします。また，アルカリ性の水よう液には，アルカリの性質を示すもとになる小さなつぶが入っています。これをＱとします。酸性の水よう液とアルカリ性の水よう液を混ぜたとき，ＰとＱのつぶが１：１の割合で結びつき，水ができます。水よう液中にＰもＱもないときの水よう液の性質を中性といいます。これについて，以下の問いに答えなさい。

(1)　次の［　　　］内の文章は，うすい塩酸と水酸化ナトリウム水よう液を見分けるための操作の一つです。文章中の（　①　）に当てはまる語句を下の＜語群Ｒ＞から，（　②　）に当てはまる語句を＜語群Ｓ＞から１つずつ選び，それぞれ答えなさい。

> （　①　）に（　②　）を入れると，空気よりも重い気体の二酸化炭素が発生した。
> もう一方の水よう液に（　②　）を入れても，気体は発生しなかった。

> ＜語群Ｒ＞
> うすい塩酸・水酸化ナトリウム水よう液

> ＜語群Ｓ＞
> アルミニウム・鉄・マグネシウム・石灰石《せっかいせき》

(2)　うすい塩酸と水酸化ナトリウム水よう液をビーカーに入れ，混ぜてできた水よう液を赤色リトマス紙に少量つけると青色に変化しました。この水よう液を蒸発皿に入れてガスバーナーで加熱し，水分をすべて蒸発させると蒸発皿には白い固体が残りました。蒸発皿に残った白い固体の名称《めいしょう》を**すべて**答えなさい。

(3)　20 cm^3 のうすい塩酸ＡにはＰが25個，25 cm^3 の水酸化ナトリウム水よう液ＢにはＱが30個入っていたとします。60 cm^3 のうすい塩酸Ａに水酸化ナトリウム水よう液Ｂを加えてちょうど中性にするには，水酸化ナトリウム水よう液Ｂは何 cm^3 必要ですか。その値《あたい》を小数第一位まで答えなさい。

(4)　10 cm^3 のうすい塩酸ＣにはＰが c 個，10 cm^3 の水酸化ナトリウム水よう液ＤにはＱが d 個入っていたとします。105 cm^3 のうすい塩酸Ｃに60 cm^3 の水酸化ナトリウム水よう液Ｄを加えると，その水よう液は中性になりました。このとき，c：d を，最も簡単な整数の比で答えなさい。

4 長さが同じ２本のばね**A**とばね**B**があります。**図１**のグラフは，それぞれのばねにおもりをつるしたときのばねの長さとおもりの重さの関係をまとめたものです。これについて，以下の問いに答えなさい。ただし，ばね**A**とばね**B**はのびきらないものとし，ばねの元の長さは12 cm，ばねの重さは考えないものとします。

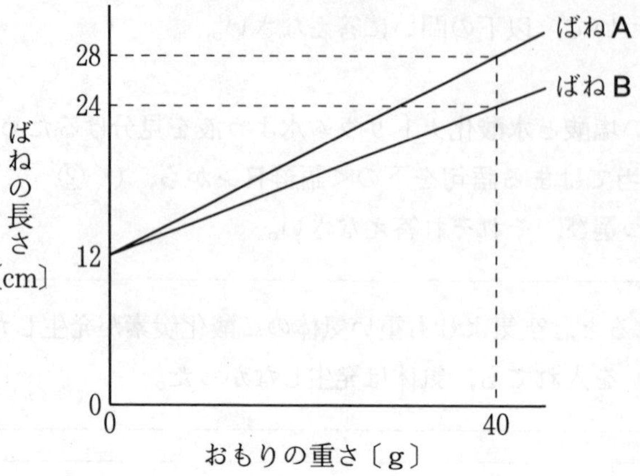

図１

(1) **図２**のように，天井に20 gのおもりをつけたばね**A**をつなぎ，30 gのおもりをつけたばね**B**を，ばね**A**につるしたおもりにつなぎました。このとき，①ばね**A**の長さと②ばね**B**の長さはそれぞれ何 cm になりますか。その値《あたい》を答えなさい。

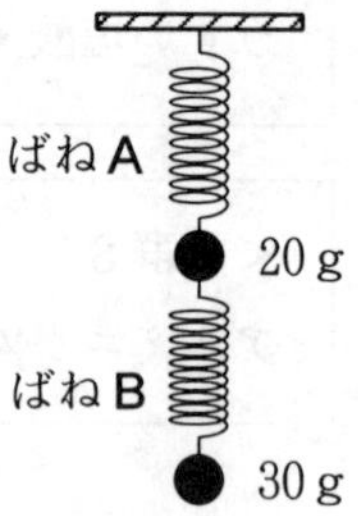

図２

(2) **図３**のように，ばね**A**とばね**B**をつなぎ，内側の長さが45 cm の箱の両はしにつなぎました。このとき，①ばね**A**の長さと②ばね**B**の長さはそれぞれ何 cm になりますか。その値を答えなさい。

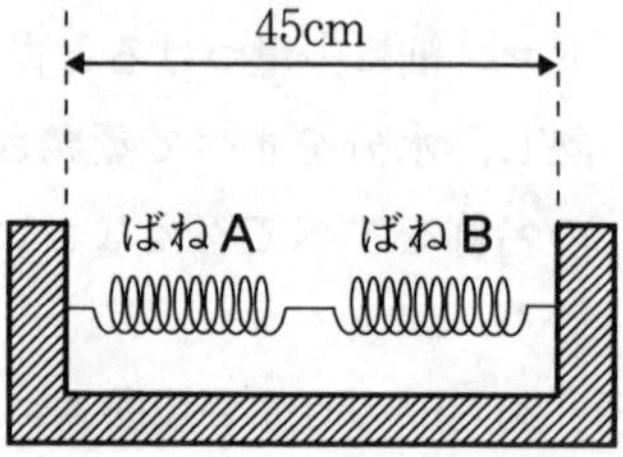

図３

(3) ばね**A**を3 cm と9 cm に切り分け，9 cm のばねをばね**C**とします。同じように，ばね**B**を4 cm と8 cm に切り分け，8 cm のばねをばね**D**とします。このばねを，**図４**のように，重さを考えなくてよい40 cm の棒の両はしにとりつけ，天井につるします。この棒の間に50 gのおもりをつりさげ，ばね**C**とばね**D**の長さを同じにするためには，棒の左はしから何 cm のところにおもりをつりさげればよいですか。その値を答えなさい。

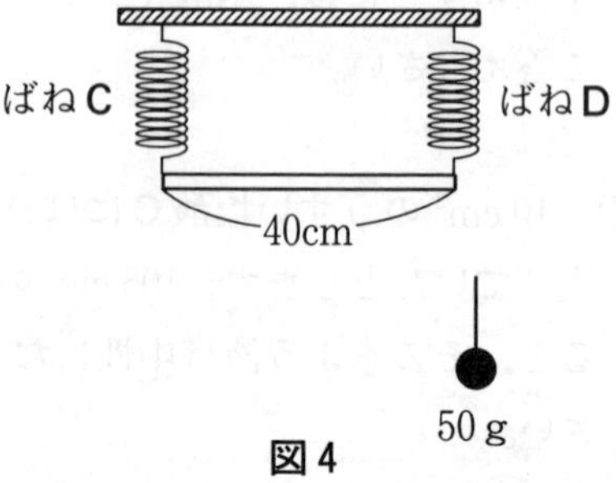

図４

五 次の①～⑤のことわざの□にあてはまることばを、あとの**ア**～**コ**の中から一つずつ選び、それぞれ記号を書きなさい。

① □に小判
② 能ある□はつめをかくす
③ □百までおどり忘れず
④ とらぬ□の皮算用
⑤ □の頭《かしら》も信心から

ア 犬　**イ** ねこ　**ウ** いわし　**エ** たぬき
オ 馬　**カ** たい　**キ** きつね　**ク** すずめ
ケ 牛　**コ** たか

六 次の①～⑩の文の——線をつけた漢字は読みをひらがなで、カタカナは漢字に直して書きなさい。

① 大規模な工事が始まる。
② 品物は飛行機で空輸される。
③ 残留している物質を調べる。
④ 他の意見を退ける。
⑤ 水洗いして衣服が縮んだ。
⑥ かれの頭はアイディアのホウコだ。
⑦ プロ野球のカイマク試合。
⑧ あなたのペンをハイシャクしました。
⑨ 流れに任せて身をユダねる。
⑩ 罪をサバくのがその人の仕事だ。

問３ ③ にあてはまることばとして最も適切なものを、次の**ア**〜**オ**の中から一つ選び、その記号を書きなさい。

ア 相対的　**イ** 決定的　**ウ** 積極的

エ 気分的　**オ** 主観的

問４ ④慣習 は「習慣」と上下の漢字を入れかえてもほぼ同じ意味の熟語となります。このような熟語を、次の**ア**〜**オ**の中から一つ選び、その記号を書きなさい。

ア 長所　**イ** 祖先　**ウ** 会議

エ 相手　**オ** 外野

問５ ⑤ない と同じ使い方をしているものを、次の**ア**〜**エ**の中から一つ選び、その記号を書きなさい。

ア 時間ばかり過ぎて、何も進んでいない。

イ この映画は、あまりおもしろくはない。

ウ さっきまであったはずのノートがない。

エ ここであきらめてしまってはつまらない。

四 次の問いに答えなさい。

問１ 次の①〜⑤の俳句から季語をそれぞれぬき出しなさい。また、その季節を、あとの**ア**〜**エ**の中から一つずつ選び、それぞれ記号を書きなさい。

① さみだれを　集めて早し　最上川《もがみがわ》　松尾芭蕉《まつおばしょう》

② 雪とけて　村いっぱいの　子どもかな　小林一茶《こばやしいっさ》

③ 朝立ちや　馬のかしらの　天の川　内藤鳴雪《ないとうめいせつ》

④ 遠山に　日の当《あた》りたる　枯野《かれの》かな　高浜虚子《たかはまきょし》

⑤ 夕立や　家をめぐりて　なくあひる　宝井其角《たからいきかく》

ア 春　**イ** 夏　**ウ** 秋　**エ** 冬

問２ 次の①〜⑤の各組の中で熟語の組み立ての**異なる**ものを、**ア**〜**オ**の中から一つずつ選び、それぞれ記号を書きなさい。

① **ア** 良心　**イ** 温室　**ウ** 習字　**エ** 海底　**オ** 牛乳

② **ア** 必要　**イ** 着席　**ウ** 登山　**エ** 乗車　**オ** 納税

③ **ア** 救助　**イ** 接続　**ウ** 停止　**エ** 最後　**オ** 生産

④ **ア** 県営　**イ** 国旗　**ウ** 私立　**エ** 日照　**オ** 人造

⑤ **ア** 入試　**イ** 特急　**ウ** 国連　**エ** 天性　**オ** 日銀

らである。「目は口ほどに物を言う」とは、目つきや目の動きは言葉で説明することと同じくらい相手に気持ちが伝わるという意味だが、多くの場合、口が見えなければ、目がどれほど表情豊かであっても何かが［③］に足らないのである。

「目力」という言葉があるように、目つきや目の動きは、その人の人となりや気分すらも表現しているように思える。だが、実際には口が見えてこそのものである。これが私の見立てだ。つまり、目は目だけで「目力」を発揮できるわけではなく、口の動きが見えてこそ、豊かさを発揮できるのである。「メガネは顔の一部です」というメッセージも、口が見えることが前提になっているのであり、口が隠されていれば、成り立たないのである。そのうえ、サングラスか色付きのメガネをかけているとすれば、見る人に得体の知れないイメージを与《あた》えてしまうことになるのではないだろうか。

この感覚が、欧米《おうべい》諸国で強いように見えるのはどうしてなのか。これは、口が見えないことに対する欧米の人々のこだわりの強さを示唆《しさ》している。その理由には、歴史的な背景やコミュニケーションのあり方に対するルールや④慣習の違いもあるのではないか。よく引き合いに出される卑近《ひきん》な例では、欧米諸国では対面でのコミュニケーションにおいて、目を伏《ふ》せたり、逸《そ》らしたりしてはいけない、しっかりと相手の目を見て話すべきだと言われるが、実際には目を見つめながら口の動きも同時に読んで対応するのが、「ノーマル（常態）」になっていたのではないだろうか。「アイコンタクト」を重んじるのが欧米流と思われがちだが、それは口の動きと連動して初めて意味を持っていると考えるべきなのかもしれ⑤ない。

というわけで、口の動きが見えなくなるマスクが、「顔の一部になる」ことは極めて困難と言わなければならない。

（姜尚中《カンサンジュン》『生きる意味』による。）

問１　①ありきたり　を**誤って使っている文**を、次の**ア**～**エ**の中から一つ選び、その記号を書きなさい。

ア　ありきたりな形に見えるが、かなり価値のある石だ。

イ　パターンがありきたりなので、もう少し工夫《くふう》したい。

ウ　なかなかあるようでなかったありきたりな考えだ。

エ　ありきたりな言葉でなぐさめても心は動かせない。

問２　二か所ある［②］にあてはまることばとして最も適切なものを、次の**ア**～**オ**の中から一つ選び、その記号を書きなさい。

ア　コミュニティ　**イ**　キャパシティ　**ウ**　リアリティ

エ　パーソナリティ　**オ**　セキュリティ

A（十四字）ことにより、資金があれば、B（二十六字）という時代になったから。

問8　二か所ある ⑦ に共通してあてはまることばとして最も適切なものを、次の**ア**〜**エ**の中から一つ選び、その記号を書きなさい。

ア　有用　　**イ**　多様　　**ウ**　適応　　**エ**　現実

問9　本文中から次の一文がぬけています。元にもどすのに最も適当な場所を探し、直前の五字を書きぬきなさい。

これが太古の昔から続いてきた、一生物としての人間の姿だ。

問10　本文の内容と合っているものを、次の**ア**〜**エ**の中から一つ選び、その記号を書きなさい。

ア　生物としての人間は、祖先の時代から孤独を回避して子孫を残し生き延びてきた。

イ　人がひとりで生きられない時代を終えた現代では、孤独を嫌う人は少なくなった。

ウ　偉大な発見をするためには孤独であることが必要で、他人の干渉を避けるべきだ。

エ　孤独を好む人びとが現れてきたが、誰かとつながり、深い関係を築くことが大切だ。

三

次の文章を読んで、あとの問いに答えなさい。（設問に字数制限のある場合は、句読点や符号も一字と数えます。）

メガネをワケありの無粋《ぶすい》な「器具」程度にしか考えていなかった私にとって、メガネをかけることだけは避《さ》けたいと思っていたのに、視力の衰《おとろ》えには勝てず、30代の頃《ころ》からメガネのお世話になっている。その間、メガネはフレームの種類も増え、バラエティに富むようになった。奇抜《きばつ》なデザインすら①ありきたりに感じられるほど、メガネは弱った視力の矯正《きょうせい》という実用性だけではなく、ファッション性の高いアイテムになっている。

では、コロナ禍《か》とともに鼻と口を覆《おお》うための必須《ひっす》アイテムになっているマスクはどうなのか。メガネ同様、マスクにもウイルスの侵入《しんにゅう》を防ぐという実用的な目的がある。果たしてメガネがそうであったように、マスクも「顔の一部」になり、実用性を超《こ》え、つけている人の ② が表現されるようなアイテムにまで進化するのかどうか、考えるようになったのである。

とはいえ、マスクが顔の一部になることはないというのが、私の当面の結論である。なぜなら、マスクが口を塞《ふさ》いでいるからである。口が隠《かく》れていても、目だけがハッキリと見えていれば、「目は口ほどに物を言う」ということわざ通り、その人の表情や ② すらも一部、わかりそうな気がしないわけではない。しかし、そうとは言い切れないのだ。なぜか。それは、マスクが口を塞ぎ、口の動きを見えなくしているか

問1　［Ⅰ］～［Ⅲ］にあてはまることばとして最も適切なものを、次の**ア**～**カ**の中から一つずつ選び、それぞれ記号を書きなさい。

ア　だが　　**イ**　だから　　**ウ**　あるいは
エ　では　　**オ**　つまり　　**カ**　たとえば

問2　［①］にあてはまることばとして最も適切なものを、次の**ア**～**エ**の中から一つ選び、その記号を書きなさい。

ア　的が外れている　　**イ**　目をひかれる
ウ　的を射ている　　**エ**　目を疑いたくなる

問3　②人はパンのみにて生きるにあらず　とありますが、この意味として最も適切なものを、次の**ア**～**エ**の中から一つ選び、その記号を書きなさい。

ア　人は特定の栄養分だけでは生きていくことができず、様々な栄養が必要だということ。
イ　人は物質だけでなく、精神的に満たされることを求めて生きる存在であるということ。
ウ　人は食べるだけで満足するのではなく、子孫を食べさせていく存在であるということ。
エ　人は自己の欲求ばかりを追求するのではなく、ときにはがまんも必要であるということ。

問4　③孤独を回避して子孫を残すことで生き延びた　とありますが、具体的にどのようなことを指しますか。それを説明した次の文の［A］・［B］にあてはまることばを、文中から指定の字数で探し、それぞれ最初と最後の三字ずつを書きぬきなさい。

・孤立しないように、［A（三十四字）］こと。
・子供が生まれると、大人たちは［B（四十字）］こと。

問5　④人間にとって孤独が絶対悪なのかというと、そうともいい切れない　とありますが、それはなぜですか。「～から。」に続くように文中から二十字以内で探し、書きぬきなさい。

問6　⑤孤独は天才をつくる　とありますが、ここでの「天才」とはどのような人物のことですか。それを説明した次の文の［A］・［B］にあてはまることばを、文中から指定の字数で探し、それぞれ最初と最後の三字ずつを書きぬきなさい。

孤独を、［A（十八字）］として、［B（三十九字）］人物。

問7　⑥社会不適合者と呼ばれてもおかしくない存在　とありますが、そのような人でも生き延びられるようになったのはなぜですか。その理由を説明した次の文の［A］・［B］にあてはまることばを、文中から指定の字数で探し、それぞれ最初と最後の三字ずつを書きぬきなさい。

彼《かれ》らはひとりでコツコツと試行錯誤《さくご》を重ね、人並みならぬ集中力で自らが定めたゴールを追求し続けた。孤独が、偉業《いぎょう》を成し遂《と》げるための原動力の一要素であった可能性は否定できない。

　こういう人たちが出現したのは、人類社会が変化を遂げたからだ。バンド（※狩猟《しゅりょう》採集生活をしていた頃《ころ》の、人類の祖先の小集団）で獲物《えもの》を追いかけていたような時代だったら、ダ・ヴィンチやジョブズのような人間は排除《はいじょ》され、生き延びることが難しかっただろう。しかし、社会が発展して分業化が進んだことで、周囲と協力して狩りや農業に専念しなくてもいい人たちが出てきた。お金をもっていれば、誰かが捕《つか》まえたり育てたりした動物の肉や農産物を買えるので、孤独な人でも生きていけるようになったのだ。とりわけ、建築、科学、芸術などの分野で飛び抜《ぬ》けた才能がある人は、わざわざ集団に属さなくてもよくなった。むしろ、そのほうが他人に干渉《かんしょう》されることなく、研究や発明、創作にのめり込むことができる。

　Ⅲ、人類が孤独を回避し恐《おそ》れてきたのは分業が発達するまでの話であって、それ以降、孤独はそれほどの害悪ではなくなり、ある意味で、社会の進歩にとって必要なものへと変遷《へんせん》しているのだ。

　もっとも、現代においても孤独を嫌う人のほうが多い。撲滅《ぼくめつ》すべき社会病理であるかのように捉《とら》えている人も少なくないだろう。この本の「はじめに」のなかでも紹介《しょうかい》したように、多くの現代人が孤独に悩《なや》んで健康やメンタルヘルス（※心の健康状態）を損《そこ》ない、自らの命を絶つことさえある。孤独がテロや無差別殺傷のトリガー（※引き金）にもなっている。

　社会的弊害《へいがい》はたしかに存在するが、孤独を愛するという人もそれなりにいる。日本でも、配偶者《はいぐうしゃ》や同居人がいなくても構わないという「おひとりさま」が増えている。ひとりで居酒屋や焼肉屋に行くのに抵抗《ていこう》がないという若者も増えて、旅行やディズニーランドのような遊び場にひとりで行く人もいる。

　誰かとつながり、深い関係を築きたいと願う人もたくさんいる一方で、「孤独でもいい」「ひとりのほうが気が楽だ」という人も確実に増えているわけだ。これは社会が進歩して⑦性に富んできたことで、人間の思考パターンも⑦化してきたことの表れなのだろう。

　それまで人類が歩んできた歴史や記憶もあって、ほぼ無条件で孤独をよくないものと捉える脳のパターンがマジョリティ（※多数派）だったのが、近代になってから社会が大きく変革したことで、孤独でも生きていける人びとが現れ、子孫を残すようになっていった。そうして、孤独に耐性《たいせい》のある人が徐々《じょじょ》に増えていき、テクノロジーの進歩に伴《ともな》って「集団に属さずとも生きていける」という状況《じょうきょう》が出現したのである。

（池田清彦《いけだきよひこ》『孤独という病』による。作問の都合上、一部表記を変更しているところがある。）

二　次の文章を読んで、あとの問いに答えなさい。（設問に字数制限のある場合は、句読点や符号も一字と数えます。）なお、（※　）は作問者の注です。

孤独《こどく》とは、人類の祖先の時代から生存確率を大幅《おおはば》に下げてしまうリスクであり、窮地《きゅうち》に陥《おちい》ったときに仲間に助けてもらうチャンスを逃《のが》すものであり、人生の最期《さいご》に誰《だれ》にも見送られることなく亡骸《なきがら》も放置されるという末路につながるものだった。この時代の孤独が悲惨《ひさん》だったという恐怖《きょうふ》の記憶《きおく》が、私たちに受け継《つ》がれている可能性がある。

その一方で、文明が起こった後も、孤独が災難であることは変わらなかった。乳幼児期に、第三者と関わることなく孤独という状態に長く置かれると、脳が破壊《はかい》されて、やはり生存確率を大幅に下げてしまう。それを回避《かいひ》するために、赤ちゃんは保育者の「心を読む」という特殊《とくしゅ》能力まで身につけているようである。

「人はひとりでは生きていけない」という言葉がある。これには、人間はけっきょく社会のなかで生きているので、お互《たが》いに支え合うことが欠かせないというような意味が込《こ》められているが、生物学的にもけっこう［　①　］。人間という生物は、たとえ食料や水が足りていたとしても、それだけでは幸せに生きていくことができないようなのだ。「②人はパンのみにて生きるにあらず」というマタイ伝（※キリスト教の教典の一つ）の言葉は真実をついているのかもしれない。

群れに属して仲間と助け合いながら暮らし、協力して苦境を乗り越えていく。子どもが生まれたら、周囲の大人はただ食事の面倒《めんどう》をみるだけでなく、愛情をもって親密なコミュニケーションを取りながらひとりの人間として成長させていく。

いまを生きる我々現代人は、そのように③孤独を回避して子孫を残すことで生き延びた人類の末裔《まつえい》だ。だから、我々の体には孤独に恐怖を覚え、孤独を回避するというプログラムが組み込まれているのだろう。

そのように考えてみると、先進国を中心に世界各国の政府が孤独対策に腐心《ふしん》（※心をなやませること）しているのも意外な話ではない。孤独から生じる諸問題は宗教や人種、文化という垣根《かきね》を越えた、世界における共通課題なのだ。

ただし、である。④人間にとって孤独が絶対悪なのかというと、そうともいい切れない。生物としての人類にとっては、たしかに孤独は忌《い》み嫌《きら》うべきものなのだが、現代社会においては、孤独はそこまで悪いことではない。むしろ、孤独が社会の進歩を促《うなが》してきた側面もある。

よくいわれるのが「⑤孤独は天才をつくる」という命題だ。世界を見《み》渡《わた》してみても、偉大《いだい》な発見をした科学者や発明家、芸術家や音楽家というのは孤独な人物であることが多い。

［　Ⅰ　］、レオナルド・ダ・ヴィンチやニュートン、エジソン、アインシュタイン、近年の人だとスティーブ・ジョブズなどの名前が挙げられると思うけど、これらの人たちは幼少期をひとりぼっちで過ごすことが多く、大人になってからも集団や社会にうまく馴染《なじ》むことができない、⑥社会不適合者と呼ばれてもおかしくない存在だったんだ。［　Ⅱ　］、

イ 母親から聞いた「竹芝桟橋」がどこかわからず、ひとりで行けるのか不安になっている。

ウ 母親から船に乗りこむ時間が夜の十時半だと聞き、夜出航することに疑問をもっている。

エ 母親からひとりで行けるならと条件を出されて、ひとりで行く自信を失いかけている。

問6 ⑤そう思って とありますが、洋平が考えていた内容を説明した次の文の A ・ B にあてはまることばを、文中から指定の字数で探し、それぞれ書きぬきなさい。

A（十字） ことをさけるためにマスクと消毒程度はできるが、竹芝桟橋まで B（六字） ことは難しそうだということ。

問7 ⑥ にあてはまることばとして最も適切なものを、次の**ア**〜**エ**の中から一つ選び、その記号を書きなさい。

ア 小学生最大のイベント　**イ** 最初で最後のチャンス

ウ きっかけとなるテスト　**エ** 究極のアドベンチャー

問8 ⑦洋平は、きっぱりといった とありますが、このときの洋平の気持ちとして最も適切なものを、次の**ア**〜**エ**の中から一つ選び、その記号を書きなさい。

ア コロナ禍に船に乗って移動をするので、絶対に自分が感染しないように細心の注意をはらうことを心にちかっている。

イ 長らく会えていなかった雄斗にいよいよ会えるのだとわくわくし、船に乗ればなんとかなると楽観的になっている。

ウ 自分のことを子どもあつかいし、三宅島へ行くのをなんとかしてやめさせようとする母親に対して強く反発している。

エ 来年以降に行けるとは限らないし、一人で色々できるところを母親に見せるためにも、三宅島へ行こうと決意している。

問9 この文章を前半と後半の二つの場面に分けるとすると、後半はどこから始まりますか。後半の始まりの五字を書きぬきなさい。

問10 この文章で書かれていた内容として最も適切なものを、次の**ア**〜**エ**の中から一つ選び、その記号を書きなさい。

ア 雄斗から電話がかかってくるまでに、洋平は何度か三宅島へ行きたいということを母親に相談していた。

イ 東京港の竹芝桟橋まで行って船に乗れば三宅島まで着くことを、洋平は事前に自分で調べて知っていた。

ウ 洋平の父親は山形に単身赴任しており、来年は調布をはなれて家族で山形に引っ越すという可能性がある。

エ 竹芝桟橋までひとりで行くのは難しいが、休みで帰ってくる父といっしょなら行けると洋平は考えていた。

問1　Ⅰ 〜 Ⅲ にあてはまることばとして最も適切なものを、次のア〜カの中から一つずつ選び、それぞれ記号を書きなさい。

ア　ゆらりと　**イ**　ジロリと　**ウ**　ズバリと
エ　ばーっと　**オ**　スルッと　**カ**　チラッと

問2　①洋平の家に電話がかかってきた　とありますが、雄斗は何のために電話をかけてきたのですか。それを説明した次の文の A ・ B にあてはまることばを、文中から指定の字数で探し、それぞれ最初と最後の三字ずつを書きぬきなさい。

・七夕なので、 A（十九字） と思ったため。
・洋平に三宅島に来てほしいので、 B（十六字） 。

問3　②うちのおかあ、洋平のかあさんに連絡して、三宅島にくるようさそうっていってたけどな　とありますが、洋平の母親がさそいを断ったのはなぜですか。その理由として最も適切なものを、次の**ア**〜**エ**の中から一つ選び、その記号を書きなさい。

ア　風太がまだ小さくいっしょに泊まるのは迷惑《めいわく》だし、夜中に連れまわすのも無理だと思っていたから。
イ　父親の休みの日に合わせて仕事を休まないといけないため、いっしょに行くのが難しかったから。
ウ　まだコロナ感染が心配されていたし、複数名で遠くへ行くことはなるべくひかえるべきだったから。
エ　仕事の都合がつきそうになく、洋平をひとりで行かせることで、たくましくなってほしかったから。

問4　③「えっ」といって、洋平はかあさんのことを見た　とありますが、このときの洋平の気持ちとして最も適切なものを、次の**ア**〜**エ**の中から一つ選び、その記号を書きなさい。

ア　雄斗の母親からすでに連絡をもらっていたのが事実だとわかり、スムーズに話が進んだことを意外に思う気持ち。
イ　雄斗との電話の内容を母親に聞かれたのかと思ったが、ともかく三宅島へ行けることになったので喜ぶ気持ち。
ウ　母親に三宅島に行く許可をもらうのは無理だろうとあきらめていたのに、簡単に許されて拍子抜《ひょうしぬ》けする気持ち。
エ　三宅島に行きたいと伝えていなかったのに、母親に行ってもよいという前提で話を切り出されおどろく気持ち。

問5　④首をかしげた　とありますが、このときの洋平の様子の説明として最も適切なものを、次の**ア**〜**エ**の中から一つ選び、その記号を書きなさい。

ア　母親から三宅島への行き方を確認《かくにん》されたが、調べてもいなかったのできょとんとしている。

「②うちのおかあ、洋平のかあさんに連絡《れんらく》して、三宅島にくるようさそうっていってたけどな。まだ話してないのか。もしくるなら、日にちとか相談しなきゃなんないから、早く決めろよ」

雄斗はそういって、電話を切った。

居間に子機をもどしに行きながら、洋平はかあさんの方を［Ⅱ］見た。そのとたん、かあさんと目が合った。

「洋平、行きたいの？　三宅島に」

かあさんは［Ⅲ］聞いた。

「あたりまえだよ。去年だって、コロナのせいで行けなかったんだ。今年もダメ、来年だってどうなるかわからないんじゃあ、ぼくたち会えないまま大人になっちゃうよ」

かあさんはそれを聞くと、笑いだした。

「そんなにすぐに大人になるなら、わたしは楽だけどね。でも洋平が三宅島に行くにしても、わたしは、夜、港まで送ってあげられないわよ」

③「えっ」といって、洋平はかあさんのことを見た。「ぼく、三宅島に行ってもいいの？」

「洋平がひとりで行けるならね。三宅島に行くには、夜の十時半に東京港の竹芝桟橋《たけしばさんばし》から出る船に乗りこむんでしょ」

行きたいと主張したわりには、洋平はどうやって三宅島に行くのかも知らず、④首をかしげた。

「実はね。雄斗くんのおかあさんが、わたしと風太《ふうた》（※洋平の弟）にも、いっしょに泊《と》まりにいらっしゃいってさそってくれたの。でも、わたしはおとうさんが調布《ちょうふ》（※洋平たちが暮らしている土地の名前。洋平の父は山形に単身赴任《ふにん》をしている）に帰ってくるのに合わせて夏休みをとらなきゃなんないでしょ。いっしょにいくわけにはいかないのよ」

そして、三宅島がどんなに遠く離《はな》れてても、竹芝桟橋で船に乗ってしまえば着けるけど、そこまではひとりで行かなきゃならない。桟橋まで送ることも考えたけど、まだ小さい風太を夜中まで連れまわすのは無理だと、かあさんはいった。さらに、

「コロナを島に持ちこむのだけは、絶対にダメだからね。マスクだとか消毒だとか相当気をつけなきゃならないけど、ちゃんとできるの？」

かあさんは、洋平が三宅島に行くのをやめさせようとでもするかのように、つぎつぎにならべたてた。はっきりいって洋平は、マスクと消毒くらいはできても、三宅島どころか、竹芝桟橋までだってひとりで行く自信なんてない。

⑤そう思ってかあさんを見ると、あなたには無理でしょ、あきらめなさいとでもいいたげな顔で、洋平の方を見ていた。

そのとたん、洋平の心に火がついた。ここで引きさがってはいられない。もし来年山形に引っ越すことになったら、そのときこそ簡単に三宅島まで行けなくなるだろう。つまり、今年の夏は、三宅島に行く［⑥］かもしれないのだ。

だとしたら、絶対に、どうしても三宅島に行きたい。

「わかった。コロナ感染《かんせん》に気をつけるし、自分で行き方も調べて、なんとかしてひとりで行くよ」

⑦洋平は、きっぱりといった。

（三輪裕子《みわひろこ》『星空の約束』による。）

2024年度

昌平中学校

【国語】〈Tクラス第１回試験〉（五〇分）〈満点：一〇〇点〉

一 次の文章を読んで、あとの問いに答えなさい。（設問に字数制限のある場合は、句読点や符号も一字と数えます。）なお、（※　）は作問者の注です。

> 雄斗《ゆうと》は保育園以来の洋平《ようへい》の親友であったが、小学五年の春に三宅《みやけ》島《じま》に引っ越《こ》してしまった。小学六年の七月、雄斗から手紙が届いた。

雄斗から手紙が届いた六日ほどあとの木曜の夜のことだった。①洋平の家に電話がかかってきた。

とうさんかな、と洋平は思ったが、「あらあ、久しぶり。元気にしてるの？」とかあさんがいうのを聞いて、ちがうのがわかった。かあさんはすぐに、「洋平、電話よ」と、誰《だれ》からともいわずに電話の子機を渡《わた》した。

洋平が出ると、相手はいった。

「よう。元気かよ」

名乗らなくても、雄斗だとわかった。

「雄斗か。元気に決まってるだろ。悪い。ちょっと待ってて」

この間もらった手紙の返事をまだ書いていない洋平は、となりの自分の部屋に行った。かあさんは、洋平が三宅島に行きたいと思っていることを知らない。今はもう七月だ。今年の夏休みに三宅島に行こうとするなら、そろそろかあさんに行ってもいいか聞いて、計画を進めなくちゃならない時期がきていた。

けれど、それを聞けないでいたのは、コロナ禍《か》が今も続いているからだ。つぎの土曜か日曜、かあさんが仕事休みのときにゆっくり相談してみようと思っていた。

「ごめん。ごめん。三宅島に遊びに行く話だろ」

「っていうか、今日七夕だろ。一年に一度くらい洋平と話でもしようかな、と思って電話かけてやったんだぜ」

雄斗がいうのを聞くと、どっちが織り姫《ひめ》で、どっちが彦星《ひこぼし》かと考えて、洋平は笑ってしまった。

「今日さ、こっちはすげえ晴れてるんだ。天の川が［Ｉ］空を横切ってる。星がたくさん見えすぎて、織り姫と彦星がどれかわかんないくらいだ」

「へえ、いいなあ」

洋平が空いっぱいの星を想像していると、

「洋平、満天の星、見にこいよ」

と、雄斗がいった。やっぱり雄斗は、手紙だけじゃなく、直接さそうために電話をかけてくれたんだと思った。

「行きたいなあ。今年こそ三宅島に。かあさんとうさんに聞いてみる。お年玉貯金してあるから、お金はあるんだ」

2024年度

昌平中学校 ▶解説と解答

算数 ＜Tクラス第１回試験＞（50分）＜満点：100点＞

解答

1 (1) 59 (2) 780 (3) $\frac{1}{3}$ (4) 3 (5) 26 **2** (1) 2400円 (2) 3.7L (3) 8時間 (4) 80点 (5) 50度 (6) 110.8cm^2 **3** (1) 41 (2) 63番目 (3) 3318 **4** (1) 1：5 (2) 15：2 (3) 20cm^2 **5** (1) 81cm^2 (2) $\frac{3}{8}$倍 (3) 54cm^3 **6** (1) 4：5 (2) 1440m (3) A地点，5回目

解説

1 四則計算，計算のくふう，逆算

(1) $18\times4-(114-12\times3)\div6=72-(114-36)\div6=72-78\div6=72-13=59$

(2) $1.7\times91-1.7\times13+52\times8.3+26\times8.3=1.7\times(91-13)+(52+26)\times8.3=1.7\times78+78\times8.3=(1.7+8.3)\times78=10\times78=780$

(3) $1\frac{1}{2}-\frac{3}{4}\times2\frac{2}{9}\div1\frac{3}{7}=1\frac{1}{2}-\frac{3}{4}\times\frac{20}{9}\div\frac{10}{7}=1\frac{1}{2}-\frac{3}{4}\times\frac{20}{9}\times\frac{7}{10}=1\frac{1}{2}-1\frac{1}{6}=1\frac{3}{6}-1\frac{1}{6}=\frac{2}{6}=\frac{1}{3}$

(4) $2.4\times\frac{1}{8}+1.5\div\frac{5}{7}+\frac{4}{5}\times0.75=\frac{12}{5}\times\frac{1}{8}+\frac{3}{2}\times\frac{7}{5}+\frac{4}{5}\times\frac{3}{4}=\frac{3}{10}+\frac{21}{10}+\frac{3}{5}=0.3+2.1+0.6=3$

(5) $31-\{(□\div2-9)\times14\}\div7=23$より，$\{(□\div2-9)\times14\}\div7=31-23=8$，$(□\div2-9)\times14=8\times7=56$，$□\div2-9=56\div14=4$，$□\div2=4+9=13$ よって，$□=13\times2=26$

2 売買損益，単位の計算，仕事算，平均，角度，表面積

(1) この品物の仕入れ値を1とすると，40％の利益を見こんだ定価は，1×(1＋0.4)＝1.4になり，定価の25％値引きをした売り値は，1.4×(1－0.25)＝1.05となる。すると，利益の120円が，1.05－1＝0.05にあたるから，仕入れ値は，120÷0.05＝2400(円)とわかる。

(2) 1000cm^3＝1000mL＝10dL＝1Lより，2800cm^3＋13dL－400mL＝2.8L＋1.3L－0.4L＝3.7Lと求められる。

(3) 全体の仕事量を12と18の最小公倍数から㊱とすると，Aさんが1時間でできる仕事量は，㊱÷12＝③，Bさんが1時間でできる仕事量は，㊱÷18＝②と表せる。この仕事を2人でいっしょに4時間すると，残りの仕事量は，㊱－(③＋②)×4＝⑯になるので，残りをBさんが，⑯÷②＝8(時間)すると，すべて終えることができる。

(4) 男子の人数を□人，女子の人数を△人とする。男子の合計点と女子の合計点が等しいことから，72×□＝90×△と表せるので，□：△＝$\frac{1}{72}$：$\frac{1}{90}$＝5：4とわかる。この比を用いると，クラス全体の平均点は，(72×5＋90×4)÷(5＋4)＝720÷9＝80(点)である。

(5) 下の図Ⅰで，三角形DBEと三角形ABCは合同だから，角イの大きさは20度，角ウの大きさは40度である。また，DBの長さとABの長さは等しいので，三角形DBAは二等辺三角形であり，角BDAの大きさは，(180－40)÷2＝70(度)となる。したがって，角アの大きさは，70－20＝50(度)

とわかる。

⑹　右の図Ⅱの立体で，２つの底面の面積の和は，$4\times4\times3.14\times\frac{1}{4}\times2=8\times3.14=25.12$ (cm^2)である。また，太線部分の長さの和は，$4\times2\times3.14\times\frac{1}{4}+4\times2=14.28$ (cm)だから，側面の面積の和は，$6\times14.28=85.68$ (cm^2)となる。したがって，図Ⅱの立体の表面積は，$25.12+85.68=110.8$ (cm^2)と求められる。

図Ⅰ

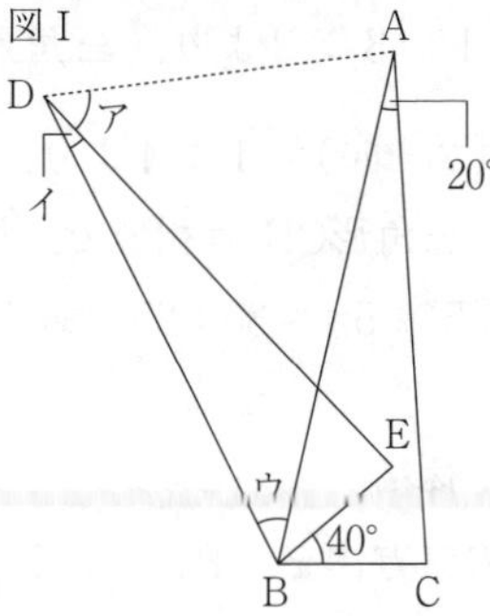

図Ⅱ

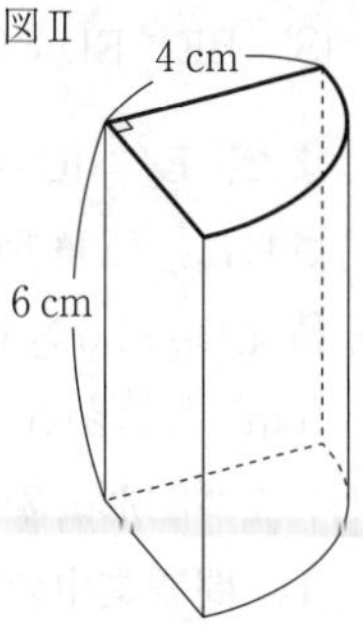

3　数列

⑴　（１，２）（５，６）（９，10）（13，14）…のように２個ずつ組に分けると，各組の左の数は１から始まり，４ずつ増える等差数列となる。すると，21÷２＝10あまり１より，最初から21番目の数は，10＋１＝11(組目)の左の数だから，１＋４×(11－１)＝41とわかる。

⑵　１＋２＝３，２＋５＝７，５＋６＝11，６＋９＝15，９＋10＝19，…より，問題文中の数列でとなりどうしの数を足した和は，小さい方から，３，７，11，15，19，…となる。これは３から始まり，４ずつ増える等差数列だから，(251－３)÷４＝62より，251は小さい方から，62＋１＝63(番目)の和である。したがって，アにあてはまる数は63とわかる。

⑶　（１，２，５，６，９，10）（13，14，17，18，21，22）（25，26，29，30，33，34）…のように６個ずつ組に分けると，各組に２個ずつ３の倍数がふくまれる。また，100÷６＝16あまり４より，100番目の数は，16＋１＝17(組目)の４番目の数である。各組の３の倍数の和は，６＋９＝15，18＋21＝39，30＋33＝63のように，15から始まり，24ずつ増える等差数列だから，16組目の３の倍数の和は，15＋24×(16－１)＝375となる。すると，１組目から16組目までの３の倍数の和は，(15＋375)×16÷２＝3120とわかる。さらに，各組の４番目の数は６から始まり，12ずつ増える等差数列だから，17組目の４番目の数は，６＋12×(17－１)＝198である。これも３の倍数なので，最初から100番目までの３の倍数の和は，3120＋198＝3318と求められる。

4　平面図形─辺の比と面積の比，相似

⑴　右の図で，CDとFEは平行だから，三角形BEFと三角形BDCは相似になり，BF：FC＝BE：ED＝１：３である。また，BF：FG＝２：１だから，BFの長さを②とすると，FG＝①，FC＝②×３＝⑥，GC＝⑥－①＝⑤と表せる。よって，FG：GC＝１：５となる。

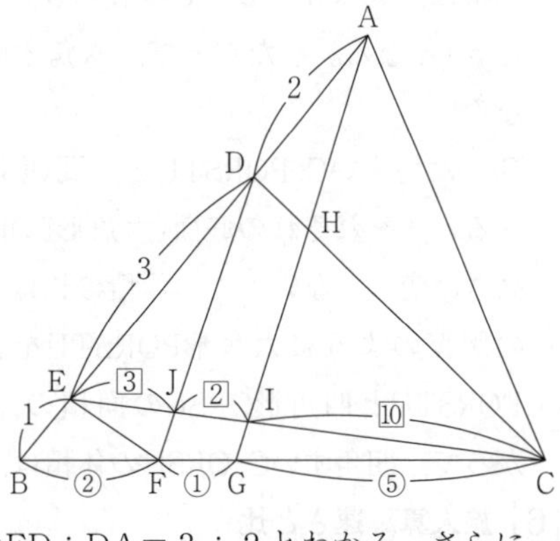

⑵　AGとDFは平行だから，三角形BDFと三角形BAGは相似になり，BD：DA＝BF：FG＝２：１である。また，BE：ED＝１：３だから，BDの長さを，１＋３＝４とすると，BE＝１，ED＝３，DA＝$4\times\frac{1}{2}=2$となる。すると，三角形EDJと三角形EAIの相似より，EJ：JI＝ED：DA＝３：２とわかる。さらに，三角形FJCと三角形GICの相似より，JI：IC＝FG：GC＝１：５である。以上のことから，EJの長さを$\boxed{3}$，JIの長さを$\boxed{2}$とすると，IC＝$\boxed{2}$×５＝$\boxed{10}$となり，EC：JI＝($\boxed{3}$＋$\boxed{2}$＋$\boxed{10}$)：$\boxed{2}$＝15：２となる。

⑶　BE：ED：DA＝1：3：2より，三角形CDEの面積は，$72\times\frac{3}{1+3+2}=36$(cm^2)である。また，EJ：JC＝③：(②＋⑩)＝1：4より，三角形CDJの面積は，$36\times\frac{4}{1+4}=28.8$(cm^2)となる。さらに，三角形CDJと三角形CHIは相似で，相似比は，JC：IC＝(②＋⑩)：⑩＝6：5だから，面積比は，(6×6)：(5×5)＝36：25である。したがって，三角形CHIの面積は，$28.8\times\frac{25}{36}=20$(cm^2)とわかる。

5　立体図形―表面積，体積

⑴　問題文中の図1の立方体を，P，Q，R，S，T，Uを通る平面で切断すると，下の図Iのように，2つの合同な立体に分かれる。このうちCをふくむ立体から，三角すいC-BPQ，C-GRS，C-DTUを除くと，下の図IIのような六角すいC-PQRSTUができる。また，三角すいC-GRSの展開図は下の図IIIのような正方形になる。図IIIで，三角形SRGの面積は，3×3÷2＝4.5(cm^2)，三角形CGRと三角形CSGの面積はどちらも，3×6÷2＝9(cm^2)なので，三角形CRSの面積は，6×6－(4.5＋9×2)＝13.5(cm^2)である。したがって，六角すいC-PQRSTUの側面の面積の和は，13.5×6＝81(cm^2)とわかる。

図I

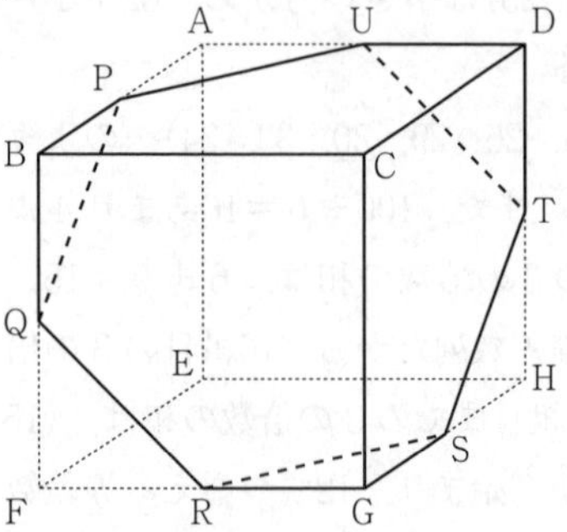

図II

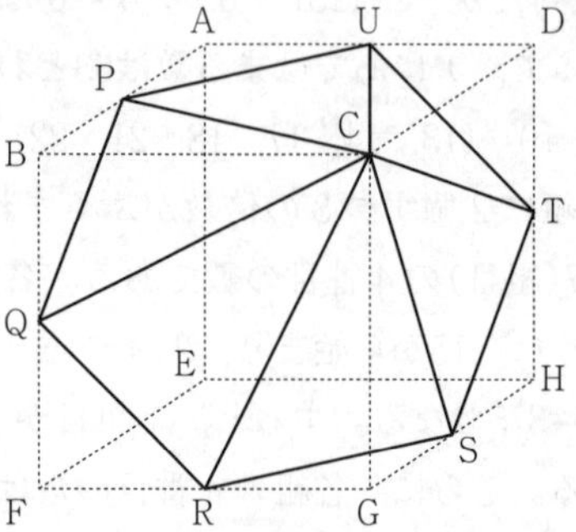

図III

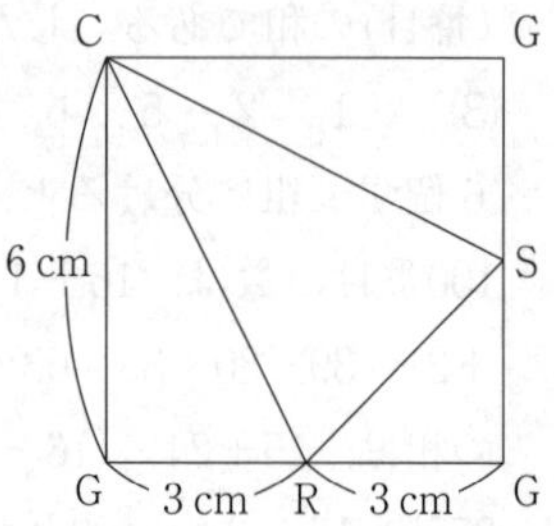

⑵　図Iで，もとの立方体の体積は，6×6×6＝216(cm^3)，P，Q，R，S，T，Uを通る平面で切断した後にCをふくむ立体の体積は，216÷2＝108(cm^3)である。また，三角すいC-GRSの体積は，3×3÷2×6÷3＝9(cm^3)だから，六角すいC-PQRSTUの体積は，108－9×3＝81(cm^3)となる。したがって，六角すいC-PQRSTUの体積は，立方体の体積の，$81\div216=\frac{3}{8}$(倍)となる。

⑶　六角すいC-PQRSTUと，問題文中の図3の四角すいC-QRSUを比べると，それぞれの底面(六角形PQRSTUと四角形QRSU)からCまでの高さは変わらないので，体積の比は底面積の比と同じになる。また，右の図IVのように六角形PQRSTUを合同な三角形に分けると，六角形PQRSTUと四角形QRSUの面積の比は，6：4＝3：2となる。したがって，四角すいC-QRSUの体積は，$81\times\frac{2}{3}=54$(cm^3)と求められる。

図IV

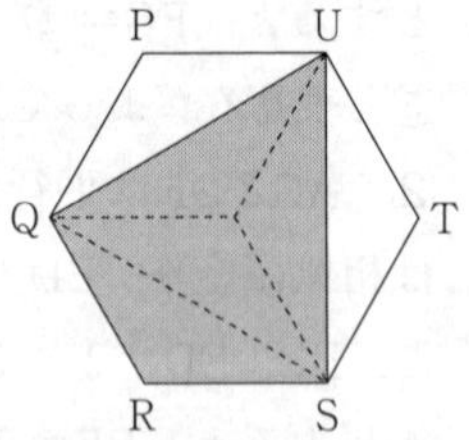

6　旅人算，速さと比

⑴　あきら君は18分後にちょうどまん中の地点に着いたので，あきら君がA地点からB地点まで移動するのに，18×2＝36(分)かかる。また，2人は同時に出発して16分後に1回目に出会ったので，あきら君の速さと，2人の速さの和の比は，$\frac{1}{36}:\frac{1}{16}=4:9$となり，あきら君とけんた君の速さの

比は，４：（９－４）＝４：５とわかる。

(2)　あきら君がちょうどまん中の地点に着いたとき，２人の様子は右の図１のようになる。このとき，あきら君とけんた君が進んだ道のりをそれぞれ④，⑤とすると，Ａ地点からＢ地点までの道のりは，④×２＝⑧になるので，⑧－⑤＝③が540ｍにあたる。したがって，Ａ地点とＢ地点の間は，$540\times\frac{8}{3}=1440$(ｍ)はなれている。

図１
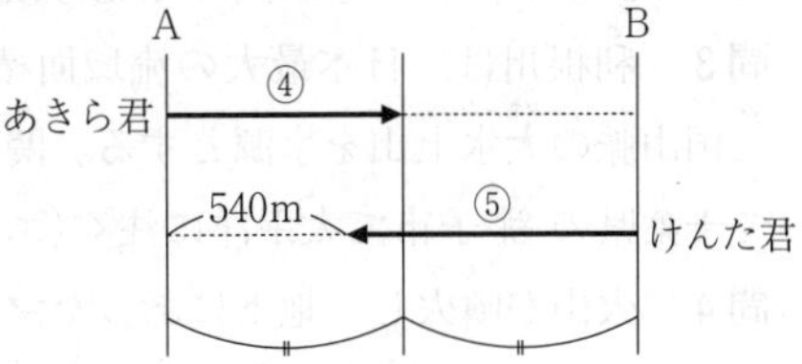

(3)　(1)，(2)より，あきら君は分速，1440÷36＝40(ｍ)，けんた君は分速，$40\times\frac{5}{4}=50$(ｍ)である。２人は出発から16分後に１回目に出会い，その後は２人合わせて，1440×２＝2880(ｍ)進むごとに出会うので，2880÷(40＋50)＝32(分)ごとに出会う。また，あきら君が１回目に後ろから追い抜《ぬ》かれるのは，出発から，1440÷(50－40)＝144(分後)である。さらに，あきら君は36分ごとにＡ地点かＢ地点に着く。これらを整理すると下の図２のようになり，出発から144分後に５回目に出会ったとき，２人はＡ地点にいることがわかる。

図２

２人が出会う(分後)	16，48，80，112，144，…
あきら君が追い抜かれる(分後)	144，…
あきら君がＡ地点かＢ地点に着く(分後)	36(Ｂ)，72(Ａ)，108(Ｂ)，144(Ａ)，…

社会　＜Ｔクラス第１回試験＞（理科と合わせて60分）＜満点：50点＞

解答

1 問１　Ｘ　宇都宮　Ｙ　大津　問２　イ　問３　エ　問４　カルデラ　問５　ア　問６　ウ　問７　イ　問８　ア　問９　関門トンネル　問10　堺　問11　55.3　問12　エ　**2** 問１　イ→ウ→エ→ア　問２　ア　問３　イ　問４　エ　問５　ウ　問６　エ　問７　ウ　問８　検地　問９　イ　問10　エ　問11　（ダグラス・）マッカーサー　**3** 問１　エ　問２　イ　問３　遣唐使　問４　ア　問５　エ　問６　勘合　問７　ウ，エ　問８　エ→ア→イ→ウ　問９　イ　問10　国際連盟　問11　エ　**4** 問１　ウ　問２　原子力　問３　エ　問４　Ｘ　フランス　Ｙ　ドイツ　問５　ア　問６　(例)　鉄道やバスを利用する　**5** 問１　(1)　ウ　(2)　エ　問２　(1)　ニューヨーク　(2)　エ　(3)　拒否権　(4)　イ　問３　(1)　ウ　(2)　エ

解説

1 **都道府県についての問題**

問１　Ｘ　栃木県の県庁所在都市は宇都宮市である。県の中央部に位置し，郊外の工業団地には電気機器や機械のほか，食料品やたばこなどさまざまな種類の工場がある。　Ｙ　滋賀県の県庁所在都市は大津市である。県の南西部に位置し，古くから交通の要所として栄え，延暦《えんりゃく》寺や石山寺など史跡・文化財が多いほか，商工業都市としても発展している。

問2　国後《くなしり》島は，北方領土のうち択捉《えとろふ》島に次いで大きい島で，根室半島と知床《しれとこ》半島の間に位置している。なお，エの与那国《よなぐに》島は北方領土ではなく，沖縄県に属する日本最西端《たん》の島である。

問3　利根《とね》川は，日本最大の流域面積(約16840km^2)をほこり，新潟県と群馬県の県境に位置する三国《みくに》山脈の大水上《おおみなかみ》山を水源とする。関東平野を南東へ向かって流れ，茨城県と千葉県の県境を通って千葉県の銚子《ちょうし》市で太平洋に注ぐ(エ…×)。

問4　火山が噴火《ふんか》し，地下にあったマグマが短時間のうちに大量に噴出したときに，火口部分がくずれ落ちてできた大きなくぼ地のことをカルデラという。

問5　三内丸山遺跡は，青森県で発見された日本最大級の縄文時代の遺跡で，竪穴《たてあな》住居跡《あと》や掘立《ほったて》柱《ばしら》建物跡，土器，土偶《どぐう》，くりの栽培《さいばい》跡など，さまざまな物が出土している(ア…○)。なお，イは富山県や岐阜県にある合掌《がっしょう》造りの家屋，ウは大阪府にある大仙(大山《だいせん》)古墳，エは長崎県にある軍《ぐん》艦《かん》島(端島《はしま》)である。

問6　愛知県から三重県にかけての伊勢《いせ》湾沿岸に発達した中京工業地帯は，自動車の生産がさかんであることから機械工業が製造品出荷額の約３分の２を占《し》め，金属工業，化学工業と続く(ウ…○)。

問7　南部鉄器は，岩手県の伝統的工芸品で，地元で豊富にとれた鉄・木炭・砂などを原料とし，現在では盛岡市と奥州市でつくられている(イ…○)。なお，アは宮城県の宮城伝統こけし，ウは秋田県の大館《おおだて》曲げわっぱ，エは広島県の熊野筆である。

問8　富山県は，降水量が多く，標高の高い山脈や大きな川を利用した発電施設が多いことから，水力発電量が全国第１位である。山岳《さんがく》地域を流れる豊富な雪どけ水を用い，水の流れ落ちる力によって発電機を動かしている。

問9　関門トンネルは，関門海峡《かいきょう》の海底をつらぬき，下関《しものせき》市(山口県)と北九州市門司《もじ》区(福岡県)を結ぶトンネルである。山陽本線の鉄道トンネル，自動車用の国道トンネル，山陽新幹線の新関門トンネルの３種類で，本州と九州をつないでいる。

問10　堺《さかい》市(大阪府)は，2006年に政令指定都市となり，2022年１月現在の人口は約82.6万人である。臨海部では化学や鉄鋼などの重化学工業，内陸部では金属加工・自転車部品・刃物《はもの》などさまざまな産業が発達している。

問11　表中で，農業産出額第１位は北海道の12667億円，第47位は東京都の229億円であるので，12667億÷229億＝55.31…より，小数第二位を四捨五入して約55.3倍となる。

問12　製造品出荷額が３兆円未満の県は，鹿児島県，熊本県，宮崎県，青森県，岩手県，島根県，福井県，奈良県の８県である(エ…○)。なお，製造品出荷額が最も多い県は愛知県で中部地方の県であるが，最も少ない県は島根県で中国地方の県である(ア…×)。関東地方の茨城県，千葉県，栃木県，東京都の製造品出荷額を合計すると，約42兆円になる(イ…×)。近畿地方に位置する奈良県の製造品出荷額は２兆円台で，５兆円に満たない(ウ…×)。

[2] 日本の神社とその歴史についての問題

問1　アは672年(壬申の乱)，イは604年(十七条の憲法の制定)，ウは645年(大化の改新の開始)，エは663年(白村江《はくすきのえ》の戦い)のことなので，時代の古い順に，イ→ウ→エ→アとなる。

問2　出雲《いずも》大社は，縁結《えんむす》びの神様として知られる大国主大神をまつる神社で，島根県出雲市に位置している。

問3　租は，律令制度における税のうち，国から口分田を支給された６歳《さい》以上の男女が，収穫《しゅうかく》量の約３％の稲を地方の役所に納めるものであった(イ…○)。そのほか，成人男性に対して，労働の代わりに布を納める庸《よう》，特産物を納める調という税や，国司のもとで60日以内の労働をする雑徭《ぞうよう》という労役《ろうえき》などが課せられた。

問４　2023年３月，東京都への一極集中の是正《ぜせい》や地方創生という観点から，文化庁が京都市に移転された。中央省庁の本庁を地方に全面移転するのは，明治以来初の試みであった(エ…○)。なお，京都府は北部で日本海に面している(ア…×)。京都府にある政令指定都市は京都市で，その人口は2022年１月現在で約139万人である(イ…×)。京都府は，兵庫県，大阪府，滋賀県，奈良県のほか，福井県，三重県の６府県と隣接《りんせつ》しているが，岐阜県とは隣接していない(ウ…×)。

問５　輸出品目の第１位が自動車であるアとウのうち，自動車と自動車部品で輸出品目の割合の約40％を占めるアが名古屋港で，残ったウが横浜港と判断できる。なお，イは成田国際空港，エは東京港である。

問６　御成敗式目は，1232年に鎌倉幕府の第３代執権《しっけん》北条泰時が，初代将軍であった源頼朝以来の先例や武家社会の慣習，道徳などをもとに裁判の基準となるものを定めた法典で，その後の武家法の手本となった。なお，1185年は壇ノ浦《だんのうら》の戦い，1192年は源頼朝の征夷《せいい》大将軍就任，1221年は承久の乱の年である。

問７　武田氏は，甲斐《かい》国(山梨県)を拠点《きょてん》とする戦国大名で，信玄のときに，信濃《しなの》国(長野県)や駿河《するが》国(静岡県)にまで領地を広げた。

問８　太閤《たいこう》検地は，農民から年貢《ねんぐ》を確実に取り立てるために豊臣秀吉が行った政策で，面積の単位や米の量をはかる「ます」の大きさを統一し，村ごとに田畑などの面積や等級を調査して生産高を石高《こくだか》で表し，土地の耕作者を検地帳に記載《きさい》した。

問９　フランシスコ・ザビエルは，スペイン出身のイエズス会宣教師で，1549年に鹿児島に上陸して日本に初めてキリスト教を伝えた(イ…○)。なお，アはポルトガル，ウはフランス，エはイタリアである。

問10　明治政府は，国の財政を安定させるため，1873年に全国の土地を調査して土地の価格である地価を決定し，その土地の所有者に地価の３％を現金で納めさせる地租改正を行った。農地改革は，第二次世界大戦後に行われた，政府が地主の土地を買い上げて小作人に安く売り渡すことで自らの土地を耕作する自作農を増やす政策である(エ…×)。

問11　1945年８月に日本が連合国側に無条件降伏《こうふく》すると，アメリカ陸軍元帥《げんすい》であったダグラス・マッカーサーは，連合国軍最高司令官総司令部(GHQ)の総司令官として日本占領《せんりょう》の指揮にあたり，ポツダム宣言にもとづいて日本から軍国主義を取り除き，民主化政策を進めた。

3　日本と中国の歴史についての問題

問１　弥生時代には，金属器が大陸から伝わり，農具や工具として鉄器が，祭器としてエの銅鏡や銅剣，銅鐸《どうたく》などの青銅器が用いられた。なお，アの土偶は縄文時代，イの埴輪《はにわ》は古墳時代，ウの縄文土器は縄文時代に関係が深いものである。

問２　卑弥呼は，30あまりの小国を従えた邪馬台国の女王で，まじないによって国を治めたとされる。中国の歴史書『魏志《ぎし》』倭人伝《わじんでん》によれば，卑弥呼は239年に魏(中国)に使いを送り，皇帝から「親魏倭王」の称号《しょうごう》と金印や銅鏡などを与《あた》えられたとされる。

問３　菅原道真は，平安時代の学者・政治家である。遣唐《けんとう》大使に任命された道真は，国力がおとろえた唐(中国)に多くの危険をおかしてまで使節を派遣する必要はないと訴《うった》え，894年に遣唐使が停止された。

問４　平清盛は，崇徳《すとく》上皇を中心とする勢力と後白河天皇を中心とする勢力の対立や摂政《せっしょう》・関白をめぐる藤原氏の内部争いにより1156年に起こった保元の乱で勝利し，その後に対立した源義朝を1159年の平治の乱で破ると，1167年には武士として初めて太政《だいじょう》大臣となった(ア…×)。

問５　鎌倉幕府の御家人であった竹崎季長《すえなが》は，元寇《げんこう》(元軍の二度にわたる襲来《しゅうらい》)のときの自分の働きぶりを主張して鎌倉幕府から恩賞をもらい，子孫にその活躍《かつやく》を伝えるために，資料の「蒙古《もうこ》襲来絵詞《えことば》」を描《えが》かせたといわれる。

問６　室町幕府の第３代将軍を務めた足利義満が明《みん》(中国)との間で行った貿易では，正式の貿易船と倭寇《わこう》(日本の武装商人団・海賊《かいぞく》)を区別するために勘合《かんごう》という通交証書が用いられた。そのため，この貿易は勘合貿易とも呼ばれた。

問７　江戸幕府の初代将軍徳川家康は，1600年に関ヶ原の戦いで豊臣方の石田三成を破り，1614～15年の大阪(大坂)の陣で豊臣氏をほろぼした(ウ，エ…○)。なお，アは織田信長，イは徳川家光，オは豊臣秀吉が行ったことである。

問８　アは1635年(日本人の海外渡航《とこう》・帰国の禁止)，イは1637～38年(島原・天草一揆《いっき》)，ウは1639年(ポルトガル船の来航禁止)，エは1612年(幕領でのキリスト教禁止令)のことなので，時代の古い順に，エ→ア→イ→ウとなる。

問９　1872年，イギリス人技術者モレルの指導によって，新橋―横浜間で日本初の鉄道が開通した。新橋―横浜間の約29kmを蒸気機関車が約50分間で走り，１日９往復した(イ…○)。

問10　1931年に日本がしかけた満州事変について調べるため，リットン調査団が中国に派遣された。1933年に国際連盟はリットン調査団の報告書にもとづいて日本の撤退《てったい》を求める勧告《かんこく》案を採択《さいたく》したが，日本政府はこれを不服とし，国際連盟から脱退した。

問11　1972年に日中共同声明が発表されたときの日本の内閣総理大臣は，エの田中角栄である。なお，アは佐藤栄作，イは池田勇人《はやと》，ウは吉田茂である。

4　日本の発電電力量の移り変わりや世界の温室効果ガス排出量などについての問題

問１　2010年の発電電力量全体に占める原子力発電の割合は，288230÷1156888×100＝24.91…より，約25％である(ウ…○)。なお，2021年の火力発電の発電電力量は，1980年の火力発電の発電電力量の２倍にあたる803934百万kWhを下回っている(ア…×)。発電電力の総量は，2010年から2021年にかけては減少している(イ…×)。2021年の水力発電の発電電力量は900億kWhをこえていない(エ…×)。

問２　2010年から2021年の間に，原子力発電の発電電力量は288230百万kWhから67767百万kWhに大きく減少している。

問３　2011年３月11日に東日本大震災が発生し，福島第一原子力発電所で重大な事故が起こったため，国内の原子力発電所は次々と運転を停止し，原子力発電による電力量は大きく減少した。

問４　**Ｘ**　フランスは，原子力による発電電力量の割合が66.5％と高い。　**Ｙ**　ドイツは，再生可能エネルギーによる発電電力量の割合が32.0％である。

問５　1990年の日本の温室効果ガスの排出《はいしゅつ》量は，233億×0.046＝10.718億(ｔ)，2020年の日本の温室効果ガスの排出量は，355億×0.028＝9.94億(ｔ)であり，2020年のほうが少ない(ア…○)。なお，2020年の中国の温室効果ガスの排出量は，355億×0.305＝108.275億（ｔ）である(イ…×)。1990年と比べて2020年の温室効果ガスの排出量が最も増えたのは中国である(ウ…×)。2020年の世界全体の温室効果ガスの排出量は，1990年の排出量と比べると，355億÷233億＝1.52…より，約1.5倍となっている(エ…×)。

問６　遠くへ出かけるときに利用する移動手段には，鉄道，バス，航空機，自家用乗用車などがあるが，温室効果ガスの排出量を減らすためには，一人あたりの二酸化炭素の排出量がより少ない鉄道やバスを選ぶほうがよい。

5　SDGsや国際社会についての問題

問１　⑴　マイクロプラスチックは，直径５ミリメートル以下の小さなプラスチックのごみで，ビニール袋《ぶくろ》やペットボトルが砕《くだ》かれたもの，洗顔料や歯みがき粉にふくまれているものなどが海に流れ出ることで，海の生態系に悪い影響《えいきょう》を与えるとして，大きな問題となっている(ウ…○)。
⑵　まだ食べられるのに廃棄《はいき》される食品のことを食品ロスといい，農林水産省および環境《かんきょう》省の「令和３年度推計」によると，日本の食品ロスは523万トンにのぼる。生産者や店は，食品を製造し販売《はんばい》する過程で捨てられたり失われたりする量を減らし，消費者は購入《こうにゅう》した食品を食べきることが求められている(エ…○)。

問２　⑴　国際連合の本部はアメリカのニューヨークにある。　⑵　ユネスコ(UNESCO)は，国連教育科学文化機関の略称で，教育・科学・文化を通じ，各国が協力して平和を維持《いじ》することを目的とした機関である。1972年の総会で世界の貴重な自然や文化財・建造物を守るための世界遺産条約が採択されたことにより，世界遺産の登録を行っている(エ…○)。なお，アのWHOは世界保健機関，イのUNICEFは国連児童基金，ウのIMFは国際通貨基金の略称である。⑶　国際連合の安全保障理事会において，常任理事国にのみ与えられている特別の権限を拒否権という。重要な議題について決定するには５常任理事国をふくむ９か国以上の賛成が必要で，常任理事国のうち１か国でも反対すると決定できない。　⑷　PKO(国連平和維持活動)は，安全保障理事会が冷戦によって機能しなかったことから生まれた活動で，紛争の再発防止と停止を目的として，紛争地域での兵力の引きはなしや，停戦・選挙の監視を行っている(イ…○)。なお，アのILOは国際労働機関，ウのWTOは世界貿易機関，エのFAOは国連食糧《しょくりょう》農業機関の略称である。

問３　⑴　韓国は，大統領が国家元首である大統領制の国である。大統領は任期５年で，国民による直接選挙で選ばれる。　⑵　日本では，衆議院と参議院の二院制がとられており，民意を反映しやすいとされている衆議院により強い権限が与えられている(エ…×)。

理科　＜Tクラス第１回試験＞（社会と合わせて60分）＜満点：50点＞

解答

1　⑴　A　水星　E　土星　⑵　ウ　⑶　ウ　⑷　３億7800万km　⑸　イ
2　⑴　ウ　⑵　イ　⑶　ア　⑷　エ　⑸　エ　⑹　イ　3　⑴　①　うすい塩酸　②　石灰石　⑵　水酸化ナトリウム，食塩(塩化ナトリウム)　⑶　62.5cm^3　⑷　４：７　4　⑴　①　32cm　②　21cm　⑵　①　24cm　②　21cm　⑶　25.6cm

解 説

1 太陽系の惑星《わくせい》についての問題

(1) 太陽のまわりを公転する惑星は８個あり，太陽に近い順に水星，金星，地球，火星，木星，土星，天王《てんのう》星，海王星である。表は太陽からの平均きょりの値が小さい順に並んでいるので，惑星Ａは水星，惑星Ｅは土星とわかる。

(2) 惑星Ｄは木星で，表面に大赤斑《せきはん》と呼ばれる巨大《きょだい》なうず巻き模様が見られるのが特ちょうの一つである。

(3) 恒星《こうせい》は太陽のようにみずから光を放っている星のこと，衛星は月のように惑星のまわりを公転する星のことである。また，太陽のまわりを公転する８個の惑星は，主に岩石と金属からできている地球型惑星(水星，金星，地球，火星)と，主にガスなどからできている木星型惑星(木星，土星，天王星，海王星)に分けることができる。

(4) 表より，太陽と地球のきょりを1.00としたとき，太陽と惑星Ｃのきょりは1.52である。そのため，惑星Ｃ—太陽—地球の順に一直線に並んだときの地球と惑星Ｃのきょりは，1.00＋1.52＝2.52となる。したがって，太陽と地球のきょりが１億5000万kmだから，求めるきょりは，１億5000万×2.52＝３億7800万(km)になる。

(5) 表より，地球と惑星Ｃの公転周期はそれぞれ1.00年，1.88年だから，１日で公転する角度は，地球が，360÷365＝0.986…より約0.99度，惑星Ｃが，360÷(365×1.88)＝0.524…より約0.52度であり，その差は，0.99−0.52＝0.47(度)になる。再び同じように一直線に並ぶのは，公転する角度の差が360度になったときだから，360÷0.47＝765.9…より，イの770日後が選べる。

2 植物の芽の成長についての問題

(1) トウモロコシはイネと同じく単子葉類で，葉脈が平行脈である。一方，サクラ，ツツジ，ヒマワリは双《そう》子葉類で，葉脈は網《もう》状脈となっている。

(2) 種子の発芽では最初に根を出すものが多いが，イネの場合は最初に子葉が出て，続いて根がのびる。

(3) 芽の先に光が当たらなかった図２や，芽の先を切りとった図４では芽が曲がらず，芽の先に光が当たった図３では芽が曲がったことから，光を感じとる場所は芽の先だけだと考えられる。

(4) 図２だけでは，芽が曲がらなかったのが，芽の先にキャップをかぶせたことで，キャップにふれたりキャップの重さが加わったりしたからだとも考えられる。そこで，芽の先に光が当たるかどうかの条件だけが異なり，ほかの条件を同じにした図３を行い，図２と図３の結果を比べることで，図２で芽が曲がらなかったのはキャップをかぶせたせいではなく，光の有無によるものだと考えることができる。

(5) 図２と図４の比較《ひかく》から，オーキシンは芽の成長をうながすもので，芽の先でつくられると考えられる。そして，図２と図３の比較から，芽の先に光が当たらないときは，オーキシンが下部にまんべんなく送られ，芽はまっすぐのびるが，芽の先に光が当たると，オーキシンは光の当たらない方の下部に送られ，そこの成長が早まってよくのびるため，光の当たる方向に芽が曲がるとわかる。図５では，芽の先でつくられたオーキシンが光の当たらない方の下部に移動でき，そこが成長して芽が曲がったが，図６では，オーキシンがガラス板にじゃまされて光の当たらない方の下部に移動できないので，芽が曲がらなかったと考えられる。

⑹　図９のようにすると，オーキシンは下部の左側だけに送られる。したがって，下部の左側の成長が早まるので，右の方へ曲がる。

3　水よう液の性質についての問題

⑴　うすい塩酸に対して，アルミニウム，鉄，マグネシウムを入れたときには水素が発生し，石灰石を入れたときには二酸化炭素が発生する。また，水酸化ナトリウム水よう液に対しては，アルミニウムを入れたときだけ水素が発生する。

⑵　混ぜてできた水よう液がアルカリ性(赤色リトマス紙が青色に変化したため)なので，この水よう液は，酸性のうすい塩酸とアルカリ性の水酸化ナトリウム水よう液がちょうど中和してできる食塩水と，中和しないで残った水酸化ナトリウム水よう液が混ざったものと考えることができる。よって，水分をすべて蒸発させると，食塩(塩化ナトリウム)と水酸化ナトリウムが残る。

⑶　ちょうど中性になるには，ＰとＱが同じ数ずつあればよい。$60cm^3$のうすい塩酸ＡにはＰが，$25\times\frac{60}{20}=75$(個)入っているから，75個のＱが入っている水酸化ナトリウム水よう液Ｂの体積を求めればよく，$25\times\frac{75}{30}=62.5(cm^3)$とわかる。

⑷　$105cm^3$のうすい塩酸Ｃに入っているＰの数と，$60cm^3$の水酸化ナトリウム水よう液Ｄに入っているＱの数は等しいので，$c\times\frac{105}{10}=d\times\frac{60}{10}$と表せる。したがって，$c\times10.5=d\times6$より，$c:d=6:10.5=4:7$となる。

4　ばねについての問題

⑴　①　図１より，ばねＡはもとの長さが12cmで，40ｇの重さあたり，28－12＝16(cm)のびる。図２で，ばねＡにはそれより下のおもりの重さの合計の，20＋30＝50(ｇ)がかかっているので，長さは，$12+16\times\frac{50}{40}=12+20=32$(cm)となる。　②　図１より，ばねＢはもとの長さが12cmで，40ｇの重さあたり，24－12＝12(cm)のびる。図２で，ばねＢには30ｇがかかっているので，長さは，$12+12\times\frac{30}{40}=21$(cm)になる。

⑵　図３において，ばねＡとばねＢには同じ大きさの力がかかっている。ばねＡとばねＢののびの合計は，45－12×２＝21(cm)である。また，同じ大きさの力がかかったとき，ばねＡとばねＢののびの比は，16：12＝４：３となる。よって，ばねＡの長さは，$12+21\times\frac{4}{4+3}=24$(cm)，ばねＢの長さは，45－24＝21(cm)になる。

⑶　ばねＣはもとの長さが９cmで，40ｇの重さあたり，$16\times\frac{9}{12}=12$(cm)のび，ばねＤはもとの長さが８cmで，40ｇの重さあたり，$12\times\frac{8}{12}=8$(cm)のびる。ここで，まずばねＤを，９－８＝１(cm)のばしてばねＣの長さに合わせることを考えると，ばねＤに，$40\times\frac{1}{8}=5$(ｇ)かかればよい。そして，同じ大きさの力がかかったとき，ばねＣとばねＤののびの比は，12：８＝３：２となるので，50－５＝45(ｇ)がばねＣとばねＤに対して，$\frac{1}{3}:\frac{1}{2}=2:3$に分かれてかかれば，ばねＣとばねＤののびが同じになる。よって，ばねＣにかかる重さは，$45\times\frac{2}{2+3}=18$(ｇ)，ばねＤにかかる重さは，50－18＝32(ｇ)と求められるから，おもりは棒の左はしから，32：18＝16：９のところにつりさげればよい。これは，棒の左はしから，$40\times\frac{16}{16+9}=25.6$(cm)のところである。

国　語　＜Tクラス第１回試験＞（50分）＜満点：100点＞

解　答

一　問１　Ⅰ　エ　Ⅱ　カ　Ⅲ　ウ　問２　Ａ　一年に～うかな　Ｂ　手紙だ～うため　問３　イ　問４　エ　問５　ア　問６　Ａ　コロナを島に持ちこむ　Ｂ　ひとりで行く　問７　イ　問８　エ　問９　居間に子機　問10　ウ　二　問１　Ⅰ　カ　Ⅱ　ア　Ⅲ　オ　問２　ウ　問３　イ　問４　Ａ　群れに～ていく　Ｂ　愛情を～ていく　問５　孤独が社会の進歩を促してきた側面もある（から。）　問６　Ａ　偉業を～一要素　Ｂ　コツコ～続けた　問７　Ａ　社会が～進んだ　Ｂ　誰かが～買える　問８　イ　問９　せていく。　問10　ア　三　問１　ウ　問２　エ　問３　イ　問４　イ　問５　ア　四　問１　（季語，季節の順で）　①　さみだれ，イ　②　雪とけて，ア　③　天の川，ウ　④　枯野，エ　⑤　夕立，イ　問２　①　ウ　②　ア　③　エ　④　イ　⑤　エ　五　①　イ　②　コ　③　ク　④　エ　⑤　ウ　六　①　だいきぼ　②　くうゆ　③　ざんりゅう　④　しりぞ（ける）　⑤　ちぢ（んだ）　⑥～⑩　下記を参照のこと。

●漢字の書き取り

六　⑥　宝庫　⑦　開幕　⑧　拝借　⑨　委（ねる）　⑩　裁（く）

解　説

一　**出典：三輪裕子《みわひろこ》『星空の約束』**。三宅《みやけ》島に引っ越《こ》した親友の雄斗《ゆうと》から遊びに来るようにとさそわれた洋平《ようへい》は，ひとりで行けるならいいと母親に言われ，自分だけで行くことを決意する。

問１　Ⅰ　雄大な天の川が空を横切るようすを表す言葉が入るので，勢いよく広がるさまの「ばーっと」が合う。　Ⅱ　三宅島に来るようにと雄斗からさそわれた洋平は，行っていいかどうか母親にきいてみようと思ったのだから，母親のほうを「チラッと」見たものと考えられる。「チラッと」は，一しゅんだけ。　Ⅲ　洋平の気持ちを言いあてるように，母親は「行きたいの？　三宅島に」ときいたのだから，「ズバリと」がよい。「ズバリと」は，核心《かくしん》を言いあてるようす。

問２　Ａ　雄斗は洋平に，今日は七夕なので「一年に一度くらい洋平と話でもしようかな」と思って電話をしたと言っている。　Ｂ　「満天の星，見にこいよ」という雄斗の言葉をきいた洋平は，「手紙だけじゃなく，直接さそうため」に電話をしてきてくれたのだと考えている。

問３　ぼう線④の後で，洋平の母親は，夫（洋平の父親）が単身赴任《ふにん》から帰ってくるのに合わせて休みをとらないといけないため，息子《むすこ》（洋平）といっしょに三宅島に行くわけにはいかない，と雄斗の母親のさそいを断った理由を説明している。よって，イが選べる。

問４　雄斗と電話で話した時点では，洋平は三宅島に行きたいと思っていることを母親に伝えてはいなかった。しかし，「三宅島に行くにしても，わたしは，夜，港まで送ってあげられないわよ」と，行ってもよいという前提で母親から話を切り出されたので，洋平は「行ってもいいの？」とおどろいたのである。

問５　直前にあるとおり，洋平はまだ三宅島に行くにはどうすればよいかを調べていなかったため，母親から「三宅島に行くには，夜の十時半に東京港の竹芝桟橋《たけしばさんばし》から出る船に乗りこむんでしょ」という言葉をきいて，あっけにとられているものと考えられる。

問６　Ａ　「マスクと消毒」に相当気をつけなければならないと母親が言っているのは，「コロナを島に持ちこむ」ことをさけるためである。　**Ｂ**　直前の文に，竹芝桟橋まで「ひとりで行く」自信などないと洋平が考えていることが書かれている。

問７　昨年はコロナ禍《か》のために三宅島に行けなかったが，もし来年山形に引っ越《こ》すことになったらますます三宅島には行きにくくなってしまうだろうと洋平は考えている。このことは，今年の夏が三宅島に行く「最初で最後のチャンス」かもしれないことを意味している。

問８　今年の夏が三宅島に行く最初で最後のチャンスかもしれないと思った洋平は，コロナ感染《かんせん》にも気をつけながらひとりで行くことができるのだろうかと疑わしげな母親に向かい，「なんとかしてひとりで行く」と言い切っている。よって，エがふさわしい。

問９　前半は洋平と雄斗との電話での会話が主体だが，「居間に子機」で始まる後半では，洋平と母親とのやり取りが描《えが》かれている。

問10　雄斗からの電話で，三宅島に行っていいかどうかを両親に聞いてみると洋平は言っているので，何度か母親に相談したとあるアは誤り。また，三宅島への行き方を洋平は知らなかったこと，父親といっしょなら竹芝桟橋まで行けると洋平が考えたとは書かれていないことから，イとエも合わない。

二　**出典：池田清彦《いけだきよひこ》『孤独《こどく》という病』**。人類は孤独を回避《かいひ》することで生き延びてきたが，社会の分業化が発達した後は，孤独な天才なども出現するようになったと述べられている。

問１　Ⅰ　孤独の中で偉大《いだい》な業績を残した人々の例として，ダ・ヴィンチやニュートン，スティーブ・ジョブズなどがあげられているので，具体的な例をあげるときに用いる「たとえば」があてはまる。　Ⅱ　ダ・ヴィンチやニュートンなどは「社会不適合者と呼ばれてもおかしくない存在」だったが，孤独の中で「コツコツと試行錯誤を重ね」た結果，偉業を成し遂《と》げたという文脈である。よって，前のことがらを受けて，それに反する内容を述べるときに用いる「だが」が入る。

Ⅲ　人類は孤独を恐《おそ》れ，回避してきたが，社会で分業化が進んでからはそれでも生きられるようになったため，孤独な天才が優《すぐ》れた功績を残すようになった。続く部分では，このことをまとめているので，“要するに”とまとめて言いかえるときに用いる「つまり」がよい。

問２　続く部分で，「人間という生物は，たとえ食料や水が足りていたとしても，それだけでは幸せに生きていくことができない」ようだと述べられていることに注目する。つまり，「人はひとりでは生きていけない」というのは，社会的な観点から言っても「生物学的にもけっこう」あてはまるのだから，ウの「的を射ている」が合う。

問３　マタイ伝の言葉である「人はパンのみにて生きるにあらず」は，食料や水が足りているだけでは幸せに生きていくことができない「人間という生物」の真実をついているのかもしれない，と筆者は述べている。つまり，物質的なものだけでなく，他者とのかかわりの中で得られる精神的な満足があってこそ，人間は「幸せ」になるのだから，イがふさわしい。

問４　直前に「そのように」とあるので，前の部分に注目する。　**Ａ**　孤立しないよう，「群れに属して仲間と助け合いながら暮らし，協力して苦境を乗り越《こ》えていく」ことで人間は生き延びてきたのである。　**Ｂ**　生まれた子供に対し，大人たちは「愛情をもって親密なコミュニケーションを取りながらひとりの人間として成長させていく」ことで人類を絶やさずにきたのである。

問５　二つ後の文に，「孤独が社会の進歩を促《うなが》してきた側面もある」と，孤独のよい面が述べられている。

問６　**Ａ，Ｂ**　続いて，孤独な中で偉業を成し遂げた人の例があげられ，その後に彼《かれ》らの人物像と孤独とのかかわりがまとめられている。彼らは，孤独を「偉業を成し遂げるための原動力の一要素」として，「コツコツと試行錯誤を重ね，人並みならぬ集中力で自らが定めたゴールを追求し続けた」人物だといえる。

問７　**Ａ，Ｂ**　次の段落で，「社会不適合者と呼ばれてもおかしくない存在」であっても生き延びられるようになった理由は，人類社会の変化にあると説明されている。「社会が発展して分業化が進んだ」ことにより，お金さえあれば「誰《だれ》かが捕まえたり育てたりした動物の肉や農産物を買える」時代になったため，孤独な人でも生きていけるようになったのである。

問８　前の部分で，誰かとつながりたい人がいる一方，孤独を好む人も増えていると筆者は述べている。つまり，社会のあり方とともに，人間の思考パターンも「多様」になってきたといえる。

問９　もどす文に「これ」とあるので，前の部分には「太古の昔から続いてきた，一生物としての人間の姿」がくわしく書かれているはずである。「群れに属して」で始まる段落の最後に入れると，孤独を回避して助け合い，子孫を残してきたようすを指して，大昔から続いてきた「人間の姿」だとまとめる形になり，文意が通る。

問10　最後から四つ目の段落に「現代においても孤独を嫌《きら》う人のほうが多い」とあるので，イは誤り。また，偉大な発見をした人には孤独な人が多いとあるが，孤独でないと偉大な発見はできないとは書かれていないので，ウも間違《まちが》っている。さらに，誰かと深い関係を築くことが大切だとも述べられていないので，エも合わない。

三　**出典：姜尚中《カンサンジュン》『生きる意味』**。口の動きを見えなくしてしまうマスクは，その人の表情やパーソナリティをかくしてしまうため，「顔の一部」になることは難しいと述べられている。

問１　「ありきたり」は，ありふれているようす。よって，「あるようでなかった」という文脈で用いられているウが誤り。

問２　「ウイルスの侵入《しんにゅう》を防ぐという」実用性を超《こ》え，マスクも「顔の一部」といえるまでに進化するのだろうかと筆者は述べているので，“個性”という意味のエがあてはまる。

問３　空らん③をふくむ段落では，マスクをすると口の動きが見えないため，その人のパーソナリティがつかみにくいと述べられている。よって，口が見えなければ，何かが「決定的」に足らないとするのがよい。「決定的」は，動かしがたいようす。

問４　イの「祖先」は，「先祖」と漢字を入れかえても，その家系に属する過去の人々を指し，同じ意味の熟語となる。

問５　ぼう線⑤の「ない」は，打ち消しの意味を表す助動詞。よって，アが同じ使い方にあたる。なお，イは補助形容詞，ウは形容詞，エは形容詞「つまらない」の一部である。

四　**俳句の知識，熟語の組み立て**

問１　①　「さみだれ」は夏の季語である。　②　「雪」は冬の季語だが，「雪とけて」は春の季語である。　③　「天の川」は秋の季語になる。　④　「枯野」は冬の季語となる。　⑤　「夕立」は夏の季語である。

問２　①　ウは前の漢字が動作を表し，後の漢字が動作の目的・対象を表す組み立て。ほかは，前の漢字が後の漢字を修飾《しゅうしょく》している組み立て。　② アは前の漢字が後の漢字を修飾している組み立て。ほかは，前の漢字が動作を表し，後の漢字が動作の目的・対象を表す組み立てである。
③ エは前の漢字が後の漢字を修飾している組み立て。ほかは，似た意味の漢字を重ねた組み立て。
④ イは前の漢字が後の漢字を修飾している組み立て。ほかは，前の漢字が主語，後の漢字が述語を表す組み立て。　⑤ エはある言葉の後に何らかの意味をそえる接尾《せつび》語(性・然・的・化)がついた組み立て。ほかは，長い熟語を省略している組み立て。

五 ことわざの完成

① 「ねこに小判」は，ものの価値のわからない者によいものを与《あた》えても意味がないということ。
② 「能あるたかはつめをかくす」は，有能な者ほどその才能をひけらかさないものだということ。
③ 「すずめ百までおどり忘れず」は，幼いころに身につけた習慣は年を取っても変わらないことのたとえ。　④ 「とらぬたぬきの皮算用」は，手に入るかどうかもわからないことをあてにして計画を立てること。　⑤ 「いわしの頭も信心から」は，取るに足りないものでも，信じる気持ちがあれば尊く見えるということ。

六 漢字の書き取りと読み

① 物事のしくみなどが大がかりなようす。　② 航空機で荷物を運ぶこと。　③ なくならずに残っていること。　④ 音読みは「タイ」で，「退場」などの熟語がある。　⑤ 音読みは「シュク」で，「縮小」などの熟語がある。　⑥ 価値の高いものがたくさん入っているところ。　⑦ あるものごとが始まること。　⑧ 借りることをへりくだっていう言い方。
⑨ 音読みは「イ」で，「委任」などの熟語がある。　⑩ 音読みは「サイ」で，「裁判」などの熟語がある。訓読みにはほかに「た(つ)」がある。

Dr.福井の

入試に勝つ！脳とからだのウルトラ科学

勉強が楽しいと，記憶力も成績もアップする！

みんなは勉強が好き？　それとも嫌い？――たぶん「好きだ」と答える人はあまりいないだろうね。「好きじゃないけど，やらなければいけないから，いちおう勉強してます」という人が多いんじゃないかな。

だけど，これじゃダメなんだ。ウソでもいいから「勉強は楽しい」と思いながらやった方がいい。なぜなら，そう考えることによって記憶力がアップするのだから。

脳の中にはいろいろな種類のホルモンが出されているが，どのホルモンが出されるかによって脳の働きや気持ちが変わってしまうんだ。たとえば，楽しいことをやっているときは，ベーターエンドルフィンという物質が出され，記憶力がアップする。逆に，イヤだと思っているときには，ノルアドレナリンという物質が出され，記憶力がダウンしてしまう。

要するに，イヤイヤ勉強するよりも，楽しんで勉強したほうが，より多くの知識を身につけることができて，結果，成績も上がるというわけだ。そうすれば，さらに勉強が楽しくなっていって，もっと成績も上がっていくようになる。

でも，そうは言うものの，「勉強が楽しい」と思うのは難しいかもしれない。楽しいと思える部分は人それぞれだから，一筋縄に言うことはできないけど，たとえば，楽しいと思える教科・単元をつくることから始めてみてはどうだろう。初めは覚えることも多くて苦しいときもあると思うが，テストで成果が少しでも現れたら，楽しいと思えるきっかけになる。また，「勉強は楽しい」と思いこむのも一策。勉強が楽しくて仕方ない自分をイメージするだけでもちがうはずだ。

Dr.福井（福井《ふくい》一成《かずしげ》）…医学博士。開成中・高から東大・文Ⅱに入学後，再受験して翌年東大・理Ⅲに合格。同大医学部卒。さまざまな勉強法や脳科学に関する著書多数。

2023 年度

昌 平 中 学 校

〈編集部注：一般は算数・社会・理科・国語，グローバルは算数・英語・国語を受験します。算数・国語は，一般・グローバルの共同問題です。〉

【算　数】 〈一般・グローバル第１回試験〉（50分）〈満点：100点〉

（注意）分数は，それ以上約分できない分数で必ず答えなさい。また，図形は，必ずしも正確ではありません。

1 次の□にあてはまる数を答えなさい。

(1) $41 - (23 - 7) + 18 =$ □

(2) $1.5 \times 3 - 0.75 \times 5 =$ □

(3) $9 - 2\frac{1}{3} - 5\frac{3}{4} =$ □

(4) $2\frac{1}{4} \div 1.5 - 1\frac{1}{9} \times 0.6 =$ □

(5) $34 - ($ □ $+ 7) \times 2 = 8$

2 次の □ にあてはまる数を答えなさい。

(1) 480人の１割５分は □ 人です。

(2) 3.7 a = □ m^2

(3) ある品物を先月より20 %安くしたので，定価が2000円でした。この品物の先月の定価は □ 円です。ただし，消費税については考えないものとする。

(4) 兄と弟が持っているカードは合わせて72枚です。兄が弟に持っているカードを５枚あげたので，兄と弟のカードの枚数の比は５：４になりました。はじめに兄が持っていたカードは □ 枚です。

(5) 右の図のように，正三角形ABCを，頂点Aが辺BC上の点Fと重なるように折り返しました。

BCとDFが垂直になるとき，角**ア**（角CED）の大きさは □ 度です。

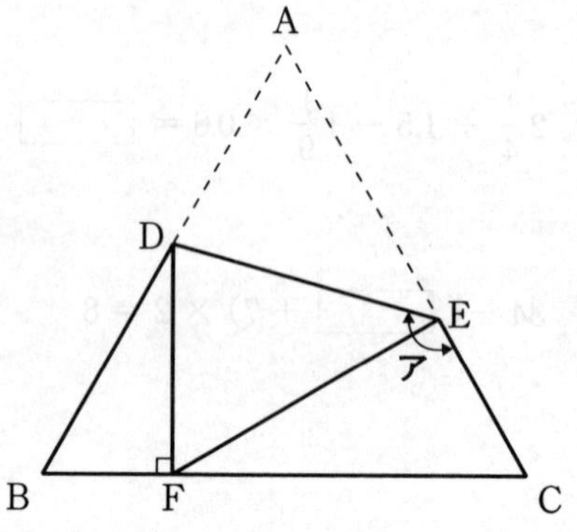

(6) 右の図は，１辺の長さが6 cmの立方体を，平面BDE，BDG，BEG，DEGで切り取ってできた立体BDEGです。

この立体の体積は □ cm^3 です。

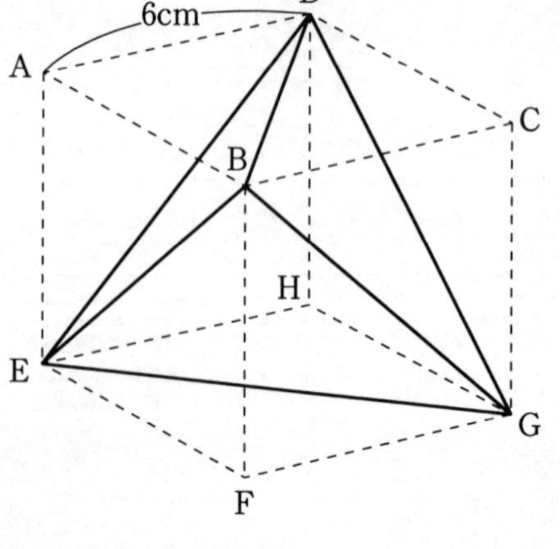

3 下のように，あるきまりにしたがって順に整数を並べました。

1，2，1，3，2，1，4，3，2，1，5，4，3，2，1，6，5，…

これについて，次の問いに答えなさい。

(1) 初めて8が現れるのは，最初から数えて何番目か求めなさい。

(2) 最初から数えて50番目に現れる整数を求めなさい。

(3) 最初から数えて50番目までに並んでいるすべての整数の和を求めなさい。

4 右の図のように，1辺の長さが12 cmの正方形ABCDの辺AB，BC，CD，DA上に，AE＝CF＝CG＝AHとなるようにそれぞれ点E，F，G，Hをとります。

また，BHとDE，BGとDFの交点をそれぞれI，Jとします。

これについて，次の問いに答えなさい。

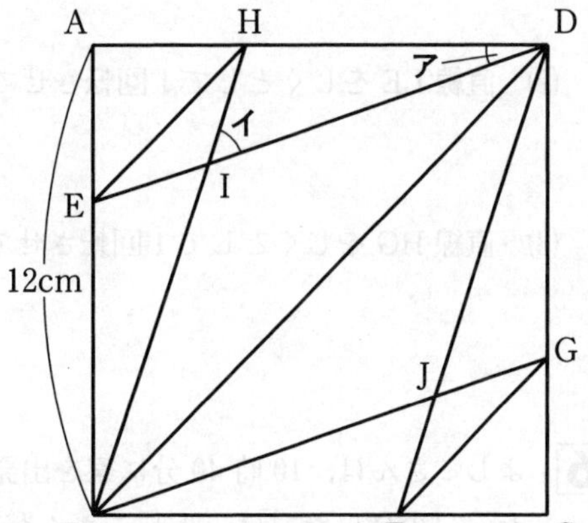

(1) 角ア（角HDI）の大きさが18°のとき，角イ（角HID）の大きさを求めなさい。

(2) AE＝3 cmのとき，EIの長さとIDの長さの比を最も簡単な整数の比で求めなさい。

(3) (2)のとき，四角形IBJDの面積を求めなさい。

5 右の図のように，１辺の長さが２cm の正方形を組み合わせた図形を，ある直線をじくとして１回転させてできる立体を考えます。

これについて，次の問いに答えなさい。ただし，円周率は 3.14 を使いなさい。

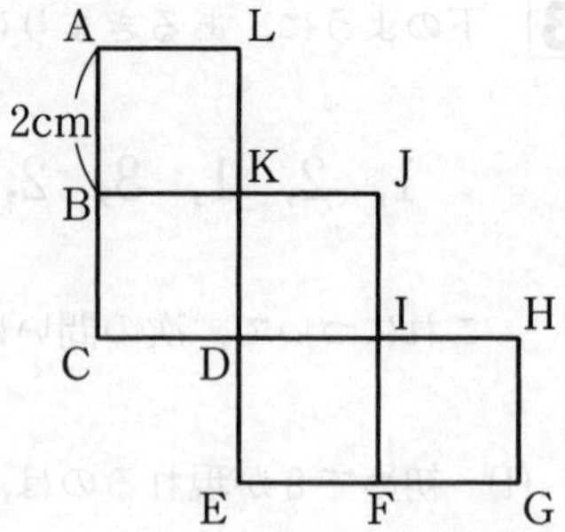

⑴ 直線 LE をじくとして１回転させてできる立体として正しいものを，次の**ア**～**エ**から１つ選び，記号を書きなさい。

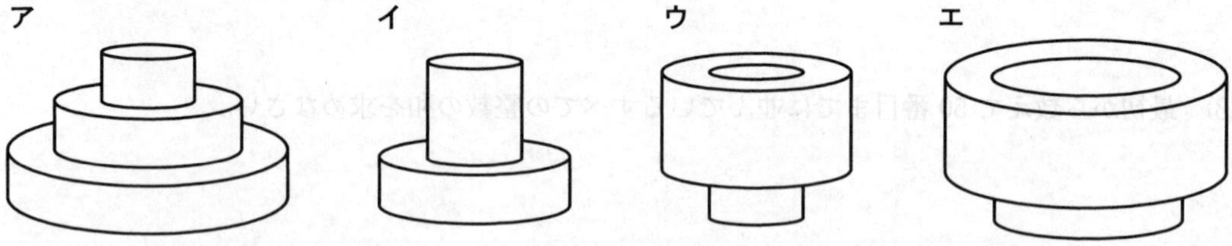

⑵ 直線 LE をじくとして１回転させてできる立体の表面積を求めなさい。

⑶ 直線 HG をじくとして１回転させてできる立体の体積を求めなさい。

6 よしこさんは，10 時 40 分に家を出発して，駅へ向かって 11 時 24 分に着くように歩いていきました。兄のけいた君は，よしこさんが忘れ物をしていることに気がつき，11 時４分に分速 150 m の速さで自転車に乗って家からよしこさんを追いかけました。よしこさんも，途中《とちゅう》で忘れ物に気がついて，すぐに駅へ向かっていたときと同じ速さで家に向かって歩きました。２人は 11 時 12 分に出会い，よしこさんは忘れ物を受けとって，すぐに分速 120 m の速さで走って駅に向かうと，予定通り 11 時 24 分に駅に着くことができました。

これについて，次の問いに答えなさい。

⑴ 家から駅までの道のりは何 m か求めなさい。

⑵ はじめ，よしこさんは分速何 m の速さで駅に向かっていたか求めなさい。

⑶ よしこさんが忘れ物に気がついたのは何時何分か求めなさい。

【社　会】〈一般第１回試験〉（理科と合わせて50分）〈満点：50点〉

1 次のＡ～Ｆの文章を読んで，あとの問いに答えなさい。

Ａ　中京工業地帯は，愛知県・岐阜県・①三重県に広がる日本最大の工業地帯で，自動車工業を中心とした機械工業がさかんです。愛知県にある［　②　］市は製造品出荷額《しゅっかがく》が全国で第１位です。

Ｂ　大阪府と③兵庫県に広がる阪神《はんしん》工業地帯は，製造品出荷額が全国で第２位の工業地帯です。金属工業やせんい工業の割合が高く，④中小工場が多いことで知られています。

Ｃ　京浜《けいひん》工業地帯は，日本の首都である⑤東京都や，神奈川県の⑥横浜《よこはま》市，川崎《かわさき》市などを中心に発達している工業地帯です。工業用地の不足などの理由から，その地位は低下しています。

Ｄ　北九州工業地域は，1901年に操業を始めた［　⑦　］製鉄所を中心に鉄鋼業から発達しました。筑豊《ちくほう》炭田などの国産の石炭を利用していましたが，炭田が閉山してからは，⑧石炭を外国からの輸入にたよっています。

Ｅ　⑨中国・四国地方の県に広がる瀬戸内《せとうち》工業地域は，瀬戸内海の海運が利用できたこと，広い工業用地があったことなどの理由で発達してきました。石油化学工業などの重化学工業がさかんです。

Ｆ　⑩静岡県に広がる東海工業地域は，富士《ふじ》市の製紙・パルプ工業，浜松《はままつ》市の楽器・オートバイ工業，⑪焼津《やいづ》市のかんづめ・水産加工業など，特色のある工業都市が多いです。

問１　下線部①について，1960年ごろに三重県で発生した四大公害病のひとつを何というか，答えなさい。

問２　［　②　］にあてはまる都市の名前を答えなさい。

問３　下線部③について，兵庫県にある世界遺産として正しいものを，次のア～エから１つ選び，記号で答えなさい。

ア

イ

ウ

エ

問4　下線部④に関連して，次のグラフは，日本の大規模工場と中小工場の事業所数（2020年），従業者数（2020年），製造品出荷額（2019年）の割合を示したものです。**A**，**B**，**C**の項目《こうもく》の組み合わせとして正しいものを，あとの**ア〜カ**から1つ選び，記号で答えなさい。

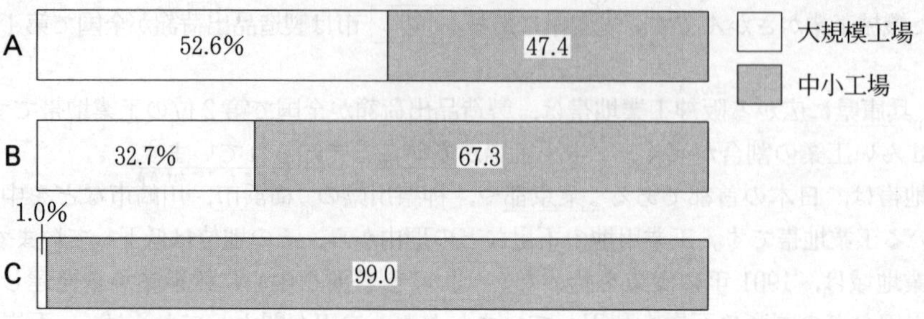

(『日本国勢図会 2022/23』より作成)

ア　**A**　事業所数　**B**　従業者数　**C**　製造品出荷額
イ　**A**　事業所数　**B**　製造品出荷額　**C**　従業者数
ウ　**A**　従業者数　**B**　事業所数　**C**　製造品出荷額
エ　**A**　従業者数　**B**　製造品出荷額　**C**　事業所数
オ　**A**　製造品出荷額　**B**　事業所数　**C**　従業者数
カ　**A**　製造品出荷額　**B**　従業者数　**C**　事業所数

問5　下線部⑤について，東京都の都心部の周りに発達した，都心に代わって重要な機能をになっている，新宿《しんじゅく》・渋谷《しぶや》・池袋《いけぶくろ》などの地区を何といいますか。**漢字3字**で答えなさい。

問6　下線部⑥について，横浜市には日本有数の港があります。次の表は，横浜港，成田《なりた》国際空港，神戸《こうべ》港，名古屋《なごや》港の4つの港の輸出入総額の全国順位と，おもな輸出入品目を示したものです。横浜港にあてはまるものを，表中の**ア〜エ**から1つ選び，記号で答えなさい。

	順位	おもな輸出品目	おもな輸入品目
ア	1位	半導体等製造装置，金	通信機，医薬品
イ	3位	自動車，自動車部品	液化ガス，衣類
ウ	4位	自動車，プラスチック	石油，有機化合物
エ	7位	プラスチック，建設・鉱山用機械	たばこ，衣類

(『日本国勢図会 2022/23』より作成)

問7　［　⑦　］にあてはまる製鉄所の名前を答えなさい。

問8　下線部⑧について，日本は石炭を［　　］から最も多く輸入しており，2020年には石炭の輸入額全体の60.2％をしめていました。［　　］にあてはまる国名として正しいものを，次の**ア〜エ**から1つ選び，記号で答えなさい。

ア　オーストラリア　**イ**　中国　**ウ**　ブラジル　**エ**　アメリカ合衆国

問9　下線部⑨について，次の問いに答えなさい。

⑴　中国・四国地方の自然について正しく説明した文を，次の**ア**～**エ**から１つ選び，記号で答えなさい。

ア　山陽地方と山陰《さんいん》地方を区分する中国山地は，標高が高く，険しい山が多い。

イ　四国山地は，なだらかな山々が連なっており，太平洋側では一年を通して雨が多く，瀬戸内側は一年を通して雨が少ない。

ウ　高知県を流れる四万十川《しまんとがわ》は，四国地方で最も長い川で，日本三大急流のひとつに数えられている。

エ　一年を通して降水量が少ない香川県には多くのため池があり，県の総面積に対するため池の密度は全国１位である。

⑵　次の地図の**A**～**D**にあてはまる県の組み合わせとして正しいものを，あとの**ア**～**エ**から１つ選び，記号で答えなさい。

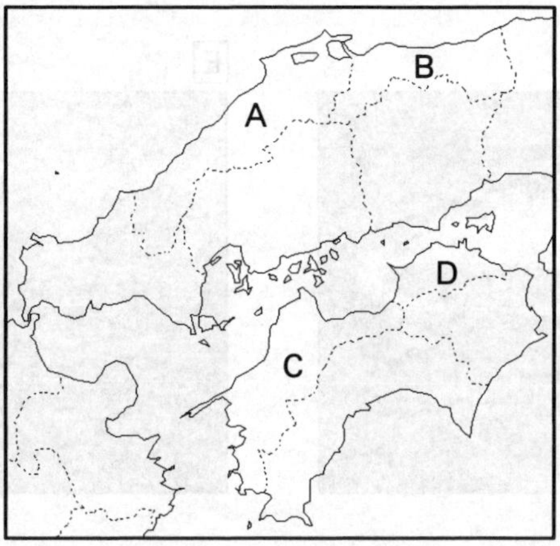

ア　A　島根県　　B　鳥取県　　C　香川県　　D　愛媛県

イ　A　島根県　　B　鳥取県　　C　愛媛県　　D　香川県

ウ　A　鳥取県　　B　島根県　　C　香川県　　D　愛媛県

エ　A　鳥取県　　B　島根県　　C　愛媛県　　D　香川県

問10　下線部⑩について，静岡県が2020年の収穫量《しゅうかくりょう》全国１位である農産物として正しいものを，次の**ア**～**エ**から１つ選び，記号で答えなさい。

ア　さとうきび　　**イ**　いぐさ　　**ウ**　茶　　**エ**　てんさい

問11　下線部⑪について，焼津港の位置として正しいものを，次の地図中の**ア**～**エ**から１つ選び，記号で答えなさい。

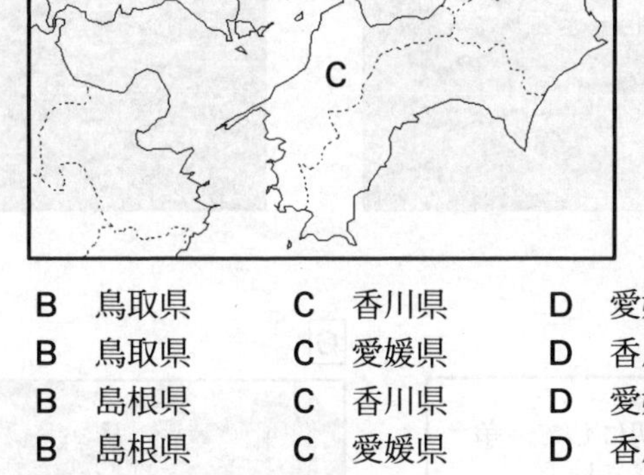

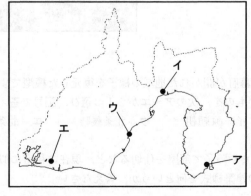

2　次の A ～ G の資料を見て，あとの問いに答えなさい。

A

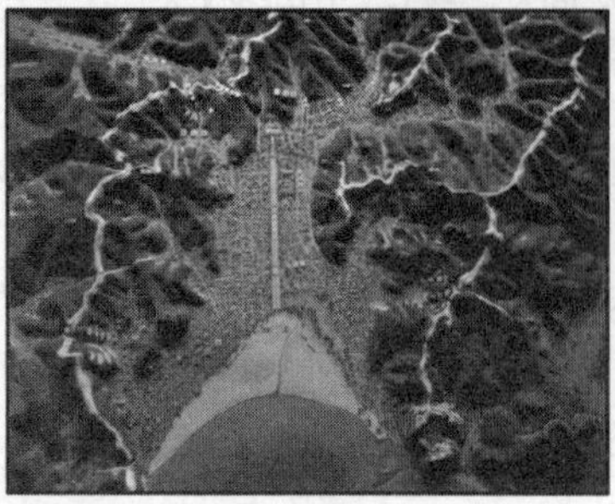

B

C

D

E

F

第一条　人の和を大切にして，争うことをやめなさい。

第二条　仏の教えをあつく敬いなさい。

第三条　＿＿＿の命令には，必ず従いなさい。

G

問１　資料 A は，ある幕府が開かれた地域の様子を復元した模型です。この幕府を開いた人物の名前として正しいものを，次の**ア～エ**から１つ選び，記号で答えなさい。

ア　足利尊氏《あしかがたかうじ》　　**イ**　源頼朝《みなもとのよりとも》　　**ウ**　北条義時《ほうじょうよしとき》　　**エ**　北条時政《ときまさ》

問２　資料 B は，ふすまや障子で部屋を仕切るなど，現在の和室に似たつくりの建築様式を示したものです。この建築様式を何というか，答えなさい。

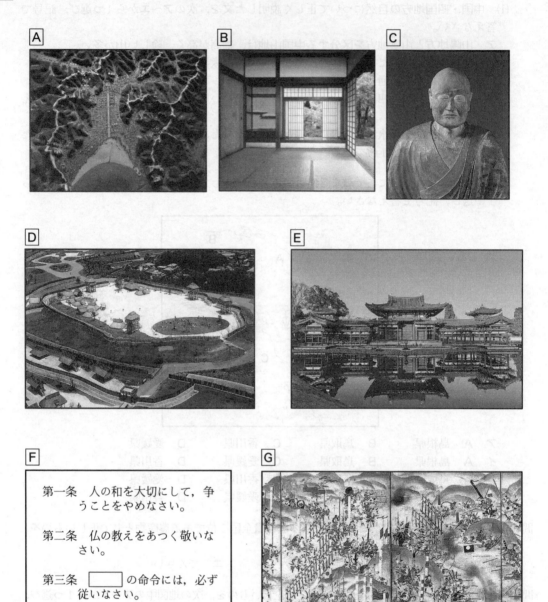

問3　資料C について，次の問いに答えなさい。

⑴　この写真は，6度目の航海でようやく日本にたどりつき，日本の仏教の発展《はってん》に大きな役割を果たした僧《そう》の像です。この僧の出身国の名前として正しいものを，次の**ア～エ**から1つ選び，記号で答えなさい。

ア　隋《ずい》　　**イ**　宋《そう》　　**ウ**　唐《とう》　　**エ**　元

⑵　この僧が開いた寺院として正しいものを，次の**ア～エ**から1つ選び，記号で答えなさい。

ア

イ

ウ

エ

問4　資料D について，次の問いに答えなさい。

⑴　この写真は，堀《ほり》やさくで囲まれたむらの様子を復元した遺跡《いせき》です。この遺跡がある県名を答えなさい。

⑵　この遺跡の時代の説明として正しいものを，次の**ア～エ**から1つ選び，記号で答えなさい。

ア　人々の間に，富を持つ者とそうでない者のように，貧富の差が広がってきた。
イ　大王を中心とした政権が，関東地方から九州中部におよぶ支配体制を形成した。
ウ　人々は打製石器を使い，ナウマンゾウなどの大型動物を狩《か》って暮らしていた。
エ　人々はなわ目の模様のある厚手の土器を使い，食べ物をにたりたくわえたりした。

問５　資料E について，次の問いに答えなさい。

(1)　この寺院を建てた人物の名前として正しいものを，次の**ア〜エ**から１つ選び，記号で答えなさい。

ア　聖武《しょうむ》天皇　　**イ**　菅原道真《すがわらのみちざね》　　**ウ**　平清盛《たいらのきよもり》　　**エ**　藤原頼通《ふじわらのよりみち》

(2)　この寺院が建てられた時代の文化の説明として正しいものを，次の**ア〜エ**から１つ選び，記号で答えなさい。

ア　武士や貴族の間で，茶の湯や生け花がさかんになった。
イ　雪舟《せっしゅう》が，中国から伝わったすみ絵を日本風の様式に完成させた。
ウ　運慶《うんけい》が，金剛《こんごう》力士像などの力強い作品を数多く残した。
エ　貴族の間で和歌が流行し，『古今《こきん》和歌集』が編さんされた。

問６　資料F の □ にあてはまることばを，**漢字２字**で答えなさい。

問７　資料G について，次の問いに答えなさい。

(1)　この屏風《びょうぶ》にえがかれた戦いが行われた場所を，次の地図中の**ア〜エ**から１つ選び，記号で答えなさい。

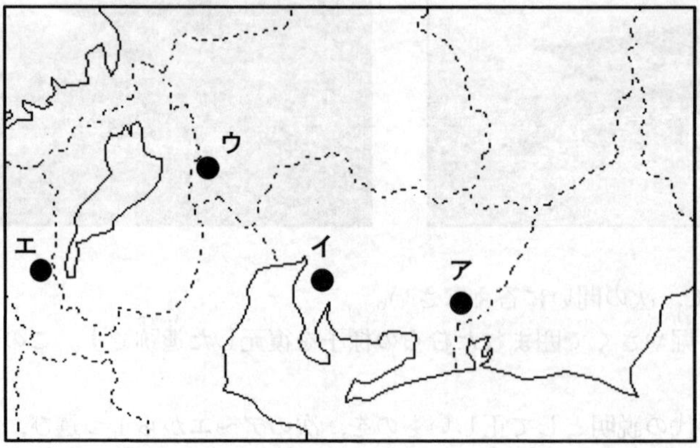

(2)　この戦いでは，鉄砲《てっぽう》が大量に用いられました。鉄砲を日本に伝えた人物の出身国として正しいものを，次の**ア〜エ**から１つ選び，記号で答えなさい。

ア　スペイン　　**イ**　オランダ　　**ウ**　ポルトガル　　**エ**　イギリス

問８　A，B，C，D，E の資料を，時代の古いものから順に並べかえ，記号で答えなさい。

3　次の年表を見て，あとの問いに答えなさい。

年	できごと	
1635年	参勤交代の制度が始まる	…A
1798年	『古事記伝』が完成する	…B
	↕ C	
1873年	地租《ちそ》改正が実施《じっし》される	…D
1877年	西南戦争が起こる	…E
1904年	［　　］との間で戦争が始まる	…F
1925年	普通《ふつう》選挙制が実施される	…G
1937年	日中戦争が始まる	…H
1945年	２つの都市に原子爆弾《ばくだん》が投下される	…I
1972年	沖縄が日本に復帰する	…J
1988年	瀬戸《せと》大橋が開通する	…K

問１　年表中のAについて，参勤交代の制度を定めた人物の名前として正しいものを，次のア～エから１つ選び，記号で答えなさい。

ア　徳川家康《とくがわいえやす》　　イ　徳川家光《いえみつ》　　ウ　徳川綱吉《つなよし》　　エ　徳川吉宗《よしむね》

問２　年表中のBについて，『古事記伝』を完成させた人物として正しいものを，次のア～エから１人選び，記号で答えなさい。

ア

イ

ウ

エ

問３　年表中のCの期間に起こった次のア～エのできごとを，時代の古いものから順に並べかえ，記号で答えなさい。

ア　幕府が政権を朝廷《ちょうてい》に返す。　　イ　大塩平八郎《おおしおへいはちろう》の乱が起こる。

ウ　日米和親条約を結ぶ。　　エ　日米修好通商条約を結ぶ。

問４　年表中のDについて，明治政府は国の収入を安定させるため，これまでの［　　］に代わって，土地の価格に応じた地租という税金を現金で納めさせるようにしました。［　　］にあてはまることばを答えなさい。

問5　年表中のEについて，薩摩藩《さつまはん》の士族におされて兵を挙げた人物の名前として正しいものを，次のア～エから1つ選び，記号で答えなさい。

ア　大久保利通《おおくぼとしみち》　　イ　木戸孝允《きどたかよし》　　ウ　西郷隆盛《さいごうたかもり》　　エ　坂本龍馬《さかもとりょうま》

問6　年表中のFの［　　　］にあてはまる国の名前を答えなさい。

問7　年表中のGについて，このとき選挙権が認められた範囲《はんい》として正しいものを，次のア～エから1つ選び，記号で答えなさい。

ア　満20才以上のすべての男女　　イ　満20才以上のすべての男子
ウ　満25才以上のすべての男女　　エ　満25才以上のすべての男子

問8　年表中のHについて，日中戦争のきっかけとなった日本軍と中国軍の衝突《しょうとつ》が起こった場所として正しいものを，次の地図中のア～エから1つ選び，記号で答えなさい。

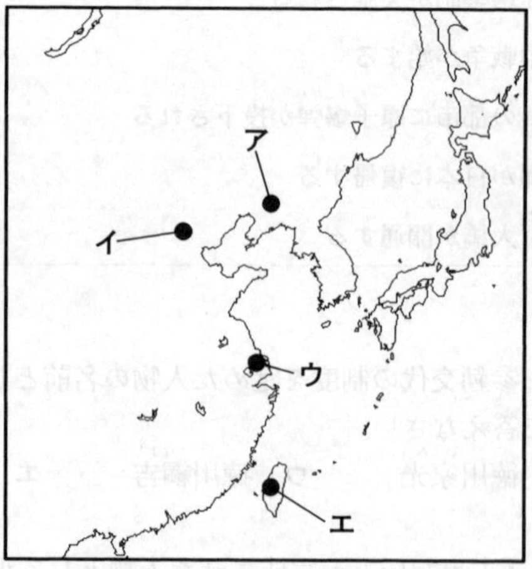

問9　年表中のIについて，原子爆弾が投下された都市として正しいものを，次のア～カから2つ選び，記号で答えなさい。

ア　東京都区部　　イ　長崎市　　ウ　大阪市
エ　広島市　　オ　福岡市　　カ　横浜市《よこはま》

問10　年表中のJについて，この年に起こったできごととして正しいものを，次のア～エから1つ選び，記号で答えなさい。

ア　冬季オリンピック札幌《さっぽろ》大会が開かれる。
イ　日中平和友好条約が結ばれる。
ウ　大阪で万国博覧会が開かれる。
エ　日本が国際連合に加盟《かめい》する。

問11　年表中のKについて，瀬戸大橋で結ばれている2つの都市の組み合わせとして正しいものを，次のア～エから1つ選び，記号で答えなさい。

ア　広島県呉《くれ》市 － 愛媛県松山《まつやま》市　　イ　岡山県倉敷《くらしき》市 － 愛媛県松山市
ウ　広島県呉市 － 香川県坂出《さかいで》市　　エ　岡山県倉敷市 － 香川県坂出市

4 はるかさんとゆうきさんは，選挙制度について話し合っています。これを読んで，あとの問いに答えなさい。

はるか：7月10日に①参議院議員の選挙が行われたね。
ゆうき：ぼくの両親や姉は，投票をするために出かけたよ。
はるか：ゆうきさんのお姉さんは，選挙権を持つ満［　②　］才以上だったんだね。
ゆうき：そうだよ。生まれて初めての投票だと言っていたよ。
はるか：③テレビで見たけれど，④与党《よとう》が選挙前よりも多くの議席を得たようだね。
ゆうき：日本は⑤議院内閣制をとっていて，大統領制をとっているアメリカやフランス，⑥韓《かん》国《こく》などとは選挙の形がちがっているよ。
はるか：⑦アメリカの大統領は地位が高く，権限が強いと聞いたことがあるよ。どうしてなのかな。
ゆうき：大統領は，議会の議員とは別の国民選挙で選ばれているからだよ。

問１　会話中の下線部①について，参議院の説明として**誤っているもの**を，次の**ア**～**エ**から１つ選び，記号で答えなさい。

ア　参議院議員の任期は６年で，３年ごとに半数が改選される。
イ　参議院議員は，比例代表選挙と選挙区選挙によって選ばれる。
ウ　参議院議員の被《ひ》選挙権は，満30才以上である。
エ　参議院は重要な決定について，衆議院より強い権限を持っている。

問２　会話中の［　②　］にあてはまる**数字**を答えなさい。

問３　会話中の下線部③について，テレビなどのメディアを通して，不特定多数の人々に大量の情報を伝達することを何といいますか。**カタカナ４字**の略称《りゃくしょう》で答えなさい。

問４　会話中の下線部④について，2022年の参議院議員選挙の時点で与党である政党として正しいものを，次の**ア**～**オ**から**２つ**選び，記号で答えなさい。

ア　自由民主党　　**イ**　立憲民主党　　**ウ**　日本維新《いしん》の会
エ　公明党　　**オ**　日本共産党

問５　会話中の下線部⑤について，次の**図**は，議院内閣制のしくみを表したものです。これを見て，あとの問いに答えなさい。

図

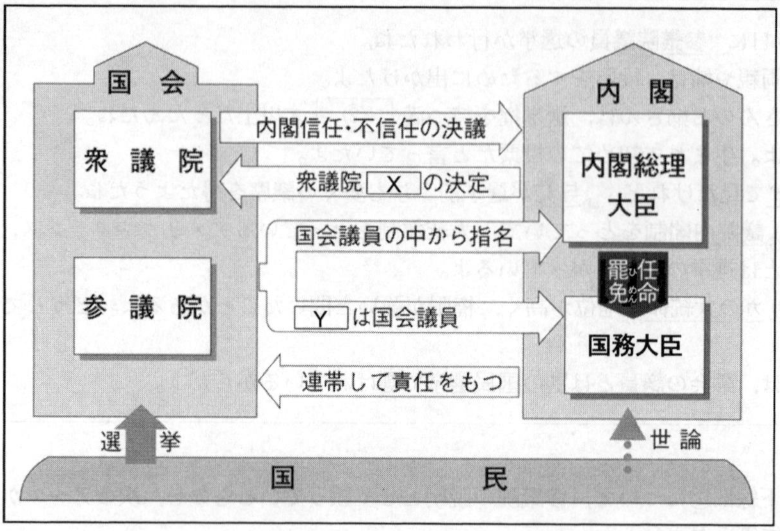

⑴　図中の X にあてはまることばを，**漢字２字**で答えなさい。

⑵　図中の Y にあてはまることばとして正しいものを，次の**ア～エ**から１つ選び，記号で答えなさい。

ア　３分の１以上　　**イ**　過半数　　**ウ**　３分の２以上　　**エ**　４分の３以上

問６　会話中の下線部⑥について，韓国の国旗として正しいものを，次の**ア～エ**から１つ選び，記号で答えなさい。

ア

イ

ウ

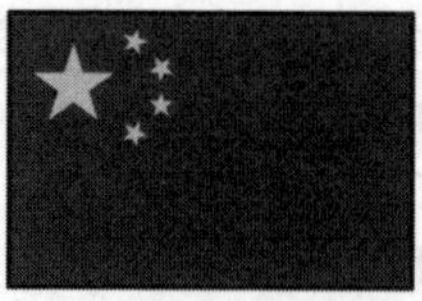

エ

問７　会話中の下線部⑦について，2022年11月現在のアメリカ大統領の名前として正しいものを，次の**ア～エ**から１つ選び，記号で答えなさい。

ア　バラク・オバマ　　**イ**　ドナルド・トランプ
ウ　ジョー・バイデン　**エ**　ジョージ・ブッシュ

【理　科】〈一般第１回試験〉（社会と合わせて50分）〈満点：50点〉

1　昌子《しょうこ》さんと平一《へいいち》さんが，川の流れについて話し合っています。これについて，以下の問いに答えなさい。

昌　子：**図１～図３**の地形は，川に流れる水のはたらきによってできた地形をスケッチしたものね。

平　一：川を流れている水は，土をけずったり，土砂《どしゃ》を運んだりしながら海に流れつくよ。川のとちゅうには人工のてい防やダムがあるよ。

昌　子：ダムには，水をためる貯水ダムと，流れてくる土砂をせき止める**図４**のような（　Ａ　）ダムがあるよ。（　Ａ　）ダムは，川の水にけずられた土砂がいっきに下流へ流れていくのを防いでいるのよ。

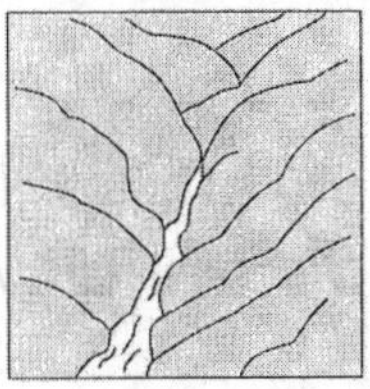

図１

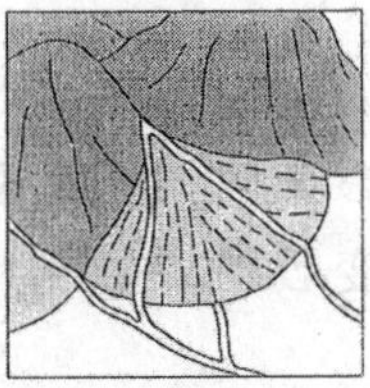

図２

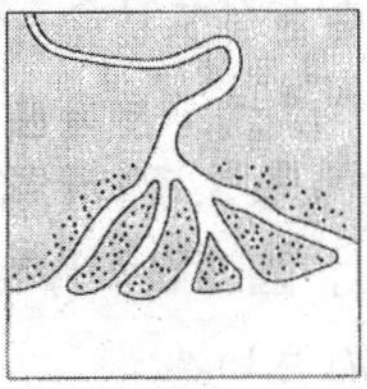

図３

図４

(1)　文中の空らん（　Ａ　）にあてはまる語を答えなさい。

(2)　**図１**の地形は，おもに川に流れる水の２つのはたらきによってできたものです。そのはたらきの名前をそれぞれ答えなさい。

(3)　**図２**の地形の特ちょうを次の**ア～オ**の中から2つ選び，記号で答えなさい。

ア　ひかく的小さなつぶの砂やどろがたい積しており，水はけがわるい。
イ　山からたくさんの水が流れてくるので水田に向いている。
ウ　ひかく的大きなつぶの石がたい積しており，水はけがよい。
エ　平たんで，ほとんどかたむいていない。
オ　土石流の危険がある。

(4)　**図３**のような地形を何といいますか。その名前を答えなさい。

(5)　地しんのとき，地面が液体のようになり，建物が地面にしずみこむ「液状化現象」が起こりやすい地形はどれですか。**図１～図３**の中から１つ選び，番号で答えなさい。

2　図は，目の断面を模式的に表したものです。これについて，以下の問いに答えなさい。

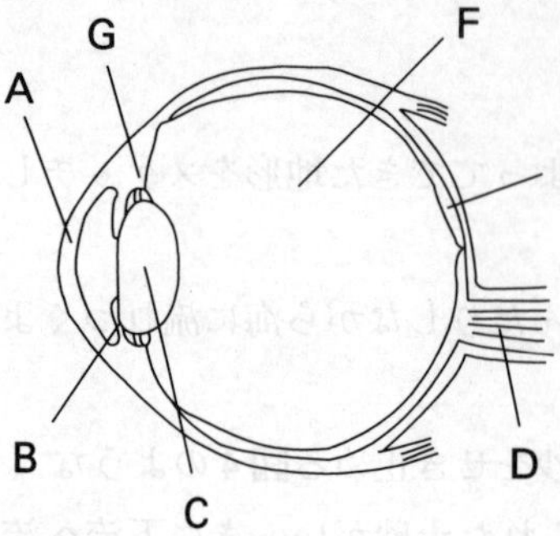

図

(1)　図のA，Cの各部分の名前をそれぞれ答えなさい。

(2)　ヒトの目は，図のCの厚さを変えることで光をくっ折させ，図のEの上にうまく像がつくられるように調節しています。図のCの厚さを変えている部分はどこですか。図のA～Gの中から１つ選び，記号で答えなさい。

(3)　ヒトの目の中で，光を感じることができる細胞があるのはどの部分ですか。図のA～Gの中から１つ選び，記号で答えなさい。

(4)　ヒトの目は，明るいところから暗いところに入ると，ひとみが大きくなります。ひとみを大きくするはたらきをするのはどの部分ですか。図のA～Gの中から１つ選び，記号で答えなさい。

(5)　近くのものを見るときの説明文で，正しいものを次のア～エの中から１つ選び，記号で答えなさい。

ア　近くのものを見るときは，図中のCが厚くなることで，像が大きくなる。
イ　近くのものを見るときは，図中のCがうすくなることで，像が大きくなる。
ウ　近くのものを見るときは，図中のCが厚くなることで，像が小さくなる。
エ　近くのものを見るときは，図中のCがうすくなることで，像が小さくなる。

3 うすい塩酸と水酸化ナトリウム水よう液の中和について，【実験１】と【実験２】を行いました。これについて，以下の問いに答えなさい。

【実験１】うすい塩酸 90 g に，水酸化ナトリウム水よう液を加え，この混合液から水を蒸発させると固体が残った。図のグラフは，加えた水酸化ナトリウム水よう液の量と，そのときの混合液から水を蒸発させたときに残った固体の量の関係を示したものである。

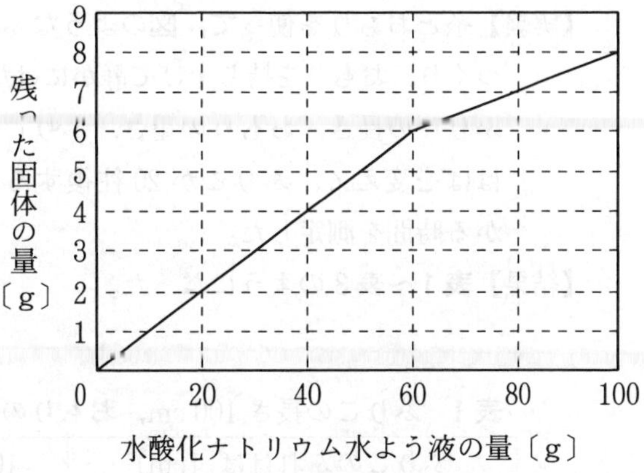

図

(1) 次の文の [A]，[B] にあてはまる語句を，あとの**ア**～**カ**の中からそれぞれ選び，記号で答えなさい。

中和が起こっているのは，水酸化ナトリウム水よう液を [A] ときから，[B] ときまでである。

ア 加えはじめた　**イ** 20 g 加えた　**ウ** 40 g 加えた　**エ** 60 g 加えた
オ 80 g 加えた　**カ** 100 g 加えた

(2) 水酸化ナトリウム水よう液を 100 g 加え，混合液から水を蒸発させたあとに残った固体にふくまれている物質の名前を**すべて**答えなさい。

(3) 【実験１】で，混合液が中性になったとき，この混合液の濃さは何%ですか。その値を整数で答えなさい。

(4) 【実験１】で用いた水酸化ナトリウム水よう液の濃さは何%ですか。その値を整数で答えなさい。

【実験２】【実験１】で用いた水酸化ナトリウム水よう液 500 g を加熱して水を蒸発させ，200 g にした。この水酸化ナトリウム水よう液を，【実験１】で用いたうすい塩酸 90 g に少しずつ加えたところ，[C] g 加えたときに水よう液は中性を示した。

(5) [C] にあてはまる値を整数で答えなさい。

4 ふりこについて，次のような実験を行いました。これについて，以下の問いに答えなさい。ただし，糸はたるんでいないものとします。

【実験】糸とおもりを使って，**図**のようなふりこをつくり，おもりを持ち上げて静かにはなした。ふりこの長さ，おもりの重さ，ふりこのふれはばを変えて，ふりこが20往復するのにかかる時間を測定した。

【結果】**表１**～**表３**のようになった。

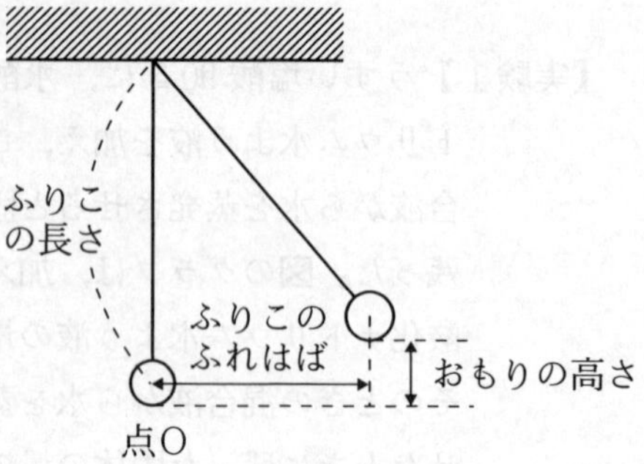

図

表１　ふりこの長さ100 cm，おもりの重さ50 gのとき

ふりこのふれはば〔cm〕	10	20	30
20往復にかかる時間〔秒〕	40	40	40

表２　おもりの重さ120 g，ふりこのふれはば3 cmのとき

ふりこの長さ〔cm〕	25	100	①	400
20往復にかかる時間〔秒〕	20	40	60	80

表３　ふりこの長さ100 cm，ふりこのふれはば3 cmのとき

おもりの重さ〔g〕	10	15	20	25
20往復にかかる時間〔秒〕	40	40	40	40

(1)　**表２**より，ふりこの長さが25 cmのとき，ふりこが１往復するのにかかる時間は何秒ですか。その値を答えなさい。

(2)　**表２**において，①にあてはまる値を求めなさい。

(3)　ふりこの長さ，ふれはば，１往復するのにかかる時間の関係について，正しいものを次の**ア**～**エ**の中から１つ選び，記号で答えなさい。

ア　ふれはばを$\frac{1}{2}$倍にすると，おもりが１往復する時間も$\frac{1}{2}$倍になる。

イ　ふれはばを２倍にすると，おもりが１往復する時間は$\frac{1}{2}$倍になる。

ウ　ふりこの長さを２倍にすると，おもりが１往復する時間も２倍になる。

エ　ふりこの長さを４倍にすると，おもりが１往復する時間は２倍になる。

次に，おもりの重さが100ｇのふりこをつくり，ふりこのふれはばとふりこの長さを変えて，ふりこが20往復するのにかかる時間を測定すると**表４**のようになった。

表４　おもりの重さが100ｇのとき

ふりこのふれはば〔cm〕	5	10	5	10	5	10
ふりこの長さ〔cm〕	20	20	80	80	180	③
20往復にかかる時間〔秒〕	18	18	②	36	54	90

⑷　**表４**において，②，③にあてはまる値をそれぞれ求めなさい。

【英語Ⅰ】 〈グローバル第１回試験〉 (30分) 〈満点：50点〉

1 これからＡからＤの４つの英文が流れます。問題用紙の絵にあう英文を１つ選び，その記号を書きなさい。

(1)

(2)

(3)

2 Naomi（なおみ）さんが，待ち合わせのために，友人の Megumi（めぐみ）さんに，学校から図書館までの道順をたずねました。Megumi（めぐみ）さんからの道案内を聞いて，図書館のある場所を１つ選び，その記号を書きなさい。

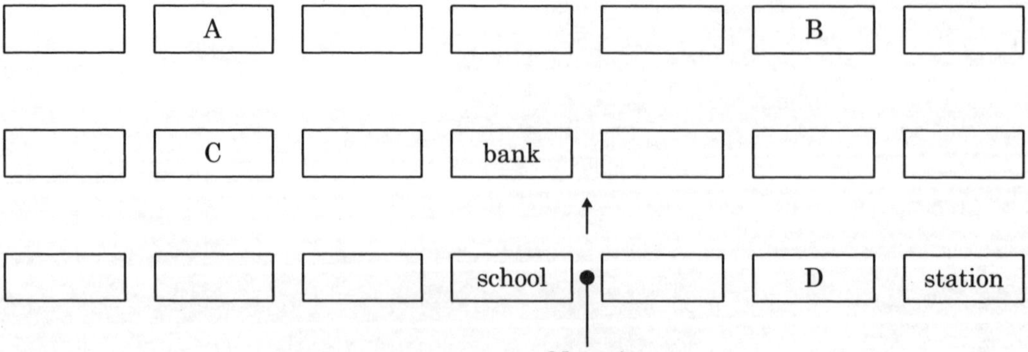

3 これから会話文が流れます。最後の発言に続く英文を1つ選び，その記号を書きなさい。

(1) A I like skirts.
B I'm sorry, but I can't.
C I like the design, but I don't like the color.

(2) A Yes. I want a new bike.
B No. I bought it at a store.
C Yes. He plays baseball, too.

(3) A Yes, of course. These comic books are mine.
B I like sweets very much.
C All right. How about this picture?

4 Aika（あいか）さん，Toru（とおる）くん，Kevin（ケビン）くんの3人は昨年の夏休みをどのように過ごしたか話をしています。3人の会話を聞いて，問題用紙のA, B, Cにあてはまる内容を書きなさい。

＜表＞

名前	行った場所（日本語で）	何をしたか（日本語で）	滞在《たいざい》期間（数字で）
あいか	兵庫	（ B ）	2日
とおる	（ A ）	動物園でパンダを見た	4日
ケビン	神奈川	たくさんのお寺を訪れた	（ C ）日

※〈リスニングテスト放送原稿〉は問題のうしろに掲載してあります。

5 次の（　　）にあてはまるものとして，最も適切なものを1～4の中から1つ選び，その番号を書きなさい。

(1) （　　）comes after Tuesday.
1 Monday　2 Wednesday　3 Thursday　4 Friday

(2) Mike wrote a letter to Shinji（　　）Japanese.
1 of　2 at　3 in　4 by

(3) Kate couldn't（　　）the 7:30 train because she left home at 7:40.
1 catch　2 run　3 wait　4 lose

(4) Spanish is（　　）in Spain, Mexico, and so on.
1 speak　2 spoke　3 speaking　4 spoken

(5) She is the girl（　　）helped Tom's grandfather yesterday.
1 which　2 who　3 what　4 how

6 次の（　　）にあてはまるものとして，最も適切なものを1～4の中から1つ選び，その番号を書きなさい。

(1) A：I'm going to go on a trip to Australia with my family.
B：（　　）. It is a very good country to visit.
1 No way　2 Too bad
3 Lucky you　4 Of course

(2) A：（　　）is your cup, the right one or the left one?
B：The right one is mine.
1 What　2 Whose　3 How　4 Which

(3) A：What did you do last Sunday?
B：I played video games with my cousin. We had a good（　　）.
1 drink　2 bath　3 time　4 mouth

(4) A：Oh, Nick looks pale.

B：You're right. He should go home as (　　　) as possible.

1 well　　2 soon　　3 long　　4 often

(5) A：So, you didn't eat the cake, did you?

B：No. (　　　).

1 Someone else ate it　　2 I ate it yesterday

3 I love cake　　4 You will eat it soon

7 次の(A), (B)に答えなさい。

(A) 次の博物館に関するポスターの英文を読んで，あとの問いに答えなさい。

Special *Exhibition
—Japanese Art—

Minami Art Museum will have a special exhibition about Japanese art.

Date	:	September 2 - September 30
Hours	:	10 a.m. – 6 p.m. (weekdays)
		10 a.m. – 7 p.m. (weekends and holidays)
Fee	:	Adults(over eighteen)…500 yen
		Students…300 yen
		Children(under seven)…Free
Access	:	Twenty minutes by bus from Minami Station.
		Ten minutes by bus from Yamate Station.
		Parking(*up to 50 cars)

☞The museum is closed on Mondays every month.

If you want more information, please visit the website. http://www.minamiartmuseum.jp

*exhibition 展示　　*up to ～ ～まで

(1) How long can people see the special exhibition if they arrive at the museum at 1 p.m. on Saturday?

1　For five hours.　　2　For six hours.

3　For seven hours.　　4　For nine hours.

(2) A forty-year-old woman, a junior high school girl, and a six-year-old boy will go to see the special exhibition together. How much will they pay to enter the museum?

1　300 yen.　　2　500 yen.

3　800 yen.　　4　1, 100 yen.

(B) 次の英文は，日本に留学しているアメリカ人のAllenが，アメリカにいる友人のCathyに宛《あ》てて書いた手紙です。これを読んで，あとの問いに答えなさい。

December 4, 2022

Dear Cathy,

How are you? It has been eight months since I came to Japan. I'm enjoying everything here. Today, I'll write about an interesting part of Japanese culture. It is origami. Have you heard of it? We can make a lot of things by *folding paper. Yesterday, I made *orizuru*, paper *crane. It was my first time to make *orizuru*, so I couldn't make it well first. But I tried again and again, and finally I could make some nice *orizuru*. Then I thought it was important to keep trying.

When I go back to the U.S., I'll teach you how to make *orizuru*.

Your friend,

Allen

fold ～　～を折る　　crane　鶴《つる》

(1) What did Allen write about origami?

1　He taught Cathy how to make it.

2　People can make a lot of paper.

3　It is part of the culture of Japan.

4　He continued making it for eight months.

(2) What did Allen think when he made some nice *orizuru*?

1 Trying again and again is important.

2 It is easy to keep trying.

3 It is important to make origami.

4 To keep trying is necessary in Japan.

8 次の英文を読んで，あとの問いに答えなさい。

Haruto is eleven years old. He likes dogs very much. On November 10, he went to a park near his house to play tennis with his friend. They played there for two hours and then his friend said, "OK. Let's go home, Haruto." When they left the park, a small dog came to them from the park. "What a cute dog!" Haruto said. Then a girl ran to them. Her name was Maki. She was fourteen years old. She said to Haruto and his friend, "I'm sorry. This is my dog. He ran away from me." Haruto said to her, "No problem. He is very cute." Maki answered, "Thank you. His name is Genki. He was born in March this year. We live near here and I *walk him in the park every day."

From that day, when Haruto saw Maki and Genki in the park, he played with him there. He liked Genki very much. One day, Haruto asked Maki, "Is it hard to take care of Genki?" Maki said, "Sometimes I feel tired when I take care of him. But I always feel happy with him every day." When Haruto listened to her, he wanted to have a dog.

That night, he said to his parents, "I want to have a dog. Is that OK?" His father answered, "If you have a dog, you have to *be responsible for taking care of him or her. For example, you have to walk him or her before you go to school. Think again." He started thinking about taking care of a dog. He thought, "I don't like to get up early, but I'm going to do everything I need to do for the dog."

A few days later, Haruto said to his parents, "I'm going to get up early. I'm ready to be responsible for taking care of a dog." His father asked him, "Can you take care of him or her every day?" He answered, "Yes, of course. Please *let me have a dog!" Finally, his parents said OK. Haruto was very happy.

walk 〜　〜を散歩させる　be responsible for 〜　〜に責任がある

let 〜 …　〜に…させる

(1) Why did Haruto go to the park on November 10?

1 To play tennis with his friend.

2 To run around the park.

3 To meet Maki.

4 To play with Genki.

(2) How old was Genki when Haruto met him?

1 Three months old.

2 Eight months old.

3 Eleven years old.

4 Fourteen years old.

(3) How did Maki feel about taking care of Genki?

1 She sometimes felt happy.

2 She was always tired.

3 She wanted to have another dog.

4 She was happy every day.

(4) What did Haruto's father say when he heard Haruto wanted to have a dog?

1 Haruto was good at getting up early.

2 Haruto had to take a walk with his father.

3 Haruto should think again about taking care of a dog.

4 Haruto must not have a dog for any reason.

(5) Which is true about this story?

1 Haruto and his friend met Genki while they were playing tennis.

2 Haruto played with Genki at Maki's house near the park.

3 Haruto was not good at getting up early, but he really wanted to have a dog.

4 Haruto's parents told him that he must not have a dog in the end.

〈リスニングテスト放送原稿〉

これから「リスニングの問題」を始めます。
問題用紙の１ページめを見てください。問題は全部で４題あります。放送中にメモを取っても構いません。各問題とも英語は２回ずつ放送されます。

問題１。これからＡからＤの４つの英文が流れます。問題用紙の絵にあう英文を１つ選び，その記号を書きなさい。問題は３問あります。それでは始めます。

Question 1

A.　A girl is running and her father is taking a video.

B.　A man is taking a video and his daughter is singing.

C.　A girl is dancing and her father is using his cell phone.

D.　A man and his daughter are running together.

Question 2

A.　A man is making a presentation.　He looks very happy.

B.　A man is making dinner.　It looks delicious.

C.　A man is using a computer.　He looks cold.

D.　A man is using a smartphone.　It looks small.

Question 3

A.　There is a girl playing the piano.

B.　There are two girls playing soccer.

C.　There are three children studying in the library.

D.　There is a girl watching a soccer game.

問題２。Naomi（なおみ）さんが，待ち合わせのために，友人のMegumi（めぐみ）さんに，学校から図書館までの道順をたずねました。Megumi（めぐみ）さんからの道案内を聞いて，図書館のある場所を１つ選び，その記号を書きなさい。それでは始めます。

★Naomi　　☆Megumi

★　I'm at school now.　Please tell me the way to the library.

☆　OK, I know the shortest way.　Please listen.　Go straight and turn right at the bank.　Go two blocks and turn left.　You'll see the library on the left.

★　Thank you.　I'm looking forward to seeing you there.

問題３。これから会話文が流れます。最後の発言に続く英文を１つ選び，その記号を書きなさい。問題は３問あります。それでは始めます。

Question 1

☆ May I help you?

★ Yes, please.　I'm looking for a T-shirt.

☆ How about this black one?

Question 2

☆ Is this a new bike, Mike?

★ Yes.　My dad gave it to me for my birthday.

☆ That's great.　Did you get this cap from him, too?

Question 3

☆ What Japanese gift did you buy for your family?

★ I got these chopsticks for my dad and this doll for my mom.

☆ Did you buy anything for yourself?

問題４。 Aika（あいか）さん，Toru（とおる）くん，Kevin（ケビン）くんの３人は昨年の夏休みをどのように過ごしたか話をしています。３人の会話を聞いて，問題用紙のA,B,Cにあてはまる内容を書きなさい。それでは始めます。

Kevin　：　Hi, Aika.　How did you spend your last summer vacation?

Aika　：　I went to Hyogo with my family.　Hyogo is my father's hometown.

Toru　：　Really?　I visited the same place with my cousin.　We stayed there for four days.　We saw pandas at the famous zoo in Hyogo.

Kevin　：　I like pandas very much.　I know only three zoos have pandas in Japan.

Toru　：　I really enjoyed the zoo.　How about you, Aika?　What did you do in Hyogo?

Aika　：　I went to the popular hamburger shop, and tried a special hamburger.　It was delicious, but I couldn't go to other shops.　I stayed in Hyogo for only two days.

Toru　：　I see.　Kevin, you spent your summer vacation in Kanagawa, right?　How was it?

Kevin　：　I went to Kanagawa and stayed for a week.　I visited and saw a lot of temples.　I like historical places.

Aika　：　Wow, that's nice.　I will ask my father to take me to Kanagawa during the next vacation.

以上でリスニング問題を終わります。

問２　次の①～⑤の各組の中で性質の異なることばを、ア～エの中から一つずつ選び、それぞれ記号を書きなさい。

① ア 短い　イ 大きい　ウ ゆかい　エ 青い

② ア 豊かだ　イ 急だ　ウ 派手だ　エ 学生だ

③ ア とても　イ つまり　ウ しっかり　エ 少し

④ ア 小さな　イ 静かな　ウ あらゆる　エ たいした

⑤ ア 飛べる　イ 食べる　ウ 述べる　エ すべる

五　次の①～⑤の慣用句の□に共通してあてはまる漢字一字をあとのア～コの中から一つずつ選び、それぞれ記号を書きなさい。

① □をそろえる　□がいたい　□にさわる

② □であしらう　□が高い　□を折る

③ □をのばす　□が出る　□が重い

④ □が下がる　□が固い　□が切れる

⑤ □を長くする　□をひねる　□をつっこむ

ア 手　イ 足　ウ 鼻　エ 口　オ 耳

カ 目　キ 首　ク 額　ケ 頭　コ 胸

六　次の①～⑩の文の――線をつけた漢字は読みをひらがなで、カタカナは漢字に直して書きなさい。

① 犬に首輪をつける。

② 腕《うで》に包帯を巻き付ける。

③ 寒くなると古傷がいたむ。

④ 的を射た発言だ。

⑤ 天窓から日光がさしこむ。

⑥ ユウビン切手を買う。

⑦ トウヒョウ用紙を配る。

⑧ 夏休みのコウシュウに通う。

⑨ 選手はイキオいよく走りぬけた。

⑩ 失敗したことをユルす。

問2　②ある　と同じ品詞のことばを、次の**ア**～**エ**の中から一つ選び、その記号を書きなさい。

ア　そう　**イ**　これ　**ウ**　さて　**エ**　その

問3　③みたい　と同じ使い方をしているものを、次の**ア**～**エ**の中から一つ選び、その記号を書きなさい。

ア　数時間前から雨は降っていたみたいです。
イ　君もチャレンジしてみたいと思わないか。
ウ　友達みたいな関係の兄弟だと言われます。
エ　夢みたいなことばかり考えているようだ。

問4　④仕草で　がかかることばを、次の**ア**～**カ**の中から一つ選び、その記号を書きなさい。

ア　ロンの　**イ**　ロンが　**ウ**　なにを
エ　してもらいたがって　**オ**　いるかが　**カ**　わかった

問5　⑤得意　は「不」という打ち消し語を加えると「不得意」という三字熟語になります。同じように「不」を加えて三字熟語ができるものを、次の**ア**～**オ**の中からすべて選び、その記号を書きなさい。

ア　完全　**イ**　完成　**ウ**　制限　**エ**　親切　**オ**　常識

四　次の問いに答えなさい。

問1　次の①～⑤の文の主語を、それぞれ**ア**～**エ**から選び、その記号を書きなさい。

①　**ア**私の　**イ**弟は　**ウ**来年　**エ**四年生に　なります。
②　**ア**今年は　**イ**父も　**ウ**ぼくの　**エ**授業参観に　来た。
③　**ア**太平洋側の　**イ**地方でも　**ウ**昨年は　**エ**大雪が　降った。
④　**ア**君こそ　**イ**クラスの　**ウ**委員長に　**エ**ふさわしい　人物だ。
⑤　ここだったのか、**ア**ぼくが　**イ**昔　**ウ**暮らした　**エ**家は。

もいきり遊ばせてやろうとおもった。

大貫先生の家から十五分ほどあるくと、広い野原があって、ときどき、子どもたちが野球していることがある。犬をつれている人を見かけることもある。

そんなときは、テツヤはロンを野原で遊ばせることをやめて、その先の神社の境内《けいだい》までつれていくことにしている。

ところが、その日、野原にはだれもいなかったので、テツヤはおもいっきりロンを遊ばせてやることができた。

いっしょにかけっこしたり、軍手の引っぱりっこをして遊んだ。

ロンに軍手をくわえさせると、ロンは四つの足をしっかりかまえ、軍手をとられまいとしてあとずさりする。ロンの力が強いので、うっかりすると、テツヤは軍手をとられそうになる。そこで、テツヤも真剣《しんけん》になって軍手を引っぱらなくてはならない。

この勝負は、いつも引き分けでおわるようにしているが、ロンはこの勝負に全力をだしつくし、勝負が終わると、長く舌をだして、ハアハアと満足そうに大きく息をついた。

しばらく、こうしてロンを休ませてから、

「さあ、かえろうか」

テツヤは、ロンのくさりを軍手の手でにぎって、ゆっくりとあるきだした。すると、ロンがふりかえってテツヤを見あげ、それから、あまえるようにとびかかってきた。

テツヤは、このロンの④仕草で、ロンがなにをしてもらいたがっているかがわかった。

ロンは、テツヤにだいてもらいたがっているのだ。

ロンは甘やかされて育っているものだから、だかれるのが大好きなのである。あるくのにくたびれると、すぐにだっこしてもらいたがる。でも、大きなロンを、いま、だきあげるのは、テツヤにとって、少しばかりおっくうだった。

「だめ……」

テツヤは、かるくしかったが、ロンはとびかかるのをやめなかった。そのわらっているような黒い目と、ぬれて光っている黒い鼻を見ると、テツヤは、ついつい甘《あま》くなって、

「しょうがないなあ……」

ロンをかかえあげて、野原をあるきだした。ロンは舌をだしながら、⑤得意そうに、あたりの景色をながめまわしている。そのようすを見ると、タカイ・タカイをしてもらって喜んでいる小さな子どもそっくりである。

（大石真『魔女《まじょ》のいる教室』による。）

問１　①勉強机と同じ組み立ての三字熟語を、次の**ア**～**オ**の中からすべて選び、その記号を書きなさい。

ア　青信号　**イ**　未成年　**ウ**　自由帳
エ　映画館　**オ**　高気圧

三　次の文章を読んで、あとの問いに答えなさい。（設問に字数制限のある場合は、句読点や符号も一字と数えます。）

> テツヤは大貫《おおぬき》先生の塾《じゅく》に通っていて、大貫先生の飼っているロンという犬が大好きになり、勉強をがんばれば散歩係をしてよいということになった。

テツヤの勉強部屋を見たら、だれだってふきだしてしまうにちがいない。

①勉強机の前の壁《かべ》に、テツヤの描《か》いた下手くそなロンの絵がはってあって、がんばれ！　と大きな字で書いてあるからである。

テツヤとしては、ロンとあうために、勉強のほうもがんばれ！　という意味なのだった。

勉強につかれて、ふと、壁に目がいくと、この絵が目にとまる。すると、テツヤは、

「いまごろ、ロンは、どうしているかなあ」

と、かんがえこんでしまう。

テツヤは、塾のない日でも大貫先生のところにいって、ロンと遊びたくてたまらない。だが、まさか、そんなこともできないので、塾のある日まで、じっとがまんしているのである。

しかし、三月、四月と、辛《つら》い勉強をなんとかつづけているうちに、おかしなもので、あるときハッと算数の勉強のコツのようなものが、テツヤにはのみこめてきた。

何度も自転車乗りに失敗して、ひざをすりむいたり、頭にこぶをこしらえたりするうちに、②あるとき、ひょいと自転車に乗れるコツが会得《えとく》できたようなものである。

それからのテツヤの進歩は、めざましかった。一学期の通信簿《つうしんぼ》の成績もぐんとあがったが、二学期のいまでは、テツヤ以上に算数のできる者は、クラスにはひとりもいない、というほどになってしまった。

そうなると、テツヤは、これまでとちがって、なんだか自信のようなものがわいてきて、ほかの学科も以前のようにきらいではなくなってきた。やればできるような気がしてきたのである。

さて、その日、テツヤが大貫先生の家にいくと、ロンがほえながら、鉄砲玉《てっぽうだま》のようにとびだしてきた。

テツヤがだいてやると、ロンは、うれしくてたまらないみたいに、テツヤの顔をなめまわした。

「なんだか、ロンは、ぼくよりテツヤ君のほうが好き③みたいだね」

熱烈《ねつれつ》なロンの歓迎《かんげい》ぶりを見て、大貫先生は苦笑《くしょう》しながらいった。

「じゃ、散歩にいってきます」

テツヤは、大貫先生からかりた軍手を手にはめて、ロンのくさりをにぎった。ロンは力が強いので、軍手をはめないでくさりをにぎると、手がすりむけてしまうのである。

その日は気持ちのいい秋日和《びより》だったから、テツヤは、ロンを野原でお

問4　③どうして天敵のいない環境で逆に体が大きくなるのだろうか　とありますが、天敵がいないこと以外にどのような理由があるのですか。その理由として最も適切なものを次の**ア**～**エ**の中から一つ選び、その記号を書きなさい。

ア　他の種との生存競争で勝ち抜くために有利だから。
イ　身を守るために、体を大きくした方が有利だから。
ウ　身体が大きな捕食者が身体を小さくしているから。
エ　種間競争の際に、他の仲間と戦うのに有利だから。

問5　④ネズミなどの動物は、わざわざ体を小さくしている　とありますが、具体的な理由について筆者はどのように考えていますか。それがわかるひと続きの三文を文中から探し、最初の五字を書きぬきなさい。

問6　[C]にあてはまることばを文中から四字で探し、書きぬきなさい。

問7　⑤大きな動物が小さくなった例　とありますが、その例として**あてはまらないもの**を、次の**ア**～**エ**の中から一つ選び、その記号を書きなさい。

ア　ヤクシカ　　**イ**　ヤクシマザル
ウ　ニホンイノシシ　　**エ**　ニホンオオカミ

問8　[D]にあてはまることばを文中から七字で探し、書きぬきなさい。

問9　本文中から次の一文がぬけています。元にもどすのに最も適当な場所を探し、直後の五字を書きぬきなさい。

つまり、身を守るために、本来のサイズよりも無理をして大きな体にしていたということになる。

問10　この文章で書かれていた内容として最も適切なものを、次の**ア**～**エ**の中から一つ選び、その記号を書きなさい。

ア　島の生態系では天敵の捕食者が少なく、「競争」と呼ばれるようなことがまったくない環境である。
イ　北アメリカから日本の父島へ侵入したグリーンアノールは、元々のサイズより小さくなった。
ウ　フローレスジャイアントネズミは、ドブネズミの二倍の大きさがあり、カピバラよりも大きい。
エ　鹿児島県の南西諸島や屋久島にすむ動物は、どれも本土にすむものよりも体のサイズが小さい。

暮らすニホンイノシシの亜種であり、体が小さいことで特徴づけられる。

絶滅してしまったニホンオオカミは、大陸のオオカミよりも体が小さいのが特徴だ。体の小さなニホンオオカミは、日本列島という島で小型化した獲物に合わせて小型化したと考えられている。

島という環境では、無理をして **D** 必要はないのだ。

このような例は、哺乳類《ほにゅうるい》だけでなく爬虫類《はちゅうるい》でも知られている。

日本の父島に侵入したグリーンアノールは、もともと北アメリカからやってきた外来生物だが、父島で暮らすうちに、元々のグリーンアノールよりも体のサイズが小さくなっていることが観察されている。あるいは、虫ほどの大きさしかない世界最小のカメレオンと言われるプロケシア・ミクラはアフリカのマダガスカル島で進化した生物だ。

それでは、逆に体が大きくなった動物もいるのだろうか。

アカリスというリスは北米大陸にすむものよりも、オーストラリアにすむものは大きく、また、マダガスカル島にすむものは、さらに大型とされている。あるいは、インドネシアのフローレス島のフローレスジャイアントネズミは、ネズミの中では大型であるドブネズミの二倍の大きさがある。

天敵のいない島という環境では、小さくなって逃げ隠れする必要もないということなのだ。

（稲垣栄洋《いながきひでひろ》『生物に学ぶ　ガラパゴス・イノベーション』による。）

問１　①この現象 とありますが、どのような現象ですか。次の文の **a** ・ **b** にあてはまる最も適切なことばを、文中から指定の字数で探し、それぞれ書きぬきなさい。

孤立化した島で、小さな動物が **a** （三字） なったり、大きな動物が、 **b** （三字） なったりする現象。

問２　②体のサイズが小さくなる とありますが、それによりどのような効果があるのですか。その効果として最も適切なものを、次の**ア**～**エ**の中から一つ選び、その記号を書きなさい。

ア　物陰や小さな穴に逃げ込むということが容易になる。
イ　侵入してくる天敵が少なくなり、捕食されにくくなる。
ウ　エサや空間の問題が解消され、無用な争いもなくなる。
エ　捕食される心配がなくなり、種内競争が激しくなる。

問３　**A** ・ **B** に共通してあてはまることばとして最も適切なものを、次の**ア**～**エ**の中から一つ選び、その記号を書きなさい。

ア　だから　**イ**　さらに　**ウ**　つまり　**エ**　しかし

一方、体を小さくすることは、同じ種類どうしの種内競争を緩和《かんわ》する上でも役に立つ。生物の個体どうしの競争は、エサやすみかとなる空間をめぐる争いである。

一頭一頭のサイズが大きいとエサも足りなくなるし、空間もせまくなる。［Ａ］、お互《たが》いに体が小さくなれば、無用な争いを減らすことができるのだ。こうして、大型の動物は、無理のないサイズに落ち着き、結果として大陸のものよりも小さくなるのである。

それでは、ネズミやウサギなど小さい動物はどうだろう。これらの動物は、③どうして天敵のいない環境で逆に体が大きくなるのだろうか。

大きいことは、生存競争を勝ち抜《ぬ》く上で有利である。

それでは、小さいことは、生存競争にとって不利なことなのだろうか。たとえば、ネズミは小さくて弱い生物である。［Ｂ］、小さいことがダメなことかと言えばそうではない。

小さな動物は、敵に襲われれば物陰《ものかげ》や小さな穴に逃《に》げ込むことができる。隠《かく》れるには、小さい体のほうが身を隠しやすいのだ。それに、ライオンやトラのような強大な猛獣《もうじゅう》は、ネズミのような小さな獲物《えもの》はまともに相手にはしないことだろう。

「体が小さい」ということには、それなりのメリットがある。つまり、体を小さくするということも、立派な戦略なのだ。そのため、天敵の多い場所では、④ネズミなどの動物は、わざわざ体を小さくしているのである。

島では、天敵がいないので、わざわざ体を小さくすることはない。そのため、小さな動物は、島では体が大きくなるのだ。

もちろん、体を大きくすることには、他にも［Ｃ］がある。

天敵のいない島では、同じ種類どうしの種間競争が激しくなる。体が大きいほうが、他の仲間と戦うには有利となることだろう。

島の生物ではないが、世界最大のネズミであるカピバラは、もともとは小さなネズミであったが、南米大陸に進出した時代に、有力な天敵がいなかったことから、体が大きくなったと考えられている。

生物にとっては、「大きな体」も「小さな体」も戦略的なものである。そして、無理に大きくしたり、小さくする必要のない島という環境では、大きな生物は小さくなり、小さな動物は大きくなるのである。

島の法則は、どのような生物で観察されるのだろうか。

⑤大きな動物が小さくなった例はどのようなものがあるのだろう。

たとえば、鹿児島県の南西諸島にすむヤクシカやリュウキュウジカは、ニホンジカの亜種《あしゅ》であるとされている。亜種というのは、同じ種類ではあるが、異なる特徴を持つ集団を区別するためのものだ。これらの島にすむシカは、日本の本土にすむニホンジカと同じ種類ではあるが、島の環境に適応して体が小さいという特徴で区別されている。また、屋久島《やくしま》にすむニホンザルも本土にすむものよりも、体が小さいため、ヤクシマザルという亜種として区別されている。

あるいは、琉球《りゅうきゅう》列島に暮らすリュウキュウイノシシも、日本の本土に問9　この文章では、「ぼく」が椎名と昔のような関係にもどりつつある様子を直接的な表現を用いてえがいています。その変化を示した次の［ａ］～［ｃ］にあてはまる最も適切なことばを、文中から指定の字数で探し、それぞれ書きぬきなさい。

（はじめ）椎名を［ａ（十字）］のように感じた。
↓
（なか）［ｂ（十字）］と重なった。
↓
（おわり）［ｃ（十九字）］ように感じた。

問10　この文章で書かれていた内容として最も適切なものを、次のア～エの中から一つ選び、その記号を書きなさい。

ア　「ぼく」は昔から椎名のことを好きだったが、椎名と直接話をしたことで、改めてその気持ちを強くした。

イ　「ぼく」は自分の正直な気持ちを話すことで、昔とおなじように椎名と接することをうれしく思っている。

ウ　椎名は自分の学校の文化祭に「ぼく」が来てくれたことで、異性として「ぼく」を意識し始めている。

エ　椎名は自分の思いを受け止めてくれた「ぼく」に感謝し、昔のように仲よくできることを喜んでいる。

二

次の文章を読んで、あとの問いに答えなさい。（設問に字数制限のある場合は、句読点や符号も一字と数えます。）

島の生態系では、自分の身を危険に追い込《こ》むような天敵の捕食者《ほしょくしゃ》は少ないが、その代わり同じ種類どうしの種内競争が激しいという特徴《とくちょう》がある。

このような環境《かんきょう》で、生物はどのような進化を遂《と》げるのだろうか。

生物には「島の法則（アイランド・ルール）」と呼ばれる法則が存在する。

孤立化《こりつか》した小さな島では、シカやイノシシのような大きな動物は、大陸にすむ種類よりも、体が小さく矮小化《わいしょうか》する。これに対して、ネズミやウサギのような小さな生物は、島にすむ種類の方が、大陸にすむ種類よりも体のサイズが大きくなり巨大化《きょだいか》するというのである。

①この現象は、「島嶼化《とうしょか》」と呼ばれ、あるいは発見者の名を取って、フォスターの法則とも呼ばれている。

どうして、このようなことが起こるのだろうか。

島嶼化の前提となるのは、天敵がいないということである。

孤立化した島という環境は、大陸に比べると侵入《しんにゅう》している天敵が少ない。大型の動物は、体が大きいほうが捕食者に襲《おそ》われにくくなるから、天敵から身を守るために、体を大きくしている。ところが、島では、捕食者から身を守る必要がないために、②体のサイズが小さくなるのである。体を大きくすることが大型の動物の戦略だったのだ。

問５　④椎名はぼくがどう思ったのかわかったように笑顔になって　とありますが、どのようなことがわかったのですか。その内容として最も適切なものを、次の**ア**～**エ**の中から一つ選び、その記号を書きなさい。

ア　テディベアをかわいいと思い、展示に興味を持っていること。

イ　テディベアのできばえに、「ぼく」が驚き感心していること。

ウ　テディベアを作ったのがだれなのかに関心を持っていること。

エ　テディベア以外にどんな作品があるかを知りたがっていること。

問６　⑤ユエ　とありますが、「ユエ」と出会い「ぼく」の考えが変わったことを説明した次の文の　a　～　c　にあてはまる最も適切なことばを、文中から指定の字数で探し、書きぬきなさい。

自分は男なので　a（二十字）　だと思っていたが、　b（十四字）　ということを気にせず、　c（十三字）　と考えるようになった。

問７　⑥ほっとした表情　とありますが、そのような表情になったのはなぜですか。その理由として最も適切なものを、次の**ア**～**エ**の中から一つ選び、その記号を書きなさい。

ア　嫌われるようなことをしたと思っていたのは、自分だけではなく「ぼく」も同じだったから。

イ　自分のことを好きでいてくれる「ぼく」の気持ちは、幼いころから変わっていないと知ったから。

ウ　「ぼく」がなやんでいる様子だったのは、「ぼく」の親に理由があったということに納得したから。

エ　幼いころ「ぼく」が自分からはなれていったことに、自分に非がなかったのだとわかったから。

問８　⑦椎名のうれしそうな声　とありますが、どのようなことがうれしかったのですか。その内容として最も適切なものを、次の**ア**～**エ**の中から一つ選び、その記号を書きなさい。

ア　自分の気持ちに正直になり、遠慮《えんりょ》することなく自分のなやみを打ち明けたり相談したりできること。

イ　おたがいの好きなものを話したり共有したりすることで、幼かったころのように仲よくできること。

ウ　恥ずかしがってはいたけれども、自分に真実を話してくれて、自分への思いを告白してくれたこと。

エ　「ぼく」の素直な気持ちを聞けたし、自分がこれまでいだいてきた思いも受け止めてくれたこと。

と、記憶《きおく》の中の椎名といまの椎名がつながったように感じた。
椎名の言葉がうれしくて、ぼくもとびきりの笑顔でうなずいた。

（如月《きさらぎ》かずさ『スペシャルQトなぼくら』による。）

問1　[A]・[B]にあてはまることばとして最も適切なものを、それぞれ次のア〜オの中から一つずつ選び、その記号を書きなさい。

ア　ほがらかに　　イ　単刀直入に　　ウ　ためらいがちに
エ　中途半端に　　オ　興奮気味に

問2　①ぼくはあたふたと言い訳をした　とありますが、それはなぜですか。その理由として最も適切なものを、次のア〜エの中から一つ選び、その記号を書きなさい。

ア　小学生のときの気持ちを思い出そうとしてさそいを受けたことを知られるのではないかと心配したから。
イ　小学生のときの同級生とはいえ、他校の文化祭に自分がいることが場違いに思えて緊張《きんちょう》したから。
ウ　小学生のときの椎名とすっかり変わっていて、すぐに気づかなかったことをごまかそうとしたから。
エ　小学生のときからおしゃれだった椎名が、なお一層大人っぽくなっていてドキドキしたから。

問3　②椎名の変化に戸惑っている暇はなくなった　とありますが、このように感じた理由を説明した次の文の[a]・[b]にあてはまる最も適切なことばを、文中から指定の字数で探し、書きぬきなさい。

どの展示も[a（十四字）]とは思えないようなもので、すっかり[b（九字）]したから。

問4　③そのこと　とはどのようなことを指しますか。その内容として最も適切なものを、次のア〜エの中から一つ選び、その記号を書きなさい。

ア　文化祭の展示にはあまり関心がなく、「ぼく」をさそったのに楽しんでいない様子であること。
イ　自分の学校の生徒のことにあまり興味をもたず、学校に思い入れがない様子であること。
ウ　難関の私立中学とはいうものの、決して特別なものではないとひかえ目な様子であること。
エ　すっかり感心している「ぼく」を見て、あまり気乗りがしない様子であること。

椎名の声はやけに素っ気なくきこえて、ぼくはなんとなく気になった。だけど③そのことを尋ねようとする前に、ぼくは新たに見えてきた教室の展示に目を奪《うば》われていた。

そこにならんでいたのは、かわいらしい服を着たテディベアたちだった。ぼくが、あっ、と声をあげると、椎名がこちらを振りかえった。続く「かわいい!」の言葉はぎりぎりのみこんだけど、④椎名はぼくがどう思ったのかわかったように笑顔《えがお》になって、「見ていこっか」とその教室に入っていった。

展示してあったテディベアは手芸部の作品だった。テディベアたちの着ている服も、みんな部員がデザインしてつくったものらしい。いっしょにいるのが⑤ユエ(※最近仲よくなった、「ぼく」の中学の同級生)だったら、ふたりでかわいいかわいいとはしゃげただろうけど、相方が椎名ではそういうわけにはいかない。それでもあまりのかわいさに、頬《ほお》が緩《ゆる》むのをこらえられなかった。

教室内にはほかにも、あみぐるみやビーズ細工のアクセサリーなどが展示されていた。そのビーズ細工を見ていた椎名が、懐《なつ》かしそうにいった。

「宮地くん、昔はこういうアクセサリーとか好きだったよね。わたしが持ってたおもちゃで、いっしょにビーズのアクセサリーをつくったの、おぼえてる?」

「うん、おぼえてる」

ビーズ細工をながめてうなずいてから、ぼくはとなりの椎名を見た。別人のように変わった横顔が、ふと仲がよかったころの顔と重なって、ぼくは迷いながら言葉を続けた。

「あのアクセサリーをつくるおもちゃ、ぼくもほしくなっちゃって、クリスマスのプレゼントにお願いしたんだよね。そうしたら親に、男がそんなものをほしがるなんて恥《は》ずかしい、なんていわれてさ。男のぼくが女子みたいにかわいいものを好きでいるのはいけないことなんだ、って思うようになって、それで椎名とも遊ばなくなっちゃったんだ」

そうだったんだ、と椎名は驚いた顔をしていた。けれどそのあとで、⑥ほっとした表情を見せて続ける。

「よかった。あのころ急に宮地くんがわたしと遊んでくれなくなったから、なにか嫌《きら》われるようなことをしたかな、って思ってたんだけど、わたしのせいじゃなかったんだね」

椎名の声に責めるような響《ひび》きはなかったけど、ぼくはごめん、と謝《あやま》った。それからまた［B］告げる。

「だけど、最近仲よくなった友達のおかげで、男子だからとか女子だからとか、そういうの気にしなくていいんじゃないか、って思うようになってさ。ぼくはぼくの好きなものを好きでいいんだって、いまはそう思ってるんだ」

なんだか恥ずかしい告白をしてしまったような気分になって、ぼくは椎名から顔を背《そむ》けた。するとすぐに⑦椎名のうれしそうな声がきこえた。

「それならわたしたち、また昔みたいに仲よく話せるね。わたしもいまでも、かわいいものは大好きだから」

再び椎名のほうを向くと、椎名は照れたようにはにかんでいた。その表情はいっしょに遊んでいたころの椎名のままで、ぼくはそのときやっ

2023年度

昌平中学校

【国　語】〈一般・グローバル第一回試験〉（五〇分）〈満点：一〇〇点〉

一　次の文章を読んで、あとの問いに答えなさい。（設問に字数制限のある場合は、句読点や符号も一字と数えます。）なお、（※　）は作問者の注です。

中学一年生の「ぼく（宮地《みやじ》）」は、小学校時代の同級生で、私立中学に通う椎名《しいな》から文化祭のさそいを受け、椎名の通う学校を訪《おとず》れた。

「えっと、椎名？」

「あっ、ひどい。わたしの顔、忘れちゃった？」

「そ、そうじゃなくて、ほら、眼鏡かけてないから、眼鏡」

①ぼくはあたふたと言い訳をした。実際は、変わったのは眼鏡だけじゃなかった。一年半ぶりに会った椎名は髪《かみ》が長くなり、顔立ちも前よりもっと大人っぽくなっていた。なにより小学校時代は、どちらかというと地味なふんいきだったのに、いまではメイクもバッチリ決めて、明るくおしゃれな女子に変わっていた。ファッション雑誌の読者モデルをしているといわれても信じるくらいだ。

「ごめん、すぐにわからなくて。それにしてもすごいね、椎名の学校の文化祭。こんなに大規模だと思わなかった」

「そうでしょう。結構有名なんだよ、うちの文化祭。宮地くん、見たいものはあった？」

椎名がぼくの持っていたパンフレットを指差して尋《たず》ねるので、ぼくは首を横に振《ふ》った。

「いや、いろいろありすぎて……」

「だったら、まずは校舎内の展示から見ていこうか。わたしも午前中はクラスの仕事でずっと自分の教室にいたから、まだなにも見てないんだ」

行こう、と椎名にうながされ、ぼくはぎこちなくうなずいてあるきだした。椎名に会えたら、小学校のときの気持ちを思いだせるかもしれない。そう期待していたけど、実際に会った椎名はなんだか知らない女子のようで、感じるのは戸惑《とまど》いばかりだった。

けれど展示を見はじめると、②椎名の変化に戸惑っている暇《ひま》はなくなった。どの展示もとてつもなく凝《こ》っていて、驚《おどろ》いたり感心したりするのに忙《いそが》しかったせいだ。

おばけ屋敷《やしき》、脱出《だっしゅつ》ゲーム、自主制作映画の上映に手づくりのプラネタリウム。中高一貫《いっかん》の学校だから、部活動の展示は高校生もいっしょにつくっているらしいけど、中学の各クラスの展示も、自分とおなじ中学生がつくったとは思えないようなものばかりだった。

前をあるく椎名の背中に向かって、ぼくは［　A　］話しかけた。

「どの展示もほんとにすごいね。やっぱりこういう難関の私立に通ってる生徒は、ぼくらとは全然違《ちが》うんだなあ、って思った」

「そうでもないよ。たしかに頭のいい人は多いけど、そこを除けばほかの中学の生徒と変わらないと思うな」

2023年度

昌 平 中 学 校　▶解説と解答

算 数　＜一般・グローバル第１回試験＞（50分）＜満点：100点＞

解 答

1 (1) 43　(2) 0.75　(3) $\frac{11}{12}$　(4) $\frac{5}{6}$　(5) 6　**2** (1) 72人　(2) 370m^2　(3) 2500円　(4) 45枚　(5) 135度　(6) 72cm^3　**3** (1) 29番目　(2) 6　(3) 205　**4** (1) 54度　(2) 1 : 4　(3) 86.4cm^2　**5** (1) イ　(2) 200.96cm^2　(3) 427.04cm^3　**6** (1) 2640m　(2) 分速60m　(3) 11時６分

解 説

1 四則計算，逆算

(1) 41－(23－７)＋18＝41－16＋18＝25＋18＝43

(2) 1.5×３－0.75×５＝4.5－3.75＝0.75

(3) $9-2\frac{1}{3}-5\frac{3}{4}=8\frac{3}{3}-2\frac{1}{3}-5\frac{3}{4}=6\frac{2}{3}-5\frac{3}{4}=6\frac{8}{12}-5\frac{9}{12}=5\frac{20}{12}-5\frac{9}{12}=\frac{11}{12}$

(4) $2\frac{1}{4}\div1.5-1\frac{1}{9}\times0.6=\frac{9}{4}\div\frac{3}{2}-\frac{10}{9}\times\frac{3}{5}=\frac{9}{4}\times\frac{2}{3}-\frac{2}{3}=\frac{3}{2}-\frac{2}{3}=\frac{9}{6}-\frac{4}{6}=\frac{5}{6}$

(5) 34－(□＋７)×２＝８より，(□＋７)×２＝34－８＝26，□＋７＝26÷２＝13　よって，□＝13－７＝６

2 割合と比，単位の計算，売買損益，角度，体積

(1) １割５分＝0.15より，480人の１割５分は，480×0.15＝72(人)となる。

(2) １a＝100m^2より，3.7aは，3.7×100＝370(m^2)である。

図１

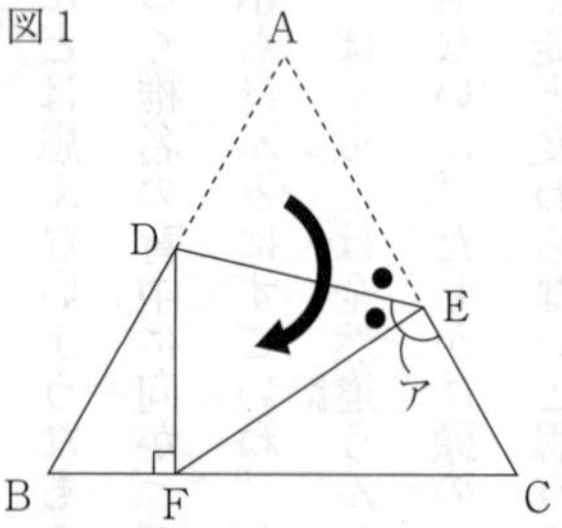

(3) 先月の定価を１とすると，今月の定価は，１×(１－0.2)＝0.8であり，これが2000円にあたる。すると，比の１にあたる金額は，2000÷0.8＝2500(円)とわかる。

(4) カードのやりとり後に，兄と弟の枚数の比は５：４になるので，兄の枚数は，$72\times\frac{5}{5+4}$＝40(枚)になったことがわかる。よって，はじめの兄の枚数は，40＋５＝45(枚)である。

図２

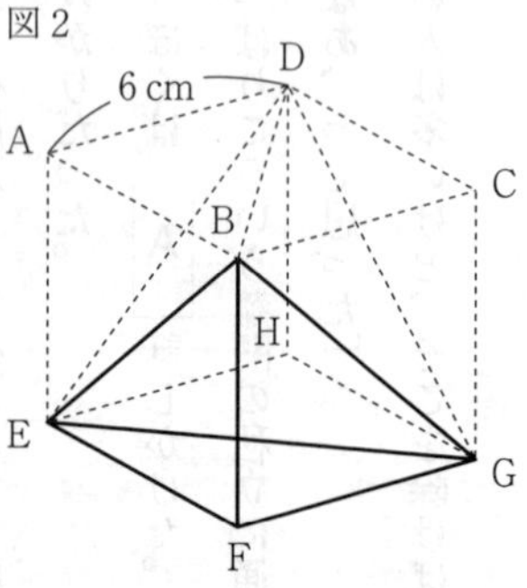

(5) 右上の図１で，角DFCは直角であり，角DFEの大きさは角Aと同じ60度である。すると，角EFCの大きさは，90－60＝30(度)になる。また，角Cは60度なので，角FECの大きさは，180－(30＋60)＝90(度)とわかる。よって，角AEFの大きさは，180－90＝90(度)であり，２つの●の角の大きさは等しいので，●１つの角の大きさは，90÷２＝45(度)となる。したがって，角アの大きさは，90＋45＝135(度)と求められる。

(6) 立方体を平面BEGで切断すると，右の図２のような三角すいB-EFGが切り取られる。三角すいB-EFGの体積は，$6\times6\times\frac{1}{2}\times6\times\frac{1}{3}=36$(cm^3)であり，ほかの３つの平面で切断したときも，三角すいB-EFGと合同な三角すいが切り取られる。よって，切り取られる立体の体積の合計は，36×４＝144(cm^3)だから，立体BDEGの体積は，６×６×６－144＝72(cm^3)と求められる。

3 数列

(1) 数列を右の図１のように分けると，初めて８が現れるのは，８組の１番目とわかる。７組までには，１＋２＋…＋７＝(１＋７)×７÷２＝28(個)の整数が並ぶから，初めて８が現れるのは，28＋１＝29(番目)と求められる。

図１

1	2，1	3，2，1	4，3，2，1	…
1組	2組	3組	4組	

(2) １＋２＋…＋９＝(１＋９)×９÷２＝45より，９組までには45個の整数が並ぶ。すると，50番目の数は10組の，50－45＝５(番目)であり，10組の数は，10，９，８，７，６，…となるので，50番目の数は６とわかる。

(3) (2)より，50番目の数は10組の５番目である。各組の数の和は右の図２のようになり，９組までのすべての数の和は，１＋３＋６＋10＋15＋21＋28＋36＋45＝165とわかる。よって，50番目までの数の和は，165＋10＋９＋８＋７＋６＝205である。

図２

組	1	2	3	4	5	6	7	8	9
数の和	1	3	6	10	15	21	28	36	45

4 平面図形―角度，相似，面積

(1) 下の図１で，角AEDの大きさは，180－(90＋18)＝72(度)である。また，三角形AEHは直角二等辺三角形なので，角AEHの大きさは45度となり，角HEIの大きさは，72－45＝27(度)とわかる。さらに，図１は直線ACを対称《たいしょう》のじくとした線対称な図形なので，角HEIと角EHIの大きさは等しい。よって，角イの大きさは，角HEIと角EHIの大きさの和と等しく，27×２＝54(度)である。

図１

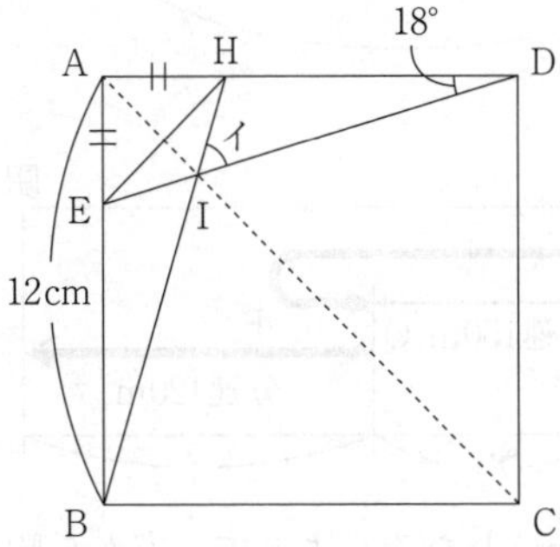

図２

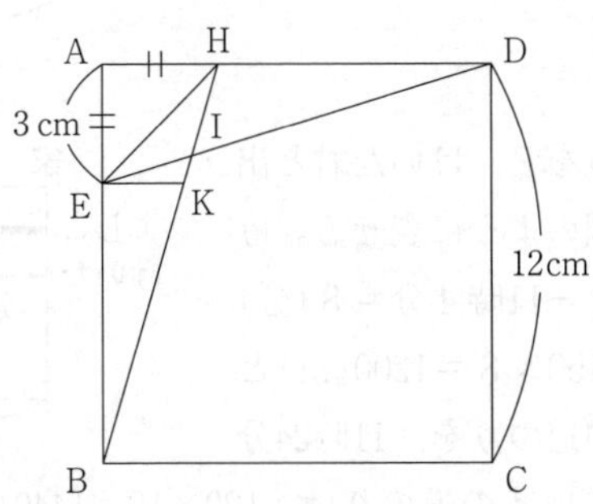

図３

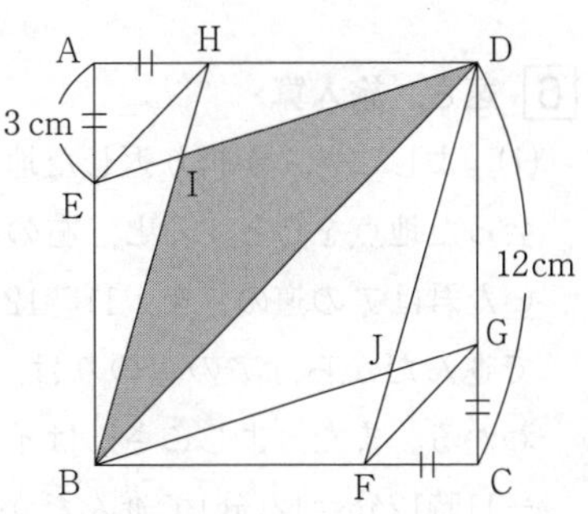

(2) 上の図２のように，点ＥからADに平行な直線EKを引くと，三角形ABHと三角形EBKは相似であり，相似比は，AB：EB＝12：(12－３)＝12：９＝４：３になる。すると，AH：EK＝４：３より，EKの長さは，$3\times\frac{3}{4}=2.25$(cm)とわかる。よって，三角形IEKと三角形IDHは相似であり，相似比は，EK：DH＝2.25：(12－３)＝2.25：９＝１：４だから，EI：ID＝１：４と求められる。

(3) 上の図３で，三角形EBDの面積は，(12－３)×12÷２＝54(cm^2)である。(2)より，EI：ID＝１：４なので，三角形EBIと三角形IBDの面積の比も１：４となり，三角形IBDの面積は，$54\times\frac{4}{1+4}=43.2$(cm^2)とわかる。よって，四角形IBJDの面積は，三角形IBDの面積の２倍なので，43.2×２＝86.4(cm^2)と求められる。

5 立体図形―構成，体積，表面積

図1

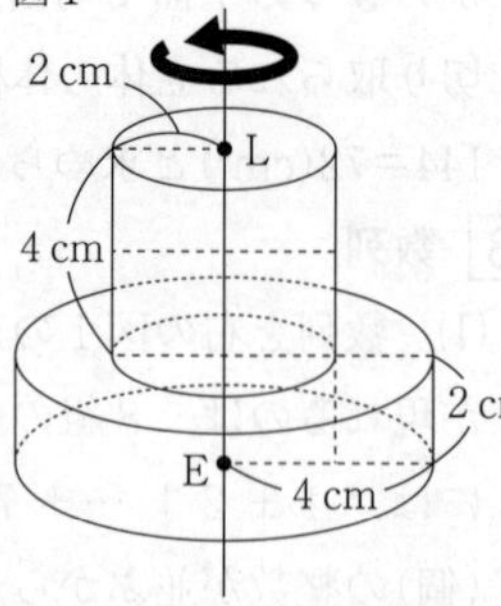

⑴　問題文中の正方形を組み合わせた図形を，直線LEをじくとして１回転させせると，右の図１のような立体となる。よって，正しいものはイである。

⑵　図１の立体を真上と真下から見ると，半径が４cmの円になるので，それらの面積の和は，４×４×3.14×２＝32×3.14(cm^2)である。また，上の円柱の直径は，２×２＝４(cm)なので，上の円柱の側面積は，４×3.14×４＝16×3.14(cm^2)であり，下の円柱の直径は，４×２＝８(cm)なので，下の円柱の側面積は，８×3.14×２＝16×3.14(cm^2)となる。したがって，図１の立体の表面積は，32×3.14＋16×3.14＋16×3.14＝(32＋16＋16)×3.14＝64×3.14＝200.96(cm^2)と求められる。

⑶　下の図２のかげの正方形を図３のように移動しても，１回転してできる立体の体積は変わらない。また，図３の図形を１回転させると，下の図４のような立体となる。図４の立体は，半径６cm，高さ４cmの円柱から，半径２cm，高さ２cmの円柱をくり抜《ぬ》いた立体なので，その体積は，６×６×3.14×４－２×２×3.14×２＝(144－８)×3.14＝136×3.14＝427.04(cm^3)と求められる。

図２

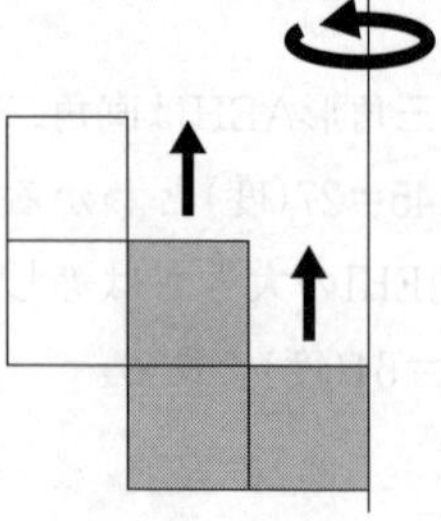

図３

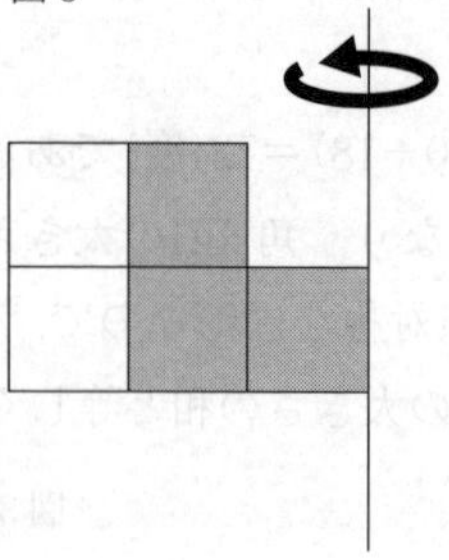

図４

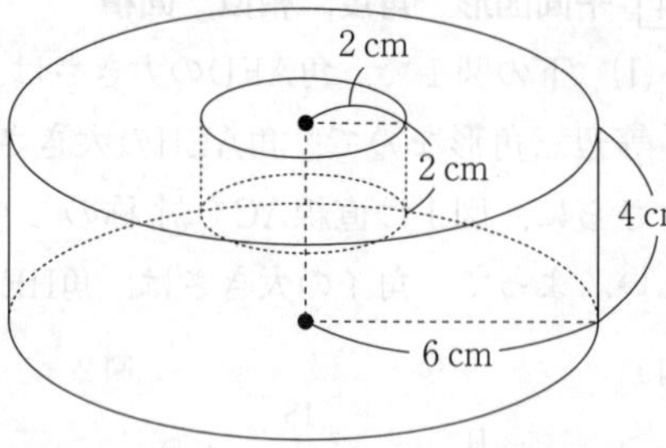

6 速さ，旅人算

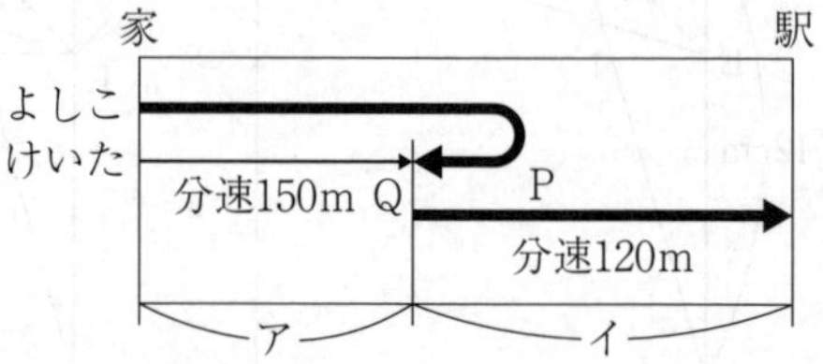

⑴　よしこさんが折り返した地点をＰ，けいた君と出会った地点をＱとすると，右の図のように表せる。けいた君はアの道のりを，11時12分－11時４分＝８(分)で進んだから，アの道のりは，150×８＝1200(m)とわかる。また，よしこさんはイの道のりを，11時24分－11時12分＝12(分)で進んだから，イの道のりは，120×12＝1440(m)となる。よって，家から駅までの道のりは，1200＋1440＝2640(m)と求められる。

⑵　よしこさんは2640mの道のりを，11時24分－10時40分＝44(分)で歩く予定だったから，よしこさんの歩く速さは分速，2640÷44＝60(m)とわかる。

⑶　よしこさんが，11時12分－10時40分＝32(分)で歩いた道のりは，60×32＝1920(m)だから，家からＰまでと，ＰからＱまでの道のりの和が1920mになる。また，アの道のりは1200mだから，家からＰまでの道のりの２倍が，1920＋1200＝3120(m)となり，家からＰまでの道のりは，3120÷２＝1560(m)とわかる。よって，よしこさんが忘れ物に気がついたのは出発してから，1560÷60＝26(分後)なので，10時40分＋26分＝11時６分と求められる。

社 会　＜一般第１回試験＞（理科と合わせて50分）＜満点：50点＞

解 答

1 問１　四日市ぜんそく　問２　豊田　問３　ウ　問４　カ　問５　副都心　問６　ウ　問７　八幡　問８　ア　問９　(1)　エ　(2)　イ　問10　ウ　問11　ウ

2 問１　イ　問２　書院造　問３　(1)　ウ　(2)　イ　問４　(1)　佐賀県　(2)　ア　問５　(1)　エ　(2)　エ　問６　天皇　問７　(1)　ア　(2)　ウ　問８　D→C→E→A→B

3 問１　イ　問２　エ　問３　イ→ウ→エ→ア　問４　年貢　問５　ウ　問６　ロシア　問７　エ　問８　イ　問９　イ，エ　問10　ア　問11　エ

4 問１　エ　問２　18　問３　マスコミ　問４　ア，エ　問５　(1)　解散　(2)　イ　問６　イ　問７　ウ

解 説

1　日本各地の特色などについての問題

問１　三重県北東部の四日市市では，石油化学コンビナートが本格的に稼働《かどう》を始めた1960年ごろから，せきやぜんそくの症状《しょうじょう》を訴《うった》える人が出るようになった。調査の結果，工場から排出《はいしゅつ》された煙《けむり》にふくまれる亜硫酸《ありゅうさん》ガス(二酸化硫黄《いおう》)が原因であることがわかり，この病気は四日市ぜんそくと名づけられた。四日市ぜんそくは，水俣《みなまた》病・新潟(第二)水俣病・イタイイタイ病とともに，四大公害病に数えられる。

問２　愛知県豊田市には，世界的な自動車会社の本社とその多くの関連工場があり，製造品出荷額等が全国の市区町村で最も多い。統計資料は『データでみる県勢』2022年版による(以下同じ)。

問３　兵庫県姫路《ひめじ》市にある姫路城は，安土桃山時代から江戸時代初めにかけて現在の形へと大改修された。その白壁《しらかべ》の美しさから「白鷺《しらさぎ》城」ともよばれ，1993年にはユネスコ(国連教育科学文化機関)の世界文化遺産に登録された。なお，アは広島県にある厳島《いつくしま》神社，イは群馬県にある富岡製糸場，エは栃木県にある日光東照宮の陽明門。

問４　日本の製造業では，従業者数が300人未満の工場を中小工場といい，事業所数の99％を占《し》める。また，製造業の従業者数のおよそ70％は中小工場の従業者である。しかし，製造品出荷額等は50％を下回っており，生産性や賃金の面で大規模工場におよばないことが問題ともいわれる。

問５　東京都では，政府の官庁などが立地し，多くの鉄道路線の起点となる東京駅がある千代田区や，銀座のある中央区などが，都心部にあたる。そして，都市の成長にともなってその周辺部にも都市機能を担《にな》う地域が発達した。こうした地域は副都心とよばれ，東京都では，都心部と郊外を結ぶ鉄道路線の主要駅がある新宿・渋谷・池袋などが副都心にあたる。

問６　輸出入総額が第１位のアには，成田国際空港があてはまる。航空機による貿易は，通信機や医薬品といった，小型・軽量の割に高価なものが中心となる。自動車・自動車部品と，自動車に関係するものが輸出品目の上位を占めるイには，豊田市などで自動車産業がさかんな愛知県にある名古屋港があてはまる。ウとエのうち，自動車がおもな輸出品目に入っているウが横浜港で，神奈川県では横浜市や横須賀《よこすか》市を中心に自動車産業が発達している。残ったエには，神戸港があてはまる。

問７　八幡製鉄所は現在の福岡県北九州市に建設された官営工場で，鉄鉱石の輸入先である中国や，

国内有数の炭田である筑豊《ちくほう》炭田に近かったことなどから，この地が選ばれた。1901年に操業を開始すると，北九州工業地域（地帯）の中心として日本の重工業の発展に大きく貢献《こうけん》したが，第二次世界大戦後にはおとろえていった。

問８　日本は石炭のほとんどを外国からの輸入にたよっており，輸入額のおよそ６割をオーストラリアが占める。なお，第２位はインドネシア（13.3％），第３位はロシア（11.4％）であった。統計資料は『日本国勢図会』2022／23年版による。

問９　(1)　ア　中国山地は，標高1000～1300ｍほどのなだらかな山が多い。　イ　四国山地は，標高は2000ｍに満たないものの，険《けわ》しい山が連なることが特徴《とくちょう》となっている。　ウ　山形県を流れる最上《もがみ》川，長野県・山梨県・静岡県を流れる富士川，熊本県を流れる球磨《くま》川を合わせて，日本三大急流という。　エ　香川県の説明として正しい。　(2)　中国地方の東部日本海側に位置するＢが鳥取県，その西にあるＡが島根県で，この２県をふくむ地域は山陰《さんいん》地方とよばれる。四国地方の瀬戸内海側には，東にＤの香川県，西にＣの愛媛県がある。なお，中国地方の瀬戸内海側は山陽地方ともよばれ，東から岡山県・広島県がある。中国地方の一番西には，山口県が位置している。四国地方の太平洋側には，東から徳島県・高知県が位置している。

問10　茶の収穫《しゅうかく》量は静岡県が全国で最も多く，以下，鹿児島県・三重県・宮崎県・京都府が続く。なお，アは沖縄県，イは熊本県，エは北海道が収穫量全国第１位。

問11　焼津《やいづ》港は，遠洋漁業の基地として知られる静岡県中部の港で，かつおの水揚《みずあ》げ量が多い。

2　各時代の歴史的なことがらについての問題

問１　三方を山に囲まれ，南で海に面している地形を示した資料Aは，鎌倉（神奈川県）の地形のようすである。源頼朝は，攻《せ》められにくく，守りやすい鎌倉の地形が武家政権の拠点《きょてん》にふさわしいと考え，12世紀末，ここに鎌倉幕府を開いた。なお，足利尊氏は室町幕府の初代将軍で，京都に幕府を開いた。北条義時は鎌倉幕府の第２代執権《しっけん》，北条時政は鎌倉幕府の初代執権である。

問２　室町時代には，禅宗の影響《えいきょう》を受け，床《とこ》の間やちがいだなを備えていることや，ふすまやあかり障子などを仕切りとすること，たたみがしきつめられていることなどを特徴とする，書院造という建築様式が広まった。資料Bは東求堂同仁斎《とうぐどうどうじんさい》の内部を写したもので，書院造の代表として知られている。なお，東求堂同仁斎は，銀閣で知られる慈照《じしょう》寺の境内《けいだい》にあり，いずれも室町幕府の第８代将軍足利義政が京都東山につくった。

問３　(1)，(2)　資料Cは，奈良時代に唐（中国）から渡ってきた鑑真《がんじん》をほった「鑑真和上坐像《ざぞう》」である。鑑真は苦難の末に日本に来ると，仏教の正式な戒律《かいりつ》（僧が守るべきいましめ）を伝え，平城京に唐招提《とうしょうだい》寺を建てるなど，日本の仏教発展に大きな役割を果たした。イは，唐招提寺の金堂《こんどう》を写したものである。なお，アは法隆寺の金堂と五重塔，ウは東大寺大仏殿，エは銀閣。

問４　(1)　資料Dは吉野ヶ里遺跡を写したもので，吉野ヶ里遺跡は佐賀県の神埼《かんざき》市と吉野ヶ里町にまたがっている。この遺跡は弥生時代最大級の環濠《かんごう》集落の跡で，敵の攻撃《こうげき》に備えて周囲に堀《ほり》やさくをめぐらし，内部には物見やぐらが設置されていた。　(2)　アは弥生時代，イは古墳時代，ウは旧石器時代，エは縄文時代のようすを説明している。弥生時代には稲作が広がり，収穫量のちがいなどから人々の間に貧富の差が生じた。

問５　(1)　1052年，藤原頼通《よりみち》は，父の道長からゆずり受けた京都宇治の別荘を平等院という寺に改めると，翌53年には阿弥陀《あみだ》仏をまつるための阿弥陀堂として，資料Eの平等院鳳凰《ほうおう》堂を建てた。

(2)　平等院鳳凰堂が建てられた平安時代には，それまでの唐の文化を土台として，日本の風土や生活にあった優美で細やかな貴族文化(国風文化)が発達した。『古今《こきん》和歌集』は紀貫之《きのつらゆき》らが編さんした和歌集で，平安時代の10世紀初めに完成した。なお，アとイは室町時代，ウは鎌倉時代の文化の説明。

問６　資料Fは，604年に聖徳太子が出した十七条の憲法の一部である。十七条の憲法は役人の心がまえを示したもので，和を大切にすること，三宝(仏・仏の教え・僧侶《そうりょ》)をあつく敬うこと，天皇の命令には必ず従うことなどが定められた。

問７　(1)　1575年，織田信長と徳川家康の連合軍は，地図中のアにあたる愛知県東部の長篠《ながしの》で，武田勝頼の軍と戦った。資料Gは，この長篠の戦いのようすをえがいた「長篠合戦図屏風《びょうぶ》」で，織田・徳川の連合軍が鉄砲隊を横に並べて，武田軍の騎馬《きば》隊をむかえうっている。なお，イは名古屋，ウは関ヶ原(岐阜県)，エは京都。　(2)　1543年，ポルトガル人を乗せた中国船が種子《たねが》島(鹿児島県)に流れ着き，日本に鉄砲が伝えられた。

問８　Aは鎌倉時代，Bは室町時代，Cは奈良時代，Dは弥生時代，Eは平安時代にかかわりが深いので，時代の古いものから順に，D→C→E→A→Bとなる。

3　江戸時代から昭和時代までの歴史的なことがらについての問題

問１　1635年，江戸幕府の第３代将軍徳川家光は，大名を統制するための法令である武家諸法度《しょはっと》を改定し，参勤交代を制度化した。これにより，大名は１年おきに江戸と領地に住むことを義務づけられ，大名の妻子は人質として江戸に置くことを命じられた。なお，徳川家康は初代，徳川綱吉は第５代，徳川吉宗は第８代将軍。

問２　エの本居宣長《もとおりのりなが》は伊勢松坂(三重県)出身の国学者で，『古事記』を研究してその注釈《ちゅうしゃく》書である『古事記伝』を完成させた。なお，国学とは，儒教《じゅきょう》や仏教の影響を受ける前の日本人の考え方を明らかにしようとする学問で，江戸時代後半に発達した。また，アは松尾芭蕉《ばしょう》，イは杉田玄白《げんぱく》，ウは伊能忠敬《ただたか》。

問３　ア(大政奉還)は1867年，イは1837年，ウは1854年，エは1858年のできごとなので，時代の古いものから順にイ→ウ→エ→アとなる。

問４　1873年，明治政府は地租改正を実施し，それまで年貢として現物で納めていた税を，土地所有者が現金で納めることとした。地租とよばれる税は土地の価格を基準として定められ，土地所有者に対し，その価格を示した地券が発行された。地租改正によって不作などの影響を受けなくなったため，財政が安定した。

問５　1877年，特権をうばわれて不満をつのらせていた旧薩摩藩の士族らにおされ，西郷隆盛が鹿児島で西南戦争を起こした。西南戦争は士族の反乱として最大のものだったが，西郷軍は近代的な兵器を備えた政府軍にやぶれ，西郷も自害した。

問６　19世紀末，ロシアが南下政策を進めると，朝鮮や満州(中国東北部)をめぐる日本とロシアの対立が深まり，1904年に日露戦争へと発展した。戦争は日本の有利で展開したが，両国とも戦争の続行が難しくなったことから，翌05年にアメリカ大統領セオドア・ルーズベルトの仲立ちのもとでポーツマス条約を結び，戦争を終えた。

問７　1925年，加藤高明内閣のもとで衆議院議員選挙法が改正された。これによって納税額の制限がなくなり，満25才以上のすべての男子に選挙権が認められた。

問８　1937年，イの北京《ペキン》郊外の盧溝橋《ろこうきょう》付近で日本軍と中国軍が衝突《しょうとつ》し，この盧溝橋事件をきっかけとして日中戦争が始まった。なお，アは柳条湖《りゅうじょうこ》で，1931年にはここで満州事変のきっかけとなる柳条湖事件が起こった。ウは上海《シャンハイ》，エは台湾。

問９　太平洋戦争末期の1945年８月６日，人類史上初めて，アメリカ軍が広島に原子爆弾を投下した。広島市街は壊滅《かいめつ》的な被害を受け，激しい爆発とその後の後遺症(原爆症)によって多くの尊い命が失われた。また，３日後の８月９日には，長崎にも原子爆弾が投下された。

問10　1972年，札幌でアジア初となる冬季オリンピック大会が開かれた。なお，イは1978年，ウは1970年(2025年にも開催予定)，エは1956年に起こったできごと。

問11　本州四国連絡橋には，岡山県倉敷《くらしき》市と香川県坂出《さかいで》市を瀬戸大橋で結ぶ児島―坂出ルート，兵庫県神戸市と徳島県鳴門《なると》市を明石《あかし》海峡大橋と大鳴門橋で結ぶ神戸―鳴門ルート，広島県尾道《おのみち》市と愛媛県今治《いまばり》市を瀬戸内しまなみ海道で結ぶ尾道―今治ルートの３つがある。

４　選挙制度についての問題

問１　衆議院議員の任期は４年で参議院議員の任期６年に比べて短く，衆議院は任期途中で解散されることもあるので，国民の意思や世論を反映しやすいと考えられている。そのため，衆議院には，いくつかの議決において参議院よりも強い権限があたえられている。これを，衆議院の優越という。

問２　2015年，選挙権が認められる年齢を，それまでの20歳以上から18歳以上に引き下げる改正公職選挙法が成立した。翌16年にこの法律が施行され，18歳・19歳の人々も投票に行くことができるようになった。

問３　新聞・雑誌・ラジオ・テレビなど，不特定多数の人々に対し，大量の情報を広く同時に伝えることができるメディア(媒体《ばいたい》)のことを，マスコミュニケーション(マスコミ)あるいはマスメディアという。マスコミは国民の意見や価値観の形成に大きな役割を果たし，内閣支持率のような世論として現れることがある。

問４　政権を担当する政党を与党といい，2022年の参議院議員選挙の時点では，自由民主党(自民党)と公明党が与党となっていた。なお，与党以外の政党を野党という。

問５　⑴　内閣が国会の信任にもとづいて成り立ち，国会に対し連帯して責任を負うというしくみを，議院内閣制という。日本も議院内閣制を採用しており，衆議院には内閣信任・不信任の決議を行う権限が認められている。一方で，内閣には衆議院の解散を決定する権限が認められている。

⑵　国務大臣は内閣総理大臣によって任命されるが，その過半数は国会議員であることと，文民(軍人ではない人)でなくてはならないことが定められている。

問６　アは大韓民国(韓国)，イは朝鮮民主主義人民共和国(北朝鮮)，ウは中華人民共和国(中国)，エはインドの国旗である。

問７　2020年11月，４年に１度のアメリカ大統領選挙が行われ，民主党候補のジョー・バイデンが現職の共和党候補ドナルド・トランプに勝利した。この結果を受け，翌21年１月，ジョー・バイデンが第46代アメリカ大統領に就任した。なお，バラク・オバマは第44代，ジョージ・ブッシュは第41代(父)あるいは第43代(子)のアメリカ大統領。

理　科　＜一般第１回試験＞（社会と合わせて50分）＜満点：50点＞

解　答

1 (1)　砂防　(2)　しん食，運ぱん　(3)　ウ，オ　(4)　三角州　(5)　図３　**2** (1)　A　角まく　C　レンズ　(2)　G　(3)　E　(4)　B　(5)　ア　**3** (1)　A　ア　B　エ　(2)　塩化ナトリウム，水酸化ナトリウム　(3)　４％　(4)　５％　(5)　24
4 (1)　１秒　(2)　225　(3)　エ　(4)　②　36　③　500

解　説

1 流れる水のはたらきについての問題

(1)　図４のようなつくりをしたダムには，砂防ダムや治山ダムがある。これらのうち，森林の維持《いじ》などの目的でつくられるのが治山ダム，川の水にけずられた土砂がいっきに下流へ流れていくのを防ぐ目的でつくられるのが砂防ダムである。

(2)　川に流れる水のはたらきには，川底や川岸をけずるしん食作用，けずりとった土砂や岩石などを運ぶ運ぱん作用，運ばれてきた土砂や小石などを川底に積もらせるたい積作用がある。図１の地形はかたむきが急な上流で見られるＶ字谷で，水の流れが速く，しん食作用や運ぱん作用が大きいためにできる。

(3)　図２のような地形をせん状地といい，川が山地から平野部に流れ出て急に流れがおそくなるところで見られる。せん状地は，運ぱんされてきた比かく的大きなつぶの土砂や岩石がたい積してできているため，水はけがよい。また，せん状地より上流に大雨が降ると，一気に水がおしよせてたい積していた土砂を流し，土石流がおこる可能性がある。

(4)　川の水が海へと流れ出る河口付近では，川の流れが急におそくなって，運ばれてきた土砂がたい積し，図３のような地形ができる。このような地形を三角州という。

(5)　液状化現象は，砂やどろがゆるくたい積し，地下に水を多くふくむ三角州やうめ立て地のような場所に，強い地しんのゆれが加わったときに起こりやすい。

2 目のつくりやはたらきについての問題

(1)　図のＡを角まく，Ｂをこうさい，Ｃをレンズ(水しょう体)，Ｄを視神経，Ｅをもうまく，Ｆをしょうし体，Ｇをもうよう体という。

(2)　Ｇのもうよう体は，Ｃのレンズのふくらみを調節し，物体を見るときにピントを合わせる役割をする。

(3)　Ｃのレンズのはたらきによって，Ｅのもうまくに像がうつし出される。もうまくには光の刺激《しげき》を感じとる細胞《さいぼう》があり，その刺激はＤの視神経をつうじて，脳へ伝えられる。

(4)　Ｂのこうさいは，のび縮みすることでレンズに入る光の量を調節している。明るいところから暗いところに入ると，こうさいが縮んでひとみが大きくなるので，レンズに入る光の量を多くすることができる。

(5)　Ｃのレンズが厚くなるとしょう点距離《きょり》が短くなり，近くのものの像がもうまくに大きくうつるようになる。

3 うすい塩酸と水酸化ナトリウム水よう液の中和についての問題

(1) うすい塩酸と水酸化ナトリウム水よう液が中和すると，水と塩化ナトリウム(食塩)ができる。グラフを見ると，加えた水酸化ナトリウム水よう液の重さが０ｇから60ｇのときと，60ｇから100ｇのときとで，残った固体の重さの増えかたが変化している。このことから，中和は，水酸化ナトリウム水よう液を塩酸に加えはじめたときから起こるが，水酸化ナトリウム水よう液の重さが60ｇになったときにちょうど中和し，60ｇをこえると水酸化ナトリウム水よう液が残るようになると考えられる。

(2) (1)より，うすい塩酸90ｇに水酸化ナトリウム水よう液60ｇを加えるとちょうど中和することがわかる。うすい塩酸90ｇに水酸化ナトリウム水よう液100ｇを加えたとき，水酸化ナトリウム水よう液60ｇが中和し，100－60＝40(ｇ)があまるから，混合液を蒸発させると，中和でできた塩化ナトリウム(食塩)の固体と水酸化ナトリウムの固体が残る。

(3) うすい塩酸90ｇと水酸化ナトリウム水よう液60ｇは，ちょうど中和して中性の塩化ナトリウム水よう液(食塩水)になる。このとき，混合液全体の重さは，90＋60＝150(ｇ)で，これに塩化ナトリウム６ｇがとけているので，濃《こ》さは，６÷150×100＝４(％)と求められる。

(4) グラフで，加えた水酸化ナトリウム水よう液の重さが60ｇから80ｇに，80－60＝20(ｇ)増えると，残った固体の重さは，７－６＝１(ｇ)増えているので，実験１で用いた水酸化ナトリウム水よう液の濃さは，１÷20×100＝５(％)とわかる。

(5) (1)と(4)より，うすい塩酸90ｇとちょうど中和する水酸化ナトリウムの固体の重さは，$60\times\frac{5}{100}$＝３(ｇ)である。実験１で用いた水酸化ナトリウム水よう液500ｇにふくまれる水酸化ナトリウムの固体の重さは，$500\times\frac{5}{100}$＝25(ｇ)なので，実験２で水を蒸発させてつくった水酸化ナトリウム水よう液200ｇにも，水酸化ナトリウムの固体25ｇがとけていることになる。以上から，水よう液を中性にするために必要な水を蒸発させたあとの水酸化ナトリウム水よう液の重さは，$200\times\frac{3}{25}$＝24(ｇ)と求められる。

4 ふりこの運動についての問題

(1) 表２より，ふりこの長さが25cmのとき，20往復するのにかかる時間が20秒である。よって，ふりこが１往復するのにかかる時間は，20÷20＝１(秒)と求められる。

(2) 表２で，ふりこの長さが25cmのときと100cmのときを比べると，長さが，100÷25＝４＝２×２(倍)になると，20往復にかかる時間は，40÷20＝２(倍)になる。また，ふりこの長さ25cmと400cmでは，長さが，400÷25＝16＝４×４(倍)になると，20往復にかかる時間は，80÷20＝４(倍)になる。このことから，20往復にかかる時間が，20秒の，60÷20＝３(倍)の60秒のとき，ふりこの長さは，25cmの，３×３＝９(倍)の，25×９＝225(cm)になるので，①には225があてはまる。

(3) 表１より，ふりこのふれはばを変えてもふりこが１往復する時間は変わらないので，ア，イは誤り。表３から，おもりが１往復する時間を２倍にするには，ふりこの長さを４倍にすればいいので，ウはまちがいで，エが正しい。

(4) 表１を見ると，ふりこのふれはばを変えても，ふりこが往復をするのにかかる時間は変わらないので，②にあてはまる数字は，ふりこのふれはばが10cmでふりこの長さ80cmのふりこと同じ36(秒)である。また，③のふりこが20往復にかかる時間は18秒の，90÷18＝５(倍)なので，ふりこの長さ(③)は，20×５×５＝500(cm)と求められる。

英語Ⅰ　＜グローバル第１回試験＞（30分）＜満点：50点＞

※　解説は編集上の都合により省略させていただきました。

解答

1 (1)　A　(2)　C　(3)　B　2 B　3 (1)　C　(2)　B　(3)　A
4 A　兵庫　B　(例)　ハンバーガー店に行った(ハンバーガーを食べた)　C　7
5 (1)　2　(2)　3　(3)　1　(4)　4　(5)　2　6 (1)　3　(2)　4　(3)　3
(4)　2　(5)　1　7 (A)　(1)　2　(2)　3　(B)　(1)　3　(2)　1　8 (1)　1
(2)　2　(3)　4　(4)　3　(5)　3

国　語　＜一般・グローバル第１回試験＞（50分）＜満点：100点＞

解答

一 問1　A　オ　B　ウ　問2　ウ　問3　a　自分とおなじ中学生がつくった　b　驚いたり感心したり　問4　イ　問5　ア　問6　a　かわいいものを好きでいるのはいけないこと　b　男子だからとか女子だからとか　c　好きなものを好きでいいんだ　問7　エ　問8　イ　問9　a　なんだか知らない女子　b　仲がよかったころの顔　c　記憶の中の椎名といまの椎名がつながった　問10　イ　二 問1　a　大きく　b　小さく　問2　ウ　問3　エ　問4　エ　問5　小さな動物　問6　メリット　問7　ウ　問8　体を大きくする　問9　体を大きく　問10　イ　三 問1　ウ，エ　問2　エ　問3　ア　問4　カ　問5　ア，エ　四 問1　①　イ　②　イ　③　エ　④　ア　⑤　エ　問2　①　ウ　②　エ　③　イ　④　イ　⑤　ア
五 ①　オ　②　ウ　③　イ　④　ケ　⑤　キ　六 ①　くびわ　②　ほうたい　③　ふるきず　④　い(た)　⑤　てんまど　⑥〜⑩　下記を参照のこと。

●漢字の書き取り

六 ⑥　郵便　⑦　投票　⑧　講習　⑨　勢(い)　⑩　許(す)

解説

一 **出典は如月《きさらぎ》かずさの『スペシャルＱトなぼくら』による。**自分とは別の学校に通う椎名《しいな》から文化祭にさそわれた「ぼく」(宮地《みやじ》)は，はじめぎこちなさを感じていたが，徐々《じょじょ》に彼女《かのじょ》と仲がよかったころを思い出す。

問1　A　とてつもなく凝《こ》っている文化祭の展示に目を奪《うば》われ，「ぼく」は浮《う》き立つような気持ちになっていたのだから，前を歩く椎名の背中に向かって，「興奮気味に」話しかけたものと想像できる。　**B**　かつて親から否定的な言葉を投げかけられた「ぼく」は，男であるにもかかわらず「かわいいもの」を好む自分の性格にどこか引け目を感じ，椎名とも疎遠《そえん》になってしまったが，最近仲よくなった友達のおかげで「好きなものを好きでいい」と思えるようになったと彼女に打ち明けている。しかし，どうにも「恥《は》ずかしい告白をしてしまったような気分」になり，「ぼく」は椎

名から顔を背《そむ》けたのだから，彼女に話す「ぼく」のようすは「ためらいがち」だったと考えられる。

問２　「あたふたと」は，あわてふためくようすを表す。地味なふんいきだった椎名が，一年半ぶりに会ってみれば明るくおしゃれな女子に変わっていたことで「ぼく」は動揺《どうよう》したものの，それを悟《さと》られないよう「眼鏡」をかけていないからすぐに本人だとは気づかなかったと言い訳をしているので，ウがふさわしい。

問３　椎名の学校の文化祭を見に来た「ぼく」が，とてつもなく凝った展示に圧倒《あっとう》されていることをおさえる。　**a**，**b**　同じ段落とその次の段落にあるように，「ぼく」は，「自分とおなじ中学生がつくったとは思えない」クラスの展示にただただ「驚《おどろ》いたり感心したり」している。

問４　椎名もふくめ，「こういう難関の私立に通ってる生徒」は自分たちと「全然違《ちが》う」と感心しきりの「ぼく」に対し，彼女は意外にも「頭のいい人」が多いだけだと素っ気ない反応を示している。そのようすに違和感《いわかん》を覚えた「ぼく」は，椎名が自身の通う学校に何か思うところがあるのではないかと尋《たず》ねようとしたが，新たな展示が目に入り，質問するのを忘れてしまったのである。よって，イが選べる。

問５　少し後で，教室内に展示されているさまざまな細工《さいく》を見た椎名が，「宮地くん，昔はこういうアクセサリーとか好きだったよね」と「ぼく」に言ったことをおさえる。教室にならぶテディベアたちを見て思わず声をもらした「ぼく」に気づいた椎名は，過去を思い出してほほえましく思っているのだから，アが正しい。

問６　ユエといっしょなら，ふたりでテディベアのかわいさにはしゃげただろうと書かれていることに注意する。　**a**　男がかわいいものをほしがるなんて恥ずかしいと親に言われた「ぼく」は，男の自分が「かわいいものを好きでいるのはいけないこと」だと思うようになってしまったのである。　**b**，**c**　最近仲良くなったユエのおかげで，「男子だからとか女子だからとか」ということなど気にすることなく，「好きなものを好きでいいんだ」と思えるようになったと「ぼく」は椎名に話している。

問７　小学校のころ，なにか嫌《きら》われるようなことをしたために「ぼく」が自分と遊んでくれなくなったのではないかと椎名は気に病《や》んでいたが，実はそれが親からかわいいものを好きでいることを否定されたためであって，自分に非があったわけではないとわかり心から「ほっとした」のだから，エが合う。

問８　ユエのおかげで，あるべき男女の姿から解放され，「好きなものを好きでいいんだ」と思えるようになったという「ぼく」の告白を聞いた椎名は，「うれしそう」にしている。続く部分で，「わたしもいまでも，かわいいものは大好きだから」と言っているとおり，椎名は昔のように自分の好きなものを「ぼく」と共有できることに喜びを感じているので，イが合う。

問９　**a**　問２でみたように，「ぼく」は記憶《きおく》の中にある椎名と今の彼女の差に戸惑《とまど》いを隠《かく》せずにいる。つまり，はじめ「ぼく」は椎名を「なんだか知らない女子」のように感じていたのである。
b　教室内に展示されたビーズ細工を見ながら昔のことを懐《なつ》かしそうに話す椎名の横顔に，「ぼく」は「仲がよかったころ」の彼女を重ねている。　**c**　問６でも検討したように，自分自身についての「ぼく」の告白を聞いた椎名は，その思いを受け止め「それならわたしたち，また昔みたいに仲よく話せるね」とはにかんでいる。「なんだか知らない女子」のように感じていた当初から，やりとりを重ねる中でようやく「ぼく」は自分の「記憶の中の椎名といまの椎名」をつなげることができたのである。

問10　最近仲良くなったユエのおかげで，男女関係なく好きなものを好きでいいと思えるようになったと正直に「ぼく」が話すと，椎名も昔のようにまた仲良く話せるね，とうれしそうなようすを見せている。そんな椎名に「ぼく」は笑顔《えがお》でうなずいたのだから，イがふさわしい。

二　**出典は稲垣栄洋《いながきひでひろ》の『生物に学ぶ　ガラパゴス・イノベーション』による。**孤立《こりつ》化した島という環《かん》境《きょう》では，大きな動物の体は小さく，小さな動物の体は大きくなる理由を説明している。

問１　「この現象」とあるので，前の部分に注目する。　**a**　孤立化した島において，小さな生物は大陸にすむ種類よりも体のサイズが「大きく」なるとある。　**b**　孤立化した島において，大きな動物は大陸にすむ種類よりも体が「小さく矮小《わいしょう》化する」と説明されている。

問２　一頭一頭のサイズが大きいとエサが足りなくなり，すみかとなる空間もせまくなるが，お互《たが》いに体が小さくなればエサや空間をめぐる無用な争いを減らせると続く二段落で述べられているので，ウがあてはまる。

問３　空らんＡの前後は，動物の体が大きいとエサや空間が足りず争いにつながるが，体が小さければ無用な争いは減るという文脈である。空らんＢの前後は，ネズミは小さく弱いけれど，小さいことが「ダメ」とは限らないというつながりである。よって，前のことがらを受けて，それに反する内容を述べるときに用いる「しかし」があてはまる。

問４　空らんＣをふくむ文の次の段落に，「天敵のいない島では，同じ種類どうしの種間競争が激しくなる」が，「体が大きいほうが，他の仲間と戦うには有利となる」と述べられている。

問５　少し前で，敵に襲《おそ》われたさい，物陰《ものかげ》や小さな穴に逃《に》げこむことができる小さな体のほうが身を隠しやすいうえ，強大な猛獣《もうじゅう》は，ネズミのような小さな獲物《えもの》はまともに相手にしない，と「体が小さい」ことのメリットがあげられている。なお，「メリット」は利点のこと。

問６　次の段落に，体の大きいほうが種間競争には有利だと述べられている。これは，体を大きくすることの「メリット」だといえる。

問７　ヤクシカはニホンジカの，ヤクシマザルはニホンザルの亜種で，いずれも本土にすむニホンジカやニホンザルより体が小さいとされる。ニホンオオカミも，大陸のオオカミよりも体が小さいとされているので，ウが選べる。

問８　空らんＤをふくむ文は，島の環境に適応して体が小さくなった動物の例があげられている，直前の三つの段落を受けている。よって，島では無理をして「体を大きくする」必要はない，とするのがよい。

問９　もどす文の最初に，前の内容を“要するに”とまとめて言いかえるときに用いる「つまり」があることに注目する。「孤立化した島という環境は～」で始まる段落の「体を大きくする～」で始まる文の直前に入れると，天敵から身を守るために大型の動物は体を大きくしているが，島では捕食者から身を守る必要がないので体のサイズが小さくなる，と述べられた内容をまとめる形になり，文意が通る。

問10　後ろから四つ目の段落に，「日本の父島に侵入したグリーンアノールは，もともと北アメリカからやってきた外来生物だが，父島で暮らすうちに，元々のグリーンアノールよりも体のサイズが小さくなっていることが観察されている」とある。よって，イが選べる。

三　**大石真《おおいしまこと》の『魔女《まじょ》のいる教室』による。**大貫《おおぬき》先生の経営する塾で飼われている犬のロンと，そこに通っているテツヤとの心温まる交流が描《えが》かれている。

問１　「勉強机」は，上の二字が下の一字にかかる組み立てなので，「自由」＋「帳」となるウ，「映画」＋「館」となるエが選べる。なお，「青信号」と「高気圧」は，上の一字が下の二字にかかる組み立て，「未成年」は上の一字が下の二字の意味を打ち消す組み立てである。

問２　名詞の「とき」にかかる「ある」は，連体修飾《しゅうしょく》語になるはたらきを持つ連体詞なので，エがよい。

問３　ぼう線③は「〜らしい」という意味で，だいたいのようすを表すので，アが選べる。

問４　ことばのかかり受けでは，直接つなげてみて意味のまとまる部分が答えになる。「ロンがなにをしてもらいたがっているか」が，「仕草で」→「わかった」となる。

問５　アとエは，打ち消し語を加えると「不完全」「不親切」となる。なお，イは「未完成」，ウは「無制限」，オは「非常識」となる。

四　主語と述語，品詞の知識

問１　主語は「だれは(が)」「何は(が)」，述語は「どうする」「どんなだ」「何だ」にあたる文節をいう。まず述語を定め，それから主語を探すとよい。　①「(四年生に)な」るのは「弟」なので，イが選べる。　②「来た」のは「父」なので，イがよい。　③「降った」のは大雪なので，エが答えになる。　④「(ふさわしい)人物」なのは「君」なので，アが合う。　⑤倒《とう》置《ち》文の場合は，本来の語順に直して考える。述語は「ここだったのか」となり，「ここ」とは「(ぼくが昔暮らした)家」なので，エが選べる。

問２　①　ウの「ゆかい」は名詞だが，それ以外は形容詞である。　②　エは名詞「学生」＋断定の助動詞「だ」だが，それ以外は形容動詞である。　③　イの「つまり」は接続語の働きをするが，それ以外は接続語の働きをしない。　④　イは形容動詞「静かだ」の連体形だが，それ以外は連体詞である。　⑤　アは可能動詞だが，それ以外はふつうの動詞である。

五　慣用句の完成

①「耳をそろえる」は，“お金などを不足のないように用意する”という意味。「耳がいたい」は，悪い点を指摘《してき》されてつらいさま。「耳にさわる」は，“聞いていて不快に感じる”という意味。

②「鼻であしらう」は，“相手を見下し，冷たい態度を取る”という意味。「鼻が高い」は，自慢《じまん》するようす。「鼻を折る」は，“おごり高ぶる人の心をくじく”という意味。　③「足をのばす」は，“今来ている場所よりさらに遠い場所に行く”という意味。「足が出る」は，“予算をこえてしまう”という意味。「足が重い」は，行くのに気が進まないさま。　④「頭が下がる」は，“すっかり感心する”という意味。「頭が固い」は，考えが柔軟《じゅうなん》でないさま。「頭が切れる」は，“考え方がするどい”という意味。　⑤「首を長くする」は，“待ち遠しい”という意味。「首をひねる」は，“いろいろ考える”という意味。「首をつっこむ」は，“自分から関係する”という意味。

六　漢字の読みと書き取り

①　犬やねこなどの首にはめる輪。　②　傷口などに保護のために巻く，細長いきれ。
③　ずっと以前に受けた傷。　④　音読みは「シャ」で，「射手」などの熟語がある。
⑤　光をとり入れたり，けむりを外に出したりするために，屋根につけた窓。　⑥　手紙などをあて名の相手の所に届ける仕事。　⑦　選挙で，選びたい人の名前を書いた紙を出すこと。
⑧　勉強や仕事の方法などを学ぶこと。　⑨　音読みは「セイ」で，「勢力」などの熟語がある。

⑩　音読みは「キョ」で,「許可」などの熟語がある。

Dr.福井の

入試に勝つ！ 脳とからだのウルトラ科学

入試当日の朝食で，脳力をアップ！

朝食を食べない学生は，朝食をきちんと食べる学生に比べて成績が悪かった——という研究発表がある。まあ，ちょっと考えればわかると思うけど，朝食を食べないということは，車にガソリンを入れないで走らせようとするようなものだ。体がガス欠になった状態では，頭が十分に働くわけがない。入試当日の朝食はちゃんと食べよう！　朝食を食べた効果があらわれるように，試験開始の２時間以上前に食べるようにするとよい。

では，入試当日の朝食にふさわしいものは何か？

まず，脳の直接のエネルギー源はブドウ糖だけであるから，それを補給するためのご飯やパン，これは絶対に必要だ。また，砂糖や果物の糖分は吸収されやすく，効果が速くあらわれやすいので，パンにジャムをぬったり果物を食べたりするのもよいだろう。

次に，タンパク質。これは脳の温度を上げる作用がある。温度が低いままでは十分に働かないからね。タンパク質を多くふくむのは肉や魚，牛乳，卵，大豆などだが，ここでは大豆でできたとうふのみそ汁や納豆をオススメする。そして，記憶力がアップするDHAを多くふくんでいる青魚，つまりサバやイワシなども食べておきたい。

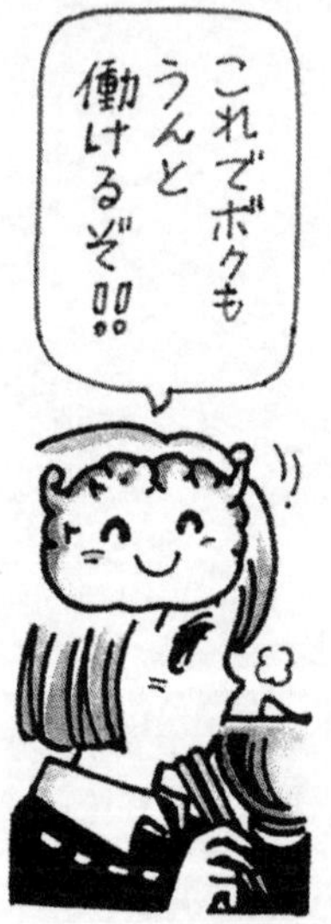

生野菜も忘れてはならない。その中にふくまれるビタミンBは，ブドウ糖を脳に吸収しやすくする働きを持つので，結果的に脳力アップにつながるんだ。

コーヒーや紅茶，緑茶は，カフェインという成分の作用で目覚めをうながすが，トイレが近くなってしまうので，飲みすぎに注意！　試験当日はひかえたほうがよいだろう。眠気を覚ましたいときはガムをかむといい。脳が刺激《しげき》されて活性化し，目が覚めるんだ。

Dr.福井（福井一成《ふくいかずしげ》）…医学博士。開成中・高から東大・文Ⅱに入学後，再受験して翌年東大・理Ⅲに合格。同大医学部卒。さまざまな勉強法や脳科学に関する著書多数。

2023 年度 昌平中学校

【算　数】〈Tクラス第１回試験〉（50分）〈満点：100点〉

（注意）分数は，それ以上約分できない分数で必ず答えなさい。また，図形は，必ずしも正確ではありません。

1 次の □ にあてはまる数を答えなさい。

(1)　$51 - 102 \div 17 - (81 - 9 \times 6) =$ □

(2)　$93 \times 51 + 93 \times 35 + 92 \times 86 - 85 \times 86 =$ □

(3)　$1\frac{7}{8} \div 2\frac{1}{4} - \frac{4}{7} \times 1\frac{5}{16} =$ □

(4)　$4.3 \div \frac{1}{4} + 4.75 \times \frac{2}{5} + 1.8 \times 0.5 =$ □

(5)　$52 - \{(8 \times$ □ $- 36) \div 3 + 25\} = 23$

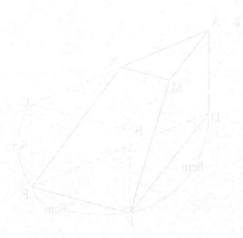

2 次の □ にあてはまる数を答えなさい。

⑴ ある本を，１日目に全体の $\frac{1}{4}$ 読み，２日目に残りの $\frac{5}{6}$ 読みました。残っているページ数は，分数で表すと全体の □ です。

⑵ 2.7 L ＋ 5 dL － 1900 cm^3 ＝ □ L

⑶ 体積が 1.2 m^3，重さが 1.5 kg ある金属の板があります。この金属の板 26 m^3 の重さは □ kg です。

⑷ 現在，父の年れいは 40 才で，太郎君の年れいは 12 才です。今から □ 年後には，父の年れいと太郎君の年れいの比は 7：3 になります。

⑸ 図１は，直角三角形 ABC と正方形 DECF を組み合わせた図形で，点D，E，F はそれぞれ辺 AB，BC，CA 上にあります。

このとき，かげをつけた部分の面積は □ cm^2 です。

図１

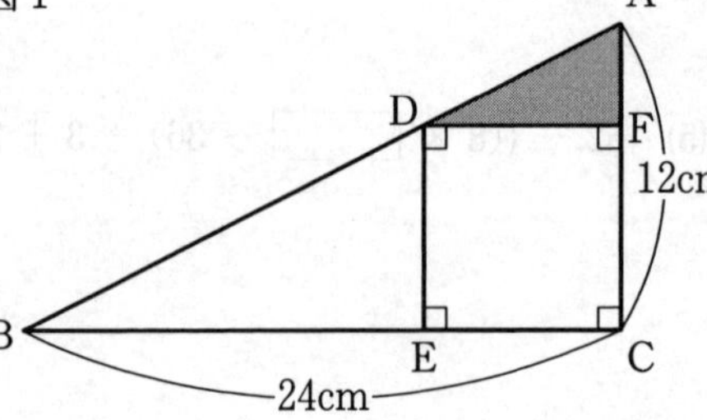

⑹ 図２の三角柱 ABC－DEF で，点M，N はそれぞれ辺 AB，AC のまん中の点です。

この三角柱を平面 EFNM で切り取ってできる立体 AMN－DEF の体積は □ cm^3 です。

図２

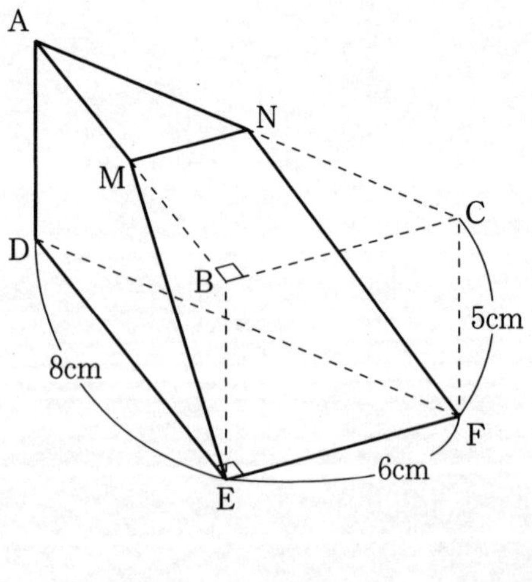

3 下のように，あるきまりにしたがって順に整数を並べました。

1	3，5	7，9，11	13	15，17	19，21，23	25	…
（1組目）	（2組目）	（3組目）	（4組目）	（5組目）	（6組目）	（7組目）	

これについて，次の問いに答えなさい。

⑴　10組目の整数のうち，一番小さい整数を求めなさい。

⑵　201がふくまれている組は何組目か求めなさい。

⑶　最初から数えて30組目までのうち，偶数組内に並んでいるすべての整数の和を求めなさい。

4 右の図のように，三角形ABCの辺AB上にAD：BD＝2：7 となるように点Dを，辺AC上に AE：CE＝3：1 となるように点Eをとります。

DE上に DF：EF＝1：1 となるように点Fをとります。辺BC上に点G，Hをとり，EGとFHはそれぞれ辺ABと平行です。また，HFの延長と辺ACとの交点をJとします。

BF，CFを引き，CFとEGとの交点をIとします。

これについて，次の問いに答えなさい。

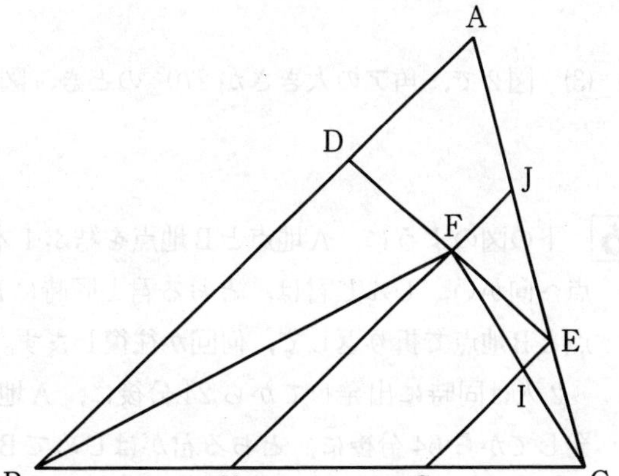

⑴　三角形ADEの面積は，三角形ABCの面積の何倍か求めなさい。

⑵　BHの長さとCHの長さの比を最も簡単な整数の比で求めなさい。

⑶　三角形ABCの面積が960 cm^2 のとき，四角形FHGIの面積を求めなさい。

5 底面の半径が６cm，高さが８cm，母線の長さが10cmの円すいがあります。図１のように，底面の円Oの周上に２点P，Qをとり，３点A，P，Qを通る平面でこの円すいを切り取ります。

図２は，円すいを切り取ってできた，図１の立体の展開図を表しています。

これについて，次の問いに答えなさい。ただし，円周率は3.14を使いなさい。

図１

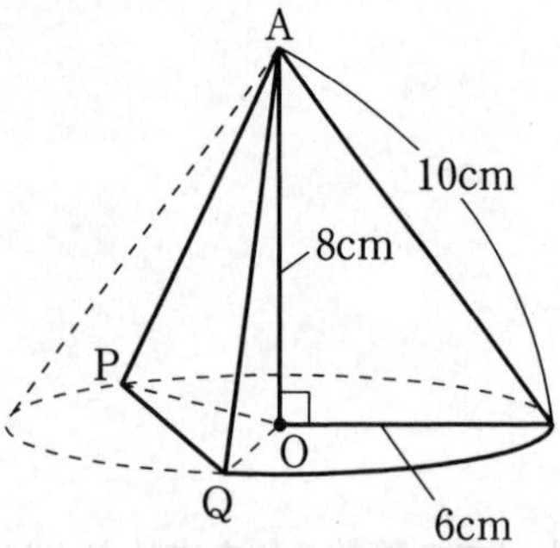

図２

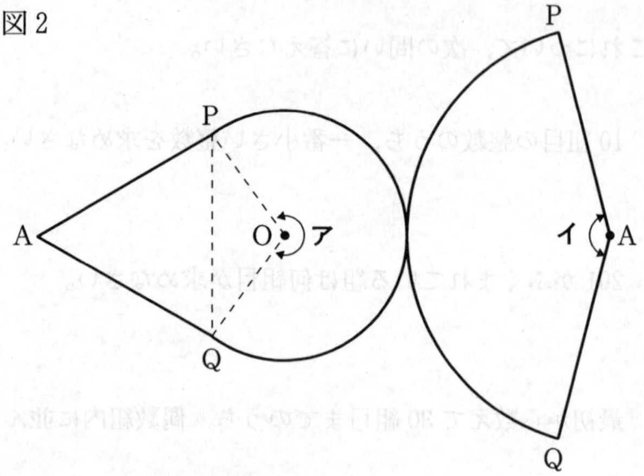

⑴　図２で，角**ア**の大きさが180°のとき，角**イ**の大きさを求めなさい。

⑵　⑴のとき，図１の立体の表面積を求めなさい。

⑶　図２で，角**ア**の大きさが270°のとき，図１の立体の体積を求めなさい。

6 下の図のように，A地点とB地点を結ぶ１本道があります。とおる君は，A地点を出発してB地点へ向かい，しんじ君は，とおる君と同時にB地点を出発してA地点へ向かいます。２人ともA地点とB地点で折り返して，何回か往復します。

２人は同時に出発してから24分後に，A地点とB地点の間で１回目に出会いました。また，出発してから64分後に，とおる君がはじめてB地点に着きました。このとき，しんじ君はA地点を折り返して，B地点の手前640ｍのところにいました。

これについて，次の問いに答えなさい。

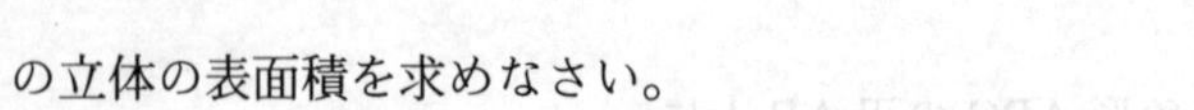

⑴　とおる君としんじ君の速さの比を，最も簡単な整数の比で求めなさい。

⑵　A地点とB地点の間は何ｍはなれているか求めなさい。

⑶　とおる君としんじ君が４回目に出会うのは，A地点から何ｍはなれたところか求めなさい。ただし，とおる君としんじ君のどちらかが，後ろから追い抜《ぬ》かれることも，２人が出会ったものとします。

【社　会】〈Tクラス第１回試験〉（理科と合わせて60分）〈満点：50点〉

1　次の**表**は，2020年の人口が全国で１位から20位までの都道府県の県庁所在都市，農業産出額（2019年），年間商品販売《はんばい》額（2015年）を示したものです。①～⑳は，その都道府県を示すものとします。これを見て，あとの問いに答えなさい。なお，出題において，都道府県はすべて県と表記します。

表

		県庁所在都市	人口 （千人）	農業産出額 （億円）	年間商品販売額 （十億円）
①	東京	新宿区	14,065	234	199,687
②	神奈川	横浜市	9,240	655	22,544
③	大阪	大阪市	8,843	320	60,033
④	愛知	名古屋市	7,546	2,949	43,726
⑤	埼玉	さいたま市	7,347	1,678	18,348
⑥	千葉	千葉市	6,287	3,859	13,505
⑦	兵庫	X	5,469	1,509	15,946
⑧	北海道	札幌市	5,229	12,558	18,892
⑨	福岡	福岡市	5,139	2,027	22,835
⑩	静岡	静岡市	3,635	1,979	11,494
⑪	茨城	Y	2,869	4,302	7,164
⑫	広島	広島市	2,801	1,168	12,476
⑬	京都	京都市	2,580	666	7,806
⑭	宮城	仙台市	2,303	1,932	12,151
⑮	新潟	新潟市	2,202	2,494	7,016
⑯	長野	長野市	2,050	2,556	5,846
⑰	岐阜	岐阜市	1,980	1,066	4,840
⑱	群馬	前橋市	1,940	2,361	7,267
⑲	栃木	宇都宮市	1,934	2,859	5,825
⑳	岡山	岡山市	1,890	1,417	5,637
全国計			126,227	88,938	581,626

（『データでみる県勢2022』より作成）

問１　**表**中の**X**，**Y**にあてはまる県庁所在都市名をそれぞれ答えなさい。

問２　**表**中の①の県には，右の写真のような，世界一高い電波塔《でんぱとう》があります。この電波塔の名前を，**８字**で答えなさい。

問３　**表**中の③の県の説明として**誤っているもの**を，次の**ア～エ**から１つ選び，記号で答えなさい。

ア　江戸《えど》時代には経済の中心地として栄え，「天下の台所」と呼ばれた。

イ　県内には２つの政令指定都市がある。

ウ　瀬戸内海《せとないかい》で最大の面積をもつ淡路島《あわじしま》がある。

エ　年間商品販売額は，表の県の中では第２位である。

問４　次のグラフは，中京工業地帯，阪神工業地帯，瀬戸内《せとうち》工業地域，京葉《けいよう》工業地域の製造品出荷額の構成を示したものです。**表**中の④の県が中心となる中京工業地帯のグラフとして正しいものを，グラフ中の**ア～エ**から１つ選び，記号で答えなさい。

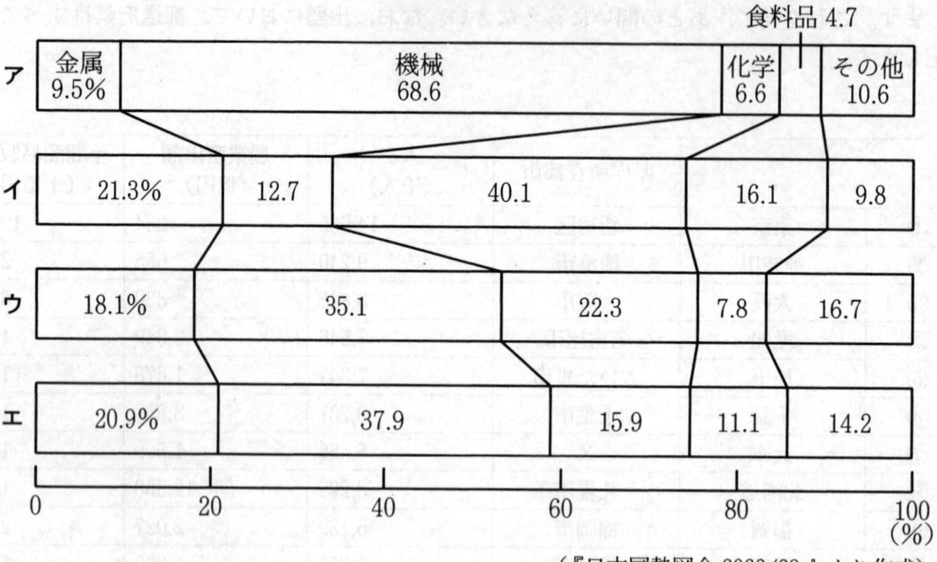

（『日本国勢図会 2022/23』より作成）

問５　**表**中の⑥の県が収穫量《しゅうかくりょう》第１位の農産物として正しいものを，次の**ア～エ**から１つ選び，記号で答えなさい。

ア　さとうきび　　**イ**　てんさい　　**ウ**　らっかせい　　**エ**　らっきょう

問６　**表**中の⑧の県には，世界自然遺産に登録されている知床《しれとこ》半島があります。知床半島の位置として正しいものを，次の地図中の**ア～エ**から１つ選び，記号で答えなさい。

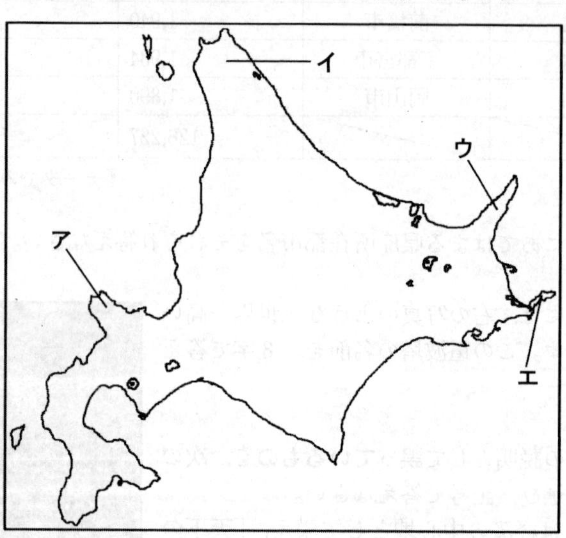

問７　**表**中の⑩の県の漁獲量が第１位の魚として正しいものを，次の**ア～エ**から１つ選び，記号で答えなさい。

ア　さけ　　**イ**　まぐろ　　**ウ**　さば　　**エ**　さんま

問８　**表**中の⑬の県にある寺院として正しいものを，次の**ア～エ**から１つ選び，記号で答えなさい。

ア

イ

ウ

エ

問９　次のグラフは，2020年産の米の収穫量の割合が高い県を示したものです。**表**中の⑮の県の収穫量の割合として正しいものを，グラフ中の**ア～エ**から１つ選び，記号で答えなさい。

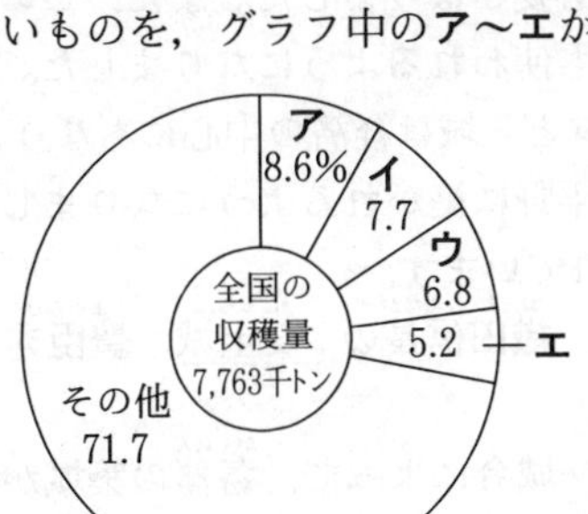

（『データでみる県勢 2022』より作成）

問10　**表**中の⑱の県には，右の写真のような，世界遺産に登録されている建物があります。この建物の名前を答えなさい。

問11　**表**中の①～⑳の県のうち，海に面していない内陸県は［　　］県あります。［　　］にあてはまる**数字**を答えなさい。

問12　**表**中の農業産出額の説明として正しいものを，次の**ア〜エ**から1つ選び，記号で答えなさい。

ア　農業産出額が最も多い県は，全国の総額の20％以上をしめている。
イ　近畿《きんき》地方の県はすべて，農業産出額が1,000億円未満である。
ウ　農業産出額が5位までの県のうち，関東地方の県は3県ある。
エ　農業産出額が2,000億円以上の県は，10県以上ある。

2　次の文章は，日本の城について説明したものです。これを読んで，あとの問いに答えなさい。

日本古代の城として，664年に①天智天皇《てんじ》が，中国や朝鮮《ちょうせん》の来襲《らいしゅう》に備えて②博多湾《はかたわん》のおくに築かせた水城《みずき》が知られています。

10世紀，③平安時代半ばになると武士が出現して，しだいに武士中心の世の中になっていきました。こうした中で，戦時に使用する防護施設《ぼうごしせつ》の必要性が生じ，小規模ながらも防衛能力の高い城が発達していきました。このような城を普及《ふきゅう》させたきっかけとなったのは，④楠木正成《くすのきまさしげ》の赤坂《あかさか》城，千早《ちはや》城といわれています。これらの城に立てこもり戦った楠木正成の軍は⑤鎌倉幕《かまくらばく》府《ふ》の大軍を撃退《げきたい》しました。

戦国時代になると，攻めにくく守りやすい城をつくることが求められ，そのためには堀《ほり》が重要でした。堀の幅《はば》はおよそ10メートルが一般的《いっぱんてき》で，これは，当時の弓矢《ゆみや》の射程距離《しゃていきょり》と関係がありました。しかし，戦国時代半ばになると，弓矢の倍以上の射程距離をもつ⑥鉄砲《てっぽう》が登場したため，これまで以上に広い堀が必要となりました。また，このころになると，城は軍事拠点《きょてん》にとどまらず，行政の拠点としても使われるようになりました。城を中心として武士や町人などが生活する城下町がつくられるなど，城は経済の中心にもなりました。こうした流れの中で，城はしだいになだらかな山や丘《おか》，平野に築かれるようになりました。これは「平山城」と呼ばれ，⑦岡山県の岡山城などが知られています。

日本の城の代表的なものとして，織田信長《おだのぶなが》の⑧安土《あづち》城，豊臣秀吉《とよとみひでよし》の大阪城，徳川家康《とくがわいえやす》の江戸《えど》城と⑨名古屋《なごや》城が挙げられます。

江戸時代になると，幕府の一国一城令によって，各藩《かくはん》の築城が制限されました。藩は新しい城をつくるだけでなく，改修や修復にも幕府の許可が必要となりました。この政策によって，日本の築城技術は江戸初期で止まりました。

幕末になると，産業革命を果たした欧米《おうべい》諸国が，アジアに向けて活発な動きを見せるようになりました。これを警戒《けいかい》した幕府は，北海道の［　⑩　］に五稜郭《ごりょうかく》を築きました。

明治《めいじ》時代に起こった西南戦争では，西郷隆盛《さいごうたかもり》率いる薩摩《さつま》軍が⑪熊本城を包囲しましたが，政府軍に敗れました。

岡山城

江戸城

熊本城

問１　文章中の下線部①について，天智天皇に関連するできごととして正しいものを，次の**ア**～**エ**から１つ選び，記号で答えなさい。

ア　十七条の憲法を定めて，天皇中心の政治を行おうとした。

イ　大化の改新で蘇我《そが》氏を倒《たお》したあと，公地公民制を打ち出した。

ウ　壬申《じんしん》の乱に勝利して，都を飛鳥《あすか》にもどした。

エ　大仏をまつる東大寺を建てて，政治の安定をはかろうとした。

問２　文章中の下線部②について，博多湾の位置として正しいものを，次の地図中の**ア**～**エ**から１つ選び，記号で答えなさい。

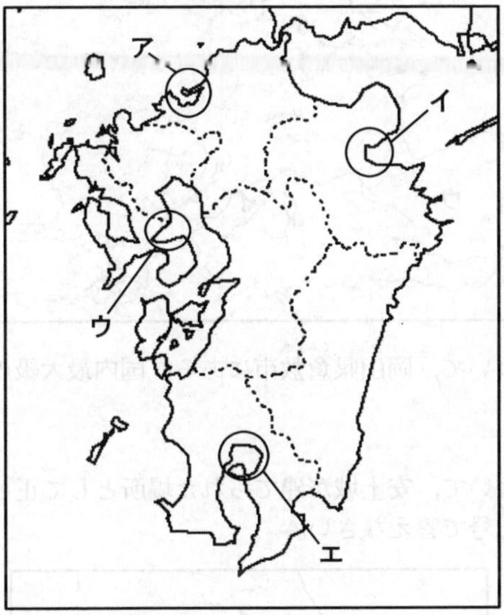

問３　文章中の下線部③について，平安時代に朝廷《ちょうてい》の支配を東北地方まで広げるため，征夷大将《せいいたいしょう》軍《ぐん》に任命された人物の名前を答えなさい。

問４　文章中の下線部④について，楠木正成は，ある人物の呼びかけに従い倒幕《とうばく》の兵を挙げました。その人物の名前として正しいものを，次の**ア**～**エ**から１つ選び，記号で答えなさい。

ア　後鳥羽《ことば》上皇　　**イ**　後白河《ごしらかわ》上皇　　**ウ**　桓武《かんむ》天皇　　**エ**　後醍醐《ごだいご》天皇

問５　文章中の下線部⑤について，鎌倉時代に起こった次の**ア**～**エ**のできごとを，時代の古いものから順に並べかえ，記号で答えなさい。

ア　御成敗式目《ごせいばいしきもく》が制定される。　　**イ**　承久《じょうきゅう》の乱が起こる。

ウ　元が二度にわたって日本に攻めてくる。　　**エ**　源実朝《みなもとのさねとも》が暗殺される。

問６　文章中の下線部⑥について，ある国の人が乗った船が種子島《たねがしま》に流れ着き，日本に鉄砲が伝わりました。日本に鉄砲を伝えた国の位置として正しいものを，次の地図中の**ア～エ**から１つ選び，記号で答えなさい。

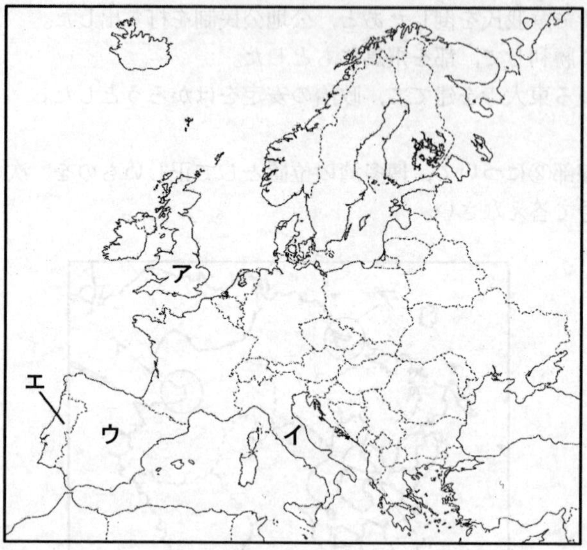

問７　文章中の下線部⑦について，岡山県倉敷《くらしき》市にある，国内最大級のコンビナートの名前を答えなさい。

問８　文章中の下線部⑧について，安土城が建てられた場所として正しいものを，次の地図中の**ア～エ**から１つ選び，記号で答えなさい。

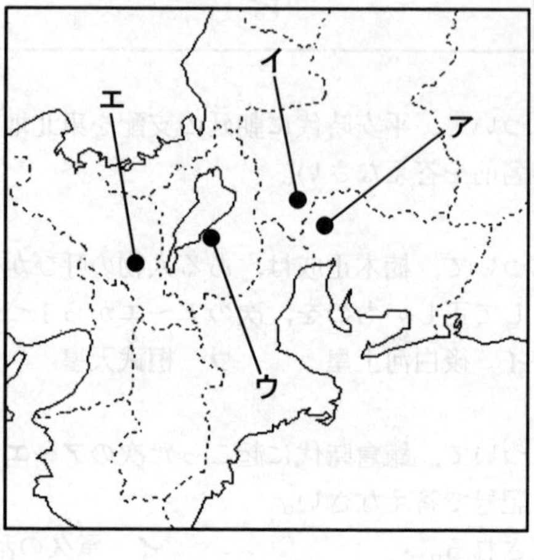

問9　文章中の下線部⑨に関連して，次の資料は，2020年の貿易額が1位～4位までの港のおもな輸出品目と輸入品目を示したものです。名古屋港の輸出品目と輸入品目を示したものとして正しいものを，資料中の**ア**～**エ**から1つ選び，記号で答えなさい。

	おもな輸出品目	おもな輸入品目
ア	自動車部品，半導体等製造装置	衣類，コンピュータ
イ	自動車，自動車部品	液化ガス，衣類
ウ	自動車，プラスチック	石油，有機化合物
エ	半導体等製造装置，金	通信機，医薬品

(『日本国勢図会 2022／23』より作成)

問10　文章中の ⑩ にあてはまる北海道の市の名前として正しいものを，次の**ア**～**エ**から1つ選び，記号で答えなさい。

ア　釧路《くしろ》市　　**イ**　札幌《さっぽろ》市　　**ウ**　函館《はこだて》市　　**エ**　根室《ねむろ》市

問11　文章中の下線部⑪に関連して，熊本県が収穫量《しゅうかくりょう》第1位の農産物として正しいものを，次の**ア**～**エ**から1つ選び，記号で答えなさい。

ア

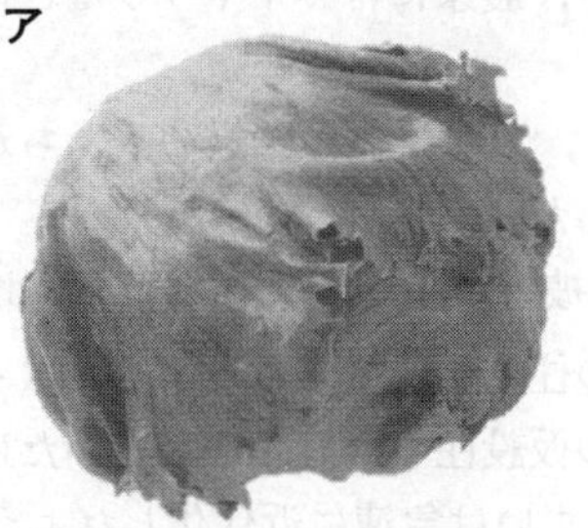

イ

ウ

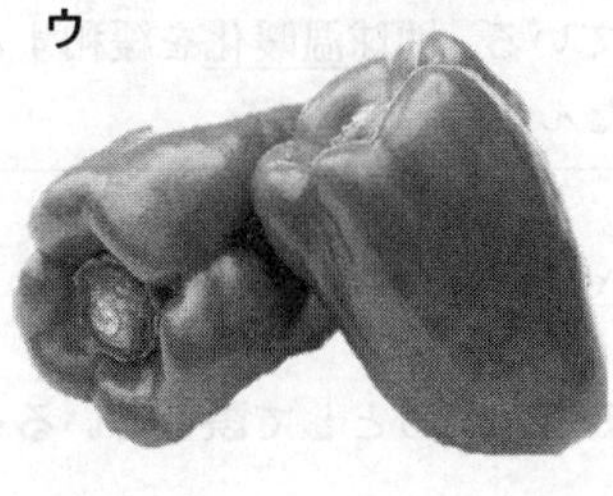

エ

3 次の会話文は，たかしさんとめぐみさんが「日本の住まいの歴史」について話したものです。これを読んで，あとの問いに答えなさい。

たかし：日本列島の人々は，もともと岩かげや簡単なテントなどに住んで，狩《か》りや漁をしたり，植物を採集したりして暮らしていたんだね。
めぐみ：ええ。それが縄文《じょうもん》時代には，地面に穴を掘《ほ》って柱を立て，屋根をかけた家をつくって定住するようになったの。
たかし：①と呼ばれる家だね。
めぐみ：②弥生《やよい》時代になると，稲作《いなさく》が広まり，収穫《しゅうかく》した作物を収納するために，床面《ゆかめん》を地面より高くし，はしごや階段を使って出入りする高床倉庫《たかゆかそうこ》がつくられたわね。
たかし：平安時代になると，③藤原《ふじわら》氏などの貴族は，寝殿造《しんでんづくり》と呼ばれる開放的なやしきに住むようになったんだ。
めぐみ：④室町《むろまち》時代には，武士と貴族の住宅様式の両方を取り入れた，書院造という新しい様式が生まれたわ。
たかし：書院造は，床にはたたみがしきつめられて，障子やふすまで仕切られているんだったね。⑤のとなりにある東求堂《とうぐどう》には，書院造の部屋が見られるよ。
めぐみ：書院造は，現在の和室のつくりに受けつがれているんだったわよね。
たかし：⑥江戸《えど》時代になると人口が増加して，いろいろなつくりの家が建てられたんだ。
めぐみ：町人の家や長屋はかわらや板ぶきの家が多く，農家にはカヤやワラなどの草ぶきの家が多かったようよ。
たかし：⑦明治時代になり欧米《おうべい》の文化が導入されると，めぐまれた階級の人たちが，材料や建具を輸入して，洋館を建てるようになったんだ。
めぐみ：1923年に起こった⑧では木造住宅の被害《ひがい》が多かったことから，地震《じしん》に強い住まいが求められた結果，鉄筋《てっきん》コンクリートの住宅が建てられるようになったそうよ。
たかし：第二次世界大戦後，各地ではバラックなどの仮設住宅が立ち並んでいたけれど，その後，⑨高度経済成長による復興が進むと，住まいは急速に近代化したようだね。
めぐみ：都心の人口がますます増加して，住宅不足を緩和《かんわ》するために，郊外《こうがい》に巨大な⑩がつくられ，鉄筋コンクリートの団地や高層《こうそう》マンションなどが次々と建てられたわ。
たかし：平成時代になると，世界的な環境《かんきょう》問題となっている⑪地球温暖化を緩和《かんわ》するために，人と環境にやさしい「省エネ住宅」が登場したんだ。

問１　会話中の①にあてはまることばを答えなさい。

問２　会話中の下線部②について，弥生時代に関連することがらとして**誤っているもの**を，次の**ア**～**エ**から１つ選び，記号で答えなさい。
ア　佐賀県にある吉野《よしの》ヶ《が》里《り》遺跡《いせき》の集落のまわりは，二重の堀《ほり》やさくで囲まれていた。
イ　食料や土地などをめぐって，むらとむらの間で争いが起こるようになった。
ウ　朝鮮《ちょうせん》半島などから日本にわたった渡来人《とらいじん》が，仏教や儒教《じゅきょう》を伝えた。
エ　邪馬台国《やまたいこく》の卑弥呼《ひみこ》が中国に使いを送り，倭王《わおう》の称号《しょうごう》や銅の鏡などをさずかった。

問３　会話中の下線部③について，10世紀後半から11世紀ごろ，藤原氏は，天皇が幼少の時期に政務を代行する地位や，天皇の後見役として政治を補佐《ほさ》する地位に任命され，政権の最高の座にありました。このような政治を何というか，答えなさい。

問4　会話中の下線部④について，室町時代に起こった次の**ア～エ**のできごとを，時代の古いものから順に並べかえ，記号で答えなさい。

ア　応仁《おうにん》の乱が起こる。　　**イ**　足利義満《あしかがよしみつ》が幕府を室町に移す。
ウ　勘合《かんごう》貿易が始まる。　　**エ**　南北朝が統一される。

問5　会話中の ⑤ にあてはまる寺院として正しいものを，次の**ア～エ**から１つ選び，記号で答えなさい。

ア

イ

ウ

エ

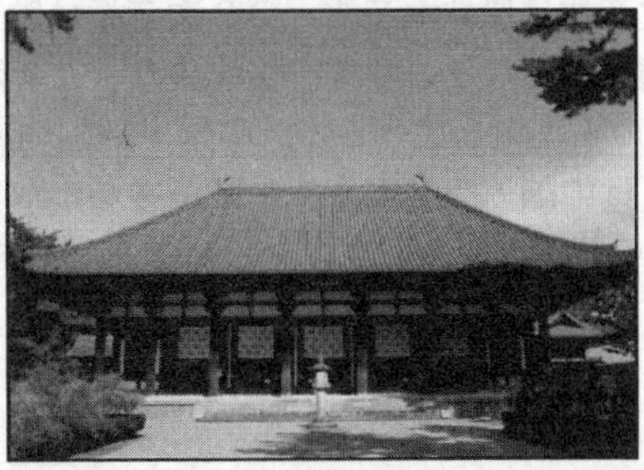

問6　会話中の下線部⑥について，江戸時代の人物とその人物に関連する文学作品または学術書の組み合わせとして**誤っているもの**を，次の**ア～エ**から１つ選び，記号で答えなさい。

ア　近松門左衛門《ちかまつもんざえもん》 －『曽根崎心中《そねざきしんじゅう》』　　**イ**　杉田玄白《すぎたげんぱく》 －『解体新書《かいたいしんしょ》』
ウ　松尾芭蕉《まつおばしょう》 －『奥《おく》の細道《ほそみち》』　　**エ**　伊能忠敬《いのうただたか》 －『古事記伝《こじきでん》』

問7　会話中の下線部⑦について，この時代に自由党をつくり自由民権運動をおし進めた人物の名前として正しいものを，次の**ア～エ**から１つ選び，記号で答えなさい。

ア　板垣退助《いたがきたいすけ》　**イ**　大隈重信《おおくましげのぶ》　**ウ**　伊藤博文《いとうひろぶみ》　**エ**　岩倉具視《いわくらともみ》

問8　会話中の ⑧ にあてはまることばを答えなさい。

問9　会話中の下線部⑨について，1950年代後半に「三種の神器」と呼ばれた家庭用電化製品として正しいものを，次の**ア～エ**から１つ選び，記号で答えなさい。

ア　カラーテレビ　**イ**　洗濯機《せんたくき》　**ウ**　掃除機《そうじき》　**エ**　エアコン

問10　会話中の ⑩ にあてはまることばを，**カタカナ６字**で答えなさい。

問11　会話中の下線部⑪について，地球温暖化の原因の一つといわれている温室効果ガスとして正しいものを，次の**ア～エ**から１つ選び，記号で答えなさい。

ア　酸素　**イ**　窒素《ちっそ》　**ウ**　水素　**エ**　二酸化炭素

4 たかおさんとみゆきさんは，社会の授業で「中国・四国地方」について発表することになり，資料を見ながら話し合っています。これを読んで，あとの問いに答えなさい。

たかお：中国地方には5つの県，①四国地方には4つの県があるんだね。
みゆき：まず県の位置をしっかりと覚えることが大切ね。
たかお：中国・四国地方は，中国山地と四国山地を境にして，4つの地域に分けられるんだね。
みゆき：中国山地の北側は山陰《さんいん》地方，南側は山陽地方，四国山地の北側は北四国地方，南側は南四国地方というのね。
たかお：②資料2は，中国・四国地方の気候について説明した図だよ。
みゆき：これを見ると，山陽地方と北四国地方は，一年を通して［　③　］ことがわかるわね。
たかお：資料3は，④香川県高松《たかまつ》市，北海道札幌《さっぽろ》市，長野県長野市，沖縄県那《な》覇《は》市の雨温図だ。高松市の気候の特色を知るために用意したよ。
みゆき：資料4は何なの。
たかお：中国・四国地方の産業の様子を知るために用意した，第1次産業，第2次産業，第3次産業の従事者の割合をそれぞれ示したものだよ。
みゆき：第1次産業は農林水産業，第2次産業は鉱工業や建設業，第3次産業はサービス業や情報通信産業などの産業を表すのだったわね。
たかお：⑤全国の平均値と比べると，中国・四国地方の県の特徴がわかるね。
みゆき：資料5は中国・四国地方で生産がさかんな3つの農作物を示したものよ。
たかお：⑥気候の特色を生かして，いろいろな農作物がつくられているんだね。

資料1　中国・四国地方の9県

資料2　中国・四国地方の気候

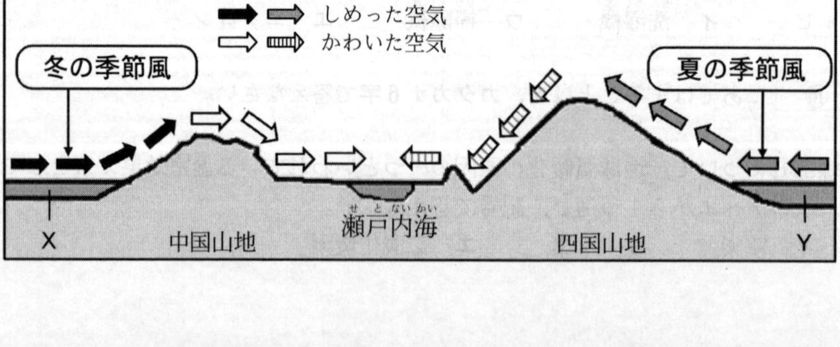

資料3　いろいろな都市の雨温図

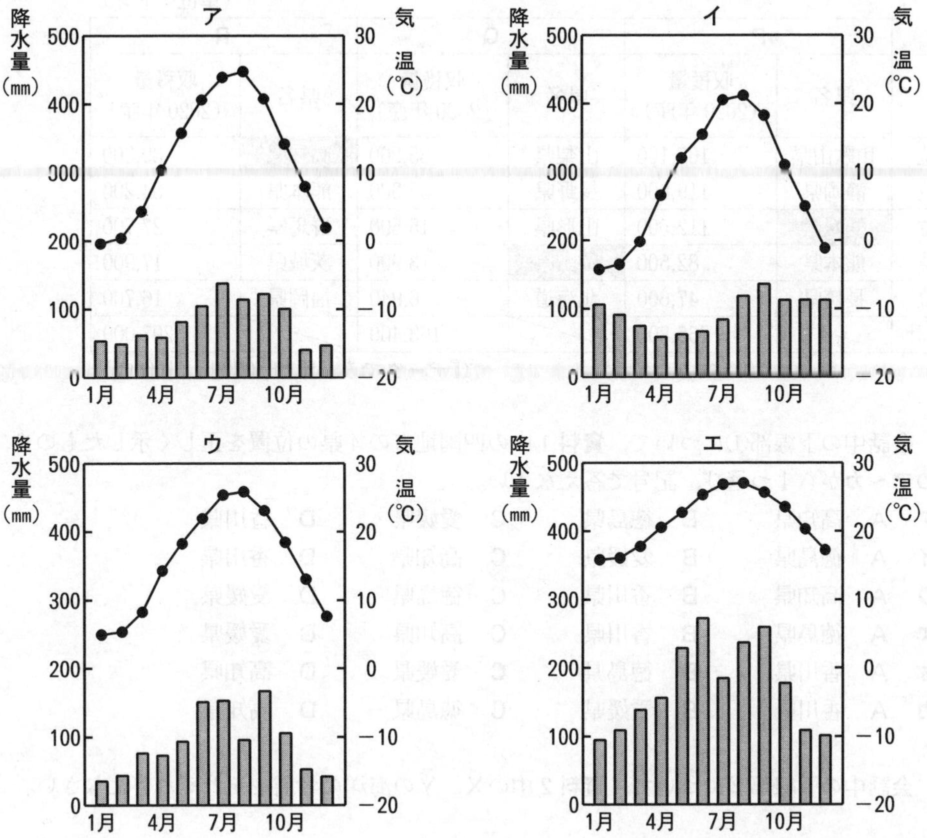

（『理科年表』ほかより作成）

資料4　中国・四国地方の産業従事者の割合（2017年）

（単位：％）

	第1次産業	第2次産業	第3次産業
鳥取県	8.3	22.4	69.3
島根県	6.2	23.3	70.5
岡山県	4.3	27.2	68.5
広島県	2.7	26.5	70.8
山口県	4.2	25.9	69.9
香川県	4.8	25.8	69.4
愛媛県	7.9	23.7	68.5
高知県	10.2	17.4	72.3
徳島県	8.1	22.6	69.4
全国	3.4	24.1	72.5

（『データでみる県勢2022』より作成）

資料5　中国・四国地方で生産がさかんな農作物

(単位：トン)

	P		Q		R	
	県名	収穫《しゅうかく》量(2020年産)	県名	収穫量(2020年産)	県名	収穫量(2020年産)
1位	和歌山県	167,100	山梨県	35,000	高知県	39,300
2位	静岡県	119,800	長野県	32,300	熊本県	34,200
3位	愛媛県	112,500	山形県	15,500	群馬県	27,700
4位	熊本県	82,500	岡山県	13,900	茨城県	17,900
5位	長崎県	47,600	北海道	6,940	福岡県	16,700
全国計		765,800		163,400		297,000

(『データでみる県勢2022』より作成)

問1　会話中の下線部①について，**資料1**中の四国地方の4県の位置を正しく示したものを，次の**ア～カ**から1つ選び，記号で答えなさい。

ア　**A**　高知県　**B**　徳島県　**C**　愛媛県　**D**　香川県
イ　**A**　徳島県　**B**　愛媛県　**C**　高知県　**D**　香川県
ウ　**A**　高知県　**B**　香川県　**C**　徳島県　**D**　愛媛県
エ　**A**　徳島県　**B**　香川県　**C**　高知県　**D**　愛媛県
オ　**A**　香川県　**B**　徳島県　**C**　愛媛県　**D**　高知県
カ　**A**　香川県　**B**　愛媛県　**C**　徳島県　**D**　高知県

問2　会話中の下線部②について，**資料2**中の**X**，**Y**の海洋の名前をそれぞれ答えなさい。

問3　会話中の［　③　］にあてはまることばを，**資料2**を参考にして，**10字以内**で答えなさい。

問4　会話中の下線部④について，高松市の雨温図として正しいものを，**資料3**中の**ア～エ**から1つ選び，記号で答えなさい。

問5　会話中の下線部⑤について，**資料4**から読み取れることとして正しいものを，次の**ア～エ**から1つ選び，記号で答えなさい。

ア　中国・四国地方のすべての県は，第1次産業の従事者の割合が全国の平均値よりも高い。
イ　四国地方の4県の第2次産業の従事者の割合は，すべて全国の平均値よりも低い。
ウ　中国・四国地方で第3次産業の従事者の割合が全国の平均値を上回っている県はない。
エ　山陰地方の県は，山陽地方の県よりも工業がさかんであることがわかる。

問6　会話中の下線部⑥について，**資料5**の**P～R**にあてはまる農作物として正しいものを，次の**ア～ク**からそれぞれ1つ選び，記号で答えなさい。

ア　りんご　**イ**　もも　**ウ**　ぶどう　**エ**　さくらんぼ
オ　みかん　**カ**　きゅうり　**キ**　なす　**ク**　レタス

5 かおるさんは，社会の授業で「日本国憲法」について発表することになり，発表のための原稿をまとめました。これを読んで，あとの問いに答えなさい。

> 日本国憲法は，前文と103条の条文で構成されています。日本国憲法の三大原則のひとつである国民主権のもとで，天皇は「日本国と日本国民統合の ① 」とされています。このため，天皇は政治に関する権限は一切もたず，憲法に定められた②国事行為《こうい》のみを行います。国民の基本的人権は「侵《おか》すことのできない永久の権利」として保障されています。基本的人権は，③平等権・自由権・社会権・④参政権などに分けられます。⑤平和主義は⑥第9条にも明記されています。また，日本国憲法には⑦国民の3つの義務も規定されています。

問1　文章中の ① にあてはまることばを答えなさい。

問2　文章中の下線部②について，天皇の国事行為として**誤っているもの**を，次の**ア〜エ**から1つ選び，記号で答えなさい。

ア　国会を召集《しょうしゅう》すること。
イ　衆議院を解散すること。
ウ　内閣総理大臣を任命すること。
エ　外国と条約を結ぶこと。

問3　文章中の下線部③について，次の文の □ にあてはまることばを答えなさい。

> 蝦夷地《えぞち》(現在の北海道地方)の先住民族である □ の人たちは，歴史の中でさまざまな差別を受けてきました。このような差別をなくし，かれらの先住民族としての権利を守るため，1997年に，民族の独自の文化を守る法律がつくられました。

問4　文章中の下線部④について，次の問いに答えなさい。

(1)　現在，日本では，満 □ 才以上のすべての男女に選挙権があたえられています。 □ にあてはまる**数字**を答えなさい。

(2)　地方公共団体の住民には，地方公共団体が定めた □ を改正したり，首長や議員をやめさせることを請求《せいきゅう》したりする権利があります。 □ にあてはまることばを，**漢字**で答えなさい。

問5　文章中の下線部⑤について，日本は「核《かく》兵器をもたない，つくらない，もちこませない」という原則をかかげています。この原則を何というか，答えなさい。

問6　文章中の下線部⑥について，次の日本国憲法第9条2項《こう》の条文の **A** ， **B** にあてはまることばを，あとの**ア〜オ**からそれぞれ1つ選び，記号で答えなさい。

> 前項の目的を達するため，陸海空軍その他の **A** は，これを保持しない。国の **B** は，これを認めない。

ア　戦力　　**イ**　戦争　　**ウ**　軍隊　　**エ**　交戦権　　**オ**　自衛権

問7　文章中の下線部⑦について，国民の3つの義務とは， □ の義務，子どもに普通《ふつう》教育を受けさせる義務，勤労の義務です。 □ にあてはまることばを，**漢字**で答えなさい。

【理　科】〈Ｔクラス第１回試験〉（社会と合わせて60分）〈満点：50点〉

1　昌子《しょうこ》さんと平一《へいいち》さんが，金星の見え方について話し合っています。これについて，以下の問いに答えなさい。

昌　子：夕方，空が暗くなり始めたころ，すぐに光って見える星があるね。

平　一：ああ，それはきっと金星だね。夕方だと（　Ａ　）の方角の空に見えるだろ。

昌　子：そうね。（　Ａ　）の方角の空に見えているわ。でも不思議なの。空に見える多くの星は，星座の形を変えずに動くのだけれども，金星は他の星とはちがう動きをするわ。それに天体望遠鏡で見ると，大きさや形がちがって見えるの。

平　一：それは金星が太陽の周りを公転する（　Ｂ　）と呼ばれる星で，太陽の光が当たっている部分が明るくかがやいて見えているからだよ。**図１**を見てごらん。太陽の周りを公転している金星と，太陽と地球の位置関係を北極側から見た様子を表したものだよ。**Ｄ**の位置にある金星が，半月のように右半分がかがやいて見える金星の位置だよ。

昌　子：地球も太陽の周りを公転しているのよね。

平　一：そうだね。地球は１年で，金星は0.62年で太陽の周りを１周するよ。

昌　子：金星は真夜中には見えない星と聞いたことがあるけれども，**図１**を見るとその理由がよくわかるわね。

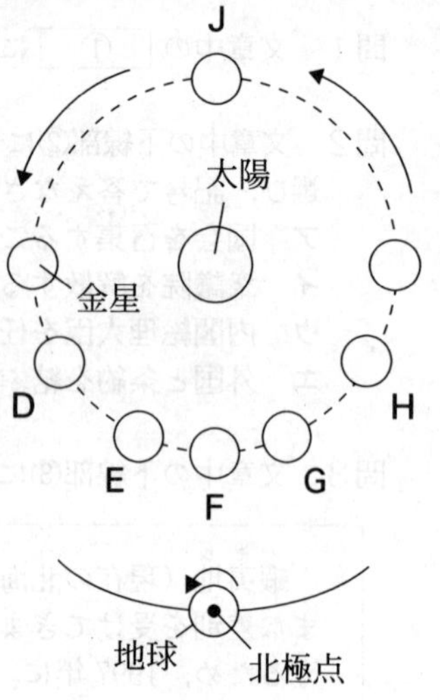

図１

⑴　会話文中にある（　Ａ　），（　Ｂ　）にあてはまる語句を，それぞれ答えなさい。ただし，（　Ａ　）は最も適切な方角を４方位で答えなさい。

⑵　地球から金星を見たとき，**図２**のような形に見える金星の位置を，**図１**の**Ｃ～Ｊ**の中から１つ選び，記号で答えなさい。ただし，**図２**の金星は，天体望遠鏡で見たものを，肉眼で見た向きになおしたものです。

図２

⑶　次の文は，地球から金星を見たときの形と大きさについて述べたものです。（　①　），（　②　）にあてはまる語句の組み合わせとして正しいものを，あとの**ア～エ**の中から１つ選び，記号で答えなさい。

金星は，地球に近づくほど（　①　）見え，形は（　②　）見える。

ア　①：大きく　②：細長く　　**イ**　①：大きく　②：丸く

ウ　①：小さく　②：細長く　　**エ**　①：小さく　②：丸く

(4)　金星は，地球からでは真夜中に見ることができません。その理由として正しいものを，次の**ア～エ**の中から１つ選び，記号で答えなさい。

ア　金星は，地球が真夜中のとき，地球に対して光が当たらない面を地球に向けているから。

イ　金星は，地球の内側を公転しているから。

ウ　金星は，地球が真夜中のときは，つねに太陽－金星－地球と一直線に並ぶから。

エ　金星は，地球が真夜中のときは，つねに太陽の後ろにあるから。

(5)　太陽と金星と地球が，太陽－金星－地球の順に一直線に並んでから，再びこの順で一直線に並ぶのは何日後ですか。ただし，金星は１日に1.6°，地球は１日に１°太陽の周りを同じ向きに公転するものとします。

2　昌子《しょうこ》さんと平一《へいいち》さんが，肺のつくりと赤血球の役割について話し合っています。これについて，以下の問いに答えなさい。

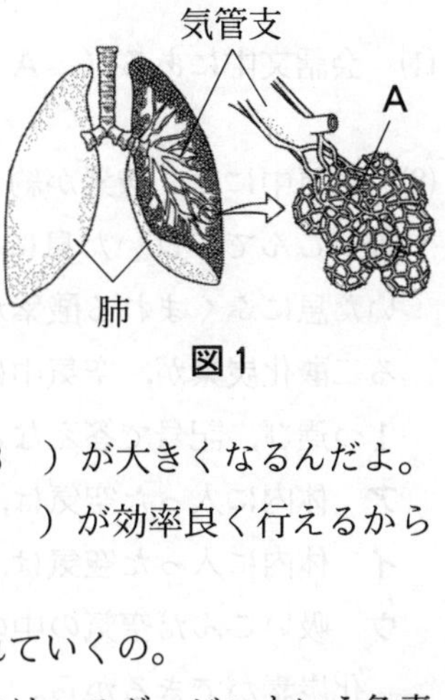

図１

昌　子：肺が小さなふくろのようなものがたくさん集まったつくりをしていることを学習したわ。

平　一：ああ，**図１**の気管支の先にある（　A　）のことだね。

昌　子：今まで肺は，ビニールぶくろのようなつくりをしていると思っていたわ。でも，どうして小さなふくろのようなものがたくさん集まったようなつくりをしているの。

平　一：そうなることで，ビニールぶくろのようなつくりより（　B　）が大きくなるんだよ。（　B　）が大きくなることで，酸素と二酸化炭素の（　C　）が効率良く行えるからだよ。

昌　子：肺で取り入れた酸素は，どのようにしてからだ全体へ運ばれていくの。

平　一：血液の成分の一つに赤血球というものがあるんだ。赤血球にはヘモグロビンという色素があって，その色素が酸素と結びついて酸素をからだ全体へ運んでいくんだ。酸素と結びついたヘモグロビンを“酸素ヘモグロビン”と呼ぶんだよ。それにヘモグロビンには酸素の多いところでは酸素と結びついて，酸素の少ないところでは酸素をはなす性質があるんだ。

昌　子：どういうことかしら。

平　一：**図２**を見てごらん。酸素濃度《のうど》と酸素ヘモグロビンの割合のグラフだよ。酸素濃度が低いと酸素ヘモグロビンの割合が低く，酸素濃度が高いと酸素ヘモグロビンの割合が高い，つまり，酸素が少ないところでは酸素ヘモグロビンが酸素をはなすから酸素ヘモグロビンが少なくなって，酸素が多いところではヘモグロビンと酸素が結びつくので酸素ヘモグロビンが多くなるんだよ。

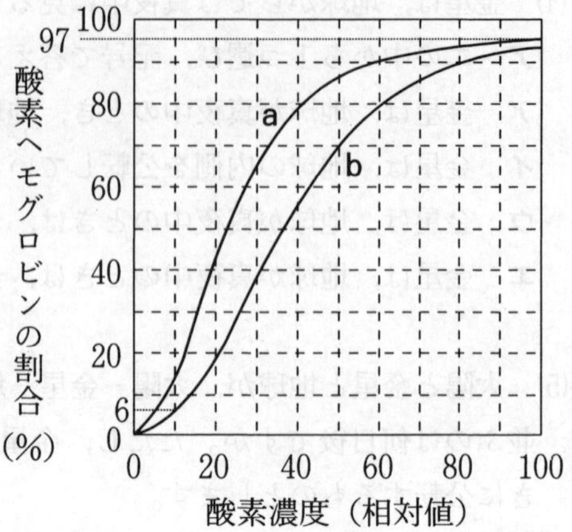

図２

昌　子：そういうことね。グラフには**a**と**b**の二つの曲線があるけれど，これはどういう意味なの。

平　一：**a**は二酸化炭素が少ないところでの，**b**は二酸化炭素が多いところでのグラフだよ。**a**は空気を吸いこんだときの肺や（　**A**　）の，**b**はからだの各器官のようなところのグラフになるね。

昌　子：酸素ヘモグロビンの割合は，二酸化炭素の量にも関係してくるのね。

⑴　会話文中にある（　**A**　）～（　**C**　）にあてはまる語句を答えなさい。

⑵　空気中には，酸素が約21％，二酸化炭素が約0.04％ふくまれています。ヒトがこの空気を吸いこんで，はいた息には酸素が約16％，二酸化炭素が約４％ふくまれています。ヒトがはいた息にふくまれる酸素が，空気中にふくまれる酸素より少なく，ヒトがはいた息にふくまれる二酸化炭素が，空気中にふくまれる二酸化炭素より多くなる理由を，次の**ア～エ**の中から１つ選び，記号で答えなさい。

ア　体内に入った空気は，酸素とちっ素が結びついて二酸化炭素になるから。

イ　体内に入った空気は，酸素がちっ素と二酸化炭素につくり変えられるから。

ウ　吸いこんだ空気の中の酸素を使って栄養分にエネルギーを入れたときに，ちっ素から二酸化炭素ができるから。

エ　吸いこんだ空気の中の酸素を使って栄養分からエネルギーを取り出したときに，二酸化炭素ができるから。

⑶　肺には筋肉がないため，意識的に肺だけをふくらませたり縮ませたりすることができません。呼吸をするには胸と腹の間にある大きな筋肉を動かす必要があります。この筋肉の名称《めいしょう》を答えなさい。

⑷　肺や（　**A**　）での酸素濃度が100，からだの各器官の酸素濃度が10のとき，からだの各器官では運ばれてきた酸素ヘモグロビンの何％が酸素をはなしましたか。答えは小数第１位を四捨五入して整数で答えなさい。

3　炭素が完全に燃えると二酸化炭素になります。このとき，炭素は酸素と結びつくため，二酸化炭素は炭素に比べて，酸素の分だけ重くなります。下の**表**は，燃えた炭素と，それに結びついた酸素と，できた二酸化炭素の重さをまとめたものです。これについて，以下の問いに答えなさい。

表

炭素〔g〕	0.6	1.8	3.0	（A）	5.4
酸素〔g〕	1.6	4.8	8.0	11.2	14.4
二酸化炭素〔g〕	2.2	（B）	11.0	15.4	19.8

(1)　**表**の（A），（B）にあてはまる値を答えなさい。

(2)　酸素についての説明として正しいものを，次の**ア**～**オ**から**すべて**選び，記号で答えなさい。

ア　無色でにおいがなく，空気の約50％をしめる。

イ　酸素を試験管に入れ，点火すると音を立てて燃える。

ウ　うすい過酸化水素水（オキシドール）を二酸化マンガンに加えると発生する。

エ　水にとけにくいので，水上置かん法で集めるのが適している。

オ　酸素を試験管に入れ，火のついた線香を入れると線香が激しく燃える。

(3)　23.1ｇの二酸化炭素を得るには，何ｇの炭素を完全に燃やせばよいですか。その値を答えなさい。

炭素を燃やしたときに酸素が不足していると，二酸化炭素以外に一酸化炭素もできます。一酸化炭素が燃えると，青白い炎《ほのお》を出して二酸化炭素ができます。炭素3.0ｇがすべて一酸化炭素になった場合の重さは7.0ｇで，この一酸化炭素がすべて燃え，二酸化炭素になった場合の重さは11.0ｇです。

(4)　下線部について，一酸化炭素7.0ｇに結びついた酸素は何ｇですか。その値を答えなさい。

(5)　酸素の量が十分でない中で炭素をすべて燃やしたところ，二酸化炭素9.9ｇと一酸化炭素3.5ｇが発生しました。燃やした炭素は何ｇですか。その値を答えなさい。

(6)　酸素の量が十分でない中で炭素9.9ｇをすべて燃やすと，二酸化炭素と一酸化炭素が合わせて31.1ｇ発生しました。この中の一酸化炭素をすべて二酸化炭素にするために必要な酸素は何ｇですか。その値を答えなさい。

4 滑車《かっしゃ》や輪軸《りんじく》を利用して，物体を引き上げるために必要な力を調べる実験を行いました。これについて，以下の問いに答えなさい。ただし，滑車や輪軸，ロープの重さ，まさつは考えなくてよいものとします。

【実験】図1のように，動滑車と定滑車を１つずつ使って，ロープの点aを下に引き，1kgの物体を引き上げるために必要な力を調べた。また，図2のように，動滑車２つと定滑車１つを使って，ロープの点bを下に引き，1kgの物体を引き上げるために必要な力を調べた。今度は図3のように，小輪と大輪の半径の比が１：４の輪軸を使って，ロープの点cを下に引き，1kgの物体を引き上げるために必要な力を調べた。

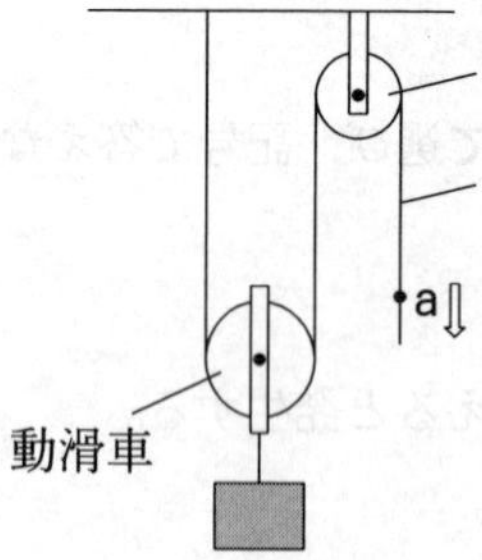

図1

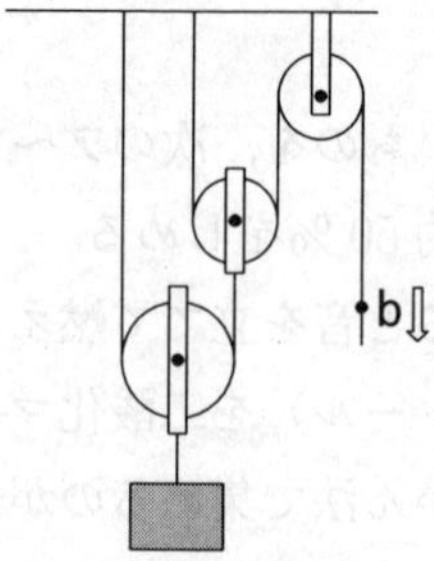

図2

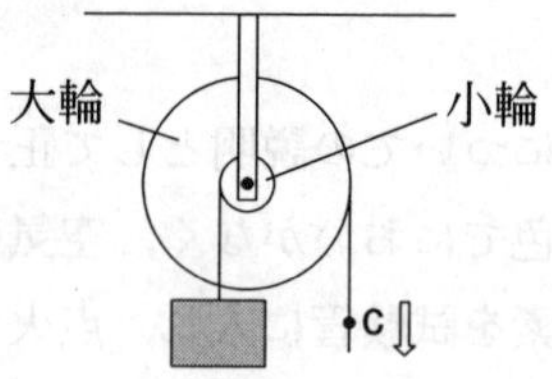

図3

【結果】点aには0.5kgの力が必要であった。

(1) おもりをゆっくり引き上げるのに必要な，点b，点cを引く力は何kgですか。その値をそれぞれ答えなさい。

(2) 下の図4のように，輪軸Ⅰと輪軸Ⅱを組み合わせ，物体を引き上げます。輪軸Ⅰの大輪，中輪，小輪の半径の比は３：２：１であり，輪軸Ⅱの大輪と小輪の半径の比は２：１です。また，輪軸Ⅰにつるしてある物体の重さは，ともに1kgです。このとき，ロープの点dを下に引く力は何kgですか。その値を答えなさい。

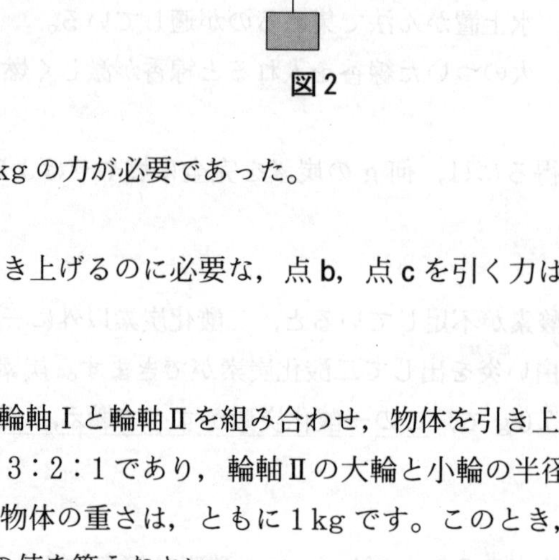

図4

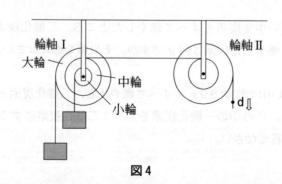

(3) 動滑車，定滑車，輪軸，重さを考えないでよい棒，軽いばねを組み合わせ，**図5**のようにおもりをつるしてすべてをつり合わせました。輪軸の大輪と小輪の半径の比は2：1であり，ばねは1kgのおもりをつるすと2cmのびるものを使用します。また，大輪には1kgのおもりを，動滑車にはおもり**A**を，棒の右はしにはおもり**B**をつるしています。

① **図5**にあるばねは何cmのびますか。その値を答えなさい。

② おもり**A**とおもり**B**はそれぞれ何kgですか。その値を答えなさい。

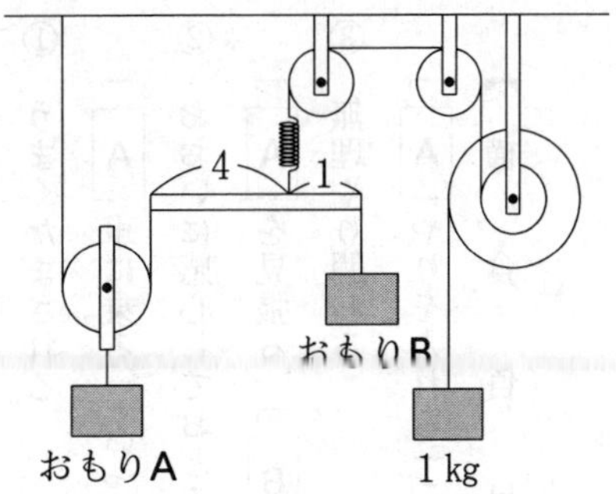

図5

問２　敬語が正しく使われている文を、次の**ア～オ**の中から**二つ**選び、その記号を書きなさい。

ア　先生方は先ほどまで体育館にいらっしゃいました。
イ　館内では順路にしたがい、静かに拝見してください。
ウ　昼食はこちらでご自由にいただいてください。
エ　先生はあのピアニストの演奏をお聞きしましたか。
オ　明日は母がそちらの会場にうかがいます。

五

次の①～③の意味を表す慣用句になるように、 A ・ B にあてはまる**漢字一字**を、あとの【　】の中からそれぞれ選んで書きなさい。

①　うまくだまされる
「 A 車に乗る」「いっぱい B わされる」

②　おおいに感心しておどろく
「 A を見張る」「 B を巻く」

③　無理やり関わる
「 A やりを入れる」「 B をつっこむ」

【横　食　負　目　足　口　首　舌】

六

次の①～⑩の文の――線をつけた漢字は読みをひらがなで、カタカナは漢字に直して書きなさい。

①　これからの町づくりについて提言する。
②　夜が明けてようやく警報が解除された。
③　本番では落ち着いて実力を発揮できた。
④　合図があったら直ちに集合しなさい。
⑤　祖父は七十才で社長の座から退いた。
⑥　発言をサイダイもらさず書きとめる。
⑦　ついに優勝のヒガンを果たした。
⑧　現状の問題点をレッキョする。
⑨　ケワしい山道を歩き続ける。
⑩　もう少し説明をオギナってほしい。

ア 先日の台風の被害が案じられます。
イ 社長はこのあと次の会合に出られます。
ウ これまでたくさんの人から助けられた。
エ 山田さんの話なら十分に信じられます。

問２　②わざと　がかかることばを、次の**ア**〜**オ**の中から一つ選び、その記号を書きなさい。

ア　似合わない　　**イ**　髪型を　　**ウ**　選んだような
エ　投げやりさが　　**オ**　ちくりと

問３　③黒板　と同じ組み立ての熟語を、次の**ア**〜**カ**から**二つ**選び、その記号を書きなさい。

ア　校庭　　**イ**　過去　　**ウ**　南北
エ　着席　　**オ**　楽勝　　**カ**　満足

問４　④波多野透子は小さくうなずいた　という文と同じ組み立ての文を、次の**ア**〜**エ**の中から一つ選び、その記号を書きなさい。

ア　家に帰ると私は急いでその手紙を読んだ。
イ　春になったらいよいよ妹も小学一年生だ。
ウ　今朝の海はいつもよりずっとおだやかだ。
エ　公園は地域の子どもたちの大事な遊び場だ。

問５　⑤上の空　の意味として最も適切なものを、次の**ア**〜**エ**の中から一つ選び、その記号を書きなさい。

ア　良くないことが起こりそうな気がして、不安がつのるようす。
イ　ほかのことに気を取られ、必要なことに注意が向かないようす。
ウ　行いや言葉に感心して、尊敬する気持ちがわいてくるようす。
エ　たいくつのあまり、気持ちがぼんやりして集中できないようす。

四　次の問いに答えなさい。

問１　次の①〜③の文の（　）に最もよくあてはまることばを、あとの**ア**〜**オ**の中から一つずつ選び、それぞれ記号を書きなさい。

①　店員は客に対し、（　）めいわくそうな顔をした。
②　何度問いつめられても、弟は（　）口をとざしたままだ。
③　質問の意味がよくわからないまま、（　）うなずいた。

ア　ひたすらに　　**イ**　あからさまに　　**ウ**　あいまいに
エ　おおまかに　　**オ**　かたくなに

三　次の文章を読んで、あとの問いに答えなさい。なお、（※　　）は作問者の注です。

教室の前に立っていたのは、ひと目見たら、ぜったいに忘れ①られないような、ひどく印象的な容姿の持ち主だった。ほっそりして手足が長く、そんなに長身というわけではないのに、男の子みたいに思いきり短く髪《かみ》をカットしているせいか、いっそうスタイルがよく見える。ふつうの女の子にはあり得ないほどの髪の短さは、なんだかとってつけたみたいに、ちぐはぐな感じがした。まるで、②わざと似合わない髪型を選んだような投げやりさが、見る人の心にちくりとトゲを刺《さ》す。

「今日はみなさんに、新しいクラスメートを紹介《しょうかい》します。はたの・とうこさんです」

新藤《しんどう》先生が型どおりのあいさつをしてから、③黒板に〈波多野透子〉と書いた。

「それじゃ、波多野さん、自己紹介してもらえる？」

先生にうながされると、転校生はにこりともせずに、ほんの少し前に出る。

「波多野です。よろしくお願いします」

波多野透子は、ほとんど感情のこもらない声で言い、軽く頭を下げた。けれど、それっきり、何もしゃべらず、元通りに顔を上げて、まっすぐ前を向いた波多野透子の切れ長の目は、どこか遠い虚空《こくう》（※何もない空間）でも見つめているようだった。

果南《かなみ》は息苦しいほどの沈黙《ちんもく》に包まれながら、じっとその奇妙《きみょう》な転校生を見つめていた。クラス全員の視線が突《つ》き刺さるように向けられているというのに、転校生は、自分とはまるで無関係なこととして、この状況《じょうきょう》から自分を切り離《はな》しているように見えた。

「え……と、自己紹介はそれだけ？」

気まずい沈黙にあわてたように、新藤先生がたずねる。④波多野透子は小さくうなずいた。先生が何か言いかけて、ぐっと言葉をのみこむのが果南にはわかった。それから、先生はもう一度、気を取り直したように口を開く。

「それじゃ、そこのあいてる席にすわって」

波多野透子は、言われるままに、窓ぎわの前から二番めの席についた。一時間めの授業は、みんな、ほとんど⑤上の空だった。転校生が気になってしかたないのだ。朝のホームルームがのびたせいで、新藤先生と入れ替《か》わりに国語の宮下《みやした》先生が入ってきたので、まだだれも転校生に話しかけるチャンスがない。

休み時間になると、さっそく、好奇心ではち切れんばかりの女子たちが、転校生のまわりにわっとむらがった。果南も仲間にくわわりたかったが、いつもの黒板ふきをさぼるわけにもいかず、しぶしぶ〈仕事〉をしながら、耳だけはしっかり、みんなの会話にかたむける。

（松本祐子《まつもとゆうこ》『8分音符《ぶおんぷ》のプレリュード』による。）

問１　①られ　と同じ意味で使われているものを、次の**ア**～**エ**の中から一つ選び、その記号を書きなさい。

問７ ［⑥—a］・［⑥—b］にあてはまることばの組み合わせとして最も適切なものを、次の**ア**～**エ**の中から一つ選び、その記号を書きなさい。

ア a 現実　b 記述
イ a 言葉　b 実現
ウ a 言葉　b 記述
エ a 現実　b 研究

問８ ⑦社会について考えるのは、だから、言語について考えることを抜きにして、何にも考えたことにはならない とありますが、筆者がこのように考える理由を説明した次の文の［A］・［B］にあてはまることばを、文中からそれぞれ指定の字数で探し、書きぬきなさい。

社会は、［A（十三字）］いくという、人間の基本的な能力のうえに成り立っているが、それは、［B（十字）］によって得られたものであるから。

問９ 本文の内容と合っているものを、次の**ア**～**オ**の中から**二つ**選び、その記号を書きなさい。

ア 白と黒の間の色を指す「灰色」という言葉ができたことにより、人間は白に近い灰色から黒に近い灰色まで、明確に区別できるようになった。

イ 「肩《かた》」「背中」「腰《こし》」という特定の部位を表す言葉があるので、私たちは、自分の体には肩や背中や腰があり、それぞれを区別できると思っている。

ウ 動物は、いま目の前にはないバナナの色とレモンの色を比べることはできないが、バナナがない時にバナナを想像して食べたいと思うことはある。

エ 哲学は古来、まず世界が存在し、その世界を記述する言葉があるととらえてきたが、言葉が実現されることによって世界が出現することもある。

オ 言葉の執行という性能のうち、「告白」は自分が相手に対してある感情を持っているという客観的事実を、言葉によって相手に報告するものである。

問３　②「イヌ」という言葉を使っている人びと全員を拘束してしまうとありますが、これはどのようなことを表していますか。最も適切なものを、次の**ア**～**エ**の中から一つ選び、その記号を書きなさい。

ア　「イヌ」という言葉ができたことにより生み出された境界線を、だれもが明らかなものと認めると、その他の分け方で世界を見られなくなるということ。

イ　実際に存在する犬を「イヌ」以外の言葉で呼んでもかまわないが、すでにだれもが「イヌ」と呼んでいるので、今さら変えることは不可能だということ。

ウ　「イヌ」と「イヌ」でないものの間の境界線を意識するようになったことで、人間は犬と他の動物とのちがいを常に比べるようになったということ。

エ　「イヌ」という言葉ができたことによって、外見のちがいにまどわされず、もっと本質的なちがいで世界を分けるべきだという考え方が根づいたこと。

問４　③目の前にそのモノがなくても、そのモノがあるかのように、考えることができます　とありますが、筆者がこれを「言葉の、すばらしい性質」というのはなぜですか。その理由を説明した次の文の**Ａ**～**Ｃ**にあてはまることばを、文中からそれぞれ指定の字数で探し、書きぬきなさい。

この性質により、人間は他の人間とやり取りして**Ａ**（八字）することが可能になり、協働する能力を得た結果、**Ｂ**（七字）に価値を見いだして**Ｃ**（二字）が形成されたから。

問５　④引き合いに出して　とはどのような意味ですか。最も適切なものを、次の**ア**～**エ**の中から一つ選び、その記号を書きなさい。

ア　好きなものを心に思いうかべて

イ　無理やり話題と関連づけて

ウ　参考や比較《かく》のために例に挙げて

エ　良い案を思いつかず迷って

問６　⑤世界をつくり出し、現実をつくり出すというはたらき　とありますが、言葉のこの「はたらき」に**あてはまらない**具体例を、次の**ア**～**エ**の中から一つ選び、その記号を書きなさい。

ア　店で「ケーキセット一つ」と注文して待っていると、ショートケーキと紅茶が運ばれてきた。

イ　天気予報で「今夜は寒くなるでしょう」と言っていたが、実際に気温がぐんと下がった。

ウ　「今度の日曜日、映画を見に行こう」とさそわれ、久しぶりにとなり町の映画館に行った。

エ　「外で待ってなさい」と母に言われたので、ぼくはしぶしぶ出口のほうに向かった。

新しい現実（あんたがあっちへ行くということ）が、生み出されます。世界がある→言葉がある、のではなくて、言葉がある→世界がある、なのです、命令の場合。

　これに類すること。宣告。

「被告人《ひこくにん》を死刑《しけい》にする」と、裁判官が言う場合。「この船をクイーン・エリザベスⅡ世号と命名します」と、進水式（※新しく造られた船を初めて水上に浮かべるときに行う式典）で宣言する場合。親が子どもに名前をつける、でもよろしい。［Ⅲ］、その名前で指されるものが、存在し始めます。宣告した内容が［⑥—a］になります。

　約束。「あした、三時に、ハチ公前ね。」

　三時にハチ公前で、あした、会うかどうかは、あしたになってみないとわかりません。約束の結果、双方《そうほう》が拘束されて、そういう現実が出現する可能性が高いけれど、それは世界を［⑥—b］してるわけではなくて、約束したことを二人が努力して、実現しているのです。社会はこうやって、言葉によってつくられていくのです。

　告白。「あなたのことを好きです。」

「あなたのことを好きです。」っていうのは、あなたが好きだという客観的事実があって、それを報告しているのとは違います。「あなたのことが好きです。」って言うことが、あなたのことが好きですっていうこと、なのです。もしも言わなければ、好きだったことになりません。愛情は、こういう側面を持っていて、態度で示さないと、愛情があることになりません。プレゼントとか、告白とか。

　愛情もそうですが、人間関係はこうやって、言葉でつくられていくのです。好意とか、反感とか、約束とか。

　言葉を手に入れることによって、人間は、ほかの人間との関係を築いていけるようになりました。この能力のうえに、家族とか、友人とか、組織とか、いろいろなものが出来あがっていきます。最も基本的な、社会技術です。

　⑦社会について考えるのは、だから、言語について考えることを抜きにして、何にも考えたことにはならないと、私は思います。そして、こうしたことはまだまだ研究中なので、専門の学者たちでも、うんと先のほうまで考えることができているとは言えません。

（橋爪大三郎《はしづめだいさぶろう》『面白《おもしろ》くて眠《ねむ》れなくなる社会学』による。）

問１　［Ⅰ］～［Ⅲ］にあてはまることばとして最も適切なものを、次のア～カの中からそれぞれ一つずつ選び、その記号を書きなさい。

ア　なぜなら　**イ**　そのうえ　**ウ**　および
エ　ところで　**オ**　けれども　**カ**　すると

問２　①でもたぶんこれは、錯覚です　とありますが、筆者はどのようなことを「錯覚」と言っているのですか。その内容を説明した次の文の［　］にあてはまることばを、文中から二十一字で探し、最初と最後の三字ずつを書きぬきなさい。

　われわれが、［　　　　］と確信していること。

うことは、世界の意味を共有してるということです。これは、人間が同じことを考え、同じように行動するための、非常に重要な前提になります。

この、人間と人間が協働する（※同じ目的のために協力して働く）能力をえたことによって、ほかの動物を上回ることができ、ほかの動物に襲撃《しゅうげき》されるということが、ほぼなくなりました。仲間の安全を確保することができ、つまり、社会ができた。人間が協力し合うことは価値があることで、自分にプラスになると、全員が思うようになりました。

こう思わなければ、みんな、一匹一匹《いっぴき》、独立に暮らすでしょう。人間は一匹一匹、独立に暮らすのを、とっくのとうにやめて、一緒《いっしょ》に暮らすことの利益をどんどん拡大してきているわけですが、それもこれも、言葉があるから可能になっています。

言葉のすばらしい性質、その二。否定。なになにで「ない」と、言うことができます。英語だと、ｎｏｔですね。

否定って不思議でね、これはリンゴでは「ない」とか、リンゴがないにもかかわらず、リンゴを④引き合いに出して、ミカンのことをそういうふうに言うことができる。これで、現実が、すごく複雑になるわけです。思考が、知覚（見るとか、聴《き》くとか、外界の情報を処理する）以上の、処理能力を持つことができます。

知覚は、動物にもあります。思考は、人間にだけあります。なぜかというと、言葉があり、名詞があり、そして否定ができるから。否定は、現実に対応していないのです。よく考えてみると、否定って、何だろう。きょうは水曜日じゃない、とか。

否定と並んで、大事なものは、仮定です。もしそのバナナをくれたら、私はこのミカンをあげるよ。仮定は、現実に生じていることの、反対を考える能力です。思考の一番根本には、こういうはたらきがあって、外界と頭の中とが独立になるのです。

言葉のすばらしい性質の、まだ続き。

言葉には、執行《しっこう》という性能があります。

どういうことかと言うと、言葉は、世界を記述しているだけではなくて、⑤世界をつくり出し、現実をつくり出すというはたらきがあるのです。

伝統的な哲学《てつがく》は、この点に注意が足りませんでした。言葉は、世界を記述しているだけだから、哲学は世界を研究すればよい、と考えていたんですけど、現代哲学は、言葉の研究もしないといけないというふうに、変わってきました。［Ⅱ］言葉は、人間の現実をつくり出しているからです。

例その一、命令。「あっちへ行ってろ。」

「あっちへ行ってろ」っていう言葉に対応する現実は、ないわけです。あんたはここにいて、私はここにいて、記述だったら、「二人がここにいます」です。「あっちへ行ってろ」っていうのは、それと違って、命令です。

命令というのは、発話者の意思なんですけれど、命令である以上、まだ実現していません。それを意思として相手に伝え、それをきいたら、

二　次の文章を読んで、あとの問いに答えなさい。（設問に字数制限のある場合は、句読点や符号《ふごう》も一字と数えます。）なお、（※　　）は作問者の注です。

「イヌ」という言葉を使えるのは、われわれの客観世界に、犬がいるから。それを、「イヌ」と呼んでいるのだ、と思う。①でもたぶんこれは、錯覚《さっかく》です。

われわれは、犬と猫《ねこ》が違《ちが》うと思う。犬と狼《おおかみ》が違うと思う。そして、すべての犬は犬だと思う。［Ⅰ］、みたところ、狼とシベリア犬、シベリア犬とチワワでは、狼とシベリア犬のほうが似ていませんか？

ですから実際、この世界がどうなっているかということとはある程度、無関係に、「イヌ」と「イヌ」でないもののあいだに、線が引かれていて、その線の内側を「イヌ」としている。これは、人間の都合なんですね。

「イヌ」という言葉ができた途端《とたん》に、その線引きが自明の（※わかりきった）ものとなってしまい、それ以外の考え方ができなくなるという特徴《とくちょう》があるんです、人間には。そしてそれは、②「イヌ」という言葉を使っている人びと全員を拘束《こうそく》してしまう。

そこで得られる確信。

世界には犬がいる。

犬は、「イヌ」と呼ばれるモノである。すべての生き物は、あるいはすべてのモノは、犬であるか、犬でないか、どちらかである。どんなモノを見せられても、私はそれが犬か、犬でないか、判断できる。こういうふうに、確信するわけです。

よく考えてみると、この確信には、根拠《こんきょ》がない。だって、これまで見たこともないような、犬と狼の中間というのがありうるでしょ。でも、どんなに中間があっても、「シロ」と「ハイイロ」と「クロ」があるから、これは白、これは灰色だと、私は決められるって思っているのと、ほぼ同じ理由で、世界は名詞によって、きちんと区切られていると確信するのです。

そうすると、世界は名詞の集積になって、名詞によって指されるモノの全体になって。つまり、意味ある空間になります。

〈中略〉

言葉の、すばらしい性質。③目の前にそのモノがなくても、そのモノがあるかのように、考えることができます。

動物は、目の前にバナナがあれば、そのバナナのにおいを嗅《か》いだり、見たり、触《さわ》ったりって、いろいろできるけれど、目の前にバナナがない場合に、バナナのことを考えるのはなかなか難しいのです。

人間は、「バナナ」という言葉があるので、バナナが目の前になくても、「バナナを買ってきて」とか、「バナナよりレモンのほうが黄色いよね」とか、そういうふうなことを言ったり、考えたりすることができます。これって、ほんとうに、すごいことなんです。

それから、モノは共有できるとは限らないが、言葉は共有できます。相手に話せばいいんですから。言葉を共有して、やり取りをしてるとい問7　⑥わたしのシャツの袖をぎゅっとにぎってきたとありますが、このときの朋典の気持ちとして最も適切なものを、次の**ア**～**エ**の中から一つ選び、その記号を書きなさい。

ア　いらいらしながら待つ母を見て、佐紀にどなられた通り、塾でふざけたことをひどく怒られるだろうとあきらめている。
イ　落ち着かないようすの母を見て、自分が塾でしてしまったことを母にひどくしかられるのではないかとおびえている。
ウ　悲しそうな顔をしている母を見て、自分だけが悪かったのではないことを、佐紀からも説明してほしいと望んでいる。
エ　二人の帰りを待ちわびる母を見て、久和先生からの連絡を聞いた母は自分のことを許してくれたのだとほっとしている。

問8　［⑦　］にあてはまることばとして最も適切なものを、次の**ア**～**エ**の中から一つ選び、その記号を書きなさい。

ア　目星をつける
イ　二の足を踏《ふ》む
ウ　木に竹をつぐ
エ　助け舟《ぶね》を出す

問9　⑧シャツの袖口で、こっそり目もとをぬぐったとありますが、このときの佐紀の心情の説明として最も適切なものを、次の**ア**～**エ**の中から一つ選び、その記号を書きなさい。

ア　久和先生や百瀬さんが朋典を許してくれたことがうれしく、その真似をして自分も姉らしく朋典をかばうと、思いどおり母にほめられ、さらにうれしくて涙《なみだ》が出たが、弟や母の前では泣く姿を見せたくないと思っている。
イ　家族ではない久和先生や百瀬さんですら、自分の軽はずみな行動を反省している朋典を許してくれたことに感動し、姉である自分の冷たい態度を後悔《こうかい》して泣いたが、母にはそんな自分の姿を見られたくないと思っている。
ウ　たとえ久和先生や百瀬さんの真似をしただけだとしても、すっかり落ちこんでいる朋典を思いやり、姉らしい行動ができてよかったと胸がいっぱいになり涙が出たが、それを母に知られるのは気恥《きは》ずかしいと思っている。
エ　朋典の保護役としてようやく母に認められた喜びで胸がいっぱいになったが、それは朋典を責めず、朋典の気持ちを思いやってくれた久和先生や百瀬さんの真似にすぎないことを、母には知られたくないと思っている。

問２　①完全に血の気が引いてしまっていた　とありますが、このときの佐紀のようすの説明として最も適切なものを、次の**ア**～**エ**の中から一つ選び、その記号を書きなさい。

ア　朋典のせいでやけどをした百瀬さんの具合が心配でたまらず、またその治療費《ちりょうひ》がどうなるかもわからず、顔が青白くなっている。

イ　ふざけて百瀬さんにやけどを負わせた朋典に対して、親が激しく怒るだろうと想像し、自分も怒《いか》りで顔が真っ赤になっている。

ウ　朋典のせいで百瀬さんがやけどをしたことで、親が賠償金を取られることを想像して、おそろしさのあまり、青ざめた顔をしている。

エ　ふざけたあげくに百瀬さんにやけどをさせた朋典が自分の弟であることがはずかしく、いたたまれない思いで顔を赤くしている。

問３　②とっさに　ということばの使い方として最も適切なものを、次の**ア**～**エ**の中から一つ選び、その記号を書きなさい。

ア　急に意見を求められ、とっさに返事ができなかった。

イ　さっきまで晴れていたのに、とっさに雨が降り出した。

ウ　大事な問題なので、とっさに検討することが必要だ。

エ　初めての海外旅行に向けて、とっさに準備を進める。

問４　③ひざから力がぬけてしまいそうなくらい、ほっとした　とありますが、佐紀が「ほっとした」のはなぜですか。その理由として最も適切なものを、次の**ア**～**エ**の中から一つ選び、その記号を書きなさい。

ア　百瀬さんから朋典には責任がないと言われて、痛みをこらえて朋典をかばってくれる百瀬さんのやさしさに初めて気づいたから。

イ　朋典が原因で百瀬さんがやけどをしたのではないことがわかって、事情をよく理解せずにどなりつけた自分の行動を反省したから。

ウ　朋典だけでなく百瀬さんにも悪いところがあったと言ってくれたことで、今日のできごとを親に報告しやすくなると考えたから。

エ　百瀬さんのやけどについて、朋典だけに原因があったのではないことがわかり、親が責任を取らずに済みそうだと思えたから。

問５　④すっと久和先生がひざを折って、朋典の真正面にしゃがみこんだ　とありますが、久和先生がこのようにしたのはなぜだと考えられますか。その理由を説明した次の文の［　　］にあてはまることばを、文中から二十三字で探し、最初と最後の三字ずつを書きぬきなさい。

目の高さをそろえて話しかけることで、朋典をしかりつけるのではなく、［　　］をきちんと理解させたいから。

問６　⑤ひどくショックを受けていた　とありますが、このときの佐紀の思いについて説明した次の文の［　　］にあてはまることばを、文中から二十字で探し、最初と最後の三字ずつを書きぬきなさい。

塾に来てからの自分の思いや行動をかえりみて、自分が［　　］であることを思い知って落ちこんでいる。

の帰りを待っていた。
「あ……お母さんだ」
　お母さんに気がついた朋典が、⑥わたしのシャツの袖をぎゅっとにぎってきた。いつものわたしなら、やめてよ、と払いのけていたかもしれない。だけど、そうはしなかった。朋典がいま、本当に弱ってしまっているのがわかっていたからだ。［Ⅱ］、久和先生と百瀬さんがしていたように、わたしも朋典にやさしくしてみたかった。
「だいじょうぶだよ。久和先生、連絡しておいてくれるっていってたでしょ」
「うん……」
　朋典は、わたしのうしろにかくれながら、のろのろと歩いている。
　家の前までいくと、お母さんはまず、「朋典、お母さんにいうことあるね？」といった。朋典は、早くも嗚咽がこみあげてしまっているようで、うぐ、とか、あう、とかいうばかりだ。
「お母さん、トモね、ちゃんと百瀬さんにあやまってたよ。久和先生にも、しちゃいけないって注意されてることはもうしないって約束してた。すごく反省してると思うよ」
　わたしがそう［⑦］と、お母さんはちょっとびっくりしたような顔をしながら、朋典の頭を手のひらで大きくなで回した。
「お姉ちゃんのいったこと、ホント？」
　朋典が、うんうん、とうなずく。
「ちゃんとあやまったのね？」
　うんっ、と大きくうなずいた朋典に、お母さんは［Ⅲ］、いつものやさしい顔を見せた。
「よし、じゃあ、おうち入ろう。おなかすいたでしょ？　ふたりとも」
　朋典の背中を押《お》しながら歩きだしたお母さんが、ちらっとわたしのほうをふり返って、こそこそっとささやいた。
「ありがとね、佐紀。佐紀がいっしょにいてくれて、本当によかった」
　目の奥が、ぎゅうっと痛くなった。
　ちがうんだよ、お母さん、と思う。
　わたしはただ、久和先生と百瀬さんの真似《まね》をしただけなんだから。
　人の気持ちを思いやることができる人たちの、真似をしただけなんだよ……。
　それでも思う。朋典がわたしのシャツの袖をにぎってきたとき、ふり払わなくてよかったって。お姉ちゃんらしいことができて、本当によかったって。
　わたしはお母さんに気づかれないよう、⑧シャツの袖口で、こっそり目もとをぬぐった。

（石川宏千花《いしかわひろちか》『青春ノ帝国《ていこく》』による。）

問1 ［Ⅰ］～［Ⅲ］にあてはまることばとして最も適切なものを、次の**ア**～**カ**の中からそれぞれ一つずつ選び、その記号を書きなさい。

ア しばらく　**イ** なにより　**ウ** ずっと
エ もちろん　**オ** やっと　**カ** それより

んだっていうことが、ようやくわたしにもわかってきた。

　ふたりはただ、してはいけないことをしたらどうなってしまうのかを、きちんと朋典に見せていただけなんだ、きっと……。

　廊下のほうから、どんどんどんっという足音が聞こえてきた。

「ワセリン（※ぬり薬などに使われるゼリーのような物質）、買ってきた！」

　台所に飛びこんできたのは、奈良くんだった。

　奈良くんがあわてて飛びだしていった理由が、いまになってわかった。

「おー、くれ」

　久和先生は、奈良くんの手からワセリンの容器を受けとると、それをすぐに、百瀬さんの腕にたっぷりと塗《ぬ》った。

「これで、この上からこうやってラップをですね……」

　そう説明しながら、用意してあったラップを、ワセリンを塗った百瀬さんの腕の上にぐるぐると巻いていく。

「応急処置ですけど、これやっとけば、この程度のやけどなら跡《あと》は残りませんから」

「へー、ワセリンにこんな使い方があったんですねえ」

　百瀬さんは、いつもと同じうれしそうで楽しそうな口調でいいながら、久和先生の手もとをのぞきこんでいる。

「多分、病院でもこれと似たような処置しかしないとは思います。ただ、塗り薬は処方箋《しょほうせん》（※患者《かんじゃ》に渡《わた》す薬についての医師の指示書）をもらって手に入れるやつのほうが効きはいいでしょうから、できれば、きちんと病院にいってください。［Ｉ］、治療費《ちりょうひ》はすべてこちらでお支払《しはら》いしますんで」

「いえいえ、本当にこんなやけど、たいしたことないですから。これで充分《じゅうぶん》です」

　ふたりの会話を聞きながら、わたしは、朋典のせいでうちの親がこまったことになるんじゃないかってことばかり考えていた自分に、⑤ひどくショックを受けていた。

　どうして、そんなふうにしか考えられなかったんだろう。

　わたしは百瀬さんのやけどの心配もしないで、どうにかして朋典やうちの親が責任を取らずに済むようにって、そればかり考えていた。

　どうしてほんの少しでも、百瀬さんのやけどはだいじょうぶなのかな、と思ったり、大変なことをしてしまった、とうろたえて泣いていた弟を安心させてやらなくちゃ、と思ったりしなかったんだろう……。

　本当に、わたしは最低な女の子だと思った。なにひとついいところがない、最低な女の子だ。心底、そう思った。

「待たせてごめんな、佐紀。きょうのことは、オレのほうからお母さんにご連絡《れんらく》しておくから。朋典のこと、よろしくな」

　プールの水が入ってしまったようになっている耳で、ぼんやりと久和先生の声を聞く。

　ちゃんとうなずくことができたのかどうかも、わからなかった。

　家にもどると、お母さんが玄関の前でうろうろしながらわたしと朋典

ていた。

百瀬さんは、やけどをしたんだ！

きっと、損害賠償《ばいしょう》とかさせられるにちがいない。病院代とか慰謝料《いしゃりょう》とか、たくさんお金を取られるんだ……。

気がついたときには、朋典をどなりつけていた。

「トモッ、なんでそんな馬鹿《ばか》なことしたのっ！」

ひゃーん、となさけない声を出しながら、朋典が顔を天井《てんじょう》に向ける。

かまうことなくわたしは、トモの馬鹿っ、お母さんに怒《おこ》られるからねっ、とどなりつづけた。息が止まってしまうんじゃないかと思うくらい、朋典は激しくしゃくりあげている。

「待って待って、関口くんのお姉さん」

突然《とつぜん》、百瀬さんがくるっとわたしのほうに顔を向けてきた。

「ちがうの。わたしも悪かったんだ。倒《たお》れそうになったアルコールランプを②とっさに受けとめようとして、手を出しちゃったから」

「そう……なんですか？」

「そうなのそうなの。だから、関口くんだけが悪いわけじゃないんだよ」

わたしは、③ひざから力がぬけてしまいそうなくらい、ほっとした。

だったら、うちの親がなにか責任を取ったりするはめにはならないかもしれない。

「でもお、あんときオレがあ、あんなふうにい、腕をぐるぐる回したりしなければあ、百瀬さんはあ……」

嗚咽《おえつ》（※声をつまらせて泣くこと）にじゃまされながらも、朋典が必死になにかいおうとしている。

そんな朋典に、わたしは心の中で、馬鹿っ、と叫《さけ》んだ。せっかく百瀬さんが、自分にも非があったってことにしてくれてるんだから、余計なことはいわないでって。そのままにしておいたほうが、お父さんもお母さんもこまらないんだよって。

わたしが思わず、朋典の口もとに向かって手を伸ばしそうになったそのとき、④すっと久和先生がひざを折って、朋典の真正面にしゃがみこんだ。

「それで？　朋典。あのときおまえが、腕をぐるぐる回してなかったら、百瀬さんはどうなってたと思う？」

「やけどなんかはあ、してなかったと思いますう」

「そうだな。その通りだ。オレや百瀬さんがいつもいってるよな。火がついてるアルコールランプのそばでは、絶対にふざけちゃだめだぞって。ふざけると、こういうことになるんだ。だから、ふざけちゃいけない。朋典はもう、わかったよな？」

「はいぃ、わかりましたあ」

「よし、じゃあ、もうなにも心配しなくていい。百瀬さんのやけどは、そんなにひどくないから」

蛇口《じゃぐち》の水に腕をさらしたまま、百瀬さんが顔だけをうしろに向ける。

「そうそう、関口くん。こんなの、ぜんぜんたいしたことないから。こうやって流水で冷やしてれば、すーぐよくなっちゃうよ」

久和先生も百瀬さんも、朋典に責任を取らせるつもりなんてなかった

2023年度 昌平中学校

【国 語】〈Tクラス第一回試験〉（五〇分）〈満点：一〇〇点〉

一 次の文章を読んで、あとの問いに答えなさい。（設問に字数制限のある場合は、句読点や符号《ふごう》も一字と数えます。）なお、（※　）は作問者の注です。

関口佐紀《せきぐちさき》は中学一年生。小学五年生の弟・朋典《とものり》は〈科学と実験の塾《じゅく》〉に通っている。〈科学と実験の塾〉には塾長の久和《くわ》先生と助手の百瀬《ももせ》さん、佐紀の同級生の奈良《なら》くんがいる。佐紀は母の言いつけで、いつもその塾へ朋典を迎《むか》えにいっている。

いつものように、赤いちょうちんの横を通って玄関《げんかん》に入っていこうとしたときだった。奈良くんが、スニーカーをつっかけながら飛びだしてきた。

あっ、と思ったのと同時に、わたしは実際に、「あっ」と声をあげてしまっていたのだけれど、奈良くんはまったくなんの反応も見せないまま、走っていってしまった。

ひどくあわてているようだった。どうしたんだろう、と思いながら玄関へとあがる。廊下《ろうか》を進んですぐのところにある教室をのぞいてみても、誰《だれ》もいない。おかしいな、と首をかしげながら廊下にもどると、「おーい」と大きな声で呼ばれた。

廊下の奥《おく》には、ガラス戸で仕切られている台所がある。久和先生は、全開になっているガラス戸の向こうから半分だけ身を乗りだすようにして、廊下に顔をのぞかせていた。

「おー、佐紀。悪いんだけど、朋典のお迎え、ちょっとだけ待ってもらってもいいかー？」

なにかあったのかな、と思いながら、とたとたと、と板張りの廊下を進んでいく。

どうしたんですか、と声をかけて台所の中をのぞくと、そこには、流しっぱなしにしているシンク（※流しの部分）の水に向かって腕《うで》を伸《の》ばしている、百瀬さんのすがたがあった。

その横で、なぜだか朋典が泣きじゃくっている。

「やだ……どうしたの、トモ。なんで泣いてるの？」

朋典は、おねーちゃーん、といいながら、ぐーの形ににぎった両手で顔を覆《おお》って、ますます激しく泣いた。わたしには、なにがどうなってこうなっているのかさっぱりわからない。

百瀬さんのすぐうしろに寄りそうようにして立っていた久和先生が、朋典の肩《かた》を力強く抱《だ》きよせながら、わたしのほうをふり返った。

「朋典がさ、ふざけて腕をふり回した拍子《ひょうし》に、火がついたままだったアルコールランプがひっくり返っちゃって。そんで、百瀬さんのシャツの袖《そで》にね……」

そこまで説明された時点で、わたしは①完全に血の気が引いてしまっ

2023年度

昌平中学校　▶解説と解答

算数　＜Tクラス第１回試験＞（50分）＜満点：100点＞

解答

1 (1) 18　(2) 8600　(3) $\frac{1}{12}$　(4) 20　(5) 6　**2** (1) $\frac{1}{8}$　(2) 1.3L　(3) 32.5kg　(4) 9年後　(5) 16cm²　(6) 70cm³　**3** (1) 37　(2) 51組目　(3) 1860　**4** (1) $\frac{1}{6}$倍　(2) 3：5　(3) 259cm²　**5** (1) 108度　(2) 198.72cm²　(3) 274.08cm³　**6** (1) 3：5　(2) 1920m　(3) 240m

解説

1 四則計算，計算のくふう，逆算

(1)　51－102÷17－(81－9×6)＝51－6－(81－54)＝51－6－27＝18

(2)　93×51＋93×35＋92×86－85×86＝93×(51＋35)＋(92－85)×86＝93×86＋7×86＝(93＋7)×86＝100×86＝8600

(3)　$1\frac{7}{8}\div2\frac{1}{4}-\frac{4}{7}\times1\frac{5}{16}=\frac{15}{8}\div\frac{9}{4}-\frac{4}{7}\times\frac{21}{16}=\frac{15}{8}\times\frac{4}{9}-\frac{3}{4}=\frac{5}{6}-\frac{3}{4}=\frac{10}{12}-\frac{9}{12}=\frac{1}{12}$

(4)　$4.3\div\frac{1}{4}+4.75\times\frac{2}{5}+1.8\times0.5=4.3\times4+4.75\times0.4+0.9=17.2+1.9+0.9=20$

(5)　52－｛(8×□－36)÷3＋25｝＝23より，(8×□－36)÷3＋25＝52－23＝29，(8×□－36)÷3＝29－25＝4，8×□－36＝4×3＝12，8×□＝12＋36＝48　よって，□＝48÷8＝6

2 割合と比，単位の計算，正比例と反比例，年れい算，面積，体積

(1)　1日目に本全体の$\frac{1}{4}$を読むと，残りは本全体の，$1-\frac{1}{4}=\frac{3}{4}$になる。2日目にこの残りの$\frac{5}{6}$を読むと，$1-\frac{5}{6}=\frac{1}{6}$が残るから，これは本全体の，$\frac{3}{4}\times\frac{1}{6}=\frac{1}{8}$にあたる。

(2)　1L＝10dL＝1000cm³より，2.7L＋5dL－1900cm³＝2.7L＋(5÷10)L－(1900÷1000)L＝2.7L＋0.5L－1.9L＝1.3L

(3)　金属1m³あたりの重さは，1.5÷1.2＝1.25(kg)だから，この金属の板26m³の重さは，1.25×26＝32.5(kg)である。

(4)　□年後の父と太郎君の年れいを線分図で表すと，右の図Ⅰのようになる。図Ⅰより，⑦－③＝④が，40－12＝28(才)にあたる。すると，①＝28÷4＝7(才)，③＝7×3＝21(才)なので，□＝21－12＝9より，2人の年れいの比が7：3になるのは，9年後とわかる。

図Ⅰ

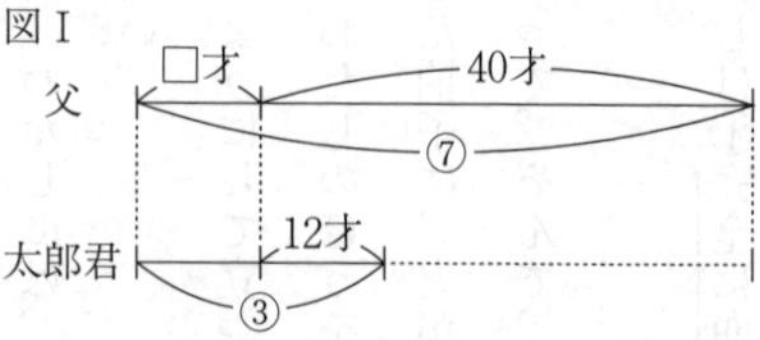

(5)　三角形ABCと三角形ADFは相似で，AF：DF＝AC：BC＝12：24＝1：2である。また，DFとFCは同じ長さなので，AF：FC＝AF：DF＝1：2となる。すると，$AF=12\times\frac{1}{1+2}=4$(cm)で，DF＝4×2＝8(cm)とわかる。よって，かげをつけた三角形ADFの面積は，8×4÷2＝16

(cm^2)である。

図Ⅱ

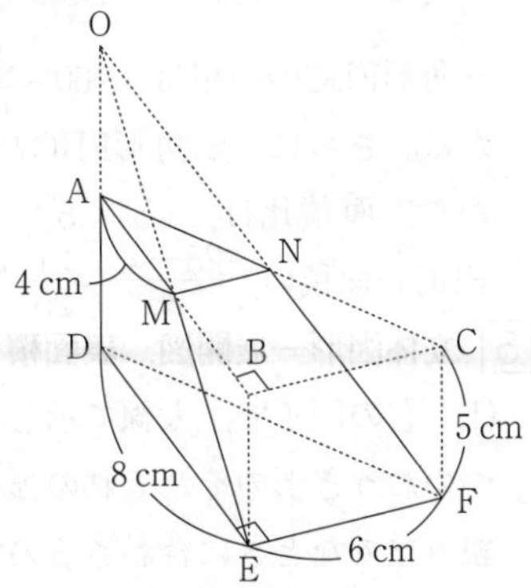

⑹　右の図Ⅱのように，EMをMの方向に伸《の》ばした直線と，FNをNの方向に伸ばした直線の交わる点をOとする。このとき，三角すいO-DEFと三角すいO-AMNは相似で，相似比は，DE：AM＝８：４＝２：１だから，MN＝$6\times\frac{1}{2}$＝３(cm)，OA＝$5\times\frac{1}{2-1}$＝５(cm)である。立体AMN-DEFは，三角すいO-DEFから三角すいO-AMNを除いたものなので，その体積は，$8\times6\div2\times(5+5)\times\frac{1}{3}-4\times3\div2\times5\times\frac{1}{3}=80-10=70$(cm^3)と求められる。

3　数列

⑴　それぞれの組には，１組目から，１個，２個，３個，１個，２個，３個，…のくり返しで，奇《き》数《すう》が小さい方から順に並んでいる。つまり，３組ごとに，１＋２＋３＝６(個)の整数が並び，10÷３＝３あまり１より，10組目には１個の整数が並ぶ。この整数は全体で見ると，６×３＋１＝19(番目)の奇数になるので，10組目に並んでいる整数は，２×19－１＝37となる。

⑵　201は，(201＋１)÷２＝101(番目)の奇数なので，全体で見ると101番目に並んでいることになる。101÷６＝16あまり５より，101番目の数までに３組が16回くり返され，さらに５個の整数が並ぶ。よって，５個目の整数は３組目にあるから，201は，３×16＋３＝51(組目)にふくまれている。

⑶　３と２の最小公倍数は６なので，６組ごとのくり返しの中で，偶数《ぐうすう》組目と奇数組目にふくまれている整数の和を比べる。１組目から６組目までの中で，偶数組目の和が，３＋５＋13＋19＋21＋23＝84，奇数組目の和が，１＋７＋９＋11＋15＋17＝60だから，偶数組目の和の方が，84－60＝24だけ大きい。これは，７組目から12組目，13組目から18組目，…も同じなので，６組ごとに見ると，偶数組目の和は，奇数組目の和より24だけ大きくなることがわかる。30組目までには６組が，30÷６＝５(回)くり返すので，30組目までに偶数組目の和は，奇数組目の和より，24×５＝120大きいことになる。また，30組目までには，30÷３＝10より，６×10＝60(個)の整数が並び，最後の整数は，２×60－１＝119なので，並んでいるすべての整数の和は，(１＋119)×60÷２＝3600である。したがって，30組目までのうち，偶数組の整数の和は，(3600＋120)÷２＝1860と求められる。

4　平面図形─辺の比と面積の比，相似

⑴　ADの長さはABの長さの，$\frac{2}{2+7}=\frac{2}{9}$で，AEの長さはACの長さの，$\frac{3}{3+1}=\frac{3}{4}$だから，三角形ADEの面積は三角形ABCの面積の，$\frac{2}{9}\times\frac{3}{4}=\frac{1}{6}$(倍)である。

⑵　三角形ADEと三角形JFEの相似より，AJ：JE＝DF：FE＝１：１である。ここで，AE：EC＝３：１だから，AEの長さを６とすると，AJ＝JE＝６÷(１＋１)＝３，EC＝$6\times\frac{1}{3}$＝２となり，AJ：JE：EC＝３：３：２とわかる。さらに，三角形ABC，三角形JHC，三角形EGCは相似だから，BH：HG：GC＝AJ：JE：EC＝３：３：２である。よって，BHの長さとCHの長さの比は，３：(３＋２)＝３：５となる。

⑶　BCを底辺としたときの，点Aの高さを基準として考える。このとき，点Dの高さは点Aの高さの，$\frac{7}{2+7}=\frac{7}{9}$(倍)で，点Eの高さは点Aの高さの，$\frac{1}{3+1}=\frac{1}{4}$(倍)である。点Fは点Dと点E

の真ん中の点だから，BCからの高さは，点Aの高さの，$\left(\frac{7}{9}+\frac{1}{4}\right)\div 2=\frac{37}{72}$(倍)となる。すると，三角形FBCの面積は，$960\times\frac{37}{72}=\frac{1480}{3}$$(\text{cm}^2)$，三角形FHCの面積は，$\frac{1480}{3}\times\frac{5}{3+5}=\frac{925}{3}$$(\text{cm}^2)$とわかる。さらに，三角形FHCと三角形IGCは相似で，相似比は，HC：GC＝(３＋２)：２＝５：２だから，面積比は，(５×５)：(２×２)＝25：４である。つまり，四角形FHGIの面積は，三角形FHCの面積の，$\frac{25-4}{25}=\frac{21}{25}$(倍)なので，四角形FHGIの面積は，$\frac{925}{3}\times\frac{21}{25}=259$$(\text{cm}^2)$と求められる。

5 立体図形―展開図，表面積

⑴　右の図Ⅰで，太線で示した２つのおうぎ形のそれぞれの弧《こ》は，組み立てたときに合わさるので，同じ長さになる。すると，$6\times2\times3.14\times\frac{ア}{360}=10\times2\times3.14\times\frac{イ}{360}$という式が成り立つ。この式から，６×ア＝10×イなので，ア：イ＝$\frac{1}{6}:\frac{1}{10}$＝５：３とわかる。よって，

図Ⅰ

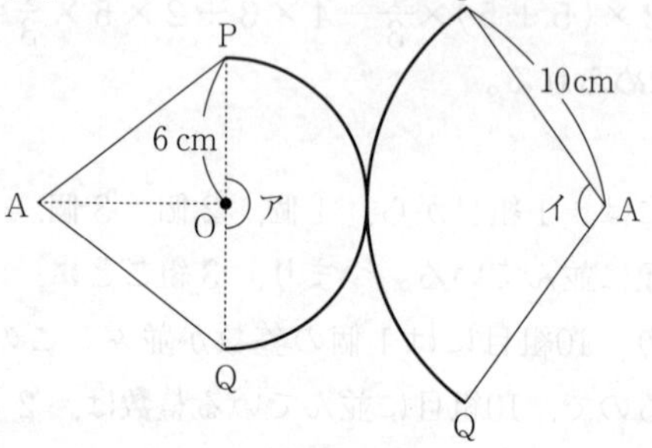

図Ⅱ

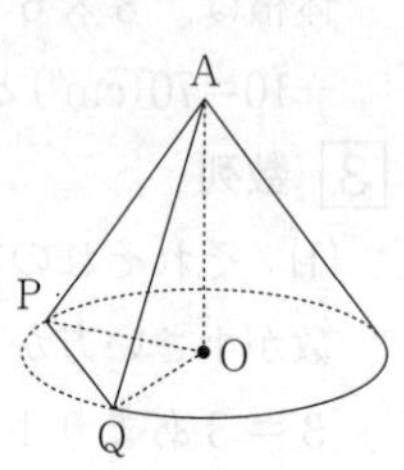

角アの大きさが180度のとき，角イの大きさは，$180\times\frac{3}{5}=108$(度)である。

⑵　図Ⅰで，角アの大きさが180度のとき，AOの長さは，この展開図を組み立てたときの立体の高さと等しいから，８cmである。よって，切断面の三角形APQの面積は，$12\times8\div2=48$$(\text{cm}^2)$，おうぎ形OPQの面積は，$6\times6\times3.14\times\frac{180}{360}=18\times3.14$$(\text{cm}^2)$，おうぎ形APQの面積は，$10\times10\times3.14\times\frac{108}{360}=30\times3.14$$(\text{cm}^2)$なので，図Ⅰの展開図を組み立ててできる立体の表面積は，$48+(18+30)\times3.14=48+150.72=198.72$$(\text{cm}^2)$となる。

⑶　角アの大きさを270度にして組み立てると，右上の図Ⅱのような立体ができる。図Ⅱの立体は，半径６cm，高さ８cmの円すいを，$\frac{270}{360}=\frac{3}{4}$にした立体と，三角形OPQを底面とした，高さ８cmの三角すいを合わせたものである。角POQの大きさは，360－270＝90(度)だから，三角形OPQの面積は，$6\times6\div2=18$$(\text{cm}^2)$となり，三角すいの体積は，$18\times8\times\frac{1}{3}=48$$(\text{cm}^3)$とわかる。よって，図Ⅱの立体の体積は，$6\times6\times3.14\times8\times\frac{1}{3}\times\frac{3}{4}+48=72\times3.14+48=226.08+48=274.08$$(\text{cm}^3)$となる。

6 旅人算，速さと比

⑴　とおる君としんじ君が１回目に出会った地点をＣ地点として，２人が出発してから64分後までの動きを表すと，右の図のようになる。とおる君は，Ａ地点からＣ地点まで行くのに24分，Ｃ地点からＢ地点まで行くのに，64－24＝40(分)かかったので，

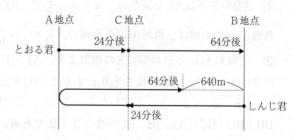

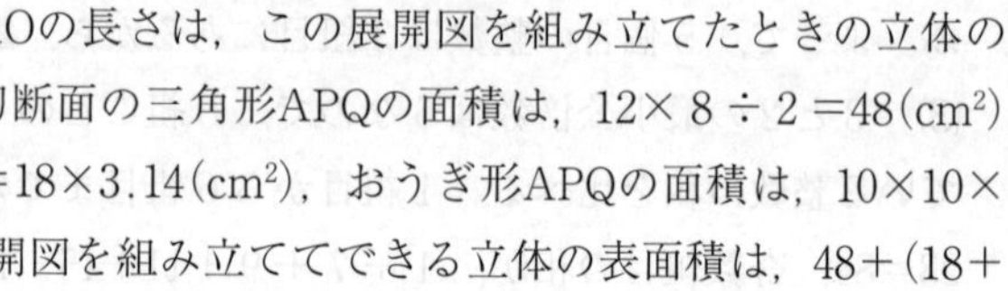

AC間の距離《きょり》と，CB間の距離の比は，24：40＝３：５である。このCB間の距離を，しんじ君は24分で進んだから，とおる君としんじ君の速さの比は，AC間とCB間の距離の比と等しく３：５となる。

⑵　⑴より，２人が出発してから64分後までに進む距離の比も３：５である。このとき，AB間の

距離を③とすると，図より，③×２－⑤＝①が640mにあたるとわかる。よって，AB間は，640×３＝1920(m)はなれている。

(3) (2)より，とおる君の速さは毎分，1920÷64＝30(m)で，しんじ君の速さは，毎分，$30\times\frac{5}{3}=50$(m)である。出発してから24分後に，２人は合わせて1920m進んで１回目に「出会う」。この後，２人合わせて，1920×２＝3840(m)進むたび，つまり，24×２＝48(分)ごとに，２人は「出会う」。また，しんじ君は出発してから，1920÷(50－30)＝96(分後)にはじめてとおる君を「追いこし」，その後は，3840÷(50－30)＝192(分)ごとにとおる君を「追いこす」。以上より，２人が「出会う」のは出発してから，24，72，120，…分後で，しんじ君がとおる君を「追いこす」のは出発してから，96，288，480，…分後なので，４回目に出会うのは120分後とわかる。また，とおる君は出発してから，64×２＝128(分後)にはじめてＡ地点に戻《もど》ってくる。つまり，120分後はその，128－120＝８(分前)だから，４回目に出会うのはＡ地点から，30×８＝240(m)はなれたところである。

社 会 ＜Tクラス第１回試験＞（理科と合わせて60分）＜満点：50点＞

解 答

[1] 問１ Ｘ 神戸(市) Ｙ 水戸(市) 問２ 東京スカイツリー 問３ ウ 問４ ア 問５ ウ 問６ ウ 問７ イ 問８ エ 問９ ア 問10 富岡製糸場 問11 ５ 問12 ウ [2] 問１ イ 問２ ア 問３ 坂上田村麻呂 問４ エ 問５ エ→イ→ア→ウ 問６ エ 問７ 水島コンビナート 問８ ウ 問９ イ 問10 ウ 問11 エ [3] 問１ 竪穴住居 問２ ウ 問３ 摂関政治 問４ イ→エ→ウ→ア 問５ ウ 問６ エ 問７ ア 問８ 関東大震災 問９ イ 問10 ニュータウン 問11 エ [4] 問１ エ 問２ Ｘ 日本海 Ｙ 太平洋 問３ （例） 降水量が少ない 問４ ウ 問５ ウ 問６ Ｐ オ Ｑ ウ Ｒ キ [5] 問１ 象徴 問２ エ 問３ アイヌ 問４ (1) 18 (2) 条例 問５ 非核三原則 問６ Ａ ア Ｂ エ 問７ 納税

解 説

[1] 各都道府県の産業や特色についての問題

問１ Ｘ 兵庫県の県庁所在地は神戸市で，県の南部に位置し大阪湾に面している。古くから港町として栄え，江戸時代末に欧米五か国と修好通商条約が結ばれたさいには，開港地の１つとされた。

Ｙ 茨城県の県庁所在地は水戸市で，県中央部に位置している。江戸時代には，御三家の１つである水戸藩の城下町として栄えた。梅の名所として知られ，日本三名園の１つに数えられる偕楽園《かいらくえん》がある。

問２ 東京スカイツリーは東京都墨田《すみだ》区にある電波塔《とう》で，その高さ634mは自立式電波塔として世界第１位である。周辺地域もふくめ，東京都の観光名所の１つとなっている。

問３ 淡路《あわじ》島は瀬戸内海最大の島で，兵庫県に属している。なお，大阪府では，大阪市と堺《さかい》市の２市が政令指定都市となっている。

問４ 中京工業地帯は，愛知県と三重県北部を中心として広がる工業地帯で，製造品出荷額等が全国の工業地帯・地域のなかで最も多い。自動車産業のさかんな豊田市(愛知県)の自動車産業に代表されるように機械工業がさかんで，機械工業が製造品出荷額等のおよそ３分の２を占《し》めている。なお，イは京葉工業地域，ウは瀬戸内工業地域，エは阪神工業地帯のグラフ。統計資料は『日本国勢図会』2022／23年版および『データでみる県勢』2023年版による(以下同じ)。

問５　らっかせいの収穫《しゅうかく》量は千葉県が全国の約８割を占めて最も多く，茨城県がこれにつぐ。なお，さとうきびは沖縄県，てんさいは北海道，らっきょうは鳥取県が収穫量全国第１位。

問６　知床《しれとこ》半島は北海道東部にある半島で，オホーツク海に向かって北東にのびている。貴重な自然が残されていることや，海と陸の生態系の連鎖が見られることなどから，2005年に「知床」としてユネスコ(国連教育科学文化機関)の世界自然遺産に登録された。なお，アは積丹《しゃこたん》半島，エは根室半島。北海道北部のイの地域は，宗谷《そうや》とよばれる。

問７　まぐろ類の漁獲《ぎょかく》量は，沖合を暖流の黒潮(日本海流)が流れる県が上位を占めており，第１位から順に静岡県・宮城県・宮崎県となっている。なお，さけ類とさんまは北海道，さば類は茨城県が漁獲量全国第１位。

問８　京都府南部の宇治市には，エの平等院鳳凰《ほうおう》堂がある。平等院鳳凰堂は，平安時代に藤原頼通《よりみち》によって建てられた阿弥陀《あみだ》堂である。なお，アは栃木県にある日光東照宮の陽明門，イは奈良県にある法隆寺，ウは岩手県にある中尊寺金色堂の覆堂《おおいどう》で，ア～エはいずれもユネスコの世界文化遺産に登録されている。

問９　米の収穫量は新潟県が全国で最も多く，北海道がこれにつぐ。第３位以下は，秋田県・山形県・宮城県と，東北地方の県が続く。

問10　明治時代初め，政府がすすめる近代化政策の１つとして，養蚕業のさかんな群馬県富岡に富岡製糸場がつくられた。富岡製糸場は1872年に操業を開始し，日本の製糸業の近代化に大きく貢献《こうけん》した。こうしたことが評価され，2014年には「富岡製糸場と絹産業遺産群」としてユネスコの世界文化遺産に登録された。

問11　海に面していない内陸県は，全国に栃木県・群馬県・埼玉県・山梨県・長野県・岐阜県・滋賀県・奈良県の８つあり，表中には５県ある。

問12　ア　農業産出額が最も多いのは北海道で，全国総額に占める割合は，12558億÷88938億×100＝14.1…より，約14％である。　イ　表中に近畿地方の府県は大阪府・兵庫県・京都府の３つあり，このうち兵庫県の農業産出額は1000億円を上回っている。　ウ　農業産出額は，第１位が北海道，第２位が茨城県，第３位が千葉県，第４位が愛知県，第５位が栃木県で，このうち関東地方の県は茨城県・千葉県・栃木県の３つあるので，正しい。　エ　農業産出額が2000億円以上の道県は，愛知県・千葉県・北海道・福岡県・茨城県・新潟県・長野県・群馬県・栃木県の９つである。

２　城を題材にした歴史と地理の問題

問１　645年，中大兄《なかのおおえの》皇子は中臣鎌足《なかとみのかまたり》らの協力を得て，大きな権力をふるっていた蘇我《そが》氏をたおすと，大化の改新とよばれる政治改革に取り組んだ。翌646年には「改新の詔《みことのり》」という政治の方針を示したとされており，ここで公地公民制を打ち出した。中大兄皇子はしばらく皇太子のまま政治を行い，668年に天智天皇として即位《そくい》した。なお，アは聖徳太子，ウは天武天皇，エは聖武天皇に関連するできごと。

問2　博多湾は福岡県の北西部にあり，古くから朝鮮や中国との外交で栄えた。なお，イは別府湾，ウは諫早《いさはや》湾，エは鹿児島(錦江《きんこう》)湾。

問3　古代，東北地方には，朝廷の支配に従わない蝦夷《えみし》とよばれる人たちがいた。平安時代初め，桓武天皇は朝廷の支配を東北地方まで広げるため，たびたび東北に遠征《えんせい》軍を派遣した。坂上田村麻呂は797年に桓武天皇から征夷《せいい》大将軍に任命されると，蝦夷の族長アテルイを降伏《こうふく》させ，胆沢《いさわ》城と志波《しわ》城(いずれも岩手県)を築くなど，朝廷の東北平定に大きく貢献した。

問4　鎌倉時代末，後醍醐《ごだいご》天皇は各地の武士に幕府打倒をよびかけた。これに応じて楠木正成《くすのきまさしげ》や足利尊氏，新田義貞《にったよしさだ》らが挙兵したことで，1333年に鎌倉幕府は滅亡《めつぼう》した。

問5　アは1232年，イは1221年，ウは1274年(文永の役)と1281年(弘安の役)，エは1219年のできごとなので，時代の古いものから順にエ→イ→ア→ウとなる。

問6　1543年，中国船が種子《たねが》島(鹿児島県)に漂着《ひょうちゃく》し，船に乗っていたポルトガル人によって鉄砲が日本にもたらされた。ポルトガルは，ヨーロッパの南西部で大西洋に面する縦長の国で，ウのスペインととなり合っている。なお，アはイギリス，イはイタリア。

問7　瀬戸内海に面する岡山県倉敷《くらしき》市は，市内を流れる高梁《たかはし》川の干拓《かんたく》・改修と沿岸部の埋《う》め立てによって土地を広げてきた。そして，第二次世界大戦後には沿岸部の水島地区に水島コンビナートが造成され，石油化学工業や鉄鋼業が発達した。

問8　1576年，織田信長は全国統一事業の拠点《きょてん》として，琵琶湖東岸の安土《あづち》に，五層七重の豪華な天守閣を持つ安土城を築いた。なお，アは名古屋(愛知県)，イは大垣(岐阜県)，エは京都の周辺。

問9　名古屋港は自動車産業がさかんな愛知県にあるため，輸出品目の上位を自動車や自動車部品が占めている。なお，アは東京港，ウは横浜港(神奈川県)，エは成田国際空港(千葉県)。

問10　五稜郭《ごりょうかく》は，江戸時代末に現在の北海道函館市に築かれた星型の西洋式城郭である。五稜郭では戊辰《ぼしん》戦争(1868～69年)最後の戦いが行われ，榎本武揚《えのもとたけあき》が率いる旧幕府軍がここで抵抗《ていこう》したが，新政府軍に降伏した。

問11　アはレタス，イはたまねぎ，ウはピーマン，エはトマトである。熊本県では，高地と低地の気温の差を利用して，県内各地で1年を通じてトマトがつくられており，収穫量が全国で最も多い。なお，レタスは長野県，玉ねぎは北海道，ピーマンは茨城県が収穫量全国第1位。

3 日本の住まいの歴史についての問題

問1　竪穴《たてあな》住居は，地面を数十cm掘《ほ》り下げて床とし，その周囲に柱を立てて草などで屋根をかけた建物で，縄文時代から奈良時代ごろまでの庶民《しょみん》の一般的な住居であった。

問2　渡来人は，古墳時代にあたる4世紀ごろから，飛鳥時代にあたる7世紀ごろにかけて，朝鮮半島などから日本へとわたってきた。彼らによって儒教《じゅきょう》や仏教のほか，さまざまな道具や技術がもたらされ，日本の政治や文化に大きな影響《えいきょう》をあたえた。

問3　「天皇が幼少の時期に政務を代行する地位」を摂政《せっしょう》，「天皇の後見役として政治を補佐する地位」を関白という。平安時代の9世紀後半から11世紀にかけて，藤原氏は娘を天皇のきさきとし，生まれた子を天皇にすることで皇室との関係を深めた。そして，摂政・関白の地位を独占し，大きな権力をふるった。この政治を摂関政治といい，藤原氏の摂関政治は，11世紀前半の藤原道長・頼通父子のときに全盛期をむかえた。

問4　アは1467年，イは1378年，ウは1404年，エは1392年のできごとなので，時代の古いものから順にイ→エ→ウ→アとなる。

問５　東求堂《とうぐどう》は，ウの銀閣があることで知られる慈照《じしょう》寺の境内《けいだい》にある。慈照寺は，室町幕府の第８代将軍足利義政が京都東山に建てた山荘が，義政の死後，寺院とされたものである。なお，アは鹿《ろく》苑《おん》寺金閣，イは東大寺大仏殿，エは唐招提《とうしょうだい》寺の金堂《こんどう》。

問６『古事記伝』は，江戸時代後半に国学を大成した本居宣長《もとおりのりなが》の著書である。伊能忠敬《ただたか》は全国の沿岸を歩いて測量し，正確な日本地図を作成した人物で，その功績は忠敬の死後，弟子たちが「大日本沿海輿地《よち》全図」として完成させた。

問７　板垣退助は，1874年に民撰議院設立の建白書を政府に提出して，自由民権運動をおし進めた。1881年に1890年の国会開設が約束されると，自由党を結成してこれに備えた。

問８　1923年９月１日，関東地方南部を震源とするマグニチュード7.9の大地震が起こった。大地震によって多くの建物が倒壊しただけでなく，ちょうど昼食どきで火を使っている家庭が多かったことと，当時は木造住宅が多かったことから，各地で火災が発生して被害が拡大した。この災害を，関東大震災という。

問９　1950年代後半に高度経済成長が始まり，人々の暮らしが豊かになると，家庭に電化製品が普《ふ》及《きゅう》するようになった。特に，電気冷蔵庫・電気洗濯《せんたく》機・白黒テレビの３つは「三種の神器」とよばれて人気を集めた。なお，1970年代には，「３Ｃ」や「新三種の神器」とよばれたカラーテレビ・クーラー(エアコン)・カー(自家用車)が普及していった。

問10　高度経済成長期には，東京に人口が流入したことから，都心の地価が大きく上がったり，住宅用地が不足したりした。そのため，郊外の丘陵《きゅうりょう》地をくずすなどして大規模な団地や住宅街が造成されるようになった。こうしてつくられた地域は，ニュータウンとよばれる。

問11　太陽からの熱を，温室のように地表付近に閉じこめるはたらきを持つ気体を，温室効果ガスという。二酸化炭素は代表的な温室効果ガスで，多くなりすぎると地球温暖化の原因となることから，世界各国が排出《はいしゅつ》量の削減《さくげん》に取り組んでいる。

4　中国・四国地方についての問題

問１　四国地方の南東部に位置するＡは徳島県，北東部に位置するＢは香川県，南西部に位置するＣは高知県，北西部に位置するＤは愛媛県である。

問２　Ｘ，Ｙ　冬の季節風は北西から吹《ふ》き，日本海の上をわたってくる。一方，夏の季節風は南東から吹き，太平洋の上をわたってくる。いずれの季節風も，山地にぶつかったさいに雨を降らせるため，夏は四国山地の南にあたる太平洋側の地域で，冬は中国山地の北にあたる日本海側の地域で降水量が多くなる。

問３　会話文から，山陽地方と北四国地方が瀬戸内海に面した地域であることが読み取れる。また，資料２によると，瀬戸内海沿岸の地域には夏も冬もかわいた空気が流れこむ。ここから，山陽地方と北四国地方は一年を通して降水量が少ないとわかる。

問４　香川県高松市は，一年を通して降水量が少なく，冬でも比較《ひかく》的温暖な瀬戸内の気候に属している。なお，アは長野県長野市，イは北海道札幌市，エは沖縄県那覇市の雨温図。

問５　ア　広島県の数値は，全国の平均値よりも低い。　イ　香川県の数値は，全国の平均値よりも高い。　ウ　資料４を正しく読み取っている。　エ　山陽地方の岡山県や広島県は，山陰地方の鳥取県や島根県よりも第２次産業の従事者の割合が高いので，工業がさかんだといえる。

問6　**P**　みかんは温暖な地域での栽培がさかんで，収穫量は和歌山県が全国第1位，静岡県が第2位，愛媛県が第3位となっている。　**Q**　ぶどうの収穫量は山梨県が全国第1位，長野県が第2位で，マスカットの産地である岡山県も上位に入る。　**R**　なすの収穫量は，促成《そくせい》栽培がさかんなことで知られる高知県が全国第1位で，関東地方の群馬県や茨城県も上位に入る。

5　日本国憲法や人権などについての問題

問1，問2　日本国憲法は第1条で天皇の地位を，「日本国の象徴《しょうちょう》であり日本国民統合の象徴」と定めている。これにもとづき，天皇は政治に関する権限を一切持たず，憲法に定められた国事行為を，内閣の助言と承認にもとづいて行うとされている。天皇の国事行為には，憲法改正や法律を公布すること，国会を召集《しょうしゅう》すること，衆議院を解散すること，内閣総理大臣を任命すること，栄典を授与することなどがあるが，外国と条約を結ぶことは内閣の仕事である。

問3　アイヌは，北海道・千島列島・樺太《からふと》に古くから住む先住民族で，独自の生活習慣や文化を築きあげてきたが，明治時代以降，日本への同化を求められたり，差別を受けたりしてきた。そのため，彼らの誇《ほこ》りが尊重される社会の実現を目的として，1997年にアイヌ文化振興法が制定された。なお，2019年にアイヌ施策推進法が施行されたことにともない，アイヌ文化振興法は廃止された。

問4　(1)　公職選挙法の規定により，日本では満18才以上のすべての男女に選挙権があたえられている。　(2)　地方公共団体の住民には直接請求権が認められており，有権者の50分の1以上の署名を集めると，条例の制定・改正・廃止や監査を請求できる。また，有権者の3分の1以上(有権者40万人をこえない場合)の署名を集めると，議会の解散や首長・議員の解職を請求できる。

問5　「核兵器をもたない，つくらない，もちこませない」という日本の核兵器に関する基本方針を，非核三原則という。1967年の国会答弁で佐藤栄作首相が表明したのが始まりで，1971年の衆議院本会議の決議で確認されて以来，政府の方針とされている。

問6　日本国憲法第9条は平和主義に関する条文で，1項は「国権の発動たる戦争と，武力による威嚇《いかく》又《また》は武力の行使は，国際紛争を解決する手段としては，永久にこれを放棄《ほうき》する」としている。また，2項は「前項の目的を達するため，陸海空軍その他の戦力は，これを保持しない。国の交戦権は，これを認めない」と定めている。

問7　日本国憲法は第30条で「国民は，法律の定めるところにより，納税の義務を負う」と規定しており，納税は子どもに普通教育を受けさせる義務，勤労の義務とともに国民の義務とされている。

理　科　＜Tクラス第1回試験＞（社会と合わせて60分）＜満点：50点＞

解　答

[1]　(1)　A　西　　B　惑星　　(2)　H　　(3)　ア　　(4)　イ　　(5)　600日後　　[2]　(1)　A　肺胞　　B　表面積(面積)　　C　交換　　(2)　エ　　(3)　横隔膜　　(4)　94%　　[3]　(1)　*A*　4.2　　*B*　6.6　　(2)　ウ，エ，オ　　(3)　6.3g　　(4)　4.0g　　(5)　4.2g　　(6)　5.2g　　[4]　(1)　**点b**…0.25kg　　**点c**…0.25kg　　(2)　1kg　　(3)　①　4cm　　②　A　0.8kg　　B　1.6kg

解　説

1　金星の見え方についての問題

⑴　**A**　金星は，日の入り後(夕方)の西の空と，日の出前(朝)の東の空に見ることができる。前者をよいの明星《みょうじょう》，後者を明けの明星と呼ぶ。　**B**　太陽のような恒星の周りを公転する比較的大きな天体を惑星《わくせい》という。太陽系では，太陽から近い順に水星，金星，地球，火星，木星，土星，天《てん》王《のう》星，海王星の８つの惑星がある。

⑵　金星が半円に見えるのは，太陽―金星―地球のつくる角度が90度になったときで，図１のＤの位置とＨの位置に金星があるときである。Ｄの位置の金星は右半分が光った形，Ｈの位置の金星は左半分が光った形となる。

⑶　同じ建物でも，近くから見ると大きく見え，遠くから見ると小さく見えるのと同様に，金星は地球に近づくほど大きく見える。また，金星が地球に近づくほど，金星は光っている面よりも光っていない面の方を多く地球に向けるため，形は細長く見える。

⑷　金星が地球の内側を公転していて，地球から見てつねに太陽のある側に位置しているので，真夜中に金星を見ることはできない。

⑸　金星と地球は，公転する角度の差が360度になると，再び同じ順で一直線に並ぶ。公転する角度の差は１日あたり，1.6－1.0＝0.6(度)なので，再び同じ順に並ぶのは，360÷0.6＝600(日後)と求められる。

2　肺のつくりと赤血球の役割についての問題

⑴　**A**　気管支の先は小さなふくろのようなつくりとなっていて，これを肺胞《はいほう》という。　**B**　肺胞がたくさん集まったつくりは，ただのビニールぶくろのようなつくりより，空気とふれる面積が非常に大きくなる。　**C**　肺では，体内に必要な酸素を取り入れ，体内で発生した二酸化炭素を排出《はいしゅつ》している。つまり酸素と二酸化炭素の交換《こうかん》が行われているが，肺の内部の表面積が広いほど，その効率が上がる。

⑵　肺で取り入れた酸素は，血液によってからだの各器官に運ばれ，栄養分からエネルギーを取り出すのに使われる。そして，このときの反応で二酸化炭素ができ，これは血液によって肺に運ばれ，そこで排出される。

⑶　胸と腹の間には横隔膜《おうかくまく》という筋肉の膜があり，息を吸うときは，横隔膜を引き下げるとともにろっ骨を上げ，胸の中の空間を大きくすることで肺に空気を入れる。

⑷　図２で，肺や肺胞での酸素濃度《のうど》が100のとき，酸素ヘモグロビンの割合はａのグラフより97％である。一方，からだの各器官での酸素濃度が10のとき，酸素ヘモグロビンの割合はｂのグラフより６％とわかる。したがって，酸素をはなした酸素ヘモグロビンの割合は，ヘモグロビン全体の，97－６＝91(％)なので，91÷97×100＝93.8…より，運ばれてきた酸素ヘモグロビンの94％となる。

3　ものの燃え方についての問題

⑴　できた二酸化炭素の重さは，燃えた炭素の重さとそれに結びついた酸素の重さの和となるから，*A*の値は，15.4－11.2＝4.2(ｇ)，*B*の値は，1.8＋4.8＝6.6(ｇ)となる。

⑵　アについて，酸素は空気の約21％をしめている。イについて，酸素自体は燃えない。試験管に入れ，点火すると音を立てて燃えるのは，水素の性質である。

⑶　表より，(燃えた炭素の重さ)：(結びついた酸素の重さ)：(できた二酸化炭素の重さ)＝0.6：

1.6：2.2＝３：８：11となることがわかる。したがって，23.1ｇの二酸化炭素を得るには，炭素，$23.1\times\frac{3}{11}=6.3$（ｇ）を完全に燃やせばよい。

⑷　一酸化炭素7.0ｇがすべて燃えると11.0ｇの二酸化炭素になるので，一酸化炭素7.0ｇと結びついた酸素の重さは，11.0−7.0＝4.0（ｇ）である。

⑸　（燃えた炭素の重さ）：（できた一酸化炭素の重さ）＝3.0：7.0＝３：７なので，一酸化炭素3.5ｇを発生させた炭素の重さは，$3.5\times\frac{3}{7}=1.5$（ｇ）である。また，二酸化炭素9.9ｇを発生させた炭素の重さは，$9.9\times\frac{3}{11}=2.7$（ｇ）とわかる。よって，燃やした炭素は，1.5＋2.7＝4.2（ｇ）である。

⑹　炭素9.9ｇが燃えてすべて二酸化炭素になるのに必要な酸素は，$9.9\times\frac{8}{3}=26.4$（ｇ）だが，実際に結びついた酸素は，31.1−9.9＝21.2（ｇ）だけである。したがって，あと，26.4−21.2＝5.2（ｇ）の酸素が必要となる。

４　滑車《かっしゃ》と輪軸《りんじく》についての問題

⑴　**点ｂ**…動滑車は，物体の重さの半分の力で引き上げることができる（動滑車自体の重さを考えないとき）。また，定滑車は，力の大きさを変えることはできないが，力の向きを変えることができる。図２では動滑車が２つ使われているので，点ｂを引く力は，$1\times\frac{1}{2}\times\frac{1}{2}=0.25$（kg）である。**点ｃ**…輪軸では，輪の半径を支点からの距離《きょり》と見なして，てこのつり合いのように考えればよい。図３では，点ｃを引く力を□kgとすると，１×１＝□×４という関係式ができるので，□＝１÷４＝0.25（kg）と求められる。

⑵　中輪を右回りに引く力を□kgとすると，輪軸Ⅰのつり合いの関係式は，１×３＋１×１＝□×２となり，□＝４÷２＝２（kg）である。よって，点ｄを引く力を△kgとすると，輪軸Ⅱのつり合いの関係式は，２×１＝△×２になり，△＝２÷２＝１（kg）とわかる。

⑶　①　輪軸において，小輪を右回りに引く力を□kgとすると，１×２＝□×１より，□＝２÷１＝２（kg）である。よって，ばねは２kgで引かれているので，ばねののびは，$2\times\frac{2}{1}=4$（cm）となる。　②　**Ａ**　棒のつり合いにおいて，棒の右はしを支点とみなし，棒の左はしを下に引く力を□kgとすると，関係式は，２×１＝□×（４＋１）になるので，□＝２÷５＝0.4（kg）である。したがって，おもりＡの重さは，0.4×２＝0.8（kg）と求められる。　**Ｂ**　棒の右はしを下に引く力は，２−0.4＝1.6（kg）なので，おもりＢの重さは1.6kgである。

国　語　＜Ｔクラス第１回試験＞（50分）＜満点：100点＞

解　答

一　**問１**　Ⅰ　エ　Ⅱ　イ　Ⅲ　オ　**問２**　ウ　**問３**　ア　**問４**　エ　**問５**　しては〜うのか　**問６**　なにひ〜女の子　**問７**　イ　**問８**　エ　**問９**　ウ　二　**問１**　Ⅰ　オ　Ⅱ　ア　Ⅲ　カ　**問２**　世界は〜ている　**問３**　ア　**問４**　**Ａ**　世界の意味を共有　**Ｂ**　協力し合うこと　**Ｃ**　社会　**問５**　ウ　**問６**　イ　**問７**　ア　**問８**　**Ａ**　ほかの人間との関係を築いて　**Ｂ**　言葉を手に入れること　**問９**　イ，エ　三　**問１**　エ　**問２**　ウ　**問３**　ア，オ　**問４**　ア　**問５**　イ　四　**問１**　①　イ　②　オ　③　ウ　**問２**　ア，オ　五　①　**Ａ**　口　**Ｂ**　食　②　**Ａ**　目　**Ｂ**　舌

③　A　横　B　首　六　①　ていげん　②　かいじょ　③　はっき　④　ただ(ち)　⑤　しりぞ(いた)　⑥～⑩　下記を参照のこと。

●漢字の書き取り

六　⑥　細大　⑦　悲願　⑧　列挙　⑨　険(しい)　⑩　補(って)

解説

一　出典は石川宏千花《いしかわひろちか》の『青春ノ帝国』による。百瀬《ももせ》さんにやけどをさせたことを反省した弟を気づかう久和《くわ》先生たちのようすに，佐紀《さき》は自分も思いやりを持ち，姉らしい行動をしようと考える。

問１　Ⅰ　仕事中にやけどをした百瀬さんに対し，久和先生は「治療費《ちりょうひ》はすべてこちらでお支払《しはら》いします」と言っている。職場の責任者として当然の発言なので，“言うまでもなく”という意味の「もちろん」が合う。　Ⅱ　弟は本当に弱っているとわかっていたからと直前にあるが，弟に対する久和先生たちの優《やさ》しさに心動かされた「わたし」は，自分も同じように弟に優しくしたいと強く思った。よって，“このうえなく”という意味の「なにより」が合う。　Ⅲ　朋典《とものり》が百瀬さんにやけどをさせたと聞いていたお母さんは，落ち着かないようすで二人の帰りを待っていた。朋典がきちんと謝《あやま》り，二度とするまいと反省していると聞き，ようやく笑顔《えがお》になったと考えられる。よって，「やっと」がふさわしい。

問２　「血の気が引く」は，“おそろしさのあまり，顔が青白くなる”という意味。続く三つの文にあるように，朋典のせいで百瀬さんがやけどをしたと知り，「わたし」は親が賠償金《ばいしょうきん》を請求されることを想像して青ざめているのだから，ウがあてはまる。

問３　「とっさに」は，無意識のうちにすぐさま反応するようすをいうので，アがよい。

問４　この前後にあるように，百瀬さんがやけどをした原因は朋典だけにあったわけではなく，百瀬さんにも落ち度があったと聞いて，「わたし」は親が責任を取らなくてもすむかもしれないとほっとしている。よって，エが選べる。

問５　この後，久和先生は朋典に視線を合わせて話しかけ，火のついたアルコールランプのそばでふざけるとどうなるかがわかったかと聞いている。先生と百瀬さんのことばを聞いた「わたし」は，「してはいけないことをしたらどうなってしまうのか」を，二人は朋典にわからせたかったのだとさとる。

問６　続く四つの段落に注目する。「わたし」は，自分が百瀬さんのやけどの心配もせず，弟や親が責任を取らずにすむようにとばかり考えていたことをふり返り，自分は「なにひとついいところがない，最低な女の子」だと思って落ちこんでいる。

問７　玄関《げんかん》の前でうろうろし，落ち着かないようすで「わたし」たちを待つ母を見て，朋典は，自分が百瀬さんにやけどをさせてしまったことをしかられるのではないかと，不安を感じておびえている。

問８　しかられるのではないかと泣き出しそうな朋典のため，「わたし」は，朋典が百瀬さんに謝ったことや，禁止されたことはもうしないと久和先生に約束し，深く反省していることを母に伝えている。おびえる弟の味方となり，助けようとしたのだから，“困っている人を助ける”という意味のエが合う。

問９　「わたし」は，姉らしく弟をかばえたとうれしくて涙《なみだ》ぐんだのだから，ウがよい。母にほめられてうれしかったり，弟に対する冷たさを後悔《こうかい》したりして泣いたのではないこと，また，久和先生たちの真似《まね》をして弟にやさしくしたことを母に知られたくなかったとは書かれていないことから，ウ以外は合わない。

二 **出典は橋爪大三郎《はしづめだいさぶろう》の『面白《おもしろ》くて眠《ねむ》れなくなる社会学』による。**言葉のさまざまな性質について例をあげて説明し，言葉は人間の現実をつくり出し，社会を成立させたと述べている。

問１　Ⅰ　前には，犬と狼《おおかみ》は違《ちが》い，「すべての犬は犬だ」とわれわれは思うとある。後には，「狼とシベリア犬，シベリア犬とチワワでは，狼とシベリア犬のほうが似て」いるとある。よって，前後で相反する内容が書かれているときに使う「けれども」があてはまる。　Ⅱ　後に理由を示す「から」があるので，これと呼応して理由を導くときに使う「なぜなら」が合う。　Ⅲ　「被告人《ひこくにん》を死刑《しけい》にする」と宣告したり，船や子どもに命名したりする「宣告」の例が前にあげられている。後には，その名前で指されるものが存在し出すと続く。よって，前の内容を受けて後に続けるときに使う「すると」が入る。

問２　ぼう線①で「錯覚《さっかく》」とされている「これ」は，犬を「イヌ」と呼ぶことを指す。この後，「イヌ」という言葉があるために人間はすべてのものを犬か犬以外に区別できる，つまり「世界は名詞によって，きちんと区切られている」と確信してしまうが，それは根拠《こんきょ》がないと述べられている。

問３　ぼう線②の直前の「それ」は，「イヌ」という言葉を使う人びと全員を拘束《こうそく》するものにあたるが，この「それ」は，その直前の一文にある，「イヌ」という言葉ができるとその線引きが自明のものになり，「イヌ」と「イヌ」以外という分け方でしか世界を見られなくなることを指す。よって，アがふさわしい。

問４　**A**　三つ後の段落に，言葉を共有してやり取りすることで，人間は「世界の意味を共有」できると書かれている。　**B**，**C**　四つ後の段落に，人間は協働する能力を得たことで，「協力し合うこと」に価値を見出《みいだ》し，「社会」ができたと述べられている。

問５　「引き合いに出す」は，“参考のために比較《ひかく》の対象として例に出す”という意味なので，ウがよい。

問６　アとエは「現実をつくり出す」例の一つとしてあげられた「命令」の一種であり，ウは「約束」である。これらは，言葉によってケーキセットが運ばれたり，映画館に行ったり，外で待とうとしたりするという現実が生まれていることを表している。イは，予報されたことによって気温が下がったわけではない。

問７　ａ　船や子どもに命名することで，その名前で指されるものが現実に存在し出すのだから，宣告した内容が「現実」になるといえる。　ｂ　「あした，三時に，ハチ公前ね」と会う約束をすることで，そのような現実が出現する可能性が高くなるとある。これは世界を「記述」するにとどまらず，約束の内容を二人が努力してつくっていることになる。

問８　直前の段落に注目する。　**A**　「ほかの人間との関係を築いて」いく能力のうえに，家族や友人や組織などの社会は成立していると書かれている。　**B**　人間がほかの人間との関係を築き，社会を成立させたのは，「言葉を手に入れること」の結果だと述べられている。

問９　ア，イ　「灰色」という言葉があるために，「灰色」とそれ以外の色を区別できると人間は思いがちだが，それは錯覚だと最初の部分に述べられている。同様のことは，「肩《かた》」「背中」「腰《こし》」などの人体の部分についてもいえることである。よって，アは合わないが，イは合う。　ウ　ぼう線③の次の段落に「動物は～目の前にバナナがない場合に，バナナのことを考えるのはなかなか難しい」とあるので，正しくない。　エ　ぼう線⑤の次の段落に，「言葉は，世界を記述しているだけだから，哲学《てつがく》は世界を研究すればよい，と考えていた」が，「言葉は，人間の現実をつくり出している」とあるので，合う。　オ　最後から四つ目の段落に，「『あなたのことを好きです。』っていうのは，あなたが好きだという客観的事実があって，それを報告しているのとは違います」とあることから，本文の内容にそぐわない。

三　出典は松本祐子《まつもとゆうこ》の『８分音符《おんぷ》のプレリュード』による。風変わりな転校生がやってきた日のようすが描《えが》かれている。

問１　ぼう線①は助動詞「られる」の未然形で，“～することができない”という可能の意味を表すので，エがよい。アは自発，イは尊敬，ウは受け身の意味になる。

問２　ことばのかかり受けでは，直接つなげてみて意味のまとまる部分が答えになる。「わざと」は“故意に”という意味で，「わざと」→「選んだような」とかかる。

問３　「黒板」は「黒い板」と読め，上の字が下の字にかかる組み立てである。よって，「学校の庭」という意味のアの「校庭」，「楽な勝利」という意味のオの「楽勝」が選べる。「過ぎる」「去る」から成るイの「過去」，「満ちる」「足りる」から成るカの「満足」は，似た意味の字の組み合わせ。ウの「南北」は，反対の意味の字の組み合わせ。「席に着く」と読めるエの「着席」は，上の字が動作を表し，下の字が動作の目的・対象を表す組み立て。

問４　文の基本の型は，主語と述語の内容によって「何が・どうする」「何が・どんなだ」「何が・何だ」に分けられる。ぼう線④の述語は動詞が使われた「うなずいた」で「どうする」にあたるので，述語にやはり動詞の「読む」を使ったアが合う。ウの形容動詞「おだやかだ」は「どんなだ」，イの「小学一年生だ」とエの「遊び場だ」は，名詞＋断定の助動詞で「何だ」にあたる。

問５　「上の空」は，ほかのことに心が奪《うば》われ，集中できないこと。

四　ことばの意味，敬語の知識

問１　①　あてはめたときに最も自然につながるのは，はっきりとという意味の「あからさまに」である。　②「(口を)とざす」にかかることばが入る。何度聞かれても答えないのだから，がんこなようすをいう「かたくなに」があてはまる。　③　質問をよく理解しないままにうなずくのだから，はっきりしないようすをいう「あいまいに」がよい。

問２　イの「拝見する」は見学者(客)の動作に対して使われているので，「見る」の謙譲《けんじょう》語ではなく，尊敬語の「ご覧になる」を使って「ご覧ください」とするのがよい。ウの「いただく」は「食べる」の謙譲語だが，客など相手の動作に対するものなので，尊敬語の「召《め》し上がる」を使って「召し上がってください」などとするのが正しい。エの「お聞きする」も謙譲語だが，先生の動作には尊敬語の「お聞きになる」を使う。

五　慣用句の完成

①「口車に乗る」は，“うまい話にだまされる”という意味。「いっぱい食わす」は，“うまく人をだます”という意味。　②「目を見張る」は，“おどろいて目を見開く”という意味。「舌を巻く」は，“とても感心する”という意味。　③「横やりを入れる」は，“横から口を出して計画などをじゃまする”という意味。「首をつっこむ」は，“自分から関係する”という意味。

六 漢字の読みと書き取り

① 意見を出すこと。 ② 制限したり禁止したりしていた状態をやめて，もとにもどすこと。 ③ 持っている力を表すこと。 ④ 音読みは「チョク」「ジキ」で，「直立」「正直」などの熟語がある。訓読みにはほかに「なお(す・る)」がある。 ⑤ 音読みは「タイ」で，「退官」などの熟語がある。 ⑥ 細かなことと大きなこと。 ⑦ 心の底からなしとげたいと思っている願い。 ⑧ ならべあげること。 ⑨ 音読みは「ケン」で，「危険」などの熟語がある。 ⑩ 音読みは「ホ」で，「補足」などの熟語がある。

Memo

2022年度　昌 平 中 学 校

〔電　話〕　(0480) 34－3381
〔所在地〕　〒345－0044　埼玉県北葛飾郡杉戸町下野851
〔交　通〕　JR宇都宮線・東武伊勢崎線─「久喜駅」よりスクールバス

〈編集部注：一般は算数・社会・理科・国語，グローバルは算数・英語・国語を受験します。算数・国語は，一般・グローバルの共同問題です。〉

【算　数】〈一般・グローバル第１回試験〉（50分）〈満点：100点〉

（注意）分数は，それ以上約分できない分数で必ず答えなさい。また，図形は，必ずしも正確ではありません。

1　次の □ にあてはまる数を答えなさい。

(1)　$73-(8+24)-16=$ □

(2)　$1.5\times5-0.25\times7=$ □

(3)　$7-3\frac{3}{4}-2\frac{5}{6}=$ □

(4)　$1\frac{3}{5}\div1.2-1\frac{2}{3}\times0.75=$ □

(5)　$(4+$ □ $)\times0.75=9$

2 次の □ にあてはまる数を答えなさい。

(1) 140 ページある本を全体の $\frac{6}{7}$ 読むと，残りは □ ページです。

(2) 3.8 dL＝ □ cm^3

(3) ある商品を仕入れて，25％の利益を見こんで定価 3750 円で売りました。この商品の仕入れ値は □ 円です。ただし，消費税については考えないものとする。

(4) ある小学校の全児童数は 308 人で，男子児童数と女子児童数の比が 6：5 です。このとき，男子児童は □ 人います。

(5) 右の図は，半径 4 cm の円 O を 2 つの半円に分けて，直径 AB にそって 2.4 cm ずらした図形で，点対称になっています。

この図形の対称の中心は，辺 AB 上の，点 A から □ cm のところにあります。

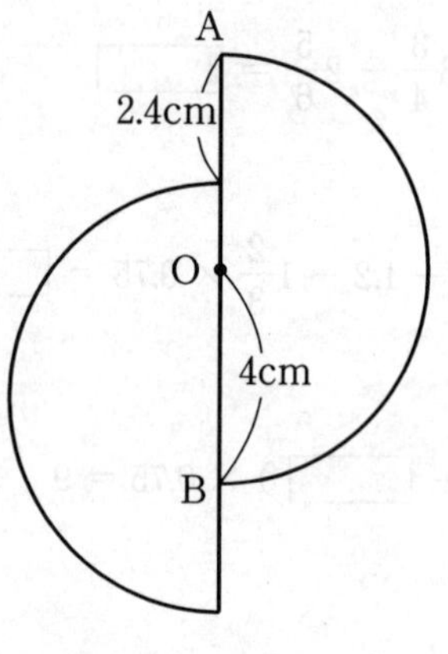

(6) 右の図は，底面がたて 6 cm，横 8 cm の長方形で，高さが 10 cm の四角すいを，高さ 5 cm のところで底面に平行な面で切り取ったときに，下に残った立体です。

この立体の体積は □ cm^3 です。

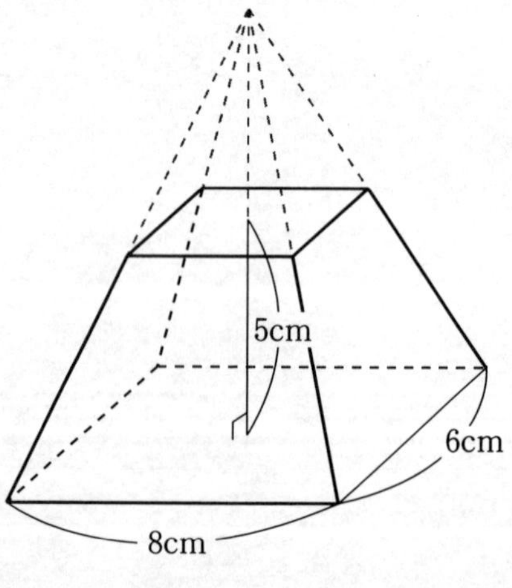

3 下のように，あるきまりにしたがって順に整数を並べました。

1, 3, 3, 5, 5, 5, 7, 7, 7, 7, 9, 9, 9, 9, 9, 11, …

これについて，次の問いに答えなさい。

(1) 初めて13が現れるのは，最初から数えて何番目か求めなさい。

(2) 最初から数えて40番目に現れる整数を求めなさい。

(3) 最初から数えて40番目に現れる整数から，最初から数えて70番目に現れる整数までの和を求めなさい。

4 右の図は，1辺の長さが36 cmの正方形ABCDを，頂点Aが辺BC上の点EにくるようにPQを折り目として折り曲げたものです。このとき，正方形ABCDの辺ADはEFに移動し，辺CDとEFとの交点をGとします。

これについて，次の問いに答えなさい。

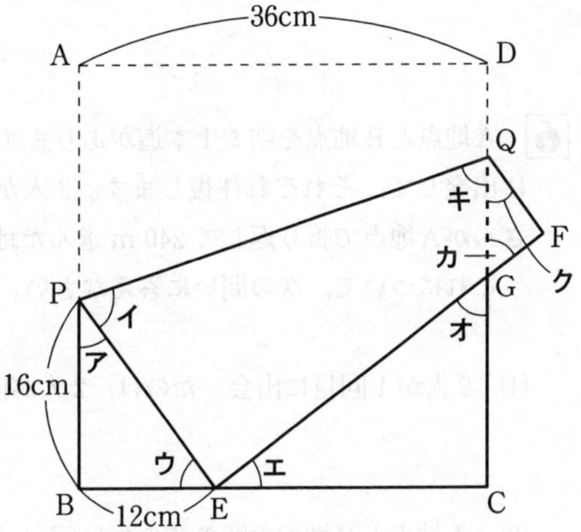

(1) 角ア（角BPE）と大きさが等しい角を，イ～クの中からすべて選び，記号で答えなさい。

(2) EGの長さを求めなさい。

(3) 台形APQDの面積を求めなさい。

5 下の図のように，１辺の長さが２cm の立方体をあるきまりにしたがって順に積み重ねて，立体を作っていきます。

これについて，次の問いに答えなさい。ただし，立方体はすきまなく積んであるものとします。

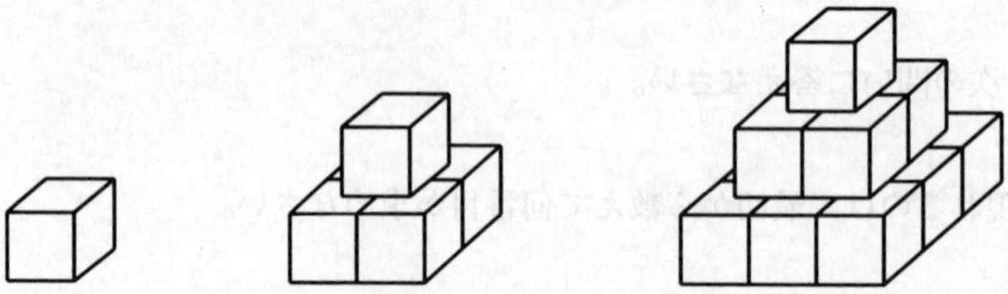

（１段）　　（２段）　　（３段）

⑴　５段の立体を作ったとき，１番下の段に並べた立方体は何個か求めなさい。

⑵　７段の立体を作ったとき，積み重なっている立体の体積を求めなさい。

⑶　９段の立体を作ったとき，積み重なっている立体の表面積を求めなさい。

6 Ａ地点とＢ地点を結ぶ１本道があります。けんた君はＡ地点から，よしこさんはＢ地点から同時に出発して，それぞれ往復します。２人が２回目に出会ったのは同時に出発して36分後，よしこさんがＡ地点で折り返して240ｍ進んだ地点です。また，けんた君が歩く速さは分速80ｍです。

これについて，次の問いに答えなさい。

⑴　２人が１回目に出会ったのは，２人が同時に出発してから何分後か求めなさい。

⑵　Ａ地点とＢ地点の間の道のりは何ｍか求めなさい。

⑶　けんた君が，初めてよしこさんに後ろから追いついた（３回目に出会った）地点は，Ｂ地点から何ｍはなれたところか求めなさい。

【社　会】〈一般第１回試験〉（理科と合わせて50分）〈満点：50点〉

１　次の**Ａ～Ｆ**の文章を読んで，あとの問いに答えなさい。すべての都道府県は県と表しています。

Ａ　①この県は，江戸《えど》時代には外国との貿易の窓口になりました。また太平洋戦争末期，県庁所在都市に世界で二番目に原子爆弾《ばくだん》が投下されました。本土と多くの島々から成っており，隣国《りんごく》の②大韓民国《だいかんみんこく》に一番近い島もあります。

Ｂ　この県は，日本の政治・経済・③情報の中心地ですが，一方で周辺部に豊かな自然があります。④日本の最南端《さいなんたん》の島と最東端の島が属している点でも，重要な役割をになっています。

Ｃ　⑤この県は，本州の最南端に位置します。⑥みかんの栽培《さいばい》や林業で知られています。毎年，夏から秋にかけて，台風が多く上陸し，通過することで知られています。

Ｄ　中央高地に位置するこの県は，⑦８つの県と陸で接しています。かつて冬季オリンピックが開催《かいさい》され，現在は⑧北陸新幹線が通っています。

Ｅ　この県は，日本の最北端に位置しています。かつては地下資源が豊富に産出し，鉱業がさかんでした。⑨農業がさかんで，一戸あたりの農地面積は日本最大です。⑩冬の寒さが厳しいため，家のつくり方には工夫がされています。

Ｆ　この県には，⑪太平洋沿岸に沿って工業地域が広がっています。農業では茶の栽培がさかんで，⑫漁業では，まぐろやかつおの漁獲量《ぎょかくりょう》が全国で１位です。

問１　下線部①について，この都道府県の名前を答えなさい。

問２　下線部②について，この国の国旗として正しいものを，次の**ア～エ**から１つ選び，記号で答えなさい。

ア　**イ**　**ウ**　**エ**

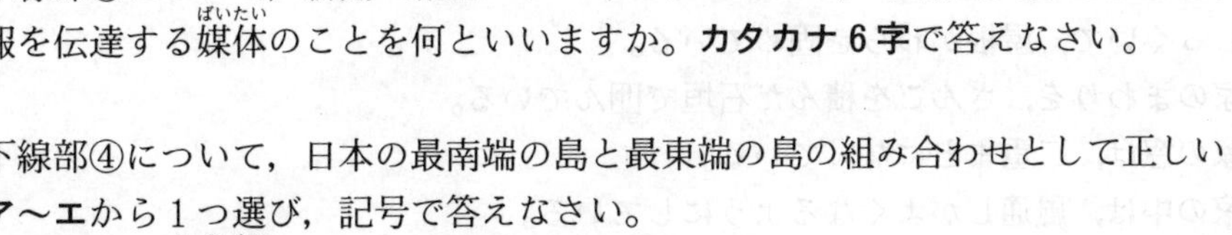

問３　下線部③について，新聞・雑誌・テレビ・ラジオなど，不特定多数の人々に対して大量の情報を伝達する媒体《ばいたい》のことを何といいますか。**カタカナ６字**で答えなさい。

問４　下線部④について，日本の最南端の島と最東端の島の組み合わせとして正しいものを，次の**ア～エ**から１つ選び，記号で答えなさい。

ア　最南端：与那国《よなぐに》島　　最東端：南鳥島
イ　最南端：南鳥島　　最東端：沖ノ鳥《おきのとり》島
ウ　最南端：沖ノ鳥島　　最東端：与那国島
エ　最南端：沖ノ鳥島　　最東端：南鳥島

問５　下線部⑤について，この都道府県の名前を答えなさい。

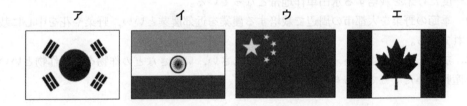

問６　下線部⑥について，**C**で説明された都道府県は，2019年のみかんの収穫量が全国で１位でした。みかんの生産量が２位から５位までの都道府県を示したものとして正しいものを，次の**ア**～**エ**から１つ選び，記号で答えなさい。

	ア	イ	ウ	エ
２位	長野	長野	愛媛	千葉
３位	山形	岩手	静岡	栃木
４位	岡山	山形	熊本	福島
５位	福岡	福島	長崎	鳥取

（『日本国勢図会 2021/22』より作成）

問７　下線部⑦について，**D**で説明された都道府県と接している県として**誤っているもの**を，次の**ア**～**エ**から１つ選び，記号で答えなさい。

ア　岐阜県　**イ**　富山県　**ウ**　群馬県　**エ**　栃木県

問８　下線部⑧について，北陸新幹線の終点は金沢《かなざわ》駅です。北陸新幹線の始点として正しいものを，次の**ア**～**エ**から１つ選び，記号で答えなさい。

ア　糸魚川《いといがわ》駅　**イ**　長野駅　**ウ**　高崎《たかさき》駅　**エ**　富山駅

問９　下線部⑨について，日本の農業について説明した文として**誤っているもの**を，次の**ア**～**エ**から１つ選び，記号で答えなさい。

ア　高冷地では，夏でもすずしい気候を利用して，きゅうりやトマトなどの高原野菜の抑制《よくせい》栽培がさかんである。

イ　東北地方や北陸地方では，冬に雪が多く降り，裏作をすることができないために，年に一度だけ米を栽培する水田単作地帯となっている。

ウ　季節の野菜を大都市の周辺で栽培する農業を近郊《きんこう》農業といい，野菜や花を中心に栽培されている。

エ　加工して利用する茶，さとうきび，てんさい，いぐさなどの作物を工芸作物といい，生産県がかたよっているものが多い。

問10　下線部⑩について，この県の家のくふうとして正しいものを，次の**ア**～**エ**から１つ選び，記号で答えなさい。

ア　しっくいで，屋根がわらを固めている。

イ　家のまわりを，さんごを積んだ石垣《いしがき》で囲んでいる。

ウ　家の窓は，二重などになっている。

エ　家の中は，風通しがよくなるようにしている。

問11　下線部⑪について，この工業地域の都市とさかんな工業の組み合わせとして正しいものを，次の**ア**～**エ**から１つ選び，記号で答えなさい。

ア　豊田《とよた》市－自動車工業　**イ**　富士《ふじ》市－製紙・パルプ工業

ウ　呉《くれ》市－造船業　**エ**　川崎《かわさき》市－鉄鋼業

問12　下線部⑫について，Fで説明された都道府県にある漁港として正しいものを，次のア～エから1つ選び，記号で答えなさい。

ア　枕崎《まくらざき》港　　イ　焼津《やいづ》港　　ウ　銚子《ちょうし》港　　エ　八戸《はちのへ》港

2　次の A ～ G の資料を見て，後の問いに答えなさい。

A

からころも
すそにとりつき
なくこらを
おきてそきぬや
おもなしにして

B

C

D

E

F

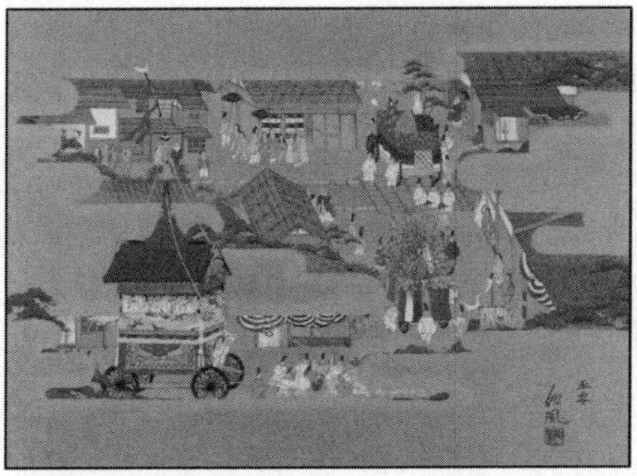

G

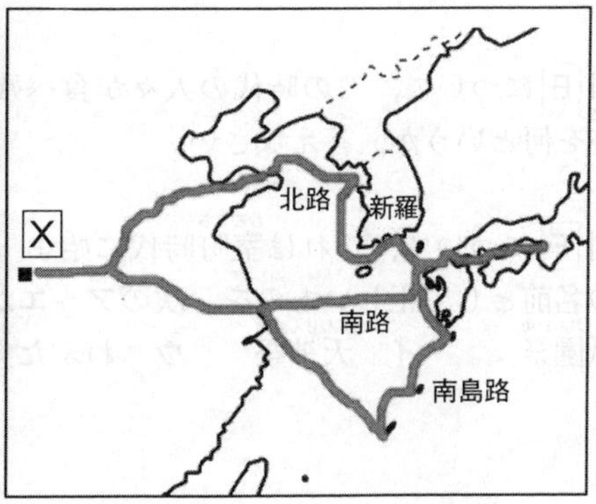

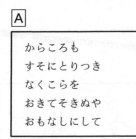

問１　資料Aについて，この短歌は，日本で最古の和歌集におさめられたものです。この和歌集の名前を答えなさい。

問２　資料Bについて，次の問いに答えなさい。

(1)　この城を建てた人物の説明として**誤っているもの**を，次の**ア〜エ**から１つ選び，記号で答えなさい。

ア　明《みん》を征服《せいふく》するために，朝鮮《ちょうせん》へ二度出兵した。
イ　今川義元《いまがわよしもと》の大軍を桶狭間《おけはざま》の戦いでやぶった。
ウ　検地と刀狩《かたながり》によって兵農分離《ぶんり》をおしすすめた。
エ　千利休《せんのりきゅう》を自害させた。

(2)　この城があった場所として正しいものを，右の地図の**ア〜エ**から１つ選び，記号で答えなさい。

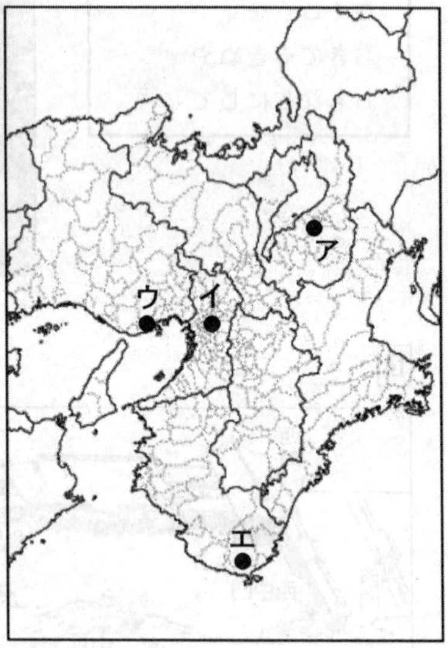

問３　資料Cについて，次の問いに答えなさい。

(1)　この土器がつくられたころ，朝鮮半島から日本列島にやってきて，住みつく人々がいました。このような人々を何というか，答えなさい。

(2)　この土器がつくられた時代の説明として正しいものを，次の**ア〜エ**から１つ選び，記号で答えなさい。

ア　漢字や仏教が大陸から伝わった。
イ　世界で最古の木造建築が建てられた。
ウ　大和朝廷《やまとちょうてい》の国土統一がすすんだ。
エ　西日本を中心に米づくりが広がった。

問４　資料Dについて，次の問いに答えなさい。

(1)　このような建築様式を何というか，答えなさい。

(2)　貴族がこのような建築様式のやしきで暮らしていたころ，『枕草子《まくらのそうし》』という随筆《ずいひつ》を書いた人物の名前として正しいものを，次の**ア〜エ**から１つ選び，記号で答えなさい。

ア　紫式部《むらさきしきぶ》　　**イ**　紀貫之《きのつらゆき》　　**ウ**　清少納言《せいしょうなごん》　　**エ**　和泉式部《いずみしきぶ》

問５　資料Eについて，この時代の人々が食べ残した貝がらや骨を捨てたものが堆積《たいせき》してできた遺跡《いせき》を何というか，答えなさい。

問６　資料Fについて，これは室町《むろまち》時代に始まった京都の祭りの様子を表したものです。この祭りの名前として正しいものを，次の**ア〜エ**から１つ選び，記号で答えなさい。

ア　祇園祭《ぎおんまつり》　　**イ**　天神祭《てんじんまつり》　　**ウ**　ねぶた祭《まつ》り　　**エ**　竿燈《かんとう》まつり

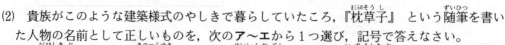

問7　資料 G について，次の問いに答えなさい。

(1)　この資料は，遣唐使《けんとうし》の航路を示したものです。資料中の X にあてはまる中国の都市の名前を，**漢字2字**で答えなさい。

(2)　遣唐使の停止を提案した人物の名前として正しいものを，次の**ア～エ**から1つ選び，記号で答えなさい。

ア　藤原道長《ふじわらのみちなが》　　**イ**　平清盛《たいらのきよもり》　　**ウ**　菅原道真《すがわらのみちざね》　　**エ**　藤原頼通《よりみち》

問8　A，B，C，D，E の資料を，時代の古いものから順に並べかえ，記号で答えなさい。

3　次の年表を見て，あとの問いに答えなさい。

年	できごと	
1600年	関ヶ原《せきがはら》の戦いが起こる	…A
1854年	日米和親条約が結ばれる	…B
1879年	琉球処分《りゅうきゅうしょぶん》を行い，□が設置される	…C
1889年	大日本帝国《ていこく》憲法が発布される	…D
1894年	日清《にっしん》戦争が起こる	…E
	⇕ F	
1937年	□との間で戦争が始まる	…G
1945年	日本が連合国に降伏《こうふく》する	…H
1956年	日本が国際連合に加盟《かめい》する	…I
1964年	東海道新幹線が開通する	…J
2008年	野生復帰を目指して□が放鳥される	…K

問1　年表中の**A**について，関ヶ原の戦いで，西軍の中心人物として，徳川家康の東軍と戦った人物の名前として正しいものを，次の**ア～エ**から1つ選び，記号で答えなさい。

ア　明智光秀《あけちみつひで》　　**イ**　新田義貞《にったよしさだ》　　**ウ**　石田三成《いしだみつなり》　　**エ**　武田信玄《たけだしんげん》

問2　年表中の**B**について，日米和親条約で開かれた港の組み合わせとして正しいものを，次の**ア～エ**から1つ選び，記号で答えなさい。

ア　浦賀《うらが》・長崎　　**イ**　下田《しもだ》・函館《はこだて》　　**ウ**　下田・長崎　　**エ**　浦賀・函館

問3　年表中の**C**の □ にあてはまる都道府県名を答えなさい。

問４　年表中の**D**について，大日本帝国憲法を説明した文として**誤っているもの**を，次の**ア〜エ**から１つ選び，記号で答えなさい。

ア　皇帝の権力が強いドイツの憲法を参考にした。
イ　天皇が国民にあたえるという形で発布された。
ウ　国民は法律の範囲《はんい》内で自由があたえられた。
エ　国の主権は国民にあった。

問５　年表中の**E**について，この戦争の講和会議が開かれた場所として正しいものを，次の**ア〜エ**から１つ選び，記号で答えなさい。

ア　下関《しものせき》　　**イ**　東京　　**ウ**　佐世保《させぼ》　　**エ**　広島

問６　年表中の**F**の期間に起こった次の**ア〜エ**のできごとを，時代の古いものから順に並べかえ，記号で答えなさい。

ア　日本が韓国《かんこく》を併合《へいごう》する。　　**イ**　日露《にちろ》戦争が起こる。
ウ　日本が国際連盟を脱退《だったい》する。　　**エ**　関東大震災《だいしんさい》が起こる。

問７　年表中の**G**の□にあてはまる国の名前として正しいものを，次の**ア〜エ**から１つ選び，記号で答えなさい。

ア　アメリカ　　**イ**　中国　　**ウ**　イタリア　　**エ**　ドイツ

問８　年表中の**H**について，連合国軍最高司令官として占領《せんりょう》下の日本に指示を出した，右の写真の人物の名前を答えなさい。

問９　年表中の**I**について，国際連合の本部がある都市として正しいものを，次の**ア〜エ**から１つ選び，記号で答えなさい。

ア　ジュネーブ　　**イ**　ロンドン
ウ　ニューヨーク　　**エ**　パリ

問10　年表中の**J**について，東海道新幹線が開通した1964年のできごととして正しいものを，次の**ア〜エ**から１つ選び，記号で答えなさい。

ア　石油危機が起こる。　　**イ**　オリンピック東京大会が開催《かいさい》される。
ウ　大阪で万国博覧会《はくらんかい》が開催される。　　**エ**　小笠原諸島《おがさわらしょとう》が日本に返還される。

問11　年表中の**K**の□にあてはまる鳥の名前を，次の**ア〜エ**から１つ選び，記号で答えなさい。

ア　トキ　　**イ**　タンチョウ　　**ウ**　ライチョウ　　**エ**　コウノトリ

4 なおみさんは，地方の政治のしくみと国の政治のしくみをまとめて，次の**図1**と**図2**をつくりました。これを見て，あとの問いに答えなさい。

図1　地方の政治のしくみ

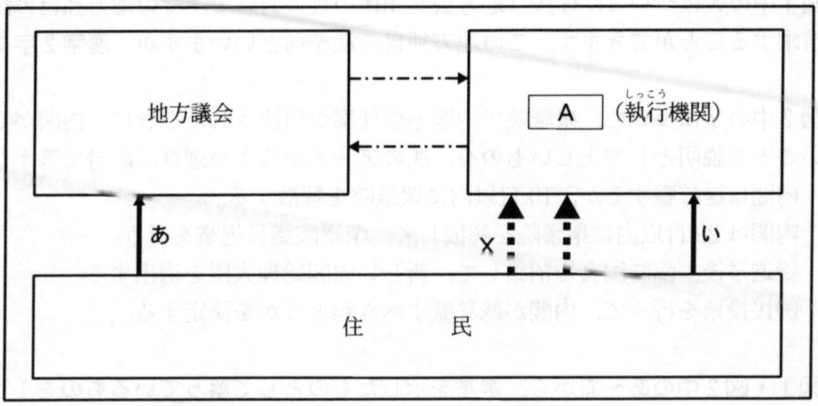

図2　国の政治のしくみ

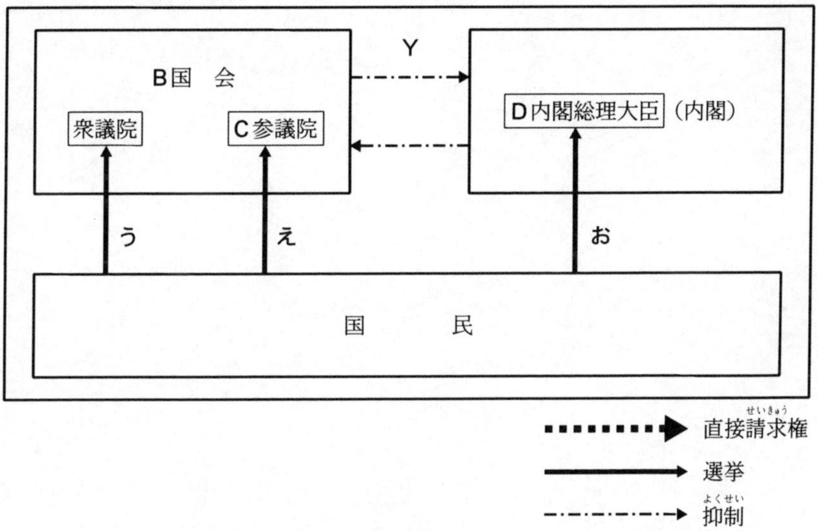

問1　**図1**中の［　A　］には，都道府県知事や市町村長など，地方公共団体の長を表すことばが入ります。このことばを**漢字2字**で答えなさい。

問2　**図2**中の**B**について，日本国憲法において，「国会は［　　　］の最高機関であって，国の唯一《ゆいいつ》の立法機関である」と定められています。［　　　］にあてはまることばを，**漢字2字**で答えなさい。

問3　**図2**中の**C**について，参議院議員の任期の説明として正しいものを，次の**ア〜エ**から1つ選び，記号で答えなさい。

ア　任期は4年で，解散がある。　　**イ**　任期は4年で，解散はない。

ウ　任期は6年で，解散がある。　　**エ**　任期は6年で，解散はない。

問４　**図２**中の**Ｄ**について，内閣総理大臣とその他の国務大臣が開く会議を何といいますか。**漢字２字**で答えなさい。

問５　**図１**中の**Ｘ**について，住民は地方公共団体の長に対して，その地方独自の法の制定や改廃《かいはい》を請求することができます。この地方独自の法を何といいますか。**漢字２字**で答えなさい。

問６　**図２**中の**Ｙ**について，衆議院で内閣不信任案が可決されたときに，内閣がしなければならないことの説明として正しいものを，次の**ア～エ**から１つ選び，記号で答えなさい。

ア　内閣は総辞職するか，10 日以内に衆議院を解散する。

イ　内閣は 20 日以内に衆議院を解散して，衆議院議員選挙を行う。

ウ　総選挙後，臨時国会を招集して，新しい内閣総理大臣を選出する。

エ　国民投票を行って，内閣が総辞職すべきかどうかを決定する。

問７　**図１・図２**中の**あ～お**から，選挙を示したものとして**誤っているもの**を１つ選び，記号で答えなさい。

【理　科】〈一般第１回試験〉（社会と合わせて50分）〈満点：50点〉

1　星の動きについて，以下の問いに答えなさい。

図は，埼玉県で12月30日の22時に観察した南の空の星座のようすをスケッチしたものです。

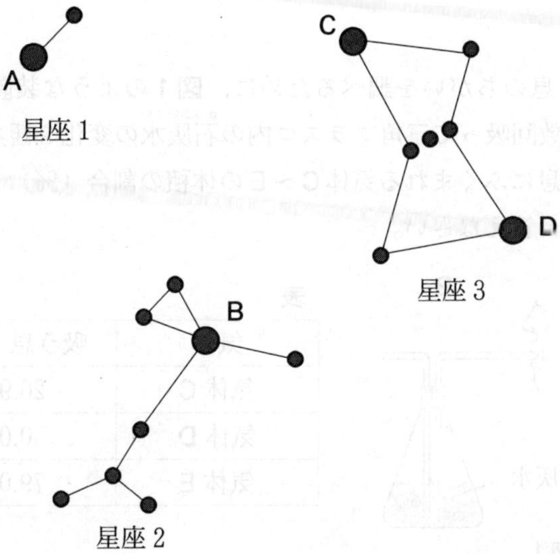

図

(1)　星座を形づくる星や太陽のように，自ら光や熱を出してかがやく星を何といいますか。

(2)　図の星A～Dのうち，赤くかがやいて見える星はどれですか。１つ選び，記号で答えなさい。また，その理由として正しいものを，次のア～エから１つ選び，記号で答えなさい。

ア　星が大きいから。　　　　　イ　星が地球に近いから。
ウ　星の表面の温度が低いから。　エ　星が暗いから。

(3)　4時間後の2時に，星座3は東，西のどちらの方角に見えますか。

(4)　1か月後の1月30日に，同じ位置に星座3が観察できるのは何時ですか。24時制で答えなさい。

(5)　季節によって観察できる星座が変化する理由を，次のア～エから１つ選び，記号で答えなさい。

ア　地球が自転しているから。
イ　太陽が自転しているから。
ウ　地球が地軸《ちじく》をかたむけて太陽のまわりを公転しているから。
エ　星座が太陽のまわりを公転しているから。

(6) 冬の大三角をつくる星座3の名前と星**C**の名前の組み合わせとして正しいものを，次の**ア**～**エ**から1つ選び，記号で答えなさい。

ア おおいぬ座－シリウス　　**イ** こいぬ座－プロキオン
ウ オリオン座－リゲル　　**エ** オリオン座－ベテルギウス

2 ヒトの吸う息とはく息のちがいを調べるために，**図1**のような装置をつくり，**A**では息を数回はき，**B**では息を数回吸って三角フラスコ内の石灰水《せっかいすい》の変化を観察しました。また，**表**はある人の吸う息とはく息にふくまれる気体**C**～**E**の体積の割合（%）を示したものです。これについて，以下の問いに答えなさい。

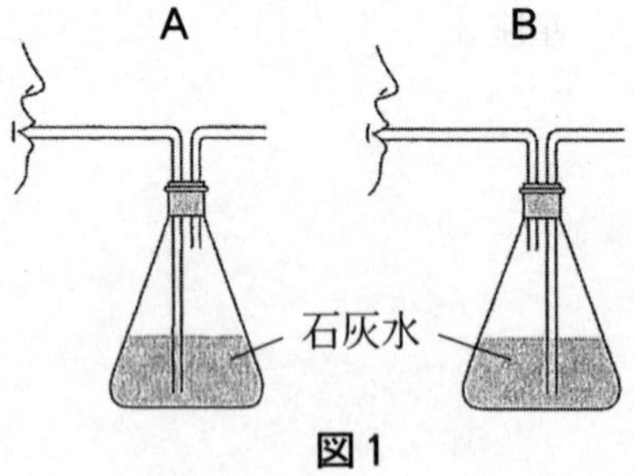

図1

表

気体	吸う息（%）	はく息（%）
気体**C**	20.94	16.44
気体**D**	0.03	4.03
気体**E**	79.03	79.53

(1) **A**の石灰水には大きな変化が見られました。その変化のようすとして正しいものを，次の**ア**～**エ**から1つ選び，記号で答えなさい。

ア 白くにごる。　　**イ** 透明になる。
ウ 青むらさき色になる。　　**エ** 赤色になる。

(2) **表**の気体**E**は，吸う息にもはく息にもほぼ同じ割合だけふくまれています。気体**E**の名前を答えなさい。

(3) 吸う息よりもはく息に多くふくまれる気体は，気体**D**以外に何がありますか。その気体の名前を次の**ア**～**エ**から1つ選び，記号で答えなさい。

ア 酸素　**イ** 水素　**ウ** アンモニア　**エ** 水蒸気

(4) ヒトの肺は，**図2**の**F**のような小さなふくろが無数に集まったつくりをしています。この**F**のつくりの名前を答えなさい。

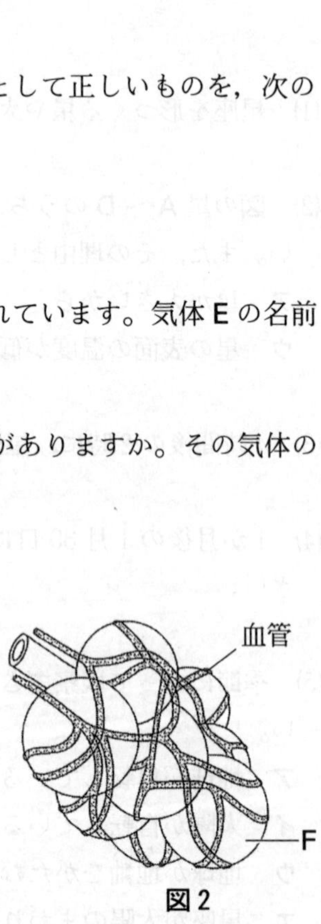

図2

(5) ある人の，1回の呼吸で肺の中に入る空気の量は500 cm^3で，1分間の呼吸回数は12回でした。

① 1分間に肺の中に入る空気の量は何cm^3ですか。その値を答えなさい。

② 1回の呼吸で肺の中に入る酸素の量は何cm^3ですか。その値を答えなさい。

3 金属の酸化について，【実験１】と【実験２】を行いました。以下の問いに答えなさい。

【実験１】5.0ｇのステンレス皿を３枚用意し，それぞれに1.2ｇ，1.8ｇ，2.4ｇのマグネシウムの粉末を入れ，よくかき混ぜながらガスバーナーで加熱した。一定時間加熱したあと，ガスバーナーの火からステンレス皿をおろし，完全に冷めてからステンレス皿ごと重さをはかった。この操作を重さに変化が見られなくなるまでくり返し，その結果をグラフ（**図１**）にまとめた。

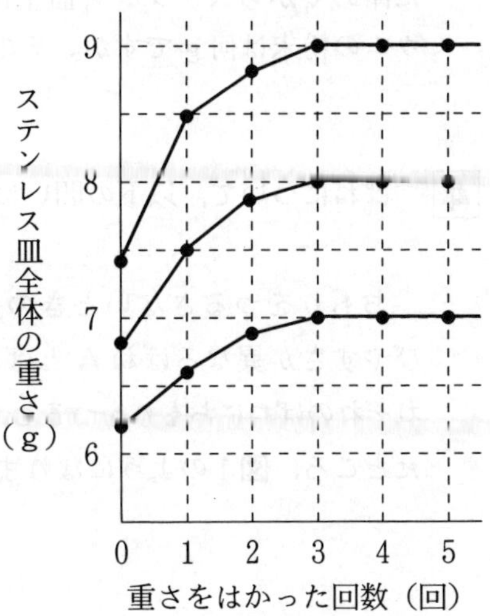

図１

(1) ガスバーナーで金属の粉末を加熱するとき，ステンレス皿を使う理由として正しいものを，次の**ア**～**エ**から１つ選び，記号で答えなさい。

ア ステンレス皿は酸素と結びつきやすく，熱に強いから。
イ ステンレス皿は酸素と結びつきにくく，熱に強いから。
ウ ステンレス皿は酸素と結びつきやすく，熱に弱いから。
エ ステンレス皿は酸素と結びつきにくく，熱に弱いから。

(2) 【実験１】から，マグネシウムの粉末が十分に酸素と結びついて重さが変わらなくなったとき，マグネシウムの粉末の重さと結びついた酸素の重さの比を，最も簡単な整数で答えなさい。

【実験２】5.0ｇのステンレス皿を３枚用意し，それぞれに1.6ｇ，2.4ｇ，3.2ｇの銅の粉末を入れ，よくかき混ぜながらガスバーナーで加熱した。一定時間加熱したあと，ガスバーナーの火からステンレス皿をおろし，完全に冷めてからステンレス皿ごと重さをはかった。この操作を重さに変化が見られなくなるまでくり返し，その結果をグラフ（**図２**）にまとめた。

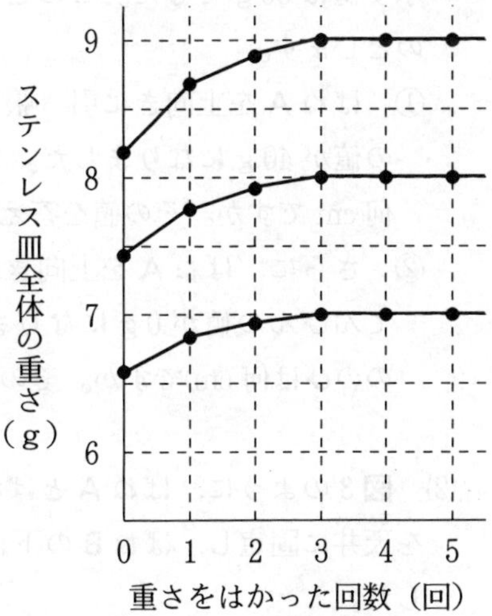

図２

(3) 【実験２】から，銅の粉末が十分に酸素と結びついて重さが変わらなくなったとき，銅の粉末の重さと結びついた酸素の重さの比を，最も簡単な整数で答えなさい。

(4) 5.0ｇのステンレス皿に4.0ｇの銅の粉末を入れ，かき混ぜずに加熱しました。加熱後のステンレス皿全体の重さは9.6ｇになりました。このとき，酸素と結びついていない銅の粉末は何ｇですか。その値を答えなさい。

(5)　5.0 g のステンレス皿に 6.0 g の銅の粉末と，ある重さのマグネシウムの粉末を入れて混ぜ合わせ，よくかき混ぜながら，重さが変わらなくなるまでガスバーナーで加熱しました。完全に冷めてからステンレス皿全体の重さをはかると 19.5 g でした。このとき，混ぜたマグネシウムの粉末は何 g ですか。その値を答えなさい。

4　ばねについて，以下の問いに答えなさい。ただし，ばねの重さは考えないものとします。

おもりをつるさないときの長さが 20 cm で，のびやすさが異なるばね **A** とばね **B** があります。それぞれのばねにおもりをつるし，ばねののびをはかったところ，**図１**のようになりました。

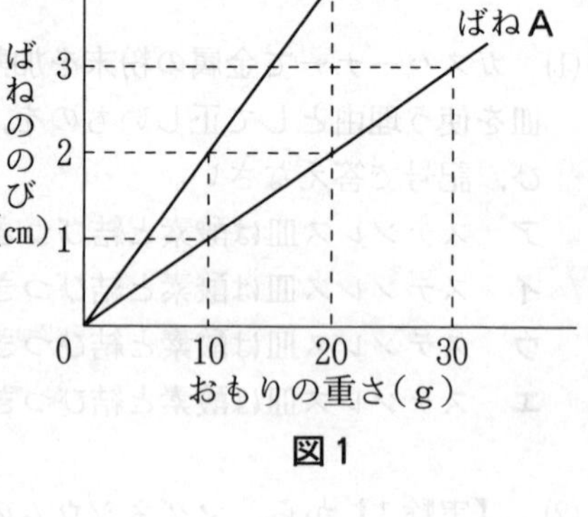

図１

(1)　**図２**のように，ばね **A** におもりをつるし，電子てんびんの上におもりを下にして置いたところ，電子てんびんの示す値は 50 g でした。このとき，ばねはのびていないものとします。

①　ばね **A** を上向きに引っ張ったところ，電子てんびんの値が 40 g になりました。このとき，ばね **A** ののびは何 cm ですか。その値を答えなさい。

②　さらに，ばね **A** を上向きに引っ張ったところ，電子てんびんの値が 0 g になりました。このとき，ばね **A** ののびは何 cm ですか。その値を答えなさい。

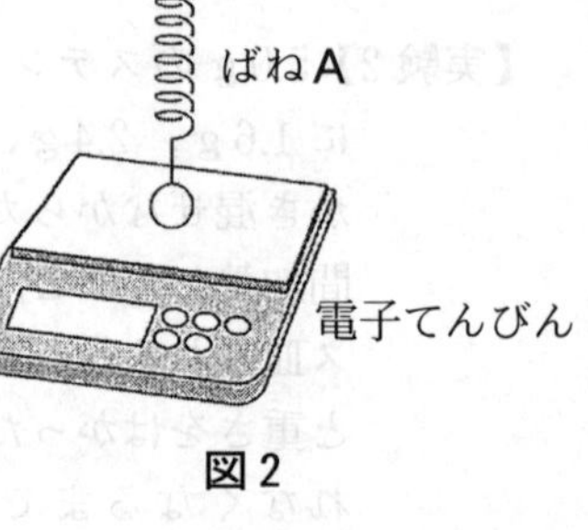

図２

(2)　**図３**のように，ばね **A** とばね **B** を直列につないだものを天井《てんじょう》に固定し，ばね **B** の下に 30 g のおもりをつるしました。

①　このときのばね **B** の長さは何 cm になりますか。その値を答えなさい。

②　このときのばね **A** の長さは何 cm になりますか。その値を答えなさい。

③　全体の長さを 55 cm にするには，何 g のおもりをつるせばよいですか。その値を答えなさい。

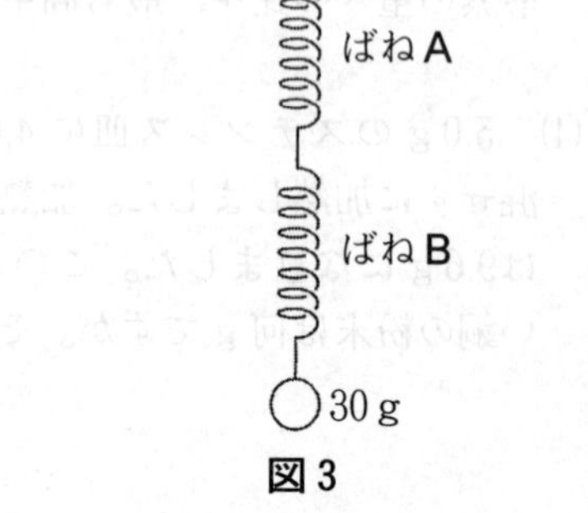

図３

【英語Ⅰ】〈グローバル第1回試験〉（30分）〈満点：50点〉

1 これからＡからＤの４つの英文が流れます。問題用紙の絵にあう英文を１つ選び，その記号を書きなさい。

(1)

(2)

(3)

2 Monica（モニカ）さんの友人が駅から電話で彼女《かのじょ》の家までの道順をたずねてきました。Monica（モニカ）さんの道案内を聞いて，彼女の家のある場所を１つ選び，その記号を書きなさい。

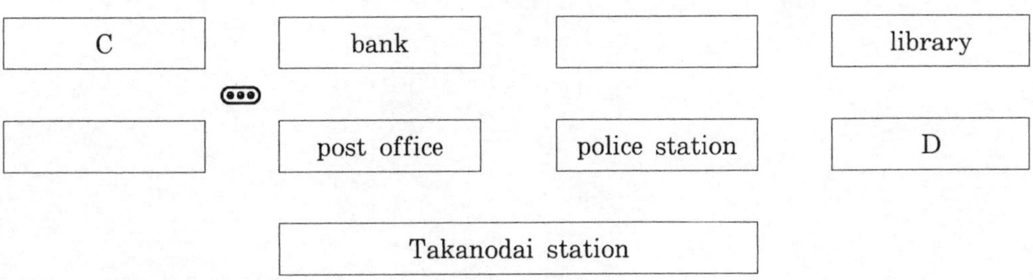

3 これから会話文が流れます。最後の発言に続く英文を1つ選び，その記号を書きなさい。

(1) A I see. When are you going there?
B I see. Why did you talk with him?
C I see. Who is the boy wearing the white cap?

(2) A I didn't pay that much for her present.
B She is becoming fifteen today.
C I had to put a lot of butter.

(3) A You should call him to let him know.
B You have to do your homework.
C I need to check my schedule.

4 Mina（みな）さん，Ken（けん）くん，Nancy（ナンシー）さんの3人は家で飼っているペットについて話をしています。3人の会話を聞いて，問題用紙のA, B, Cにあてはまる内容を書きなさい。

<表>

名前	動物	名前（英語で）	年齢《ねんれい》（数字で）	特技（日本語で）
けん	犬	John	3歳《さい》	（ A ）
ナンシー	猫《ねこ》	（ B ）	4歳	虫をつかまえる
みな	猫	Hachi	（ C ）歳	速く走る

※〈リスニング放送原稿〉は，英語の問題のうしろに掲載してあります。

5 次の（　　）にあてはまるものとして，最も適切なものを１～４の中から１つ選び，その番号を書きなさい。

(1) （　　）is the brother of a mother or a father.

1 An aunt　　2 A niece　　3 An uncle　　4 A nephew

(2) Ellen felt（　）after running, so she drank much water.

1 thirsty　　2 happy　　3 free　　4 hard

(3) Fred was sleepy all day today because he stayed up（　　）last night.

1 late　　2 slowly　　3 below　　4 alone

(4) I didn't know（　　）to say to Chris when I heard about the death of his pet.

1 where　　2 what　　3 which　　4 that

(5) Nancy will come to Mike's house this weekend. Mike is looking forward to（　　）her.

1 see　　2 saw　　3 seen　　4 seeing

6 次の（　　）にあてはまるものとして，最も適切なものを１～４の中から１つ選び，その番号を書きなさい。

(1) A：Mr. Johnson, can I ask you a question?

B：（　　）. What do you want to ask?

1 Sure, go ahead　　2 No, you didn't

3 I need your help　　4 Me, too

(2) A：Oh, there is（　　）salt in the pot.

B：I'm going to go shopping now, so I'll buy it.

1 little　　2 few

3 much　　4 many

(3) A : I sent you an e-mail yesterday. Did you check it?

B : Really? I didn't ( ) any e-mails yesterday.

1 make　　2 write

3 give　　4 receive

(4) A : My father calls me every day. I'm sick of him!

B : I think your father is ( ) about your new life in Tokyo.

1 angry　　2 relaxed

3 worried　　4 afraid

(5) A : Excuse me. Do you have the time? I forgot my watch.

B : ( ).

1 Yes, I did　　2 It's 4:30

3 No, I don't forget mine　　4 I'm free now

7 次の(A), (B)に答えなさい。

(A) 次のポスターの内容を読んで，あとの問いに答えなさい。

A New Teacher will come!

A new teacher, Mr. Kelly, will come to our school on September1. Let's talk a lot with him!

About Mr. Kelly

Name:	Robert Kelly	**Country:**	Canada
Birthday:	September 6	**Age:**	27
Favorite food:	pizza, *ramen*	**Favorite sport:**	basketball

His Message:

Hi, students! I was born in the US and brought up in Canada. I love basketball, but I'm not good at playing it. In Japan, I want to eat *takoyaki* because I have never eaten it. Let's enjoy English with me!

☞We want your messages to Mr. Kelly. Please come to teachers' room and take the paper for the message.

(1) Which is true about Mr. Kelly?

1 He is twenty-six years old now.

2 He likes *ramen* very much.

3 He plays basketball very well.

4 He was born in Canada.

(2) If the students want to give their messages to Mr. Kelly, what will they do?

1 They will go to teachers' room.

2 They will take the paper from their houses.

3 They will write about *takoyaki* on the paper.

4 They will talk about a birthday present for him.

(B) 次の英文は，アメリカ人のClare（クレア）さんが，中国に留学している友人のEmily（エミリー）さんに宛てて書いた手紙です。これを読んで，あとの問いに答えなさい。

September 14, 2022

Dear Emily,

How are you doing? I hope you are having a great time in China. I have never been to China, but I want to go there in the future.

Last month, I went on a trip to Okinawa with my family. I was very impressed to listen to its traditional music there. I saw people who were playing the *sanshin*. Do you know *sanshin*? It is a *musical instrument of Okinawa like a guitar. I also enjoyed its traditional dance. Okinawa is a very exciting place. I'd like to go there again!

You're going to come back to the US next month, right? In Okinawa, I bought a *souvenir for you. I'm sure you'll love it.

Yours,

Clare

musical instrument: 楽器　　souvenir: おみやげ

(1) Why was Clare very impressed in Okinawa?

1 Because she listened to the traditional music of Okinawa.

2 Because she heard Emily was in China.

3 Because she saw people dancing.

4 Because she played the guitar in Okinawa.

(2) What will Clare do after Emily comes back to the US?

1 She will buy a *sanshin* for Emily.

2 She will do a traditional dance.

3 She will give a souvenir to Emily.

4 She will visit Okinawa again.

8 次の英文を読んで，あとの問いに答えなさい。

In 2021, people around the world enjoyed the Tokyo Olympics and the Tokyo Paralympics. Some of you know the Olympics started in 1896, but do you know when the Paralympics started? A doctor, Ludwig Guttmann, was a very important person about the start of the Paralympics.

In 1923, Guttmann started working as a doctor in Germany. In 1939, he moved from there to England with his family. A few years later, he started to work at Stoke Mandeville Hospital in England. A lot of *patients in the hospital had serious *injuries or *disabilities in the war. They felt *hopeless. Guttmann wanted to change such a situation.

To *treat the patients, and to cheer them up, Guttmann decided to have an *archery game for people in *wheelchairs at Stoke Mandeville Hospital on *the same day and the same year as the 1948 London Olympics. There were only sixteen people that played archery at the game, but they enjoyed it. After that, the hospital had a sport event every year.

Year by year, the number of the people who joined the sport event increased and the event got more and more popular. From 1952, foreign people joined the event. In 1960, at the event in *Rome, 400 people from 23 countries played 8 sports. It was the first Paralympics. And now Guttmann is called "Father of the Paralympics."

patient: 患者　injury: けが　disability: 身体障害　hopeless: 希望がない

treat: 治療する　archery: アーチェリー　wheelchair: 車いす

the same ... as ～: ～と同じ…　Rome: ローマ

(1) When did the Paralympics start?

1 In 1896.　　2 In 1923.

3 In 1952.　　4 In 1960.

(2) How were the patients in Stoke Mandeville Hospital when Guttmann started to work there?

1 They had no hope.

2 They were very busy.

3 They were interested in him.

4 They wanted to change their situation.

(3) Why did Guttmann have a sport event at Stoke Mandeville Hospital in 1948?

1 Because he liked sports very much.

2 Because he wanted to visit the 1948 London Olympics.

3 Because he wanted the patients to cheer him up.

4 Because he tried to make the patients well.

(4) How many sports did the people play in the first Paralympics?

1 One.

2 Eight.

3 Twenty-three.

4 Four hundred.

(5) What is this story about?

1 Dr. Ludwig Guttmann's life.

2 The difference between the Olympics and the Paralympics.

3 The origin of the Paralympics.

4 The history of Stoke Mandeville Hospital.

〈リスニング放送原稿〉

（※チャイム音）

これから「リスニングの問題」を始めます。

問題用紙のリスニングのページを見てください。問題は全部で 4 題あります。放送中にメモを取っても構いません。各問題とも英語は２回ずつ放送されます。

（間２秒）

問題１。これから A から D の 4 つの英文が流れます。問題用紙の絵にあう英文を 1 つ選び，その記号を書きなさい。問題は３問あります。それでは始めます。

（間２秒）

Question 1

A. A girl is reading a newspaper at the station.

B. A boy is choosing books at the bookstore.

C. A girl is writing something in her notebook in her room.

D. A boy is studying in the library.

（間５秒）

繰り返します。(Question 1 を繰り返す)

（間５秒）

Question 2

A. A girl is shaking hands with her friend.

B. A woman is buying food at the supermarket.

C. A girl is holding her mother’s hands.

D. A woman is making dinner with her daughter.

（間５秒）

繰り返します。(Question2 を繰り返す)

（間５秒）

Question 3

A.　There are three children playing the piano.　They are smiling.

B.　There is a lady singing in the room.　Three children are running around her.

C.　There are three children dancing to music.　They look happy.

D.　There is a lady listening to music.　Three children are reading books.

（間５秒）

繰り返します。(Question 3 を繰り返す)

（間５秒）

問題２。Monica（モニカ）さんの友人が駅から電話で彼女の家までの道順をたずねてきました。Monica（モニカ）さんの道案内を聞いて，彼女の家のある場所を１つ選び，その記号を書きなさい。それでは始めます。

★　I've just arrived at Takanodai station.　Please tell me the way to your house.

☆　OK, I'll tell you the shortest way to my house.　You'll see the post office and the police station in front of the station.　Walk straight between them and turn left at the first traffic light.　Walk one block, cross the street, and you'll see my house on the right.

★　OK, thank you.　See you soon.

（間５秒）

繰り返します。(会話を繰り返す)

（間５秒）

問題３。これから会話文が流れます。最後の発言に続く英文を１つ選び，その記号を書きなさい。問題は３問あります。それでは始めます。

（間２秒）

Question 1

☆ Hi, Sam.　Take a look at this!

★ Hi, Yumi.　Wow, that's a nice picture.　Is that your family?

☆ Yes.　We went to Okinawa last week.

（間５秒）

繰り返します。(Question 1 を繰り返す)

（間５秒）

Question 2

☆ It smells so good!　What are you making?

★ I'm baking an apple pie for Emi.

☆ That's great.　But why are you making it for her?

（間５秒）

繰り返します。(Question 2 を繰り返す)

（間５秒）

Question 3

☆ Oh, no!　It's already 2:30!

★ What's wrong?　Are you in a hurry?

☆ I had an appointment with Mr. Jackson at 2:00.

（間５秒）

繰り返します。(Question 3 を繰り返す)

（間５秒）

問題4。 Mina（みな）さん，Ken（けん）くん，Nancy（ナンシー）さんの3人は家で飼っているペットについて話をしています。3人の会話を聞いて，問題用紙のA,B,Cにあてはまる内容を書きなさい。それでは始めます。

（間2秒）

Mina: Hi, Ken. You have a pet, don't you?

Ken: Yes, I have a three-year-old dog at home. His name is John. He is really smart and good at catching a ball. I often play catch with him after we go for our daily walk. How about you, Nancy? Do you have any pets?

Nancy: Yes, I have a cat, Riley.

Mina: Um... R-A-...?

Nancy: Oh, no. Her name is Riley, R-I-L-E-Y. She is four and a great hunter! She often catches bugs and proudly displays them. I don't like to look at bugs, but I always praise her. Mina, I know you have a cat, too. Is he fine?

Mina: Yes. Hachi is already thirteen years old, but very energetic! He is a fast runner. Especially at night, he runs around the house and wakes us up. It sometimes bothers us, but all my family members really love him.

Ken: Having pets is not easy sometimes, but they make us happy.

（間5秒）

繰り返します。（会話を繰り返す）

（間5秒）

以上でリスニング問題を終わります。

六

次の①～⑩の文の――線部をつけた漢字は読みをひらがなで、カタカナは漢字に直して書きなさい。

① 犬が羊の群れを束ねる。

② 軽率な行動に気を付ける。

③ 看過できない問題に直面する。

④ くわしい説明を省く。

⑤ 機器の故障を直す。

⑥ 朝食にギュウニュウを飲む。

⑦ ユウボク民の生活を調べる。

⑧ 飛行機をソウジュウする。

⑨ おたがいをミトめ合う。

⑩ 小さな畑をタガヤす。

四　次の問いに答えなさい。

問１　次の①〜⑤の文の主語と述語の関係は、あとのア〜ウのどれにあてはまりますか。それぞれ記号を書きなさい。ただし、同じ記号を何回使ってもかまいません。

①　農業や漁業は、いつでも大自然が相手の職業だ。

②　兄は、今日も朝からランニングと筋トレをする。

③　ぼくの姉は、今年からリモートで授業を受け始めた。

④　このセーターは、彼女《かのじょ》が編んでくれたものです。

⑤　川面《かわも》に散ったさくらの花びらの流れが美しい。

ア　ぼくが作ったのはいちごをのせた白いケーキだ。

イ　ぼくが作ったいちごをのせたケーキは白い。

ウ　ぼくはいちごをのせた白いケーキを作った。

問２　次の①〜⑤の文の＝＝線の語がかかることばを、**ア**〜**オ**の中から一つずつ選び、それぞれ記号を書きなさい。

①　**ア**友達の　**イ**家の　犬の　**ウ**動画が　**エ**評判に　**オ**なった。

②　彼《かれ》は　**ア**いつも　**イ**わたしに　**ウ**急な　**エ**用事を　**オ**たのむ。

③　**ア**ドローンを　**イ**飛ばして、空から　**ウ**ぼくたちの　**エ**町を　**オ**ながめたい。

④　**ア**将来の　**イ**夢は　オリンピックで　**ウ**三連覇《さんれんぱ》を　**エ**果たす　**オ**ことだ。

⑤　**ア**今年こそは　家族で　**イ**地元の　**ウ**花火大会に　**エ**行くのが　**オ**楽しみだ。

五　次の①〜⑤のことわざの意味になるように、あとの**A**・**B**のことばを組み合わせて完成させ、それぞれ記号を書きなさい。（ただし、同じ記号はくり返し使えません。）

①　泣き面《つら》にはち

②　火中の栗《くり》を拾う

③　三つ子の魂《たましい》百まで

④　頭かくして尻《しり》かくさず

⑤　転ばぬ先のつえ

A　**ア**　他の人がやりたがらないような

イ　悪いことが起こった上に

ウ　全てを見えないようにしたつもりでも

エ　失敗することのないように

オ　幼いころの性格や性質は

B　**ア**　一部がかくれていないこと

イ　大変なことを引き受けること

ウ　大人になっても変わらないこと

エ　事前に準備をしておくこと

オ　さらに悪いことが重なること

それからずっと時が経《た》ち、落語芸能が生まれた江戸《えど》時代《じだい》の人々も、噺家の声に一心に耳を傾《かたむ》け、声を上げて笑い、その間だけは日常の④くさくさした気持ちを忘れていcられたのだろう。寄席で耳を澄ませていると、そんな古い時代の人々の笑い声が、いまを生きる人々の笑い声のなかに反響《はんきょう》しているように感じdられる。

（青山七恵「耳覚めの季節」による。）

問１　①上半身と同じ組み立ての三字熟語を、次の**ア**〜**オ**の中からすべて選び、その記号を書きなさい。

ア　再調査　**イ**　心技体　**ウ**　国際化
エ　未体験　**オ**　公文書

問２　②動きと同じ品詞の言葉を、次の**ア**〜**エ**の中から一つ選び、その記号を書きなさい。

ア　重さ　**イ**　反応する
ウ　古い　**エ**　おもいおもいに

問３　③きっとがかかることばを、次の**ア**〜**オ**の中から一つ選び、その記号を書きなさい。

ア　与えられたストーリー　**イ**　自ら関わろう
ウ　意識の拮抗のありかたが　**エ**　似ている
オ　思う

問４　④くさくさの使い方として最も適切なものを、次の**ア**〜**エ**の中から一つ選び、その記号を書きなさい。

ア　快晴が続いて、畑の土がくさくさとしている。
イ　友達の言葉が、くさくさと胸にささる。
ウ　心配事が解消されず、気がくさくさする。
エ　うっすらと雪が積もった小道をくさくさと歩く。

問５　二重傍線《ぼうせん》a〜dの「られ」の中に、用法が同じものが二つあります。その組み合わせとして正しいものを次の**ア**〜**オ**の中から一つ選び、その記号を書きなさい。

ア　aとb　**イ**　cとd　**ウ**　aとd
エ　bとc　**オ**　aとc

問10　本文の内容として最も適切なものを、次の**ア**～**エ**の中から一つ選び、その記号を書きなさい。

ア　どんな仕事にも何らかの道具を使うので、その道具を人に見せたり扱ったりする動作に手をぬかないようにする方がよい。

イ　若いクリエーターは、チープなＣＭを作ることに慣れすぎていて、ステップ・アップした仕事をするのが難しくなっている。

ウ　通販番組は、決められた時間内に多くの情報を流して商品を宣伝しなければならないので、スティーブ・ジョブズのまねはできない。

エ　宣伝をする側は、受け手が求める情報量を調節して、受け手が白けないようにすることで最大の宣伝効果が得られる。

三

次の文章を読んで、あとの問いに答えなさい。（設問に字数制限のある場合は、句読点や符号も一字と数えます。）なお、著者の青山七《あおやまなな》恵《え》氏は埼玉県出身です。

三年前、新宿末廣亭《しんじゅくすえひろてい》の深夜寄席《よせ》ではじめて落語を聴《き》いてから、ときどき落語会に足を運ぶようになった。おもしろい話を聴いて、ふふふと笑う。それだけでじゅうぶんに楽しい。周りを見回すと、ほかのお客さんたちもどうやらそんなふうらしい。客席の全員がおもいおもいにゆったりくつろぎながら、高座にいる噺家《はなしか》さんの声に耳を澄《す》ませ、声をあげて笑っている。考えてみれば、人目を気にせず好きなだけ笑える公共の空間というのは、現代の暮らしのなかでは案外少ないのかもしれない。

噺家さんは背景画も効果音も使わず、ただ声と①上半身の②動きと扇《せん》子《す》と手ぬぐいだけで、すべてを表現する。聴衆《ちょうしゅう》はそれぞれの心の内で、見えない部分を想像する。だから高座では、実在する肉体の動きと聴き手の想像する世界が常に二重写しになって進行していく。これがまた楽しい。寄席で聴いた噺を数日後に思い出そうとする感覚は、自分が見た夢を思い出すときの感覚に似てはいないだろうか？　それは③きっと、与《あた》えられたストーリーとそれに自ら関わろうともがく意識の拮抗《きっこう》のありかたが似ているせいなのだと思う。

加えて落語には、なんともいえない懐《なつ》かしさ、ごく個人的な、過ぎ去った時間への愛着をかきたてａられるところがある。寄席に行くと、眠《ねむ》る前、親が話してくれる昔話に一心に聴き入っていた子ども時代の耳の感覚がほのかに呼び覚まされるのだ。文字というものを学んでから、お話とは聴くものではなく、読むものになった。成人して小説家になってからは、さらにお話を書くほうの人間にもなったのだから、ますます耳は目に押《お》しのけｂられ、お話から遠ざかり、読書中にかかってくる電話や玄《げん》関《かん》チャイムに反応する役割しか果たせなくなってしまった。

だからここ数年、落語に惹《ひ》かれているのはわたしの心ではなく、長らくお話を渇望《かつぼう》していた耳のほうなのかもしれない。人類がまだ文字を持たなかった古《いにしえ》の時代の神話も、口承で語り継《つ》がれるものだったという。

ア　新商品がかつてない小ささであることを強調した演出をする姿。

イ　新商品とともに開発者の自分のすばらしさまでも演出しきる姿。

ウ　新商品の機能を一つ一つていねいにわかりやすく解説する姿。

エ　いつも同じシンプルな服装で、新商品をアピールする姿。

問4　④iPod nano　とありますが、この商品の機能的特徴《とくちょう》を説明した一文を探し、最初の五字を書きぬきなさい。

問5　⑤自分を演出できている人　とありますが、そのような人の例として**あてはまらないもの**を、次の**ア**〜**エ**の中から一つ選び、その記号を書きなさい。

ア　きれいに磨《みが》かれた靴《くつ》をはいている人。

イ　借りた本を返すときに、ていねいに包んで返す人。

ウ　聞き取りやすい速さで会話をする人。

エ　細かいことを気にせずに思うままに発言する人。

問6　⑥演出はわかりやすさだけを狙ってはいけない　とありますが、それはなぜですか。次の文の［a］・［b］にあてはまる最も適切なことばを、文中から指定の字数で探し、それぞれ最初の五字を書きぬきなさい。

商品の説明を受け取る側に［a（十二字）］を作らせることで、そこに［b（十一字）］から。

問7　［A］・［C］に共通してあてはまることばとして最も適切なものを、次の**ア**〜**エ**の中から一つ選び、その記号を書きなさい。

ア　たとえば　**イ**　しかし　**ウ**　なぜなら　**エ**　または

問8　［B］にあてはまることばを文中から六字で探し、書きぬきなさい。

問9　⑦きっと作っているクリエーターたちもわかっている　とありますが、何をわかっているのですか。次の文の［a］・［b］にあてはまる最も適切なことばを、文中から指定の字数で探し、それぞれ書きぬきなさい。

SNSの広告をユーザーが見る時間は［a（二字）］しかないので、その短い広告にあざとさが滲み、宣伝したい意図が透けて見えるという［b（四字）］があるということ。

どんな仕事であっても、何らかの道具は使う。その扱い一つで自分の見え方は異なる。

自分を演出できる人は、自分の愛するものの演出を考える力のある人ということになりそうだ。

気を付けたほうがいいのは、⑥演出はわかりやすさだけを狙《ねら》ってはいけないということだ。物を売ったり、未知のものを相手に知ってもらったりするのだから、わかりやすさは大切な要素である。[A]、それが独り歩きしてしまうと陳腐《ちんぷ》な現象が起こる。

ジョブズのプレゼンテーションはわかりやすい。しかし、わかりやす過ぎない。その勘《かん》どころは重要だ。

わかりやす過ぎる商品説明の代表例は、通販《つうはん》番組である。では、ジョブズがあの口調で新商品を紹介《しょうかい》したらどうなるか。「そこまで説明しなくても」と受け手は白けてしまう。演出では「あえて、そこまではやらない」という視点も必要だ。受け手が、自分で想像できる〝隙間《すきま》〟を作っておくことで、人の気持ちが入ってくる。

SNSは広告が収入源である。だが、ユーザーは広告を一瞬《いっしゅん》しか見ないものだ。その一瞬に賭《か》けた広告には、どうしても「あざとさ」が滲《にじ》んでしまう。広告代理店は巧妙《こうみょう》にやっているつもりだろうが、意図が透《す》けて見える安っぽさがある。⑦きっと作っているクリエーターたちもわかっている。しかし、テレビCMほどの「時間」がないのだから、パッとわからせるために仕方なく「[B]」が出過ぎる広告になってしまう。

刹那的《せつなてき》（※短い間であるさま）に考えれば、それでもある程度の成果が出るだろう。[C]、長い目で見ると、自分の首を絞《し》めているだけである。作っている本人が「いやらしいよなあ」と感じているに違《ちが》いない。そういうチープなCMを作っている若いクリエーター諸君に伝えておきたいことがある。若い頃《ころ》はそういう仕事しか来なくても、腐《くさ》らないことだ。少しずつ実績を積み上げて、やがては余裕《よゆう》のある仕事にステップ・アップしようという気持ちを失わないでほしい。

（竹内一郎《たけうちいちろう》『あなたはなぜ誤解されるのか』による。）

問１　①スティーブ・ジョブズ　とありますが、彼が商品を発売するときの考え方について、本文ではどのように表現されていますか。文中から三十字で探し、その最初と最後の五字を書きぬきなさい。

問２　②発売前に何度もちゃぶ台返しをし、その結果会社を追われたり、無慈悲なリストラを繰り返したりした　とありますが、スティーブ・ジョブズのそのような行動のことを、筆者はどのように評価していますか。文中から五字で書きぬきなさい。

問３　③プレゼンテーションの姿　とありますが、その説明として**あてはまらないもの**を、次の**ア**～**エ**の中から一つ選び、その記号を書きなさい。

二　次の文章を読んで、あとの問いに答えなさい。（設問に字数制限のある場合は、句読点や符号も一字と数えます。）なお、（※　）は作問者の注です。

自分をどう見せるか、ということに長《た》けていた人といえば、アップルの創始者、①スティーブ・ジョブズを先《ま》ず思いつく人も多いだろう。彼《かれ》に関しては、人によって好き嫌《きら》いも分かれれば、毀誉褒貶《きよほうへん》（※ほめたり悪口を言ったりすること）も激しい。優《すぐ》れた人に特有の大きな長所とそれに見合うだけの大きな欠点もあり、私もいいところばかりの人物だとは思わない。

　彼には、良い商品を納得《なっとく》するまで良い外観にして世に送りだす、という哲学《てつがく》があったように思う。そのために②発売前に何度もちゃぶ台返し（※物事をふりだしにもどすこと）をし、その結果会社を追われたり、無慈悲《むじひ》なリストラを繰《く》り返したりした。

　だが、彼ほど新商品を出すときの③プレゼンテーションの姿を世界中の人々の目に焼き付けた人も他にいないのではなかろうか。着ている服はいつも同じ。三宅一生《みやけいっせい》デザインの黒いタートルネック、リーバイスのジーンズ、ニューバランスのスニーカーである。

　とりわけ忘れられないプレゼンテーションは、「④iPod《アイポッド》 nano《ナノ》」の商品発表の時のものだ。あまりにも鮮《あざ》やかなアイデアだったので、多くのメディアが取り上げて、ジョブズのファンでない人も、その日の彼の振《ふ》る舞《ま》いを目に焼き付けている人は多いはず。

　その日彼は、ジーンズの右ポケットの内側にある、普段《ふだん》はコイン入れにしか使えない小さな小さなポケットから、小さな機械を取り出した。一千曲も音楽が入れられる、（当時としては）夢のような機械だという。全世界の人の目を、小さなポケットに釘付《くぎづ》けにしてしまったのだ。「iPod nano」の宣伝の演出を考えて、その結果、彼は自分をも見事に演出しきったのである。あの人は凄《すご》い人だ、と。

　演劇でいうなら、小道具をカッコよく扱《あつか》う俳優はカッコいい。和服の着こなしのよい人もカッコいい。⑤自分を演出できている人である。営業マンなら売りたい商品をカッコよく見せるように考えなくてはならない。野球選手ならグラブさばきの美しさが人気につながる。

　他人にプレゼンをする際、時間ギリギリに現場に到着《とうちゃく》し、汚《きたな》いバッグからあたふたしながら資料や商品を取り出して……というのでは最初から負けは見えている。

　知り合いの編集者がこんなことを言っていた。

「持ち込《こ》みの原稿《げんこう》で、見栄《みば》えを気にしないものが驚《おどろ》くほど多い。汚い手書きは論外。たとえパソコンで作成したものでも、見出しを太字にしたり、タイトルを大きくするなど、細かい配慮《はいりょ》をしているものはとても少ない。紙が汚い、というのも珍《めずら》しくない。そんな中で、きれいな紙をきちんと整えていて、読みやすくしてあれば、それだけで編集者の受け止め方は良くなる。この筆者はきちんとした人なのだな、と」

　書き手にとって原稿はもっとも大事な商売道具のはず。その見せ方、演出を考えない時点で売り込みの基本から外れている。

問７　④だまされやすい　とありますが、「お姉ちゃん」は「ぼく」のどういう点を「だまされやすい」と言っているのですか。最も適切なものを、次の**ア**～**エ**の中から一つ選び、その記号を書きなさい。

ア　通知表は子どもが当事者なのに、親だけが内容を理解できればいいと思い込まされている点。

イ　通知表は大人が子どものことを理解するためのものなのに、子どもが理解しようとがんばっている点。

ウ　叶希ちゃんは成績がいいが「ぼく」は成績がよくないので、叶希ちゃんと同じような考え方はできない点。

エ　子どもが理解できない通知表は、大人にも理解できないものだとかんちがいしている点。

問８　⑤親だって、わかっているかどうか怪しいよ　とありますが、それはなぜですか。次の文の　a　・　b　にあてはまる最も適切なことばを、文中から指定の字数で探し、それぞれ書きぬきなさい。

親は、子どもの　a（九字）　にはあまり興味がなく、通知表を見ても勉強の具体的なアドバイスはしてくれないので、通知表が存在している　b（五字）　から。

問９　⑥通知表って、百年以上前からあるんだから　とありますが、「お姉ちゃん」がこの話題を「ぼく」に話したのはなぜだと考えられますか。その理由として最も適切なものを、次の**ア**～**エ**の中から一つ選び、その記号を書きなさい。

ア　通知表の内容に疑問があることを「ぼく」に意識させた上で、ハシケン先生と大久保先生がみんなから誤解されている理由をわかりやすく理解させるため。

イ　叶希ちゃんが書いた通知表の項目と、本物の通知表の項目を比較《ひかく》させて、これからの通知表の在り方や、子どもと親の両方にわかりやすい通知表を考えさせるため。

ウ　世の中には進化してきたものが多いなか、通知表のように変わらないものもあるので、変化させるものばかりでなく、変わらず残す必要のあるものの存在を教えるため。

エ　通知表があるのが当たり前だと受け入れるばかりではなく、ハシケン先生のように当たり前を疑い、本当に必要なことを考えることが大切だということを伝えるため。

問10　「お姉ちゃん」の話を聞いた「ぼく」は、学校の現状についてどのように感じているか。それについてたとえを用いて表現している一文を文中から探し、最初の五字を書きぬきなさい。

問2　①そういうこと、よくあるよね　とありますが、どういうことですか。最も適切なものを、次の**ア**〜**エ**の中から一つ選び、その記号を書きなさい。

ア　ハシケン先生と大久保先生は本当は仲がいいのに、学校にはよくないうわさ話を作り上げる先生や児童がいるということ。

イ　学校では、ハシケン先生のようにクラスの子どもたちのことを考えている先生がいても、それに反対する先生が現れるということ。

ウ　学校は、ベテランの先生がすべてを取り仕切ってしまうので、時代遅《おく》れで現代に合わない、おかしいことが起こるということ。

エ　子どもたちは、どんなときも学校での先生たちの様子を見ているので、先生たちは油断ができないということ。

問3　Ⅰ　〜　Ⅲ　にあてはまるセリフとして最も適切なものを、それぞれ次の**ア**〜**エ**の中から一つずつ選び、その記号を書きなさい。

ア　通知表がない小学校もあるんだから

イ　そんなこと、子どもが考えることじゃないわよ

ウ　いいじゃん、子どもがおとなに迷惑かけたって

エ　あんなの、いらないかもね

問4　②ハシケン先生って、そういう先生なんだよ　とありますが、「お姉ちゃん」は、ハシケン先生をどういう先生だと言っていますか。次の文の　a　〜　c　にあてはまる最も適切なことばを、文中から指定の字数で探し、それぞれ書きぬきなさい。

弱々しい性格で　a（二字）　なところがあるが、　b（五字）　で、　c（五字）　をしっかり持っている先生。

問5　③ああいう先生がいないと、困るんだよね　とありますが、それはなぜですか。その理由として最も適切なものを、次の**ア**〜**エ**の中から一つ選び、その記号を書きなさい。

ア　困っている子だけをかばう対策をとることができる先生だから。

イ　力を持っている先生に対して堂々と意見が言える先生だから。

ウ　児童の状況《じょうきょう》や時代に応じてやり方を変えられる先生だから。

エ　親や他の先生から子どもたちを守ってくれる先生だから。

問6　C　にあてはまることばとして最も適切なものを、次の**ア**〜**エ**の中から一つ選び、その記号を書きなさい。

ア　多数派　　**イ**　少数派

ウ　好条件　　**エ**　悪条件

通知表は、ぼくらに関係ないことじゃない。それなのに、ぼくらにはわかりにくい。

そんなの、おかしい――

「それに、⑤親だって、わかっているかどうか怪《あや》しいよ。子どもの苦手なところを理解して、それを生かせていると思う？」

「うーん……」

お母さん同士でおしゃべりするのを聞いてたら、『よくできる』はいくつだった？」とか「『もうすこし』があって困る」とか、そんなことばかり話してた。

「こういうところをがんばれば？」じゃなくて、「もっと勉強しなさい！」って言うのは、どのうちもいっしょみたいだ。

苦手なところの中身については、あまり興味がないみたいで……。

お姉ちゃんは、それじゃあ意味がないって言ってるんだ。

「ねぇ、知ってる？　通知表って、なくてもいいんだよ。［Ⅲ］」

「えぇ!?」

思わず、大きな声が出た。通知表がないって……うそでしょう？

ぼくのおどろきように、お姉ちゃんは顔をしかめた。

「まさか、学校は必ず通知表を出さなくちゃいけないって、法律で決められてるなんて思ってないでしょうね？」

「え？　そうじゃないの？」

ぼくは、きょとんとした。

通知表がないなんて、そんな夢みたいな学校があるの？

「じゃあ、どうしてぼくの学校にはあるんだろう」

「もちろん、ほとんどの学校にはあるよ。何しろ、⑥通知表って、百年以上前からあるんだから」

「ひゃ、百年以上前!?」

ぼくの声が、ひっくり返る。

大河《たいが》が言ってたみたいに、もちろん石器時代じゃないけれど、おじいちゃんやおばあちゃんが子どものときよりも前というのも衝撃的《しょうげきてき》だ。

「その間に、テレビや洗濯機《せんたくき》やインターネットやスマホや、世の中のあらゆるものが進化したのに、学校だけ変わってないなんて、おかしいと思わない？」

そう思う。まるで、学校だけ時間が止まっているみたいな……。

「どうしてだろう」

「みんな、通知表があるのは、当たり前って思っているからだよ。ずっとあるものを変えるのも、始めたものを終わらせるのも難しいでしょ？　だからハシケン先生みたいに、当たり前のことに疑問を持ったり、本当に必要なのかなって思ったりするおとなも、いなくちゃ困るってわけ」

そっか……。

（工藤純子《くどうじゅんこ》『サイコーの通知表』による。）

問１　［Ａ］・［Ｂ］にあてはまることばとして最も適切なものを、それぞれ次の**ア**～**オ**の中から一つずつ選び、その記号を書きなさい。

ア　ドキッと　**イ**　ムカッと　**ウ**　ホッと

エ　ムスッと　**オ**　サクッと

「Ⅰ」

他人事《ひとごと》だからって、お姉ちゃんは簡単に言う。

「そうは言ってもさぁ……」

言いかけると、お姉ちゃんは、「②ハシケン先生って、そういう先生なんだよ」と言った。

「そういう先生って？」

「弱っちいくせに、うっかり口をすべらせて、ベテランの先生を怒《おこ》らせちゃうの。ドジなんだけど、意地っ張りで、自分の考えを曲げなくて……でも、そういうところが好きって子いたよ」

「そうなの？」

「うん。それに、③ああいう先生がいないと、困るんだよね」

お姉ちゃんは、にやっと笑った。

「なんで？」

「いつまでも、何も変わらないからだよ。『ゆめ発表会』で手紙を親子で交換《こうかん》するのだって、困っている子がいて、一部の先生ががんばったから、なくなったんだって。仕事で親が来られなかったり、離婚《りこん》してたり、そもそも親がいなかったり……学校って、いろんな子がいるんだからさ。［C］の意見って、けっこう大事なんだよ」

そっか。そういう子たちのことを考えて、やめたんだ。

「通知表だって、そうじゃない」

いきなり、また通知表の話が出てきておどろいた。

「Ⅱ」

「えぇ！　通知表がいらないって……」

お姉ちゃんは、ときどき信じられないようなことを言うけど、今回も、かなりおかしい。

「成績のいい子はいいとしても、できない子は自信をなくすだけ。やるなら、もっとがんばろうって思わせる工夫《くふう》をするべきだよ」

「そうだけど……でも、苦手なところがわかるかもしれないし」

そんなこと思ってもいないのに、叶希《とき》ちゃんのようなことを言ってみた。

「あんたはあの通知表を見て、何をがんばれば、国語や算数がもっと良くなるかわかるの？」

問い詰《つ》められて、ぼくは「うっ」と言葉につまった。

難しい言葉で書かれた、通知表の項目《こうもく》を思い出す。

叶希ちゃんがノートにうつした項目を見たときも、どこかしっくりこなくて、ずっと心に引っかかっていた。

「で、でも、通知表って、親が子どもの成績を知るためにあるんでしょう？　だったら、子どもがわからなくても……いいんじゃないの？」

「だからあんたは、④だまされやすいっていうの」

お姉ちゃんは、あきれたように首をふった。

「子どもが理解できなくてもいいなら、どうしてあんたたちは、通知表のことで落ち込《こ》んだり、怒られたりしなくちゃいけないのよ。それ、おかしくない？」

「………」

おかしい。

お姉ちゃんの言うとおりだ。

二〇二二年度 昌平中学校

【国語】〈一般・グローバル第一回試験〉（五〇分）〈満点：一〇〇点〉

一　次の文章を読んで、あとの問いに答えなさい。（設問に字数制限のある場合は、句読点や符号も一字と数えます。）

三組の担任のハシケン先生は、「十才のゆめ発表会」ではどんな夢でも堂々と発表してほしい、とみんなに言った。予行演習のとき、まだ夢がない子は「まだ夢がありません」と発表し、知られたくない子は「秘密です」と発表した。そのことで、となりのクラスの大久保先生からハシケン先生が注意を受けている様子を見かけた三組の児童たちは、ハシケン先生のことを頼《た》りない先生だと話していた。ハシケン先生は、小学生のときに自分の本当の夢を言えなくて後悔《こうかい》していることや、事前に大久保先生に相談をしていたことを知っていた「ぼく」は、ハシケン先生がぼくたちのためにかばってくれていることを伝えようとしたが、うまく伝えることができなかった。

もやもやしながら家に帰ると、お姉ちゃんがいた。リビングで、スマホをいじっている。

「早いね」

そう言うと、

「テスト前だからね」

と、［A］して言った。今日は、怒《いか》りのメーターが高めだ。

お姉ちゃんの学校は、しょっちゅうテストがある。テスト前になると、部活もお休みだ。

そんなに勉強しているように見えないのに、テスト前ってだけで機嫌《きげん》が悪い。

ランドセルを背負ったまま、ため息をつくと、

「ちょっと、手くらい洗いなよ。暗くてうっとうしい！」

ひどい……。

「で、どうしたの？」

スマホから顔を上げて、聞いてくる。［B］くることのほうが多いけれど、たまに優《やさ》しいから、つい頼ってしまう。

「実は、『ゆめ発表会』のことで、困ってるんだ……」

ぼくは、ハシケン先生と大久保先生のことを話した。みんなから、誤解されてることも。

「ふーん。①そういうこと、よくあるよね」

「え？　よくあるの？」

「あるある。学校ってさ、おかしいこと、たくさんあるから」

ぼくにとっては大事件なのに、お姉ちゃんは、たいしたことじゃないとでも言っているみたいだ。

「ちゃんと夢を言わないと、ハシケン先生に迷惑《めいわく》をかけるのかな……」

2022年度

昌平中学校 ▶解説と解答

算数 ＜一般・グローバル第１回試験＞（50分）＜満点：100点＞

解答

1 (1) 25 (2) 5.75 (3) $\frac{5}{12}$ (4) $\frac{1}{12}$ (5) 8 2 (1) 20ページ (2) 380cm^3 (3) 3000円 (4) 168人 (5) 5.2cm (6) 140cm^3 3 (1) 22番目 (2) 17 (3) 615 4 (1) エ，ク (2) 30cm (3) 504cm^2 5 (1) 25個 (2) 1120cm^3 (3) 1368cm^2 6 (1) 12分後 (2) 1560m (3) 520m

解説

1 四則計算，逆算

(1) $73-(8+24)-16=73-32-16=41-16=25$

(2) $1.5\times5-0.25\times7=7.5-1.75=5.75$

(3) $7-3\frac{3}{4}-2\frac{5}{6}=6\frac{4}{4}-3\frac{3}{4}-2\frac{5}{6}=3\frac{1}{4}-2\frac{5}{6}=3\frac{3}{12}-2\frac{10}{12}=2\frac{15}{12}-2\frac{10}{12}=\frac{5}{12}$

(4) $1\frac{3}{5}\div1.2-1\frac{2}{3}\times0.75=\frac{8}{5}\div\frac{6}{5}-\frac{5}{3}\times\frac{3}{4}=\frac{8}{5}\times\frac{5}{6}-\frac{5}{3}\times\frac{3}{4}=\frac{8}{6}-\frac{5}{4}=\frac{16}{12}-\frac{15}{12}=\frac{1}{12}$

(5) $(4+\square)\times0.75=9$ より，$4+\square=9\div0.75=12$ よって，$\square=12-4=8$

2 相当算，単位の計算，売買損益，割合と比，長さ，体積

(1) 本を全体の$\frac{6}{7}$読むと，残りは全体の，$1-\frac{6}{7}=\frac{1}{7}$である。140ページの本なので，残りのページ数は，$140\times\frac{1}{7}=20$(ページ)となる。

(2) 1dL＝100cm^{3}より，3.8dLは，$3.8\times100=380$(cm^3)とわかる。

(3) 仕入れ値を１とすると，定価の3750円は，$1+0.25=1.25$にあたる。このとき，仕入れ値である比の１にあたる金額は，$3750\div1.25=3000$(円)となる。

(4) 男子児童数を６，女子児童数を５とおくと，全児童数は，$6+5=11$となる。この比の11にあたる人数は308人なので，男子児童の人数は，$308\times\frac{6}{11}=168$(人)と求められる。

(5) 対称《たいしょう》の中心とは，その点を中心に180度回転させると，もとの図形に完全に重なる点である。右の図で，180度回転させると点Aは点A′と重なるので，対称の中心は，AとA′から等しい距離《きょり》にある点Cである。図で，AA′＝AO＋OB＋BA′であり，AOとOBの長さはともに４cm，BA′の長さはAB′の長さと等しく2.4cmなので，AA′の長さは，$4+4+2.4=10.4$(cm)となる。よって，ACの長さはAA′の長さの半分なので，$10.4\div2=5.2$(cm)とわかり，対称の中心は点Aから5.2cmのところにあると求められる。

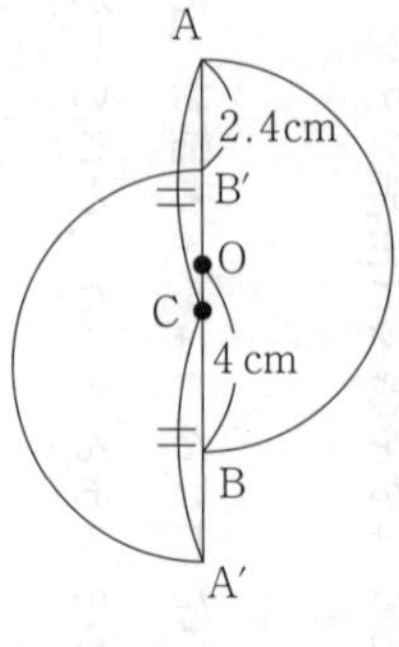

(6) もとの四角すいの体積は，$6\times8\times10\div3=160$(cm^3)である。また，もとの四角すいと切り

取られた四角すいは相似であり，もとの四角すいの高さは10cm，切り取られた四角すいの高さは，10－５＝５(cm)なので，相似比は，10：５＝２：１とわかる。すると，体積比は，(２×２×２)：(１×１×１)＝８：１になるので，切り取られた四角すいの体積は，160×$\frac{1}{8}$＝20(cm^3)となる。よって，切り取ったあとの立体の体積は，160－20＝140(cm^3)と求められる。

3 数列

(1) 右の図のように，数列を組分けして考えると，△組には，△番目に小さな奇数《きすう》が△個並ぶ。１，３，５，７，９，11，13より13は７番目に小さな奇数なので，13が初めて現れるのは７組のはじめとわかる。１組から６組までに並ぶ整数の個数は，１＋２＋…＋６＝(１＋６)×６÷２＝21(個)なので，初めて13が現れるのは，21＋１＝22(番目)となる。

1	3，3	5，5，5	7，7，7，7	…
1組	2組	3組	4組	

(2) ８組までに並ぶ数の個数は，１＋２＋…＋８＝(１＋８)×８÷２＝36(個)なので，40番目の数は９組の，40－36＝４(番目)とわかる。(1)より，９組に並ぶ数は，１から数えて９番目に小さな奇数だから，１＋２×(９－１)＝17と求められる。

(3) 40番目の整数は，(2)より９組の４番目の数である。また11組までに並ぶ数の個数は，１＋２＋…＋11＝(１＋11)×11÷２＝66(個)なので，70番目の数は12組の，70－66＝４(番目)とわかる。そこで，９組の４番目の数から12組の４番目の数までの和を求める。９組には17が，９－４＋１＝６(個)あり，10組には19が10個，11組には21が11個，12組には23が４個あるから，40番目から70番目までの数の和は，17×６＋19×10＋21×11＋23×４＝102＋190＋231＋92＝615と求められる。

4 平面図形―相似，面積

(1) 右の図１で，三角形PBEは直角三角形なので，ア＋ウ＝180－90＝90(度)である。また，角PEFは直角なので，ウ＋エ＝180－90＝90(度)となる。すると，ア＋ウ＝ウ＋エより，角ウは共通なので，角アと角エの大きさは等しい。また，三角形GECと三角形GQFについて，対頂角は等しいので角オと角カの大きさは等しく，角Cと角Fはともに90度で等しい。三角形の内角の和は180度なので，残りの角エと角クも等しいとわかる。よって，角アと大きさが等しい角は，角エと角クとわかる。

図１

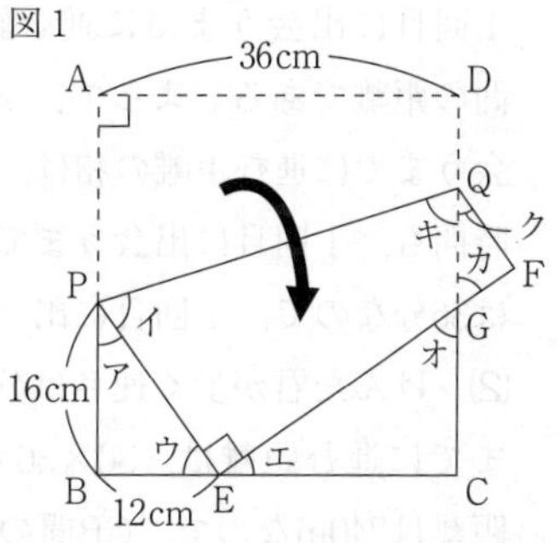

(2) (1)より，右の図２で，それぞれ同じ記号をつけた角の大きさは等しい。すると，三角形PBEと三角形ECGは相似であり，PE＝AP＝36－16＝20(cm)だから，三角形PBEの３辺の長さの比は，EB：BP：PE＝12：16：20＝３：４：５となる。よって，三角形ECGの３辺の長さの比も，GC：CE：EG＝３：４：５となり，CEの長さは，36－12＝24(cm)なので，EGの長さは，24×$\frac{5}{4}$＝30(cm)と求められる。

図２

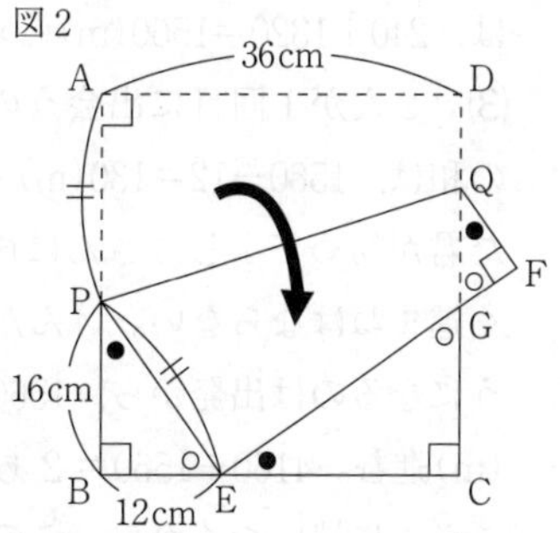

(3) (2)より，APの長さは20cmである。また，DQの長さはFQの長さと等しい。さらに，三角形ECGと三角形QFGは相似なので，三角形QFGの３辺の長さの比も，GF：FQ：QG＝３：４：５である。EGの長さは30cmなので，GFの長さは，EF－EG＝36－30＝６(cm)となり，FQ＝６×$\frac{4}{3}$＝８(cm)とわかる。よって，DQの長さも８cmだから，台形APQDの

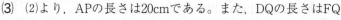

面積は，（８＋20）×36÷２＝504(cm^2)と求められる。

5 図形と規則，体積，表面積

⑴　問題文中の図より，上からN段目にある立方体の個数は，N×N(個)とわかる。よって，５段の立体を作ると，１番下の段の立方体の個数は，５×５＝25(個)と求められる。

⑵　７段の立体を作ったとき，積み重なっている立方体の個数は，１×１＋２×２＋３×３＋４×４＋５×５＋６×６＋７×７＝１＋４＋９＋16＋25＋36＋49＝140(個)とわかる。立方体１個の体積は，２×２×２＝８(cm^3)なので，この立体の体積は，８×140＝1120(cm^3)と求められる。

⑶　９段の立体を作ったとき，正面から見える正方形の個数は，１＋２＋…＋９＝(１＋９)×９÷２＝45(個)であり，正方形１個の面積は，２×２＝４(cm^2)なので，正面から見える面積は，４×45＝180(cm^2)とわかる。右，左，後ろから見ても同じように見えるので，正面，右，左，後ろの４方向から見える面積の和は，180×４＝720(cm^2)と求められる。次に，９段の立体を真上から見ると正方形になる。この正方形の１辺の長さは，２×９＝18(cm)なので，その面積は，18×18＝324(cm^2)とわかる。真下から見たときも同じ正方形に見えるので，この立体の表面積は，720＋324×２＝1368(cm^2)となる。

6 旅人算

⑴　２人が２回目に出会った地点をCとすると，右の図のようになる。けんた君とよしこさんが出発してから２回目に出会うまでに進む距離の和は，AB間の距離の３倍であり，１回目に出会うまでに進む距離の和は，AB間の距離である。よって，２人が２回目に出会うまでに進む距離の和は，１回目に出会うまでの距離の和の３倍なので，２回目に出会うまでの時間も，１回目に出会うまでの時間の３倍である。２人が出発してから２回目に出会うまでの時間は36分なので，１回目に出会うのは出発してから，36÷３＝12(分後)とわかる。

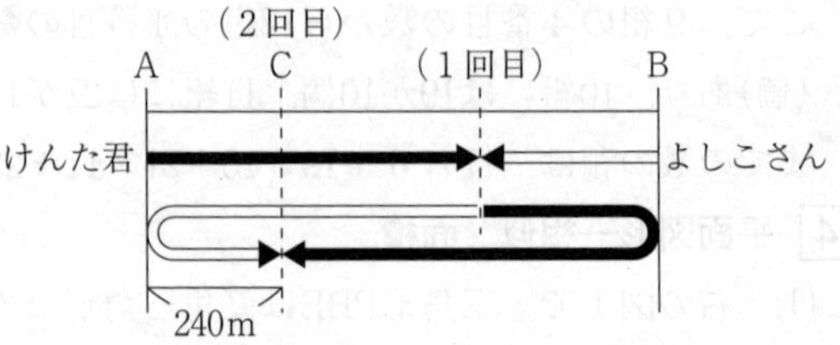

⑵　けんた君が歩く速さは分速80mだから，けんた君が出発してからよしこさんと２回目に出会うまでに進む距離は，80×36＝2880(m)となる。図より，AC＋CB×２＝2880(m)となり，AC間の距離は240mなので，CB間の距離は，(2880－240)÷２＝1320(m)とわかる。よって，AB間の距離は，240＋1320＝1560(m)と求められる。

⑶　２人が１回目に出会うのは出発してから12分後で，AB間の距離は1560mなので，２人の分速の和は，1560÷12＝130(m)となり，よしこさんの分速は，130－80＝50(m)とわかる。また，けんた君が初めてよしこさんに後ろから追いつくには，けんた君はよしこさんよりAB間の距離だけ長く進まねばならない。けんた君は１分間でよしこさんより，80－50＝30(m)長く進むので，そのようになるのは出発から，1560÷30＝52(分後)とわかり，このときまでにけんた君は，80×52＝4160(m)進む。4160÷1560＝２あまり1040より，けんた君は１往復してさらに1040m進んだ地点でよしこさんに追いつくから，この地点はB地点から，1560－1040＝520(m)と求められる。

社 会 ＜一般第1回試験＞（理科と合わせて50分）＜満点：50点＞

解 答

1 問1 長崎県 問2 ア 問3 マスメディア 問4 エ 問5 和歌山県 問6 ウ 問7 エ 問8 ウ 問9 ア 問10 ウ 問11 イ 問12 イ

2 問1 万葉集 問2 (1) イ (2) イ 問3 (1) 渡来人 (2) エ 問4 (1) 寝殿造 (2) ウ 問5 貝塚 問6 ア 問7 (1) 長安 (2) ウ 問8 E→C→A→D→B

3 問1 ウ 問2 イ 問3 沖縄県 問4 エ 問5 ア 問6 イ→ア→エ→ウ 問7 イ 問8 (ダグラス・)マッカーサー 問9 ウ 問10 イ 問11 ア

4 問1 首長 問2 国権 問3 エ 問4 閣議 問5 条例 問6 ア 問7 お

解 説

1 日本の国土や産業などについての問題

問1 長崎県は九州地方の北西部に位置する県で，大韓民国(韓国)に一番近い島である対馬《つしま》をはじめ，日本の都道府県で最も多くの島を有する。江戸時代の鎖国中，長崎港はオランダ・清(中国)との貿易の窓口となった。また，太平洋戦争末期の1945年8月9日，6日の広島に続いて世界で二番目に原子爆弾が投下された。

問2 大韓民国の国旗は，白地に太極(宇宙)を表す円と，その周囲4か所に黒い記号を配置したデザインになっている。なお，イはインド，ウは中華人民共和国(中国)，エはカナダの国旗。

問3 新聞・雑誌・テレビ・ラジオなど，不特定多数の人々に大量の情報を伝える媒体《ばいたい》(メディア)をマスメディアという。マスメディアは，政治などの社会問題について多くの人々が共有する意見である世論の形成に，大きな影響をあたえる。

問4 日本の最南端は北緯20度25分に位置する沖ノ鳥島，最東端は東経153度59分に位置する南鳥島で，いずれも東京都小笠原《おがさわら》村に属する。なお，最北端は北緯45度33分に位置し，北海道に属する択捉島《えとろふ》，最西端は東経122度56分に位置し，沖縄県に属する与那国《よなぐに》島。

問5 和歌山県は紀伊半島の南部に位置し，県南端の潮岬《しおのみさき》は本州の最南端にあたる。温暖な気候と山の斜面《しゃめん》をいかした果樹栽培がさかんで，みかん・うめ・かきの生産量が全国で最も多い。また，県東部には紀伊山地が広がり，森林面積の割合が県の面積の4分の3以上を占《し》めていることから，林業もさかんに行われている。統計資料は『データでみる県勢』2021年版による(以下同じ)。

問6 みかんは温暖な気候を好む作物で，西日本や静岡県など，温暖な地域の収穫《しゅうかく》量が多い。なお，アはぶどう(第1位は山梨県)，イはりんご(第1位は青森県)，エは日本なし(第1位は茨城県)の収穫量。

問7 長野県は，北から時計回りに，新潟県・群馬県・埼玉県・山梨県・静岡県・愛知県・岐阜県・富山県の8つの県と接しており，これは全国の都道府県で最も多い。

問8 北陸新幹線は，1997年に高崎駅(群馬県)－長野駅間が長野新幹線として開通した。2015年には長野駅－金沢駅(石川県)間が開業し，将来的には福井県などを通って大阪府にいたる計画となっている。なお，北陸新幹線は，東京駅－大宮駅(埼玉県)間では東北・上越新幹線と，大宮駅－高崎駅間では上越新幹線と線路を共用し，金沢駅へ向かう列車は東京駅から出発する。なお，糸魚川《いといがわ》駅(新潟県)，長野駅，富山駅は，いずれも北陸新幹線の停車駅。

問９　きゅうりは暖かい気候での栽培が，トマトは暑すぎず，適度に温暖な気候での栽培が適しているので，特に寒くなる時期には，高知県や宮崎県などの温暖な地域で，温室やビニールハウスなどを利用した促成《そくせい》栽培が行われる。高原野菜として高冷地で抑制《よくせい》栽培が行われている作物には，レタスやキャベツ，はくさいなどがあり，長野県や群馬県の高原などでさかんにつくられている。

問10　日本の最北端に位置する北海道では，冬の寒さが厳しいため，窓や玄関のとびらを二重にする，壁を厚くする，断熱サッシを使用するといったくふうで冷たい空気が家の中に入らないようにしている。なお，アとイは台風のもたらす暴風，エは暑さに対するくふうで，沖縄県の伝統的な家で見られる。

問11　静岡県は中部地方の太平洋側に位置する県で，茶の収穫量が全国で最も多い。沿岸部には東海工業地域が形成され，県西部の浜松市では楽器やオートバイの生産が，県東部の富士市や富士宮市では製紙・パルプ工業がさかんである。なお，自動車工業のさかんな豊田市(愛知県)は中京工業地帯に，造船業のさかんな呉市(広島県)は瀬戸内工業地域に，鉄鋼業のさかんな川崎市(神奈川県)は京浜工業地帯にふくまれる。

問12　静岡県の焼津《やいづ》港は遠洋漁業の基地となっており，静岡県のまぐろとかつおの水揚《みずあ》げ量は全国第１位となっている。なお，アは鹿児島県，ウは千葉県，エは青森県にある漁港。

２　各時代の歴史的なことがらについての問題

問１　『万葉集』は奈良時代に編さんがすすめられた現存最古の和歌集で，天皇や皇族から農民まで，さまざまな人々がよんだ約4500首の和歌が収録されている。資料Ａは「防人《さきもり》の歌」とよばれる和歌で，防人(九州北部を警備する兵士)として九州におもむく東国の男性が，自分の服にすがって泣く子どもたちを，母もいないのに置いて出てきてしまったときのつらい気持ちがよまれている。

問２　(1)　資料Ｂは「大坂夏の陣図屏風《じんずびょうぶ》」に描かれた大坂(大阪)城で，豊臣秀吉が天下統一の拠《きょ》点《てん》として，1583年から築城を始めた。ア，ウ，エは豊臣秀吉が行ったこととして正しいが，イは1560年に織田信長が行ったことを説明している。　(2)　大坂城は石山本願寺の跡地に建てられ，1614年と1615年の二度にわたる大坂の陣で荒《あ》れはてたが，その後，少し離れた場所に再建された。なお，アは織田信長が建てた安土城のあった近江八幡《おうみはちまん》市(滋賀県)，ウは神戸市(兵庫県)，エは串本《くしもと》町(和歌山県)の位置。

問３　(1)　資料Ｃは，福岡県宗像《むなかた》市で出土した弥生土器で，弥生時代初期のものと推定されている。古代，中国や朝鮮半島から多くの人が日本に移り住み，特に４～７世紀ごろには仏教や儒教《じゅきょう》，漢字などの文化，機織りや須恵器《すえき》づくりなどのすすんだ技術がもたらされた。こうした人々は渡来人とよばれ，文化や産業だけでなく政治にも大きな影響をあたえた。　(2)　資料Ｃの土器がつくられた弥生時代初期には，縄文時代の終わりごろに中国や朝鮮半島から伝わった米づくりが西日本を中心に広がり，人々の生活や社会に大きな変化をもたらした。なお，アは古墳時代の５～６世紀，イ(法隆寺の建立《こんりゅう》)は飛鳥時代の607年，ウは古墳時代の５世紀ごろのできごと。

問４　(1)　資料Ｄは，平安時代の有力貴族のやしきに用いられた寝殿造《しんでんづくり》という建築様式の図である。寝殿造は，主人の住む寝殿とよばれる建物を中心に，家族の住む対屋《たいのや》(図中の「東対」「西対」)などを渡殿《わたどの》(透《すき》渡殿)とよばれる廊下《ろうか》でつなぎ，やしきの南側に池のある庭園を設けることなどを特色とした。 (2) 清少納言は平安時代の女流作家・歌人で，一条天皇のきさきの定子に仕えた。随筆『枕草子《まくらのそうし》』は清少納言の代表作で，四季の移り変わりや宮廷生活のようすなどが，するどい感性でつづられている。

問5 資料Eには，縄文時代の人々の一年間の食生活が描かれている。貝塚は，縄文時代の人々のごみ捨て場と考えられている場所で，貝がらが層をなして見つかるほか，魚やけものの骨，土器・石器の破片，骨角器などが発掘《はっくつ》され，当時の人々の生活を知る手がかりになる。

問6 資料Fは，祇園《ぎおん》祭の山鉾巡行《やまぼこじゅんこう》を描いたものである。祇園祭は平安時代に京都八坂神社で始められた祇園御霊会《ごりょうえ》を起源とする祭礼で，応仁の乱(1467～77年)で一時中断されたが，町衆とよばれる有力商工業者の手によって復興された。その後も太平洋戦争(1941～45年)や新型コロナウイルス感染症《しょう》の影響による山鉾巡行の中止などがあったものの，現在に引きつがれている。なお，イは大阪府，ウは青森県，エは秋田県で行われる祭り。

問7 (1) 長安は唐(中国)の都で，中央アジアを通ってヨーロッパとアジアを結ぶシルクロード(絹の道，オアシスの道)の要所であったことなどから，国際都市として大いに発展した。遣唐使は，唐の進んだ政治制度や文化を学ぶため，7～9世紀にかけて派遣された使節で，当初は朝鮮半島を通る北路で長安をめざしたが，新羅との関係が悪化したことから，のちに危険な南路や南島路へとルートが変更された。 (2) 894年，遣唐大使に任命された菅原道真は，唐がおとろえていることや航海上の危険を理由として遣唐使の停止を朝廷に提案し，受け入れられた。菅原道真は宇多天皇の信任も厚く，その後，右大臣にまでなったが，左大臣の藤原氏のたくらみによって大宰府《だざいふ》(福岡県)に左遷《させん》され，2年後にその地で亡くなった。

問8 Aは奈良時代，Bは安土桃山時代，Cは弥生時代，Dは平安時代，Eは縄文時代の資料なので，E→C→A→D→Bの順となる。

3 江戸時代以降の歴史的なことがらについての問題

問1 石田三成は安土桃山時代の武将で，五奉行の一人として豊臣秀吉に仕え，内政を支えた。秀吉の死後，徳川家康と対立し，1600年の関ヶ原の戦いでは西軍の中心として家康が率いる東軍と戦ったが，やぶれて処刑された。

問2 1853年，アメリカ使節のペリーは浦賀(神奈川県)に来航して江戸幕府にアメリカ大統領の国書(手紙)を渡し，開国するよう求めた。翌54年，再び来航したペリーと江戸幕府との間で日米和親条約が結ばれ，下田(静岡県)と函館(北海道)の2港を開き，アメリカ船に水・食料・燃料などを提供することなどが約束された。

問3 15世紀前半に沖縄島に成立した琉球《りゅうきゅう》王国は，17世紀初め以降，薩摩藩(鹿児島県)の支配を受けるとともに，明・清(中国)にも属する立場をとった。明治時代に入り，政府は1872年，琉球王国を廃止して琉球藩とした。そして，1879年にはこれを沖縄県と改め，完全に日本の領土に組みこんだ。明治時代のこの一連の動きを，琉球処分という。

問4 大日本帝国憲法では天皇が国の主権を持ち，国家の統治権や軍の指揮権など絶大な権限をにぎるとともに，神聖で侵《おか》してはならない絶対的な存在とされた。

問5 1894年に始まった日清戦争は日本の勝利に終わり，1895年，下関(山口県)で講和会議が開かれた。日本からは伊藤博文首相と外務大臣陸奥宗光《むつむねみつ》が代表として出席し，このとき結ばれた下関条約によって，日本は多額の賠償《ばいしょう》金と新たな領土を手に入れた。

問６　アは1910年，イは1904年，ウは1933年，エは1923年のできごとなので，時代の古いものから順にイ→ア→エ→ウとなる。

問７　1937年，中華民国(中国)の北京郊外にある盧溝橋《ろこうきょう》付近で，日本軍と中国軍が軍事衝突《しょうとつ》を起こした。この盧溝橋事件をきっかけに始まった日中戦争は，日本が太平洋戦争に敗戦する1945年まで続いた。

問８　ダグラス・マッカーサーはアメリカの陸軍元帥《げんすい》で，太平洋戦争では対日戦を指揮した。1945年８月に日本が無条件降伏《こうふく》すると，マッカーサーは連合国軍最高司令官総司令部(ＧＨＱ)の最高司令官として来日し，日本の民主化政策を進めていった。

問９　国際連合は，世界の平和と安全を守るための国際組織として，第二次世界大戦(1939～45年)終結後の1945年10月に発足した。本部はアメリカのニューヨークに置かれ，日本は日ソ共同宣言によってソ連との国交が回復した1956年にこれに加盟した。

問10　1964年10月，アジアで初めての開催となるオリンピック夏季大会が東京で開かれた。これに合わせて交通機関や都市の整備がすすめられ，開会式直前に東海道新幹線の東京駅－新大阪駅間が開業した。なお，アは1973年，ウは1970年，エは1968年のできごと。

問11　トキは国の特別天然記念物に指定されている鳥で，1981年には国内にいた５羽の野生のトキが捕獲《ほかく》され，人工繁殖《はんしょく》がすすめられた。その後，繁殖に成功してじょじょに数が増えたことから，環境省は2008年，トキを野生復帰させるため，佐渡トキ保護センターで人工繁殖させた10羽のトキを放鳥した。なお，イ～エも国の特別天然記念物に指定されている鳥で，保護の対象となっている。

4　国と地方の政治のしくみについての問題

問１　地方公共団体の長は首長とよばれ，都道府県知事・市町村長と東京23区の区長がこれにあたる。首長は任期が４年で，住民の直接選挙によって選ばれ，各委員会などとともに行政の執行《しっこう》機関として仕事をすすめる。

問２　国会は，主権を持つ国民の代表者である国会議員によって構成されていることから，日本国憲法第41条で「国権の最高機関であって，国の唯一《ゆいいつ》の立法機関」と位置づけられている。

問３　参議院議員の任期は６年で，任期途中での解散はない。一方，衆議院議員の任期は４年だが，任期途中で衆議院が解散されることもある。

問４　内閣総理大臣が議長になり，政治の方針を決めるために国務大臣の全員が出席して開かれる会議を閣議といい，その意思決定は出席者全員の賛成を原則としている。

問５　憲法と法律の範囲《はんい》内で地方議会が制定し，その地方公共団体に適用されるきまりを条例という。地方公共団体の住民は，有権者の50分の１の署名を集めて首長に提出すると，条例の制定や改廃を請求することができる。

問６　日本国憲法第69条では，「内閣は，衆議院で不信任の決議案を可決し，又《また》は信任の決議案を否決したときは，10日以内に衆議院が解散されない限り，総辞職をしなければならない」と定められている。

問７　日本国憲法第67条に「内閣総理大臣は，国会議員の中から国会の議決で，これを指名する」とあり，国民は内閣総理大臣を直接選挙で選ぶことはできない。

理　科　＜一般第１回試験＞（社会と合わせて50分）＜満点：50点＞

解　答

1 (1)　こう星　(2)　**星**…C　**理由**…ウ　(3)　西の方角　(4)　20時　(5)　ウ　(6)　エ　2 (1)　ア　(2)　ちっ素　(3)　エ　(4)　肺ほう　(5)　①　6000cm^3　②　104.7cm^3　3 (1)　イ　(2)　３：２　(3)　４：１　(4)　1.6g　(5)　4.2g　4 (1)　①　１cm　②　５cm　(2)　①　26cm　②　23cm　③　50g

解　説

1　星や星座についての問題

(1)　星座を形づくる星や太陽などのように，自ら光や熱を出してかがやく星をこう星という。なお，地球のように，こう星のまわりを公転する星をわく星といい，わく星のまわりを公転する星を衛星という。

(2)　星Ａはプロキオン，星Ｂはシリウス，星Ｃはベテルギウス，星Ｄはリゲルである。星の表面温度が低いと，星Ｃのベテルギウスのように赤っぽく見え，星の表面温度が高いと，星Ｄのリゲルのように青白く見える。

(3)　東の地平線からのぼった星座は，南の空で最も高くなり，西の地平線にしずむ。図は南の空のようすをスケッチしたものだから，星座３は時間がたつと西の方角へ動いて見える。

(4)　南の空の星は，１時間で約15度，１か月で約30度東から西へ動いて見える。１か月後の１月30日の22時には，星座３は西の方向に約30度動いて見える。したがって，１か月後の１月30日に，同じ位置で星座３を見るためには，22時から，30÷15＝２(時間)前の，20時に観察すればよい。

(5)　季節ごとに観察できる星座の星が変化するのは，地球が太陽のまわりを公転しているためである。このような，地球の公転による星座などの１年間の見かけの運動を年周運動という。

(6)　星座１はこいぬ座，星座２はおおいぬ座，星座３はオリオン座である。星Ｃはベテルギウスだから，エが正しい。

2　ヒトの呼吸についての問題

(1)　はく息には，吸う空気と比べて二酸化炭素が多くふくまれている。そのため，図１のＡのように，石灰水に息をふきこむと，はく息にふくまれる二酸化炭素と石灰水が反応して，白くにごる。

(2)　空気中には，ちっ素が最も多くふくまれている。呼吸をしても，ちっ素はからだの中に取りこまれないため，吸う息とはく息にふくまれるちっ素の割合はほとんど変化しない。

(3)　はく息には，ヒトの体内から排出《はいしゅつ》される水分が水蒸気としてふくまれる。そのため，吸う息よりもはく息のほうが，水蒸気が多くなる。

(4)　図２の肺にある小さなふくろのようなつくりを肺ほうという。肺ほうがあることで，肺の表面積が大きくなり，酸素と二酸化炭素の交かんを効率よく行うことができる。

(5)　①　１回の呼吸で肺の中に入る空気の量は500cm^3，１分間の呼吸回数は12回だから，１分間で，500×12＝6000(cm^3)の空気が肺の中に入る。　②　表の気体Ｃは，酸素である。表より，吸う息には20.94％の酸素がふくまれていることがわかる。１回の呼吸で肺の中に入る空気の量は500cm^{3}だから，１回の呼吸で肺の中に入る酸素は，500×20.94÷100＝104.7(cm^3)と求められる。

3 金属の酸化についての問題

⑴　実験１は，マグネシウムの粉末をガスバーナーで加熱して，マグネシウムの粉末に結びつく酸素の重さを調べる実験である。この実験で，酸素と結びつきやすいものでできている皿を用いて実験を行うと，皿と酸素が結びついてしまい，正確な実験結果を得ることができない。また，熱に弱い皿を使うと，皿が変形してしまうおそれがあり危険である。したがって，このような実験では，熱に強く，酸素と結びつきにくい，ステンレスなどの皿を用いるのがよい。

⑵　1.2gのマグネシウムの粉末を加熱したときに注目すると，加熱前の重さは，皿の重さとあわせて，1.2+5.0=6.2(g)になる。図１より，加熱３回目以降，ステンレス皿全体の重さは7.0gから増えていないから，マグネシウム1.2gを十分に加熱したときには，皿全体の重さが，7.0−6.2=0.8(g)増えている。これがマグネシウムの粉末と結びついた酸素の重さだから，マグネシウム1.2gを十分に加熱したときの，マグネシウムの粉末の重さと結びついた酸素の重さの比は，1.2：0.8＝３：２と求められる。なお，マグネシウムの粉末の重さが1.8gのときや2.4gのときでも同様にして求めることができる。

⑶　⑵と同じように考える。銅の粉末1.6gを加熱したときには，図２より，加熱３回目以降，ステンレス皿全体の重さは7.0gから増えていない。よって，銅の粉末1.6gを十分に加熱したときに結びついた酸素の重さは，7.0−(1.6+5.0)=0.4(g)とわかる。したがって，銅の粉末1.6gを十分に加熱したとき，銅の粉末の重さと結びついた酸素の重さの比は，1.6：0.4＝４：１と求められる。なお，銅の粉末の重さが2.4gのときや3.2gのときでも同様にして求めることができる。

⑷　加熱により銅の粉末に結びついた酸素の重さは，9.6−(5.0+4.0)=0.6(g)である。銅の粉末を十分に加熱したときの銅の粉末の重さと結びつく酸素の重さの比は４：１だから，0.6gの酸素と結びついた銅の粉末の重さは，$0.6\times\frac{4}{1}=2.4$(g)とわかる。したがって，酸素と結びついていない銅の粉末の重さは，4.0−2.4=1.6(g)と求められる。

⑸　銅と酸素が結びついたものを酸化銅，マグネシウムと酸素が結びついたものを酸化マグネシウムという。銅の粉末を十分に加熱したときの銅の粉末の重さと結びつく酸素の重さの比は４：１なので，銅の粉末6.0gを十分に加熱した後の酸化銅の重さは，$6.0\times\frac{4+1}{4}=7.5$(g)と求められ，加熱後のステンレス皿全体の重さのうち，酸化マグネシウムの重さは，19.5−(7.5+5.0)=7.0(g)とわかる。マグネシウムの粉末を十分に加熱したときのマグネシウムの粉末の重さと結びつく酸素の重さの比は３：２なので，混ぜたマグネシウムの粉末の重さは，$7.0\times\frac{3}{3+2}=4.2$(g)となる。

4 ばねについての問題

⑴　①　電子てんびんの値が40gなので，ばねＡにかかる重さは，50−40=10(g)である。図１で，ばねＡは，おもりの重さが10gのときに１cmのびることがわかるから，このときのばねＡののびは１cmとなる。　②　電子てんびんの値が０gなので，ばねＡにかかる重さは，50−０=50(g)である。ばねＡは，おもりの重さが10gのときに１cmのびるので，このときのばねＡののびは，$1\times\frac{50}{10}=5$(cm)となる。

⑵　①　図３のばねＢには，30gの重さがかかる。図１より，ばねＢは，おもりの重さが10gのときに２cmのびることがわかるから，このときのばねＢののびは，$2\times\frac{30}{10}=6$(cm)である。したがって，ばねＢの長さは，20+６=26(cm)と求められる。　②　図３のばねＡにも，ばねＢと同

様に30ｇの重さがかかる。このときのばねＡののびは，$1\times\frac{30}{10}=3$(cm)なので，ばねＡの長さは，20＋３＝23(cm)とわかる。　③　全体の長さを55cmにするには，図３のばねＡとばねＢののびの合計が，55－20×２＝15(cm)となるような重さのおもりをつるせばよい。①，②より，図３のようにばねＡとばねＢを直列につないだものに30ｇのおもりをつるすと，ばねＡとばねＢはあわせて，３＋６＝９(cm)のびるので，ばねＡとばねＢののびの合計が15cmになるとき，つるすおもりの重さは，$30\times\frac{15}{9}=50$(ｇ)と求められる。

英語Ⅰ　＜グローバル第１回試験＞（30分）＜満点：50点＞

※編集上の都合により，英語の解説は省略させていただきました。

解　答

1　(1)　D　(2)　C　(3)　C　2　A　3　(1)　C　(2)　B　(3)　A
4　A　(例)　ボールを捕る　B　Riley　C　13　5　(1)　3　(2)　1　(3)　1　(4)　2　(5)　4　6　(1)　1　(2)　1　(3)　4　(4)　3　(5)　2　7　A　(1)　2　(2)　1　B　(1)　1　(2)　3　8　(1)　4　(2)　1　(3)　4　(4)　2　(5)　3

国　語　＜一般・グローバル第１回試験＞（50分）＜満点：100点＞

解　答

一　問１　Ａ　エ　Ｂ　イ　問２　イ　問３　Ⅰ　ウ　Ⅱ　エ　Ⅲ　ア　問４　a　ドジ　b　意地っ張り　c　自分の考え　問５　ウ　問６　イ　問７　ア　問８　a　苦手なところの中身　b　意味がない　問９　エ　問10　まるで，学　二　問１　良い商品を～という哲学　問２　大きな欠点　問３　ウ　問４　一千曲も音　問５　エ　問６　a　自分で想像　b　人の気持ち　問７　イ　問８　わかりやすさ　問９　a　一瞬　b　安っぽさ　問10　ア　三　問１　ア，オ　問２　ア　問３　エ　問４　ウ　問５　ア　四　問１　①　ア　②　ウ　③　ウ　④　ア　⑤　イ　問２　①　ウ　②　オ　③　オ　④　エ　⑤　エ　五　①　Ａ　イ　Ｂ　オ　②　Ａ　ア　Ｂ　イ　③　Ａ　オ　Ｂ　ウ　④　Ａ　ウ　Ｂ　ア　⑤　Ａ　エ　Ｂ　エ
六　①　む(れ)　②　けいそつ　③　かんか　④　はぶ(く)　⑤　こしょう　⑥～⑩　下記を参照のこと。

●漢字の書き取り

六　⑥　牛乳　⑦　遊牧　⑧　操縦　⑨　認(め)　⑩　耕(す)

解　説

一　出典は工藤《くどう》純《じゅん》子《こ》の『サイコーの通知表』による。自分たちをかばうハシケン先生が大久保先生

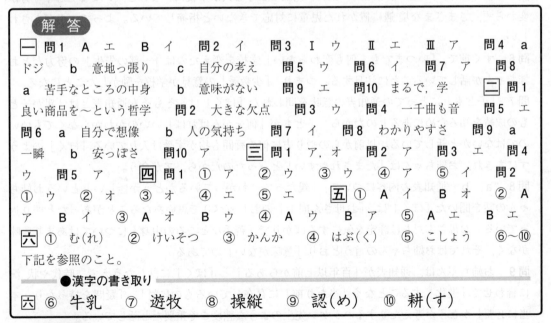

に注意されていたと話した「ぼく」は，お姉ちゃんの学校に対する考えに驚《おどろ》かされる。

問１　**Ａ**　続く部分に「今日は，怒《いか》りのメーターが高めだ」とあるとおり，「テスト前」のお姉ちゃんは「機嫌《きげん》が悪」かったのだから，「ムスッと」が合う。「ムスッと」は，不満そうな表情をするようす。　**Ｂ**　ため息をつくだけで「暗くてうっとうしい！」と言ってくるものの，お姉ちゃんは結局「で，どうしたの？」と「ぼく」の話を聞いてくれる。つまり「ぼく」は，お姉ちゃんから「ひどい」扱《あつか》いを受けることに腹立たしさを感じてはいるが，たまに見せてくれる「優《やさ》し」さにふれ，つい頼《たよ》ってしまうのだから，「ムカッと」があてはまる。「ムカッとくる」は，腹が立つこと。

問２　「ゆめ発表会」でまだ夢がない子や夢を知られたくない子をかばおうとしたハシケン先生が，そのことで大久保先生から注意されていたという「ぼく」の話を聞いたお姉ちゃんは，学校によくある「おかしいこと」の一つだと言っている。よって，イが選べる。

問３　Ⅰ　「ちゃんと夢を言わないと，ハシケン先生に迷惑《めいわく》をかけるのかな……」と言ったことに対するお姉ちゃんの返答を聞いた「ぼく」は，そう簡単に割り切れないと感じている。よって，お姉ちゃんは「いいじゃん，子どもがおとなに迷惑かけたって」と話したものと想像できる。　Ⅱ　直後で，「ぼく」は「えぇ！　通知表がいらないって……」と返答しているので，お姉ちゃんは「あんなの，いらないかもね」と言ったはずである。　Ⅲ　続く部分で，「ぼく」は通知表を出さない「夢みたいな学校」の存在が信じられず，驚いている。よって，お姉ちゃんは「通知表がない小学校もあるんだから」と言ったものとわかる。

問４　**ａ～ｃ**　お姉ちゃんはハシケン先生について，弱くて「ドジ」なところもあるが，「意地っ張り」で「自分の考え」をしっかり持っている人だと話している。

問５　続く部分で，お姉ちゃんはハシケン先生のような人が学校にいないと，いつまでもやり方が変わらず，さまざまな境遇《きょうぐう》に置かれた児童に対応できないと指摘《してき》している。よって，ウがふさわしい。

問６　すぐ前で，「いつまでも，何も変わらない」学校を変えたのは「一部の先生」の努力だとお姉ちゃんが話していることに注目する。つまり，「少数派」の意見が学校を動かしたことになる。

問７　「子ども」にとっての通知表の意味を問われた「ぼく」は，そもそも通知表とは「親が子どもの成績を知るためにある」のだから，子どもが「何をがんばれば」いいのかわからなくてもいいのではないかと話している。以前からのやり方に何の疑問も抱《いだ》かず受け入れている「ぼく」のようすにあきれ，お姉ちゃんは「だまされやすい」と言ったのだから，アが合う。

問８　**ａ，ｂ**　通知表の内容について，「親だって，わかっているかどうか怪《あや》しい」というお姉ちゃんの話を聞いた「ぼく」は，「お母さん同士」のおしゃべりで思いあたることがあったと振《ふ》り返っている。お母さんたちは評定を気にするばかりで「苦手なところの中身」についてはあまり興味がなく，それではお姉ちゃんの言うとおり「意味がない」のである。

問９　お姉ちゃんは，通知表が「百年以上前からある」と「ぼく」に話したうえで，時代や状況《じょうきょう》に合わせて「進化」することなく「当たり前」に存在しているものに対し，「疑問を持ったり，本当に必要」かどうか考えたりするハシケン先生のような態度こそ重要だと話している。

問10　ぼう線⑥に続く場面で，時代の流れに応じ世の中ではあらゆるものが進化を続けているものの，相変わらず学校には通知表が存在していることについて，「ぼく」は「まるで，学校だけ時間が止まっているみたいな……」と改めて感じている。

二　出典は竹内一郎《たけうちいちろう》の『あなたはなぜ誤解されるのか―「私」を演出する技術』による。自分や商品を演出することの大切さや勘《かん》どころについて述べている。

問１　次の段落で，スティーブ・ジョブズには「良い商品を納得《なっとく》するまで良い外観にして世に送りだす，という哲学《てつがく》」があったと述べられている。

問２　スティーブ・ジョブズには「優《すぐ》れた人に特有の大きな長所とそれに見合うだけの大きな欠点」があると筆者は指摘したうえで，商品の発売前に何度もちゃぶ台返しをし，会社を追われたり無慈悲《じひ》なリストラを繰り返したりしていた側面や，商品発表時の宣伝では見事な演出ができていた側面を取り上げている。前者は彼《かれ》が持ち合わせていた性質のうち，「大きな欠点」にあたる。

問３　スティーブ・ジョブズは，新商品の宣伝のためには自らも演出に組みこむことのできた凄《すご》い人物だが，彼のプレゼンテーションは「わかりやす過ぎ」ず，そこには受け手が自分で想像できる「隙間《すきま》」があったと述べられているので，ウが正しくない。

問４　直後の段落に，「一千曲も音楽が入れられる，(当時としては)夢のような機械だ」と，この商品の機能的特徴《とくちょう》が説明されている。

問５　小道具をカッコよく扱う俳優や売りたい商品をよりよいものに見せようと考える営業マン，グラブさばきの美しい野球選手，細かい配慮《はいりょ》の行き届いた原稿《げんこう》を編集者に持ちこむ書き手などを例にあげたうえで，筆者は「自分を演出できる人は，自分の愛するものの演出を考える力のある人」だと述べている。よって，エがこの内容にあてはまらない。

問６　**a**，**b**　「わかりやすさだけを狙《ねら》っ」た説明は受け手を白《しら》けさせると述べたうえで，演出には「あえて，そこまではやらない」という視点も必要だと筆者は指摘している。それは，演出する側が受け手に対し，「自分で想像できる“隙間”」をつくっておくことで「人の気持ちが入ってくる」からである。

問７　Ａ　演出において「わかりやすさは大切な要素」だが，「それが独《ひと》り歩きしてしまうと陳腐《ちんぷ》な現象が起こる」という文脈である。　Ｃ「チープなＣＭ」は「刹那《せつな》的」に考えれば「ある程度の成果」を出せるが，「長い目で見ると」ちがうというつながりである。　両方とも，前のことがらを受けて，後ではそれに反する内容が述べられているので，「しかし」があてはまる。

問８　ユーザーが広告を一瞬《いっしゅん》しか見ることのないＳＮＳでは，望ましくはないが「パッとわからせるため」の演出をしなければならない。つまり，「あざとさ」が滲《にじ》んではしまうものの，仕方なく「わかりやすさ」が出過ぎる広告をつくらざるを得ないというのである。

問９　**a**　ＳＮＳは広告が収入源だが，ユーザーは広告を「一瞬」しか見ないと書かれている。
b　「一瞬に賭《か》けた広告」にはどうしても宣伝したいという「あざとさ」が「透《す》けて見える安っぽさ」が出てしまうが，そのことはクリエーターたちも十分わかっているのである。

問10　ぼう線部⑥の前で，書き手にとって商売道具である原稿を見栄えよくすることで編集者が好印象を抱くという例をあげた後，筆者は「どんな仕事であっても，何らかの道具は」使い，「その扱い一つで自分の見え方は異なる」と述べている。

三　出典は日本文藝《ぶんげい》家協会編の『ベスト・エッセイ2020』所収の「耳覚めの季節(青山七恵《あおやまななえ》著)」による。落語に惹《ひ》かれるようになった筆者が，その理由について，長らくお話を聞いていなかった耳が求めていたからかもしれないと語っている。

問１　「上半身」は，前の一字が後の二字を修飾《しゅうしょく》する組み立て。よって，アの「再調査」，オの

「公文書」が選べる。なお，イの「心技体」は，それぞれの漢字を対等の関係で並べた組み立て。ウの「国際化」は，前の二字に接尾《せつび》語がついた組み立て。エの「未体験」は，後の二字が持つ意味を前の一字が打ち消す組み立てである。

問２　「動き」はもともと「動く」という動詞が名詞化した転成名詞。よって，アの「重さ」が同じ。なお，イの「反応する」は動詞，ウの「古い」は形容詞，エの「おもいおもいに」は形容動詞である。

問３　ことばのかかり受けでは，直接つなげてみて意味のまとまる部分が答えになる。与《あた》えられたストーリーとそれに自ら関わろうともがく意識の拮抗《きっこう》のあり方が，「きっと」「似ている」となるので，エがよい。

問４「くさくさ」は，気分が重くなるようすを表すので，ウがふさわしい。

問５　ａとｂは受身，ｃは可能，ｄは自発の意味で用いられているので，アが正しい。

四　主語と述語，ことばのかかり受け

問１　主語は「何(だれ)が(は)」，述語は「どうする」「どんなだ」「何だ」にあたる文節をいう。まずは述語を定め，それから主語を探すとよい。アの主語と述語は「作ったのは」「ケーキだ」となり，「何が(は)」「何だ」という関係，イの主語と述語は「ケーキは」「白い」となり，「何が(は)」「どんなだ」という関係，ウの主語と述語は「ぼくは」「作った」となり，「だれが(は)」「どうする」という関係になる。　①　主部が「農業や漁業は」，述語は「職業だ」なので，アが選べる。②　主語が「兄は」，述語は「する」なので，ウがあてはまる。　③　主語は「姉は」，述語は「受け始めた」なので，ウがよい。　④　主語は「セーターは」，述語は「ものです」なので，アが合う。　⑤　主語は「流れが」，述語は「美しい」なので，イと同じ関係になる。

問２　ことばのかかり受けでは，直接つなげてみて意味のまとまる部分が答えになる。　①　評判になったのは「犬の」「動画」なので，ウが正しい。　②　「彼は」は主語にあたり，述語の「たのむ」にかかるので，オが選べる。　③　ドローンを飛ばして，ぼくたちの町を「空から」「ながめたい」となるので，オがよい。　④　将来の夢は，三連覇を「オリンピックで」「果たす」ことなのだから，エがふさわしい。　⑤　今年こそは，地元の花火大会に「家族で」「行くのが」楽しみだというのだから，エが合う。

五　ことわざの知識

①　Ａ，Ｂ　「泣き面《つら》にはち」は，悪いことに悪いことが重なるさま。　②　Ａ，Ｂ　「火中の栗《くり》を拾う」は，“あえて危険をおかす”という意味。　③　Ａ，Ｂ　「三つ子の魂《たましい》百まで」は，幼いころの性格や性質は変わらないということ。　④　Ａ，Ｂ　「頭かくして尻《しり》かくさず」は，“悪事や短所をかくしたつもりでも，一部はかくれていない”という意味。　⑤　Ａ，Ｂ　「転ばぬ先の杖《つえ》」は，用心に用心を重ねて失敗しないようにすること。

六　漢字の読みと書き取り

①　音読みは「グン」で，「群衆」などの熟語がある。訓読みにはほかに「むら」がある。　②　軽はずみなようす。　③　見のがすこと。　④　音読みは「ショウ」「セイ」で，「省略」「反省」などの熟語がある。訓読みにはほかに「かえり(みる)」がある。　⑤　機械などの具合が悪くなること。　⑥　牛の乳。　⑦　水や草のある場所を探して住みかを変えながら，牛や馬や羊を飼うこと。　⑧　自分の思うように機械や車などを動かすこと。　⑨　音読みは「ニン」

で，「認識」などの熟語がある。　⑩　音読みは「コウ」で，「耕作」などの熟語がある。

2022年度　昌 平 中 学 校

〔電　話〕　(0480)34－3381
〔所在地〕　〒345－0044　埼玉県北葛飾郡杉戸町下野851
〔交　通〕　JR宇都宮線・東武伊勢崎線―「久喜駅」よりスクールバス

【算　数】〈Tクラス第1回試験〉（50分）〈満点：100点〉

（注意）分数は，それ以上約分できない分数で必ず答えなさい。また，図形は，必ずしも正確ではありません。

1 次の □ にあてはまる数を答えなさい。

(1) $117 \div 13 + 5 - (51 - 6 \times 8) =$ □

(2) $998 \times 998 - 997 \times 999 =$ □

(3) $2\frac{2}{9} \div \frac{5}{6} - 3\frac{1}{3} \times \frac{3}{4} =$ □

(4) $5.7 \div 1\frac{1}{2} + 3.25 \times 0.8 + 3.4 \times 9 =$ □

(5) $3 \times 13 - \{24 + (7 \times$ □ $- 11)\} = 12$

2 次の □ にあてはまる数を答えなさい。

(1) A，B，Cの3つの山があり，Bの山はAの山より20％高く，Cの山はBの山より35％高いとき，Cの山はAの山より □ ％高いことになります。

(2) 5 L $-$ 1700 cm^3 $-$20 dL $=$ □ L

(3) ある店では，針金が100 gあたり60円で売られています。また，針金1.6 mの重さは40 gです。この店で針金を7 m買うと □ 円です。

(4) 姉は5200円，妹は3400円持っています。2人とも同じ服を買うと，姉と妹の残っている金額の比は9：5になりました。2人が買った服は □ 円です。

(5) 図1は，AB $=$ AC の二等辺三角形ABCと，2つの正三角形ACE，ABDを組み合わせた図形です。

このとき，角**ア**は □ 度です。

図1

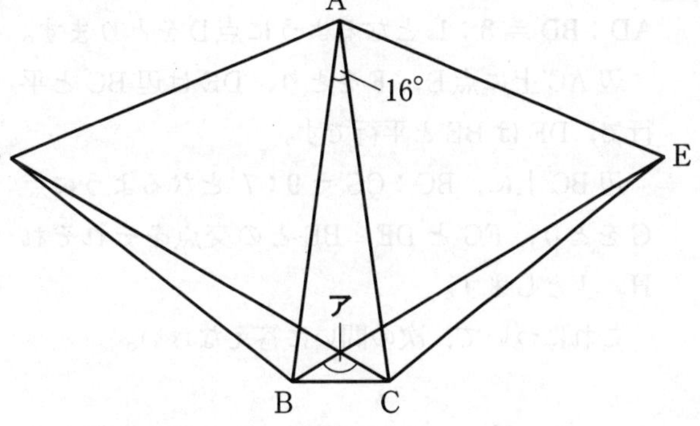

(6) 図2は三角すいで，4つの面のうち，三角形BCDは直角二等辺三角形で，三角形ABCと三角形ABDは直角三角形です。

この立体の表面積は □ cm^2 です。

図2

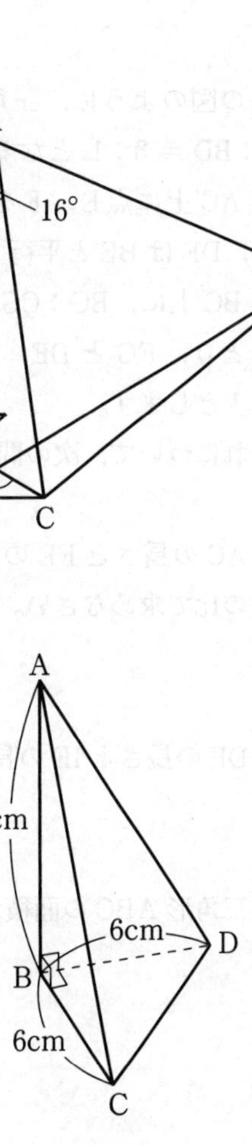

3 下のように，あるきまりにしたがって順に整数を並べました。

$$1,\ 2,\ 5,\ 10,\ 17,\ 26,\ 37,\ \cdots$$

これについて，次の問いに答えなさい。

(1) 最初から数えて10番目に現れる整数を求めなさい。

(2) 最初から数えて200番目までに並んでいる整数のうち，5の倍数は何個あるか求めなさい。

(3) 最初から数えて200番目までに並んでいる整数のうち，2の倍数でも5の倍数でもない整数は何個あるか求めなさい。

4 右の図のように，三角形ABCの辺AB上にAD：BD＝3：1となるように点Dをとります。

辺AC上に点E，Fをとり，DEは辺BCと平行で，DFはBEと平行です。

辺BC上に，BG：CG＝9：7となるように点Gをとり，FGとDE，BEとの交点をそれぞれH，Iとします。

これについて，次の問いに答えなさい。

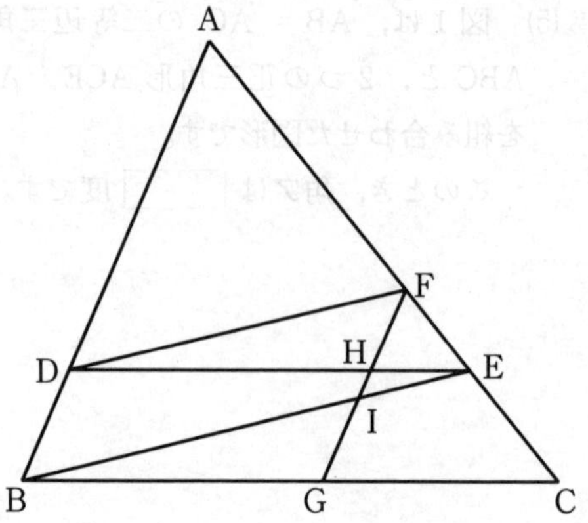

(1) ACの長さとFEの長さの比を最も簡単な整数の比で求めなさい。

(2) DFの長さとIEの長さの比を最も簡単な整数の比で求めなさい。

(3) 三角形ABCの面積が256 cm^2のとき，四角形DBIHの面積を求めなさい。

5 右の図のように，底面が１辺８cm の正方形で，高さが９cm，側面がすべて二等辺三角形の立体A－BCDE があります。辺 AB，AC，AD，AE 上のまん中の点をそれぞれ P，Q，R，S とします。

これについて，次の問いに答えなさい。

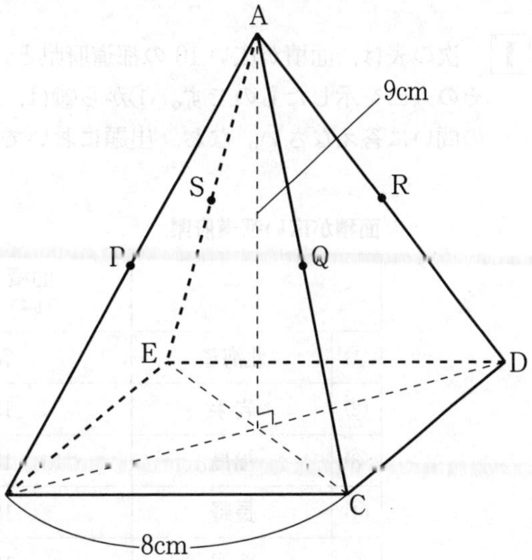

(1) この立体を，４点 P，Q，R，S を通る平面で切ったとき，頂点 A をふくむほうの立体の体積を求めなさい。

(2) この立体を，２点 P，Q を通り，底面 BCDE に垂直な平面で切ったとき，切り口の図形の面積を求めなさい。

(3) この立体を，４点 P，Q，D，E を通る平面で切ったとき，頂点 A をふくむほうの立体の体積を求めなさい。

6 下の図のように，A地点とB地点を結ぶ１本道があります。しんじ君は，A地点を出発して，A地点とB地点の間で往復をくり返します。とおる君は，しんじ君と同時にA地点を出発して，しんじ君と出会うたびに進行方向を変えて進みます。

しんじ君ととおる君の２人が，はじめて出会った地点はA地点とB地点のちょうどまん中で，それから18分後に２回目に出会いました。２回目に出会った地点はA地点から720 m はなれたところでした。

これについて，次の問いに答えなさい。ただし，しんじ君はとおる君より進む速さが速いものとします。

(1) とおる君の速さは分速何 m か求めなさい。

(2) A地点とB地点の間は何 m はなれているか求めなさい。

(3) しんじ君ととおる君が４回目に出会うのは，２人が同時にA地点を出発してから何時間何分何秒後か求めなさい。

【社　会】〈Tクラス第１回試験〉（理科と合わせて60分）〈満点：50点〉

1　次の表は，面積が広い10の都道府県と，面積がせまい10の都道府県の面積，県庁所在都市，その人口を示したものです。①から⑳は，その都道府県を示すものとします。これを見て，あとの問いに答えなさい。なお，出題において，都道府県はすべて県と表記します。

面積が広い都道府県

		面積 （㎢）	県庁所在都市	県庁所在都市 の人口（人）
①	北海道	78,421	札幌《さっぽろ》市	1,959,313
②	岩手	15,275	X	288,470
③	福島	13,784	福島市	277,133
④	長野	13,562	長野市	375,884
⑤	新潟	12,584	新潟市	788,465
⑥	秋田	11,638	秋田市	307,403
⑦	岐阜	10,621	岐阜市	408,804
⑧	青森	9,646	青森市	281,232
⑨	山形	9,323	山形市	244,998
⑩	鹿児島	9,187	鹿児島市	602,465

面積がせまい都道府県

		面積 （㎢）	県庁所在都市	県庁所在都市 の人口（人）
⑪	滋賀	4,017	大津《おおつ》市	343,815
⑫	埼玉	3,798	さいたま市	1,314,145
⑬	奈良	3,691	奈良市	356,027
⑭	鳥取	3,507	鳥取市	186,960
⑮	佐賀	2,441	佐賀市	232,476
⑯	神奈川	2,416	横浜《よこはま》市	3,754,772
⑰	沖縄	2,283	那覇《なは》市	322,011
⑱	東京	2,194	新宿区	348,452
⑲	大阪	1,905	大阪市	2,730,420
⑳	香川	1,877	Y	427,131

（『日本国勢図会 2021/22』より作成）

問１　表中の**X**，**Y**にあてはまる県庁所在都市名をそれぞれ答えなさい。

問２　表中の①の県の酪農《らくのう》地帯には，右の写真のような，家畜《かちく》に食べさせる飼料を貯蔵するための施設《しせつ》があります。このような施設を何というか，**カタカナ**で答えなさい。

問３　次のグラフは，表中の④の県で生産がさかんな果実の都道府県別の収穫量《しゅうかくりょう》の割合を示したものです。**A**，**B**の果実の組み合わせとして正しいものを，あとの**ア〜エ**から１つ選び，記号で答えなさい。

A

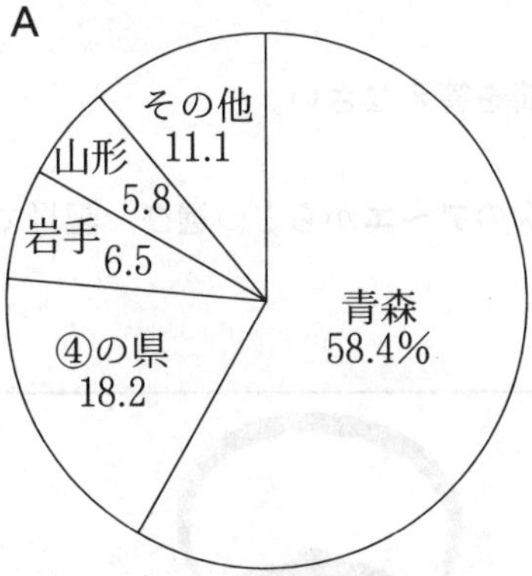

B

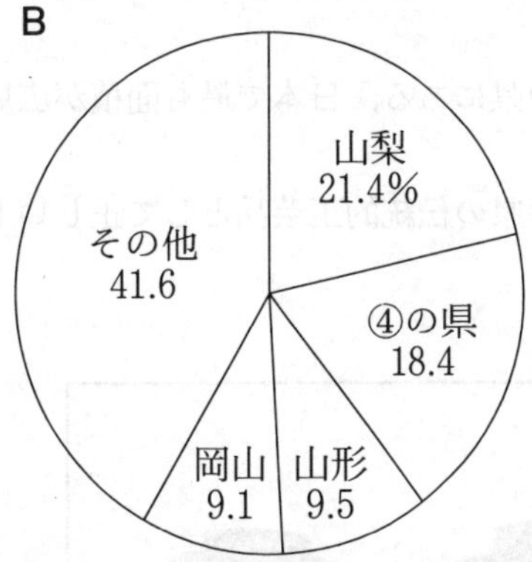

（『日本国勢図会 2021/22』より作成）

ア　**A**　みかん　**B**　ぶどう　　　**イ**　**A**　みかん　**B**　もも
ウ　**A**　りんご　**B**　ぶどう　　　**エ**　**A**　りんご　**B**　もも

問４　表中の⑤の県の県庁所在都市には，□新幹線の終点の駅があります。□にあてはまる新幹線の名前を答えなさい。

問５　表中の⑦の県にある世界遺産の写真として正しいものを，次の**ア〜エ**から１つ選び，記号で答えなさい。

ア

イ

ウ

エ

問６　表中の⑩の県は，日本有数の畜産業がさかんな県です。⑩の県が飼育頭数第１位の家畜として正しいものを，次の**ア**～**エ**から１つ選び，記号で答えなさい。

ア　ぶた　　**イ**　乳用牛　　**ウ**　肉用牛　　**エ**　採卵鶏《さいらんけい》

問７　表中の⑪の県にある，日本で最も面積が広い湖の名前を答えなさい。

問８　表中の⑬の県の伝統的工芸品として正しいものを，次の**ア**～**エ**から１つ選び，記号で答えなさい。

ア

イ

ウ

エ

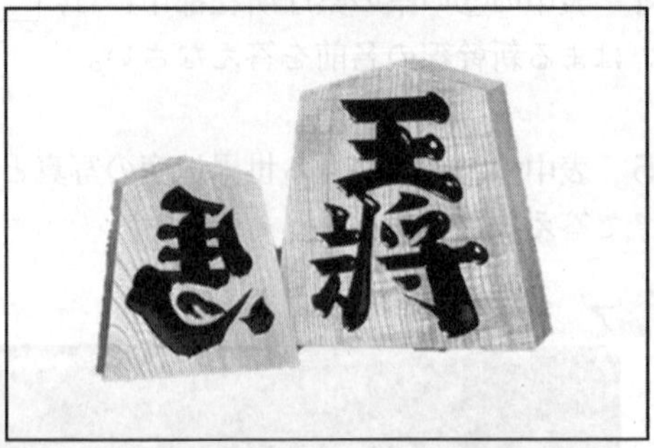

問９　次の資料は，貿易額が日本で上位４位までの貿易港の主な輸出品目，輸入品目とその割合を示したものです。資料中の⑯の県にある貿易港の表として正しいものを，資料中の**ア～エ**から１つ選び，記号で答えなさい。

ア

輸出品目	%	輸入品目	%
半導体等製造装置	8.4	通信機	14.1
金（非貨幣《かへい》用）	7.6	医薬品	13.3
科学光学機器	5.5	コンピュータ	9.8

イ

輸出品目	%	輸入品目	%
自動車	15.9	石油	6.3
プラスチック	4.7	有機化合物	3.4
内燃機関	4.4	液化ガス	3.4

ウ

輸出品目	%	輸入品目	%
自動車	24.6	液化ガス	7.5
自動車部品	16.6	衣類	6.9
内燃機関	4.1	石油	5.8

エ

輸出品目	%	輸入品目	%
自動車部品	5.8	衣類	8.3
半導体等製造装置	5.2	コンピュータ	6.2
コンピュータ部品	5.1	肉類	4.5

（『日本国勢図会 2021/22』より作成）

問10　表中の⑰の県の説明として**誤っているもの**を，次の**ア～エ**から１つ選び，記号で答えなさい。

ア　天然記念物であるヤンバルクイナなどの貴重な生物が生息している。

イ　さとうきびの生産量が全国１位である。

ウ　アメリカ軍の基地が沖縄本島の約15％をしめている。

エ　日本最南端《さいなんたん》の島である沖ノ鳥《おきのとり》島が属している。

問11　次の資料は，三大工業地帯と関東内陸工業地域の製造品出荷額の移り変わりを示したものです。表中の⑱の県が中心となっている工業地帯の製造品出荷額の移り変わりを示したものを，資料中の**ア～エ**から１つ選び，記号で答えなさい。

（億円）

	1990	2000	2010	2018
ア	445,033	427,472	481,440	602,425
イ	405,725	325,518	301,386	345,443
ウ	515,908	402,530	257,710	264,195
エ	336,323	304,815	290,180	328,022

（『日本国勢図会 2021/22』より作成）

問12　表中の面積が最も広い県の面積は，面積が最もせまい県の面積のおよそ何倍になりますか。割り切れない場合は，**小数第１位を四捨五入して，整数の数値**で答えなさい。

2　次の文章は，日本の神社について説明したものです。これを読んで，あとの問いに答えなさい。

日本の庶民《しょみん》の観光は，古くは①平安時代中期の「熊野詣《くまのもうで》」に始まったといわれています。②江戸《えど》時代には「お伊勢参《いせまい》り」に，当時の全人口の10人に１人が出かけるほどの大流行になるなど，日本人にとって旅と神社仏閣は切っても切れない関係にあります。それでは，日本の有名な神社を見ていきましょう。

伊勢神宮

③三重県にある伊勢神宮《いせじんぐう》は2000年以上の歴史を持ち，日本人の心のよりどころともいわれています。2016年には，④伊勢志摩《しま》サミットが開催《かいさい》され，各国の首脳が伊勢神宮を訪問しました。

厳島神社

⑤広島県にある厳島神社《いつくしまじんじゃ》は，寝殿《しんでん》を中心に複数の建物が回廊《かいろう》で結ばれる寝殿造《しんでんづくり》の様式を今に伝えています。海を敷地《しきち》ととらえた発想で建設されているため，満潮時には朱塗《しゅぬ》りの社殿全体が海に浮《う》いているように見えます。1996年に世界文化遺産に登録されました。

出雲大社

日本の神話の舞台《ぶたい》である［　⑥　］出雲《いずも》市にある出雲大社は歴史が古く，日本最古の歴史書である「古事記」にその成り立ちが書かれています。拝殿《はいでん》に張られた大きなしめ縄が有名ですが，一般的《いっぱんてき》な神社とは左右の向きが逆であることが特徴《とくちょう》となっています。

⑦栃木県にある日光東照宮《にっこうとうしょうぐう》は，江戸幕府の初代将軍である⑧徳川家康《とくがわいえやす》を神としてまつっています。国宝や重要文化財をふくむ55棟《とう》の建物が並び，左甚《ひだりじん》五郎《ごろう》作と伝えられている「眠《ねむ》り猫《ねこ》」や「見ざる・言わざる・聞かざる」の三猿《さんえん》の彫刻《ちょうこく》が有名です。

⑨愛知県にある熱田神宮《あつたじんぐう》は，神話に登場する神器の１つである「草薙神剣《くさなぎのみつるぎ》」をまつっています。地元では「熱田さま」や「宮」と呼ばれて親しまれています。

平安時代の学者である⑩菅原道真《すがわらのみちざね》をまつる太宰府天満宮《だざいふてんまんぐう》は⑪福岡県にあります。学問と厄除《やくよ》けの「天神さま」として知られ，全国に12,000社ある天神の総本宮です。宝物殿には菅原道真にまつわる古文書や工芸品などが収蔵されています。

日光東照宮

熱田神宮

太宰府天満宮

問１　文章中の下線部①について，平安時代に強い権力を得て，「この世をば　わが世とぞ思ふ《(う)》もち月の　かけたることも　なしと思へ《(え)》ば」とよんだ人物の名前として正しいものを，次の**ア～エ**から１つ選び，記号で答えなさい。

ア　平清盛《たいらのきよもり》　　**イ**　藤原道長《ふじわらのみちなが》　　**ウ**　源義朝《みなもとのよしとも》　　**エ**　桓武《かんむ》天皇

問２　文章中の下線部②について，江戸時代には一時期，幕府が直接貿易する相手をオランダと中国に限り，これらの貿易船の出入りを長崎だけに許可しました。このような幕府の政策を何というか，**漢字２字**で答えなさい。

問３　文章中の下線部③について，三重県では四大公害病の１つである「四日市ぜんそく」が発生しました。四大公害病のうち，富山県のイタイイタイ病は，何という川の流域で起こりましたか。川の名前として正しいものを，次の**ア～エ**から１つ選び，記号で答えなさい。

ア　阿賀野《あがの》川　　**イ**　信濃《しなの》川　　**ウ**　神通《じんずう》川　　**エ**　最上《もがみ》川

問４　文章中の下線部④について，このサミットに参加した国として**誤っているもの**を，次の**ア～エ**から１つ選び，記号で答えなさい。

ア　アメリカ　　**イ**　ドイツ　　**ウ**　イギリス　　**エ**　ロシア

問５　文章中の下線部⑤について，右の写真は，広島市を上空から撮影《さつえい》したものです。広島市は太田川によってつくられた［　　　］を中心に広がっています。［　　　］にあてはまる地形の名前を答えなさい。

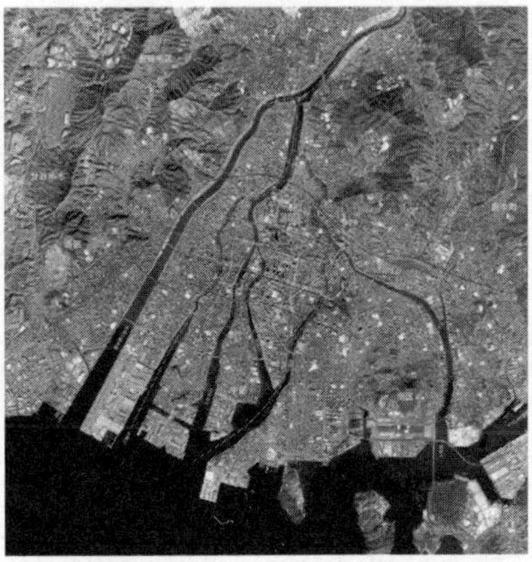

問６　文章中の［　⑥　］にあてはまる都道府県の名前を答えなさい。

問７　文章中の下線部⑦について，栃木県と接している県として**誤っているもの**を，次の**ア～エ**から１つ選び，記号で答えなさい。

ア　埼玉県　　**イ**　福島県　　**ウ**　茨城県　　**エ**　千葉県

問８　文章中の下線部⑧について，徳川家康が勝利をおさめた関ヶ原《せきがはら》の戦いが起こった場所を，次の地図中の**ア～エ**から１つ選び，記号で答えなさい。

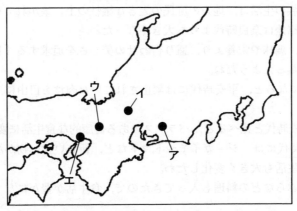

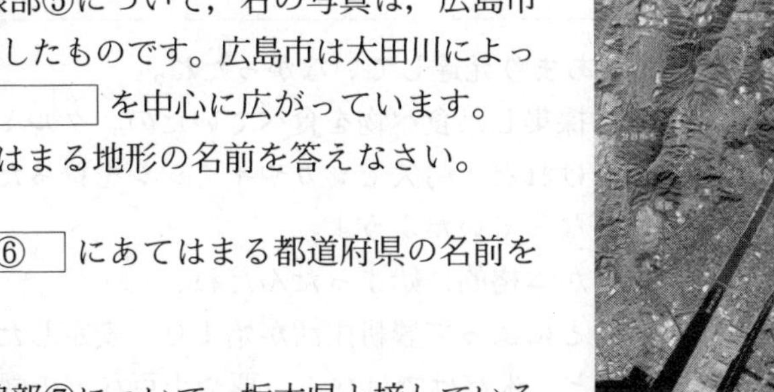

問９　文章中の下線部⑨について，愛知県の［　　　］市は，日本のすべての都市の中で製造品出荷額が１位です。［　　　］にあてはまる都市名を答えなさい。

問10　文章中の下線部⑩について，菅原道真が行ったこととして正しいものを，次の**ア**～**エ**から１つ選び，記号で答えなさい。

ア　小野妹子《おののいもこ》を隋《ずい》に派遣《はけん》した。
イ　蘇我《そが》氏を倒し，大化の改新を行った。
ウ　遣唐使《けんとうし》の停止を進言した。
エ　明《みん》と勘合《かんごう》貿易を始めた。

問11　文章中の下線部⑪について，福岡県の県庁所在都市である福岡市は，九州地方の中心となる都市で，北海道地方の札幌《さっぽろ》市，東北地方の仙台《せんだい》市，中国地方の広島市などと並んで［　　　］都市の役割をになっています。［　　　］にあてはまることばを答えなさい。

3　次の会話文は，けんとさんとゆかりさんが「日本の食の歴史」について話したものです。これを読んで，あとの問いに答えなさい。

けんと：①縄文《じょうもん》時代にはまだ農耕があまり発達していなかったね。
ゆかり：ええ。だから縄文人たちは採集した食べ物を食べていたの。クルミやクリ，ドングリなどが食べ物の中心だったけれど，弓矢でシカやイノシシを狩《か》ったり，魚をつかまえたりしてたんぱく質をおぎなっていたようよ。
けんと：弥生《やよい》時代に日本で［　②　］が本格的に始まったんだね。
ゆかり：やがて日本全土に広がることによって農耕生活が始まり，安定した食料供給が可能になったの。③遺跡《いせき》を調べると，米だけではなく，粟《あわ》や小豆《あずき》などの穀物《こくもつ》も栽培されていたようよ。
けんと：農耕が始まることで定住生活が可能になって人口が増加したんだね。
ゆかり：奈良《なら》時代は，中央集権国家となって④米を税として徴収したので，貴族階級は米食だったけれど，庶民《しょみん》は食べるための米はほとんどなく，粟や稗《ひえ》などの雑穀が主食だったようね。
けんと：⑤平安時代は，現代における日本食の基礎ができ上がった時代といわれているね。
ゆかり：平安時代の貴族の生活は，地方の庶民の大きな犠牲《ぎせい》の上に築かれていたので，貴族と庶民の生活の格差は奈良時代よりも大きくなったわ。
けんと：貴族の食事は，調味や栄養より，盛《も》り合わせの美しさを追求する「見る料理」が重視されるようになったようだね。
ゆかり：⑥武士の時代になると，平安時代には禁止されていた肉食を自由にできるようになったようね。
けんと：その結果，平安時代と比べると，バランスのある健康的な食生活に変化したようだね。
ゆかり：⑦安土《あづち》・桃山《ももやま》時代には，ジャガイモやトマトなど，新しい食べ物が海外からもたらされたので，食生活も大きく変化したわ。
けんと：油であげる天ぷらなどの料理も入ってきたので，食生活が豊かになったようだね。

ゆかり：⑧江戸《えど》時代は，国内に平和が続き，農業と漁業が発展したわ。
けんと：この時代には本格的にしょう油が使われるようになり，砂糖《さとう》や昆布《こんぶ》，かつお節《ぶし》なども現れて，味つけが豊かになってきたようだね。
ゆかり：⑨明治時代には西洋料理が入ってきたわ。
けんと：牛肉食がその象徴《しょうちょう》とされたようだね。文明人は牛肉を食べるという風潮《ふうちょう》が広がり，「すき焼き」が流行したそうだよ。
ゆかり：⑩大正時代になると，家庭料理の中にも洋食が浸透《しんとう》していったわ。
けんと：第二次世界大戦後しばらくの間は，国民への食料が十分に供給されず，当時の人の栄養状態は最悪だったようだね。
ゆかり：その後，アメリカの支援《しえん》のもと，高度経済成長をすすめていた日本では，洗濯機《せんたくき》，［　⑪　］，テレビの「三種の神器」がもてはやされるなど，生活がどんどん豊かになっていったわ。
けんと：食の分野では，自動式の電気がまが登場して，スイッチ一つで米を炊《た》くことができるようになったんだ。

問１　会話文中の下線部①について，縄文時代に作られていた右の写真の人形を何というか，答えなさい。

問２　会話文中の［　②　］にあてはまることばを，**漢字２字**で答えなさい。

問３　会話文中の下線部③について，弥生時代の遺跡である吉野ヶ里《よしのがり》遺跡のある位置を，次の地図中の**ア～エ**から１つ選び，記号で答えなさい。

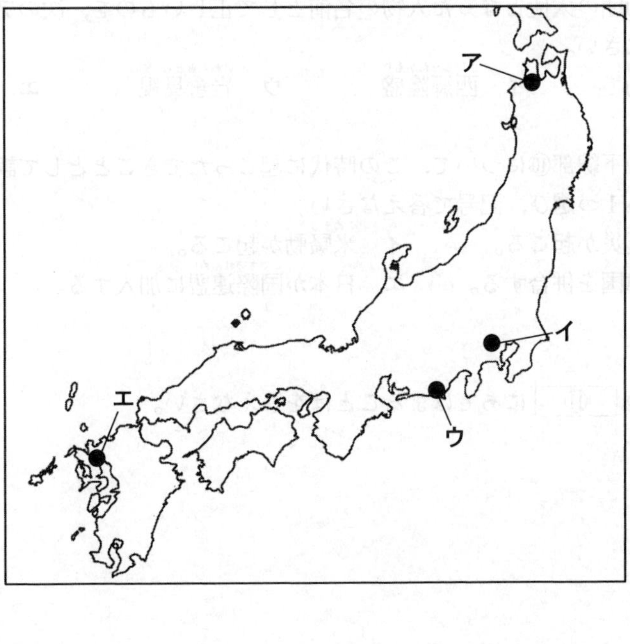

問4　会話文中の下線部④について，収穫量《しゅうかくりょう》の約3％の稲《いね》を納める税として正しいものを，次の**ア～エ**から1つ選び，記号で答えなさい。

ア　租《そ》　　**イ**　庸《よう》　　**ウ**　調《ちょう》　　**エ**　雑徭《ぞうよう》

問5　会話文中の下線部⑤について，平安時代の次の**ア～エ**のできごとを，時代の古いものから順に並べかえ，記号で答えなさい。

ア　平清盛《たいらのきよもり》が太政大臣《だいじょうだいじん》になる。　**イ**　坂上田村麻呂《さかのうえのたむらまろ》が蝦夷《えみし》を攻撃《こうげき》する。

ウ　藤原良房《ふじわらのよしふさ》が摂政《せっしょう》になる。　**エ**　保元《ほうげん》の乱が起こる。

問6　会話文中の下線部⑥について，北条泰時が定めて，その後の武士の法律の手本になったきまりを何というか，答えなさい。

問7　会話文中の下線部⑦について，この時代に室町《むろまち》幕府の最後の将軍を追放し，室町幕府をほろぼした人物の名前として正しいものを，次の**ア～エ**から1つ選び，記号で答えなさい。

ア　明智光秀《あけちみつひで》　**イ**　織田信長《おだのぶなが》　**ウ**　豊臣秀吉《とよとみひでよし》　**エ**　武田信玄《たけだしんげん》

問8　会話文中の下線部⑧について，江戸時代のできごととして正しいものを，次の**ア～エ**から1つ選び，記号で答えなさい。

ア　徳川秀忠《とくがわひでただ》が武家諸法度《ぶけしょはっと》に参勤交代の制度を加え制度化した。

イ　島原《しまばら》・天草一揆《あまくさいっき》が起こり，幕府はキリスト教の禁止をやめた。

ウ　ペリーが来日し，その翌年，幕府は日米修好通商条約《にちべいしゅうこうつうしょうじょうやく》を結んだ。

エ　徳川慶喜《とくがわよしのぶ》が政権を天皇に返し，江戸幕府の政治が終わった。

問9　会話文中の下線部⑨について，明治時代に条約を改正するために，アメリカやヨーロッパを訪れた使節団の大使となった人物の名前として正しいものを，次の**ア～エ**から1つ選び，記号で答えなさい。

ア　板垣退助《いたがきたいすけ》　**イ**　西郷隆盛《さいごうたかもり》　**ウ**　岩倉具視《いわくらともみ》　**エ**　大隈重信《おおくましげのぶ》

問10　会話文中の下線部⑩について，この時代に起こったできごととして**誤っているもの**を，次の**ア～エ**から1つ選び，記号で答えなさい。

ア　関東大震災《かんとうだいしんさい》が起こる。　**イ**　米騒動《こめそうどう》が起こる。

ウ　日本が韓国《かんこく》を併合する。　**エ**　日本が国際連盟《こくさいれんめい》に加入する。

問11　会話文中の［　⑪　］にあてはまることばを答えなさい。

4 かずきさんとみさとさんは，「日本の森林と林業」について話し合っています。これを読んで，あとの問いに答えなさい。

かずき：日本は世界有数の森林国といわれているよ。**資料1**を見ると，森林は国土面積の約 ① %をしめていることがわかるよ。

みさと：森林には，国が所有している，国民共通の財産である「国有林」と「民有林」に分けられるの。「民有林」は都道府県や市町村が所有する「公有林」と個人が所有する「私有林」に分類されるわ。②**資料2**は，日本の森林蓄積量《ちくせきりょう》を分類して示したものよ。

かずき：第二次世界大戦後は，戦後の復興とその後の産業の発展のために，大量の木材が必要だったんだ。でも国産材だけでは必要量を供給できなくなり，しだいに輸入にたよるようになってきたんだ。

みさと：木材の供給量と自給率の移り変わりを示している③**資料3**を見れば，その状況《じょうきょう》がよくわかるわね。

かずき：**資料4**は，1990年以降の林家《りんか》の状況を示したものだよ。

みさと：林家とは何なの。

かずき：森林を1ヘクタール以上所有している世帯を林家というんだ。

みさと：**資料4**を見ると，1990年以降，林家の数は ④ ことがわかるね。

かずき：林業従事者数については， ⑤ ということが読み取れるよ。

みさと：林業はとても手間がかかると聞いたわ。

かずき：そうだね。だから林業に従事する人が足りないと，森林の手入れができず，あれてしまうんだ。それが今の森林の問題の一つなんだ。

みさと：**資料5**の写真で，地面に積まれているのは間伐材《かんばつざい》と呼ばれるものよ。森が混みあってきたら，一部の木を切り倒して，残った木の成長をうながしてあげる必要があるの。そうしなければ，**資料6**の右の絵のように，木が折れてしまうこともあるのよ。また，日光が入らず，草が生えないから，雨水がそのまま流れてしまい，地下に水がたくわえられないようになってしまうのよ。

かずき：間伐材というのは，その切り倒された木材なんだね。

みさと：そうよ。間伐材は森林で吸収された ⑥ を保管しているので，「 ⑥ のかんづめ」と呼ばれていて，地球温暖化を防ぐことにも役立っているのよ。

資料1　日本の国土利用（2018年）

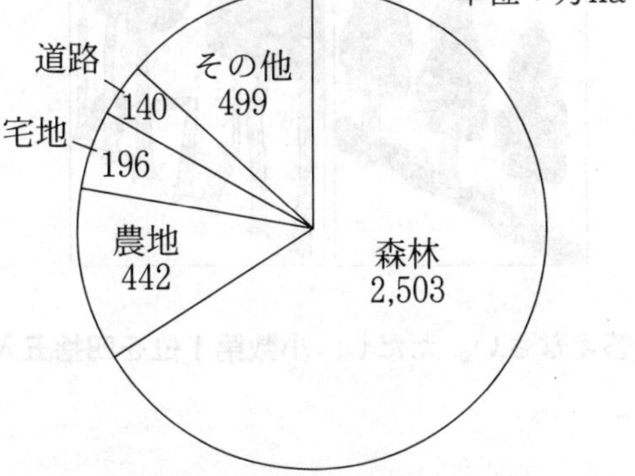

（『日本国勢図会 2021/22』より作成）

資料2　日本の森林蓄積量（2017年）

（千㎥）

	針葉樹林	広葉樹林	計
国有林	X	534,521	Z
民有林	3,032,275	983,300	4,015,575
計	Y	1,517,821	5,241,502

（『日本国勢図会 2021/22』より作成）

資料3　木材供給量と自給率の移り変わり

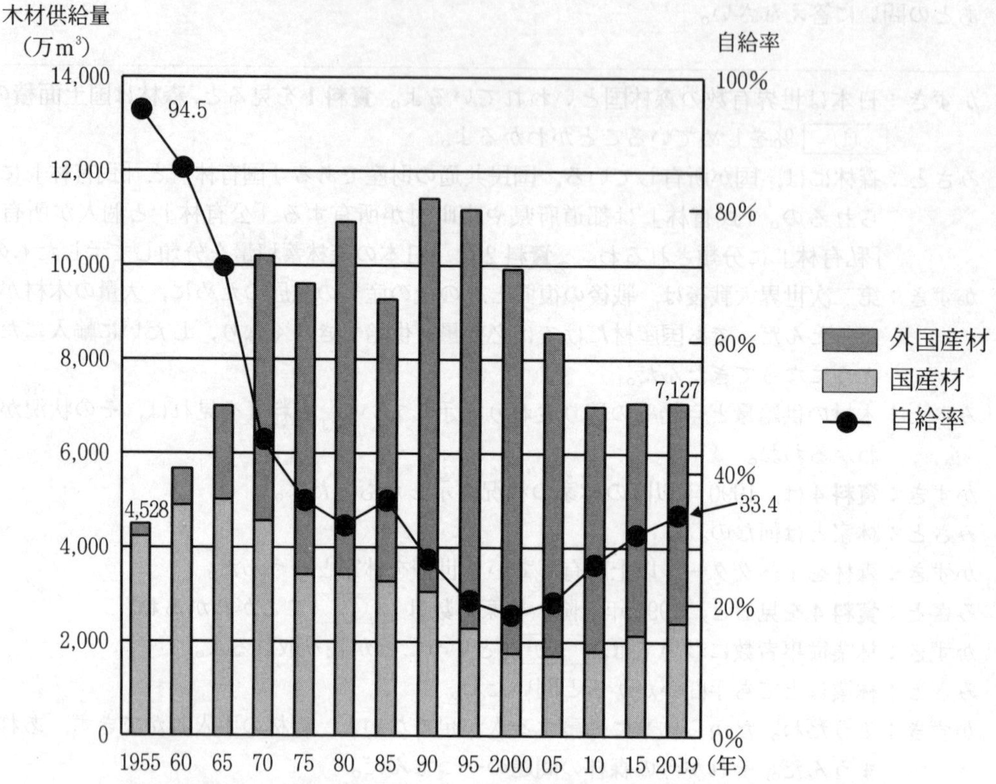

（林野庁 HPより作成）

資料4　林家の状況《じょうきょう》

		1990	2000	2005	2010	2015
林家数	千戸	1056	1019	920	907	829
林業従事者数	千人	108	67	47	69	64
うち65歳以上	%	10.5	24.7	26.2	17.5	20.7

（『日本国勢図会 2021/22』より作成）

資料5　間伐材

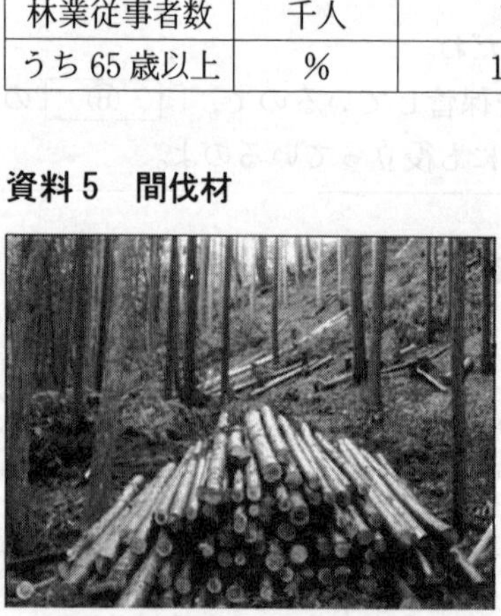

資料6　間伐した森林としない森林

問１　会話文中の［　①　］にあてはまる数値を答えなさい。ただし，**小数第１位を四捨五入して，整数の数値**で答えなさい。

問２　会話文中の下線部②について，**資料２中のＸ～Ｚ**にあてはまる数値を答えなさい。

問3　会話文中の下線部③について，**資料3**から読み取れることとして正しいものを，次の**ア～エ**から**すべて**選び，記号で答えなさい。

ア　国産材の供給量は，1980年以降，減少し続けている。

イ　外国産材の供給量は，最も多いときには，10,000万㎥以上になっている。

ウ　2019年の木材供給量の総量は，1955年の木材供給量の総量の1.5倍以上になっている。

エ　2000年以降，木材の自給率は回復し続けている。

問4　会話文中の［ ④ ］にあてはまることばを，**10字以内**で答えなさい。

問5　会話文中の［ ⑤ ］にあてはまることばとして正しいものを，次の**ア～エ**から1つ選び，記号で答えなさい。

ア　2000年以降，65歳以上の林業従事者の数は増え続けている

イ　2005年から2010年にかけて，65歳未満の林業従事者の数が増えた

ウ　林業従事者の総数は，1990年から減少し続けている

エ　1990年の65歳以上の林業従事者は1万人未満だった

問6　会話文中の［ ⑥ ］に共通してあてはまることばを答えなさい。

5　みきおさんは，国民の権利と義務，国会・内閣・裁判所についての日本国憲法の条文を調べてまとめました。これを見て，あとの問いに答えなさい。

国民の権利と義務

第25条①　A<u>すべて国民は，健康で文化的な最低限度の生活を営む権利を有する。</u>

第30条　国民は，法律の定めるところにより，［ B ］の義務を負う。

国会

第41条　国会は，国権の最高機関であって，国の唯一《ゆいいつ》の［ C ］機関である。

第45条　衆議院議員の任期は，4年とする。但《ただ》し，衆議院［ D ］の場合には，その期間満了《まんりょう》前に終了する。

内閣

第65条　［ E ］権は，内閣に属する。

第73条　F<u>内閣は，他の一般《いっぱん》［ E ］事務の外《ほか》，左の事務を行う。</u>

裁判所

第76条①　すべて司法権は，G<u>最高裁判所及《およ》び法律の定めるところにより設置する下級裁判所</u>に属する。

第79条①　最高裁判所は，その長たる裁判官及び法律の定める員数のその他の裁判官でこれを構成し，その長たる裁判官以外の裁判官は，内閣でこれを［ H ］する。

問1　資料中の下線部Aについて，この権利を何というか，**漢字3字**で答えなさい。

問2　資料中の[B]には，国民の三つの義務のうち，「子どもに普通教育を受けさせる義務」，「勤労《きんろう》の義務」以外のものを表すことばが入ります。このことばを**漢字**で答えなさい。

問3　資料中の[C]にあてはまることばを，**漢字2字**で答えなさい。

問4　資料中の[D]にあてはまることばを，**漢字2字**で答えなさい。

問5　資料中の[E]にあてはまることばを，**漢字2字**で答えなさい。

問6　資料中の下線部**F**について，内閣の仕事として正しいものを，次の**ア〜オ**から**すべて**選び，記号で答えなさい。
ア　外国と交渉《こうしょう》して条約を締結《ていけつ》する。
イ　天皇の国事行為《こうい》に助言や承認を与える。
ウ　国政調査権を発動する。
エ　国会を召集《しょうしゅう》する。
オ　予算案を作成する。

問7　資料中の下線部**G**について，下級裁判所のうち，全国に438か所あり，罰金《ばっきん》以外の刑罰《けいばつ》にあたる罪や窃盗《せっとう》などの比較的《ひかくてき》軽い罪の訴訟《そしょう》事件などについて，第一審の裁判権を持っている裁判所として正しいものを，次の**ア〜エ**から1つ選び，記号で答えなさい。
ア　簡易《かんい》裁判所　　**イ**　家庭裁判所
ウ　地方裁判所　　**エ**　高等裁判所

問8　資料中の[H]にあてはまることばとして正しいものを，次の**ア〜エ**から1つ選び，記号で答えなさい。
ア　指名　　**イ**　任命　　**ウ**　罷免《ひめん》　　**エ**　弾劾《だんがい》

【理　科】〈Tクラス第1回試験〉（社会と合わせて60分）〈満点：50点〉

1　昌子《しょうこ》さんと平一《へいいち》さんが，季節の変化について話し合っています。これについて，以下の問いに答えなさい。

昌　子：1月はまだ明るくなるのがおそいね。空が少し明るくなるのが，だいたい午前6時30分くらいかな。

平　一：夕方もすぐに暗くなるよ。午後5時くらいには，もう太陽が見えなくなるね。

昌　子：6月や7月は，午前5時には明るいし，夕方も午後7時くらいに暗くなるわね。どうしてこうしたちがいがあるのかしら。

平　一：日の出や日の入りの位置，太陽の通り道が季節によって変わっているんだよ。例えば，太陽は，春分や秋分，夏至や冬至は，日本では図のような動きをしているんだよ。円の中心Oは観測者がいる位置を，P～Rは春分や秋分，夏至や冬至の太陽の通り道を表しているよ。

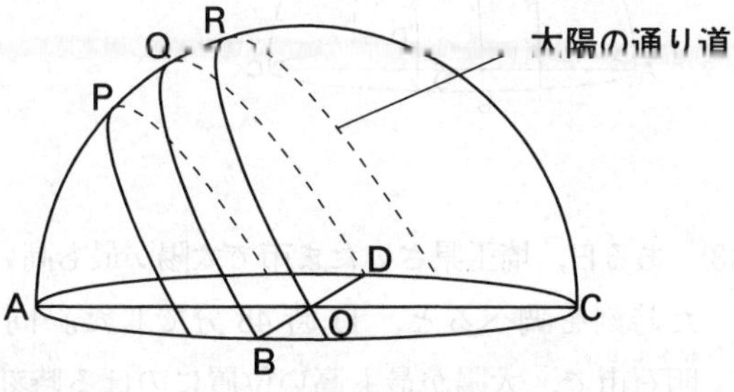

図

昌　子：本当だわ。太陽の通り道は季節によってちがっているのね。日の出や日の入りの位置も，季節によってちがっているのもよくわかるわ。

平　一：他の国や地域では，ちがう動きをするところもあるよ。太陽が地面と平行に動いて，一日中しずまない日もあるんだよ。

昌　子：見ている太陽が同じでも，国や地域によって動きがちがってくるのね。面白いわ。

平　一：日本でも，場所によって太陽が最も高くのぼる時間がちがってくるよ。

昌　子：本当？日本では，どの場所でも太陽が最も高い位置にあるのは正午だと思っていたわ。日本の中でもちがいがあるのね。

(1)　日の出・日の入りのようすを表したものの組み合わせとして正しいものを，次のア～ケから1つ選び，記号で答えなさい。

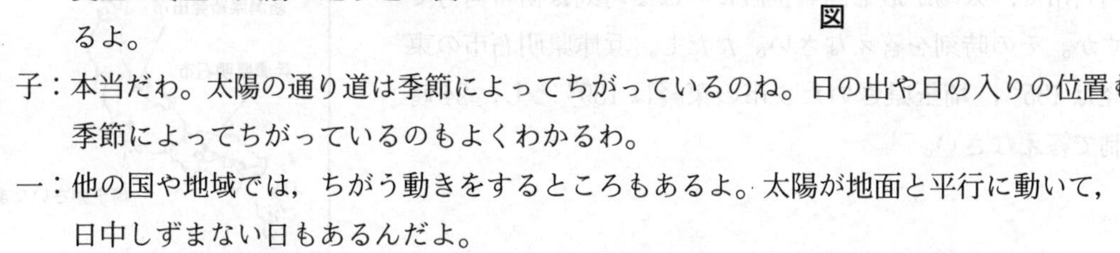

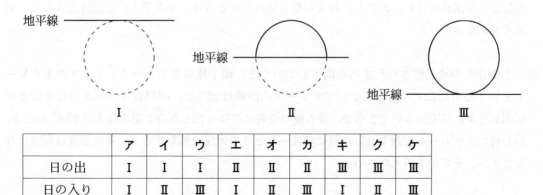

	ア	イ	ウ	エ	オ	カ	キ	ク	ケ
日の出	Ⅰ	Ⅰ	Ⅰ	Ⅱ	Ⅱ	Ⅱ	Ⅲ	Ⅲ	Ⅲ
日の入り	Ⅰ	Ⅱ	Ⅲ	Ⅰ	Ⅱ	Ⅲ	Ⅰ	Ⅱ	Ⅲ

(2)　**赤道上**の国や地域での太陽の通り道を，次の**ア～エ**から１つ選び，記号で答えなさい。

ア

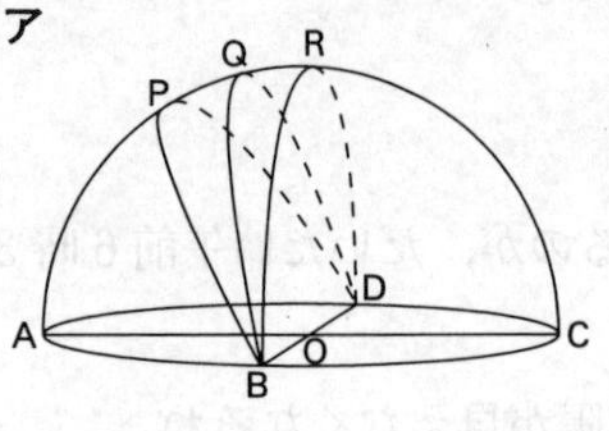

イ

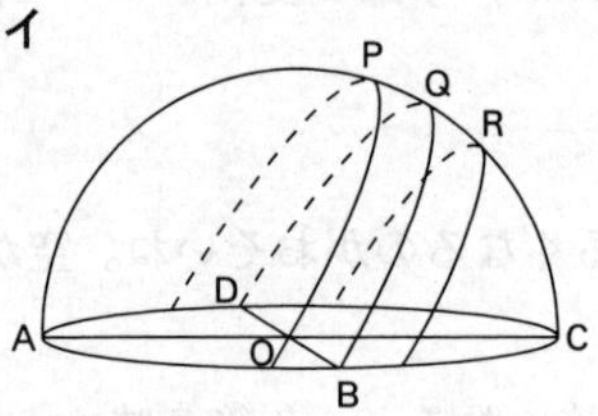

ウ

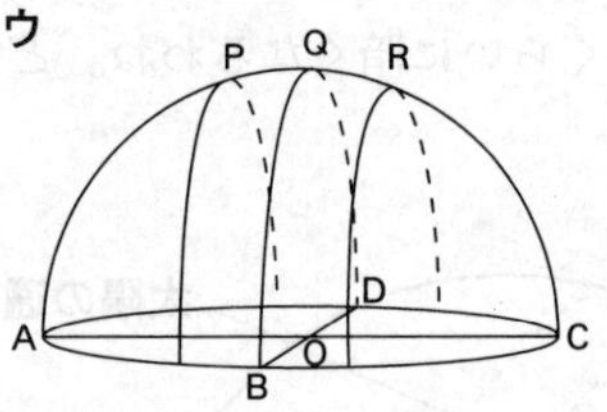

エ

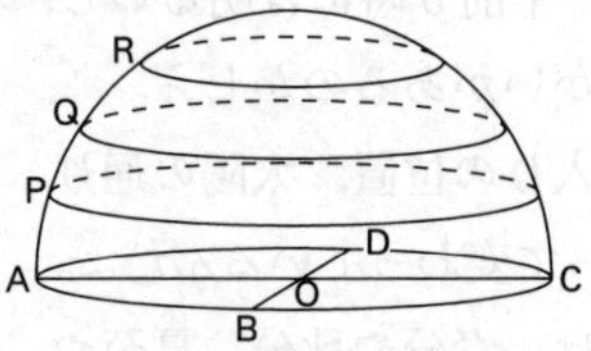

(3)　ある日，埼玉県さいたま市で太陽が最も高い位置にのぼった時刻を調べると，11時48分でした。同じ日の兵庫県明石市《あかしし》で，太陽が最も高い位置にのぼる時刻は何時何分ですか。その時刻を答えなさい。ただし，兵庫県明石市の東経は135°，埼玉県さいたま市の東経は139°とし，24時制で答えなさい。

(4)　ある日，埼玉県さいたま市で，最も高い位置にのぼったときの太陽の高度を調べると30.6°でした。同じ日に，埼玉県さいたま市のほぼ真北の方角にある新潟県新発田《しばた》市で，最も高い位置にのぼったときの太陽の高度を調べると28.6°でした。地球を完全な球形と考え，地球１周の長さを40000 kmとして，埼玉県さいたま市と新潟県新発田市とを結んだ２点間の距離《きょり》（弧《こ》の長さ）を求めなさい。ただし，答えが割り切れないときは，小数第１位を四捨五入して，整数で答えなさい。

(5)　北緯36°の埼玉県さいたま市を南下していくと，南半球にあるオーストラリアのアデレードという都市にたどり着きます。アデレードの南緯は35°で，東経は埼玉県さいたま市とほぼ同じです。埼玉県さいたま市で，最も高い位置にのぼったときの太陽の高度が30.6°のとき，同じ日にアデレードで最も高い位置にのぼったときの太陽を観察すると，その高度は何度になりますか。その値を答えなさい。

2 昌子《しょうこ》さんと平一《へいいち》さんが，植物について話し合っています。これについて，以下の問いに答えなさい。

昌　子：お花屋さんにシクラメンがあったわ。冬に花をさかせる植物ね。

平　一：そういえば，どうして季節ごとにさく花って決まっているのかな。サクラは春に花をさかせるし，ヒマワリは夏に花をさかせるだろ。

昌　子：それは植物によって果実や種子をつくる時期や，その種子をどうやって遠くへ運ぶかが変わってくるからだと思うわ。

平　一：じゃあ植物は，季節を感じ取っているということかな。でもどうやって？

昌　子：気温の変化や日の長さで季節を感じ取っているみたいよ。例えばサクラの品種の１つにソメイヨシノというものがあるわ。このサクラは一定期間，気温が低い時期がないと花がさかないのよ。その気温が低い時期が過ぎて，暖かい日が一定期間過ぎたら花をさかせるわ。

平　一：なるほど。だからビニールハウスで気温を調節すると，夏の花を冬にさかせたり，夏が旬《しゅん》の食べ物を冬につくったりすることができるんだね。

(1)　右の**図１**は，アサガオの花の一部を表したものです。図中の㋐〜㋓の部分の名前を答えなさい。ただし，㋐はおしべの先の部分，㋑はめしべの先の部分，㋒は花弁の外にあり，花弁を支える役割をするものです。また，㋓はめしべのつけねの部分であり，中にははいしゅがあります。

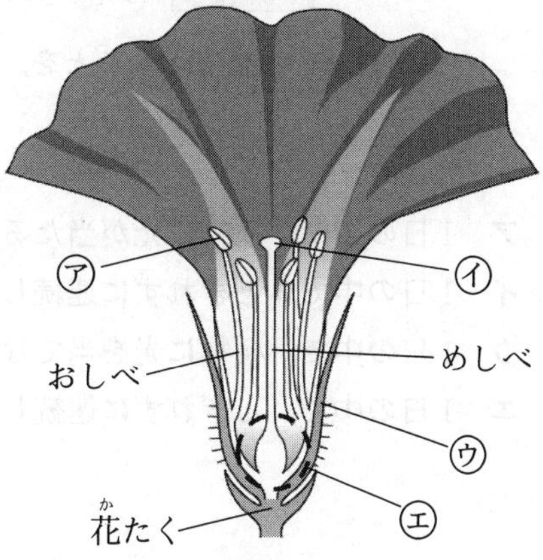

図１

(2)　花粉が㋑につくと，花粉管がのびてはいしゅにたどり着き，花粉の中にあった細胞《さいぼう》とはいしゅの中にある細胞が合体します。このことを何といいますか。言葉で答えなさい。

(3)　多くの植物は㋓の部分が成長して果実になりますが，花のつけねの部分（花たく）が成長して果実になる植物もあります。花たくが成長して果実になる植物を，次の**ア**〜**カ**から１つ選び，記号で答えなさい。

ア　カボチャ　　**イ**　モモ　　**ウ**　リンゴ
エ　サクラ　　**オ**　カキ　　**カ**　クリ

(4)　植物には，明るい時間（明期）と暗い時間（暗期）の長さの変化を感じ取って，季節を判断するものがあります。ある同じ種類の植物**A**～**E**について，人工的に明期と暗期をつくり，花をさかせるかどうかの実験を行いました。次の**図２**は，明期と暗期の長さ，開花の結果をまとめたものです。**図２**を参考にして，実験で使用した植物の開花条件を，あとの**ア**～**エ**から１つ選び，記号で答えなさい。また，その答えの根拠《こんきょ》となる実験を，**A**～**E**から２組選び，記号で答えなさい。

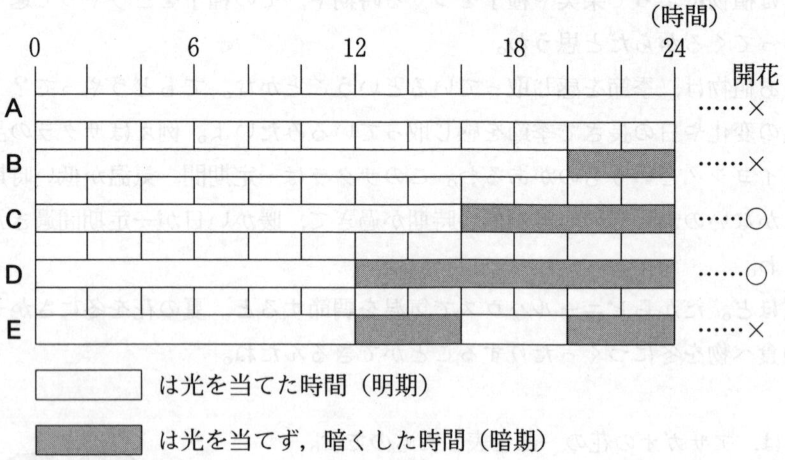

○は開花したことを，×は開花しなかったことを表しています。

図２

ア　１日の中で，植物に光が当たる時間の長さの合計。
イ　１日の中で，とぎれずに連続して植物に光が当たる時間の長さ。
ウ　１日の中で，植物に光を当てない時間の長さの合計。
エ　１日の中で，とぎれずに連続して植物に光を当てない時間の長さ。

3 塩酸**A** 50 cm^3 を蒸発皿に入れ，そこにいろいろな量のある濃度の水酸化ナトリウム水溶液《すいようえき》**a**を加えました。その後，加熱して水分を完全に蒸発させ，あとに残った白い固体の重さを調べ，グラフにまとめました。これについて，以下の問いに答えなさい。

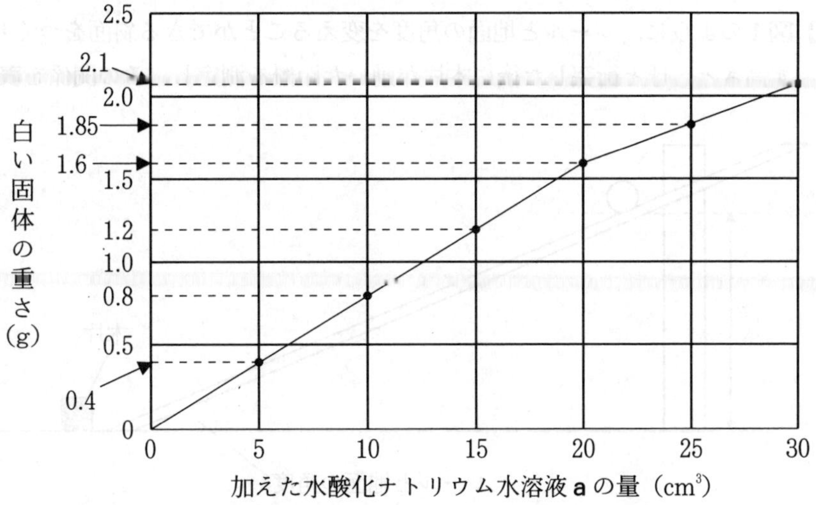

(1) 塩酸**A**は，水に濃度10％の塩酸**B**を加えて，濃度を2％に調製したものです。500 cm^3 の塩酸**A**を得るためには，何 cm^3 の水に，何 cm^3 の塩酸**B**が必要ですか。それぞれの値を答えなさい。ただし，塩酸**A**，塩酸**B**はいずれも，1 cm^3 の重さを1 gとします。

(2) 塩酸**A** 80 cm^3 を蒸発皿に入れ，水酸化ナトリウム水溶液**a**を40 cm^3 加えて加熱し，水分を完全に蒸発させました。蒸発皿に残った白い固体の名前と，それが何 gあるかを答えなさい。ただし，2種類以上の固体があるときは，それぞれの名前と重さを答えなさい。

(3) 塩酸**A** 30 cm^3 に，緑色に調製した少量のBTB溶液を加えると，水溶液の色は黄色になりました。その後，水酸化ナトリウム水溶液**a**を10 cm^3，濃度のわからない水酸化ナトリウム水溶液**b**を6 cm^3 加えると，水溶液の色は緑色になりました。水酸化ナトリウム水溶液**b**を使って塩酸**A** 50 cm^3 を完全に中和させるためには，水酸化ナトリウム水溶液**b**を何 cm^3 加えればよいですか。その値を答えなさい。

(4) 塩酸**A** 50 cm^3 を蒸発皿に入れ，水酸化ナトリウム水溶液**b**を90 cm^3 加えて加熱し，水分を完全に蒸発させました。このとき，蒸発皿に残った白い固体は何 gですか。その値を答えなさい。

4 物体が坂道を下る運動について，次のような【実験】を行いました。これについて，以下の問いに答えなさい。ただし，レール同士やレールと地面は滑《なめ》らかにつながっているものとします。

【実験1】図1のように，レールと地面の角度を変えることができる斜面《しゃめん》をつくり，球をはなす高さと，球と衝突《しょうとつ》した後に木片が動いた距離《きょり》を測定し，その関係を表にまとめた。

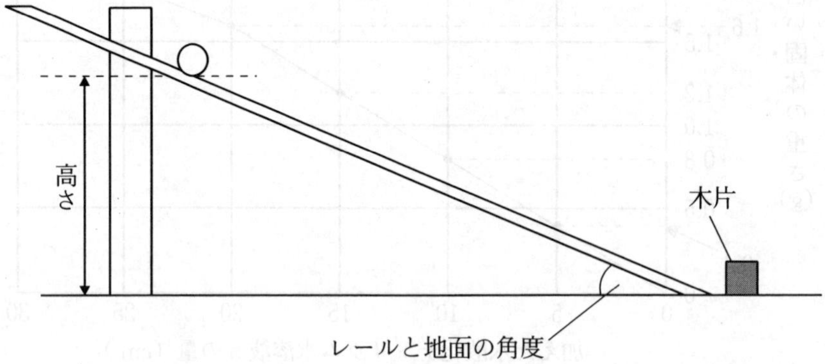

図1

表

レールと地面の角度（°）	20	20	20	30	30	30	40	40	40
球をはなす高さ（cm）	10	20	30	10	20	30	10	20	30
木片が動いた距離（cm）	4	8	12	4	8	12	4	8	12

(1) レールと地面の角度が50°，高さが16 cmのとき，木片が動く距離は何cmですか。その値を答えなさい。

(2) レールと地面の角度を60°にして，とある高さから球をはなしたところ，木片が動いた距離は20 cmでした。最初に球をはなした高さは何cmですか。その値を答えなさい。

【実験２】下の図２のような装置をつくり，Aから球を静かにはなします。球がA→B→D→Eと通る場合をルートⅠ，A→B→C→Eと通る場合をルートⅡとして，それぞれのルートを通った球が木片にたどり着くまでの時間と，木片が動いた距離を調べる実験を行いました。ただし，BC間は常に水平とします。

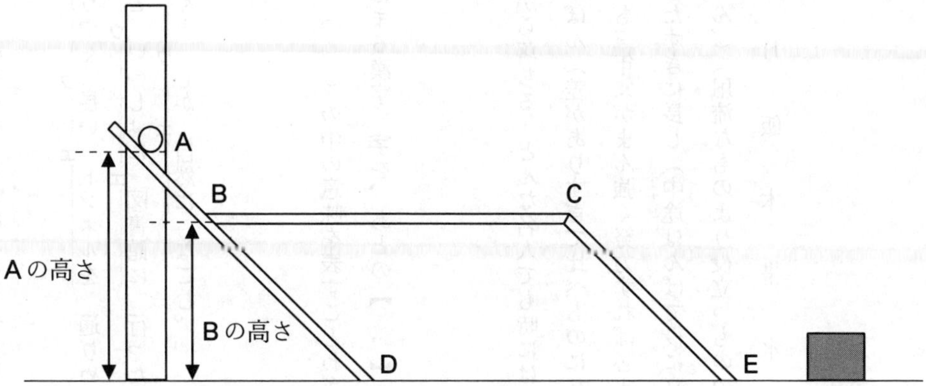

図２

(3)　球が木片にたどり着く時間は，ルートⅠとルートⅡのどちらの方が早いですか。同じ場合は「同じ」と書きなさい。

(4)　球が木片にたどり着いたときの速さは，ルートⅠとルートⅡのどちらの方が速いですか。同じ場合は「同じ」と書きなさい。

(5)　木片が動いた距離は，ルートⅠとルートⅡのどちらの方が大きいですか。同じ場合は「同じ」と書きなさい。

(6)　Aの高さを50 cm，Bの高さを40 cmに設定して球をAからはなしたところ，球はルートⅡを通って木片にたどり着きました。このとき，木片は何cm動きましたか。その値を答えなさい。

問2　次の①〜③の文の主語を、それぞれア〜エの中から選び、その記号を書きなさい。主語にあたることばがない場合は、オと書きなさい。

①　ア列車は　イようやく　ウ長い　エトンネルを　通りぬけた。

②　ア昨日は　イ母と　ウいっしょに　エ図書館に　行った。

③　ア音楽を　イ聞くと　ウ心が　エ自然に　なごむ。

五　次の①〜⑤が、（　　）の中の意味を表すことわざになるように、□にあてはまる漢字一字を、あとの【　　】からそれぞれ選んで書きなさい。

①　猿《さる》も□から落ちる（どんな名人でも時には失敗する）

②　□とすっぽん（差がありすぎて比べものにならない）

③　□の上にも三年（がまん強く努力すれば必ず成功する）

④　□に短したすきに長し（中途《ちゅうと》はんぱで役に立たない）

⑤　□よりだんご（風流なものより役立つものの方がよい）

【友　花　月　飯　木　帯　氷　石】

六　次の①〜⑩の文の――線部をつけた漢字は読みをひらがなで、カタカナは漢字に直して書きなさい。

①　お祝いの会に招待される。

②　不作に便乗して値上げをする。

③　この沿線には学校が多い。

④　的を射た質問をする。

⑤　高い山が南北に連なる。

⑥　目標達成に向けてサイゼンをつくす。

⑦　実力の差はレキゼンとしている。

⑧　もう少しレイセイに話し合おう。

⑨　たのみをココロヨく引き受ける。

⑩　昼食にアタタかいスープを飲む。

問1 ①まるで がかかることばを、次の**ア**～**オ**の中から一つ選び、その記号を書きなさい。

ア きらめく　**イ** 線を　**ウ** 水の

エ 中から　**オ** つかみ出したようだった

問2 ②られ と同じ意味で使われているものを、次の**ア**～**エ**の中から一つ選び、その記号を書きなさい。

ア 中学生でも答えられないような問題だ。

イ クラス全員の前でほめられてうれしかった。

ウ 先生方はこちらの会場に来られる予定です。

エ 残念ながらそのきのこは食べられません。

問3 ③洗面器 という三字熟語とは異なる組み立てのものを、次の**ア**～**カ**の中から二つ選び、その記号を書きなさい。

ア 初心者　**イ** 新発売　**ウ** 感想文

エ 美術館　**オ** 世界中　**カ** 大好物

問4 ④庭は狭い という文と同じ組み立ての文を、次の**ア**～**エ**の中から一つ選び、その記号を書きなさい。

ア 母は中学校の数学の先生だ。

イ 私は家の近くの公園で遊んだ。

ウ 秋の朝の空気はとてもさわやかだ。

エ 明日は午後から雨が降るそうだ。

問5 ⑤難しい と反対の意味を表すことばを、次の**ア**～**エ**の中から一つ選び、その記号を書きなさい。

ア 久しい　**イ** 楽しい　**ウ** 易しい　**エ** 険しい

四 次の問いに答えなさい。

問1 次の①～③の文の（　）に最もよくあてはまる慣用句を、あとの**ア**～**オ**の中から一つずつ選び、それぞれ記号を書きなさい。

① 一人が（　）と、みんなも口々に文句を言い始めた。

② 成績が良いのを（　）のは見苦しいことだ。

③ ふり向くと思いがけない人がいて（　）。

ア 鼻にかける　**イ** 口火を切る　**ウ** 頭が下がる

エ 耳をかたむける　**オ** 目を丸くする

三 次の文章を読んで、あとの問いに答えなさい。（設問に字数制限のある場合は、句読点や符号《ふごう》も一字と数えます。）なお、（※　）は作問者の注です。また、筆者の北村薫《きたむらかおる》氏は埼玉県の出身です。

時子《ときこ》ははずんだ声を上げ、プール（※子ども用のビニールプール）にしゃがんだ。同時に、水の流れを感じたのだろう、小さな手でホースをつかむと一気に引き上げた。①まるで、きらめく透明《とうめい》の線を水の中からつかみ出したようだった。

「おおっと」

水は岡崎《おかざき》めがけてさっと飛んできた。岡崎はわざと大げさに叫《さけ》んで逃《に》げた。膝《ひざ》とバミューダ（※膝より少し短めの細身のズボン）の裾《すそ》が濡《ぬ》れたが、真夏である、どうということもない。

時子にも父がおどけたと分かったようだ。きゃっきゃっと翳《かげ》りのない声で笑うと、岡崎の脚《あし》を狙《ねら》って、また水を飛ばした。

「こらっ、やめろ、やめろ」

踊《おど》るようにして逃げる父の脚を追う時子の目は、夏の陽《ひ》に輝《かがや》いていた。上向いた顔の、麦藁帽子《むぎわらぼうし》のつばの下に、切り揃《そろ》え②られた髪《かみ》の揺《ゆ》れるのが見えた。

春までは母親が切っていた髪だ。今は近所のおばさんの仕事になっている。その人に保育園の送り迎《むか》えと、岡崎が帰るまでの世話を頼《たの》んでいるのだ。

岡崎は水道の栓《せん》を閉めると、風呂場《ふろば》から小さな《いるか》や《らっこ》といった、時子の遊び道具を③洗面器に入れて運んできた。そしてそれを、きらきらと光る水面に浮《う》かべた。時子はふくらんだビニールの玩具《がんぐ》を水の底に沈《しず》めては放し、浮かび上がるのを見ては飽《あ》くことなく楽しんだ。

――プカッ。

岡崎は白く乾《かわ》いた土の上に新聞紙を広げ、そこに腰《こし》を下ろした。頭は、塀《へい》の側まで迫《せま》った隣《となり》の二階家《にかいや》の、長くはないが濃《こ》い影《かげ》の中に入れた。④庭は狭《せま》い。だが、手入れは行き届かない。目の前にも雑草が見えた。

――プカッ、プカッ。

妻がもはやいないということを、荒《あ》れ果てた花壇《かだん》が痛いように見せつける。時子に、それを感じさせないためにも綺麗《きれい》にしておきたかったが、現実には⑤難しい。時間はまったくない。勿論《もちろん》、仕事を辞《や》めるわけにはいかない。それどころか、今の給料だけでは苦しいぐらいだった。保育園の費用に加えて、その終了後《しゅうりょうご》から夕食の世話も含《ふく》めて、他人に面倒《めんどう》を見てもらうのだ。人件費が馬鹿《ばか》にならない。

当然、今の借家を引き払《はら》って、どこかに部屋を借りねばならぬところだ。しかし、岡崎には出来なかった。

三歳《さい》の娘《むすめ》にとって、部屋も廊下《ろうか》も浴室も、そして庭から門の外に至るまで、この世に生を享《う》けて（※生まれて）以来慣れ親しんできたものである。小さな手からそのお馴染《なじ》みの風景を取り上げることが出来なかったのだ。今この時にそうするのは、《あらゆるものが不確かだ》と宣告することのように思えたのだ。

〈北村薫「くらげ」『水に眠《ねむ》る』所収〉による。）

問６　⑤その場の「少数派」になるのがこわい　とありますが、そのように感じるのはなぜですか。その理由にあたる一文を文中から探し、その最初の五字を書きぬきなさい。

問７　⑥驚くことがある　とありますが、筆者はどのようなことについて「驚く」と言っているのですか。その説明として最も適切なものを、次の**ア**～**オ**の中から**二つ**選び、その記号を書きなさい。

ア　学生たちが、生命倫理や人身売買に関する問題を親身に考えるような人たちは、日本においては「少数派」だと思っていること。

イ　学生たちが、自分の国が平和で豊かであるのは当然のことで、その「安全な多数派」状態がずっと続くものだと思っていること。

ウ　学生たちが、具体例を通して問題を検討するときも自分の意見を自由に発言せず「安全な多数派」の立場から意見を述べること。

エ　学生たちが、自分の日常とは接点のない「少数派」の問題についても、まず自分の体験や想像を手がかりに考えようとすること。

オ　学生たちが、いま自分は「多数派」の立場にいるので、「少数派」にあたる人々の気持ちを想像する必要はないと考えていること。

問８　⑦現代人として生き抜くための〝ゲームの基本ルール〟　とありますが、この「ルール」にあてはまらないことを、次の**ア**～**エ**の中から一つ選び、その記号を書きなさい。

ア　議論の流れに引きずられず、自分の意見や考えを主張すること。

イ　自分の思いよりも、所属する組織や集団の秩序を重視すること。

ウ　いま自分がいる場の空気を読んで、行動や発言を合わせること。

エ　自分自身のあり方を、流行や状況に合わせて作り変えること。

問９　本文の内容と合っているものを、次の**ア**～**オ**の中から**二つ**選び、その記号を書きなさい。

ア　情報番組の出演者同士は空気を読み合う準パブリックな関係だが、出演者と視聴者は私的なつながりを持たないので、公的な関係と言える。

イ　最近の日本の公的な関係においては、周囲の和より自分の気持ちを優先的に考える人が減り、組織や集団の秩序を重視する人が増えている。

ウ　自分だけがまわりと違うことをこわがる風潮がある現代では、意見を述べる自由を自ら放棄してでも、まわりに合わせようとしがちである。

エ　その場に合わせて自分の人格を作り変えるという操作を繰り返すうちに、人は自分の本当の中身がないことに気づき、行きづまってしまう。

オ　場の空気を読むことを強制され、発言を管理される集団の中で、現代人は、失った自由な自分を取りもどすことにエネルギーを使っている。

問2　②敬遠されてしまう　とありますが、「敬遠」とはどのような意味ですか。最も適切なものを、次の**ア**～**エ**の中から一つ選び、その記号を書きなさい。

ア　いやがって初めからさけること。
イ　たいしたものだと感心すること。
ウ　直すべき欠点を明らかにすること。
エ　人の良くないうわさを広げること。

問3　［③］にあてはまることばとして最も適切なものを、次の**ア**～**エ**の中から一つ選び、その記号を書きなさい。

ア　まわりの期待よりも自分の気持ちを大切にする
イ　自分の気持ちよりもまわりの期待を大切にする
ウ　自分の気持ちよりもまわりの秩序を大切にする
エ　まわりの秩序よりも自分の気持ちを大切にする

問4　［Ⅰ］～［Ⅲ］にあてはまることばの組み合わせとして最も適切なものを、次の**ア**～**エ**の中から一つ選び、その記号を書きなさい。

ア　Ⅰ　けれども　Ⅱ　そのうえ　Ⅲ　そして
イ　Ⅰ　なぜなら　Ⅱ　ところが　Ⅲ　それゆえ
ウ　Ⅰ　すなわち　Ⅱ　あるいは　Ⅲ　さらに
エ　Ⅰ　たとえば　Ⅱ　また　Ⅲ　だからこそ

問5　④「準パブリック」な関係での評価や見られ方こそが、もっとも重要な意味を持つのだろう　について、次のⅠ・Ⅱの問いに答えなさい。

Ⅰ　筆者がこのように考えるのはなぜですか。その理由を説明した次の文の［A］～［C］にあてはまることばを、文中からそれぞれ指定の字数で探し、書きぬきなさい。

会社や学校など［A（三字）］では、たとえ低い評価を受けても、それは［B（五字）］に対するものではないと受け流せるし、逆にごく親しい友人なら誤解や対立が生じても［C（五字）］だから。

Ⅱ　筆者は、大学生たちにとって「『準パブリック』な関係での評価や見られ方」を決める基準とはどのようなものだと述べていますか。次の文の［　］にあてはまることばを、文中から十二字で探し、書きぬきなさい。

自分の意見を言えるかどうかではなく、［　］を乱さない発言ができるかどうかというもの。

る。いま健康であること、いま平和で豊かな国にいることは、偶然《ぐうぜん》であるかもしれないのに、それがあたかも当然であり、その「安全な多数派」であるという状態がいつまでも続くだろう、と思っているのだ。そして、そうでない人たち、つまり今の自分から見て「少数派」である人たちの気持ちを想像する必要などないではないか、というのが暗黙《あんもく》の（※口に出すことのない）了解《りょうかい》になっているようなのだ。

精神分析《ぶんせき》学者（※人間のかくれた心理や無意識を研究する学者）のH・ドイッチェは、カメレオンのようにその場に自分を合わせて人格構造を作り変えてしまうという人たちに、「かのような人格」という名前を与《あた》えたが、いまや「かのような人格」は病理（※病気の原因や過程についての理論）ではなくて、⑦現代人として生き抜《ぬ》くための〝ゲームの基本ルール〟になっているのかもしれない。しかし、「かのような人格」の人はいつからか自らの空虚《くうきょ》さ（※中身が何もないこと）に気づき、破綻《はたん》をきたす（※修復できないほど行きづまる）、ともドイッチェは指摘《してき》している。

現代社会で生き延びるためには、「かのような人格」であることを拒《きょ》否《ひ》して少数派となってしまうのと、破綻を承知で「かのような人格」を繰《く》り返すのと、どちらが有利なのか。いや、有利な生き方をするために、自分自身のあり方さえ、そのときの流行や状況《じょうきょう》に合わせて操作しなければならない、ということのほうが、本来は問題ではないのだろうか。そもそも、誰に強制、管理されているわけでもないのに、自ら進んで自由な自分でいること、自分の意見や考えを自由に発言することを放棄《ほうき》し、場の空気を読み合ってまわりに合わせることだけにエネルギーを使っている現代人が目指す「自分にとって有利なゴール」とは、いったい何なのだろう。

（香山《かやま》リカ『「悩《なや》み」の正体』による。）

問１　①これは不思議なことではないだろうか　とありますが、「これ」はどのようなことを指していますか。最も適切なものを、次の**ア～エ**の中から一つ選び、その記号を書きなさい。

ア　番組をスムーズに進行させるためには、事前の打ち合わせや台本がある方がよいはずなのに、実際の生放送では必ずしもそうとは言えないこと。

イ　自分の意見や考えを主張したいと思っている人でも、番組の打ち合わせを行う中で自分に期待される役割を的確に理解できるようになること。

ウ　生放送の番組では誰が何を言っても、結局は前もって打ち合わせされた通りの発言にすぎないと思われ、自ら考えた意見とは認められないこと。

エ　どの番組でもほとんど打ち合わせなど行わないのに、本番が始まると誰もが期待されている役割にこたえるようなふるまいや発言をすること。

も自分の気持ちが先」と考える自分優先、自己中心型の人が増えている、と言われているのだが、どうもそうばかりではないようだ。たしかに会社や学校など公《おおやけ》の場では、「組織への忠誠より自分が大切」と考える人が増えているようだが、同級生や友人といったプライベート（※個人的、私的）な人間関係では、むしろこれまで以上にまわりの雰囲気《ふんいき》、空気の流れを気にする人が増えているのではないだろうか。

　プライベートとはいえ、完全に私的な親子、恋人、夫婦《ふうふ》などの関係の中では、むしろお互い言いたいことを言い合い、ときには暴力で相手を支配しようとするドメスティック・バイオレンスの問題がクローズ・アップされ（※大きく取り上げられ）ている。つまり、「空気を読み合う」というのは、職場ほど公的でもないが恋人や夫婦ほど私的でもない、「準パブリック（※公的、一般的）」な関係で、とくに目立っているようなのだ。［Ⅰ］、テレビの情報番組での「出演者同士」の関係も、そこには見えないもののカメラの向こうにいる「視聴者」と「出演者」の関係も、これに相当するのではないだろうか。［Ⅱ］、とくに若い人たちにとっては、「親友でもなければ他人でもない」という大学の同級生、サークル仲間などがこの「準パブリック」な関係に近いのかもしれない。そこで自分がどう見られているか、まわりから浮《う》いていないかに、神経をすり減らしている人が増えているようなのだ。完全にプライベートな友人なら、気心が知れているので、多少の行き違《ちが》いがあっても修正は可能だ。パブリックな関係なら、そこで評価されているのは〝素顔《すがお》の自分〟とは違うので、たとえ失敗してもそれほど気にしなくてすむ。［Ⅲ］、その中間、とりわけ親しいわけでもないが、表面的なつき合いというわけでもない④「準パブリック」な関係での評価や見られ方こそが、もっとも重要な意味を持つのだろう。

　では、この「準パブリック」な関係の中で、人はどうしてこれほどまでに「場の空気」を読み合い、それに自分の行動や発言をすり合わせていくようになったのだろうか。ひとつには、自分だけまわりと違う意見を言ってしまうことで、⑤その場の「少数派」になるのがこわい、という気持ちがあるのだろう。

　少数派であるということは、「千万人といえども我往《ゆ》かん」といった言い方にも表れているように、場合によっては個性的あるいは非凡《ひぼん》（※ふつうより特にすぐれていること）、強さという意味にもつながっていたはずだ。しかし最近、「少数派」には、「負け組」などという言葉が象徴《しょうちょう》するようなネガティブな（※価値を否定するような）イメージがつきまとっている。〈中略〉

　私は、自分が勤めている大学で、「神経難病で呼吸機能が低下したときの人工呼吸器の装着《そうちゃく》（※器具を取り付けること）」といった生命倫理《りんり》（※人として行うべき正しい道）に関する問題や、「人身売買」といった、日本にはないが外国には存在する社会的問題について、具体的なケースの検討を通して学生たちに考えてもらうことがある。そこで、「もしあなただったら、どうしますか」と問うと、ときどき「私はそうなることはまずないと思うので、わかりません」とか「そういう人がまわりにいないので、想像できません」という答えが返ってきて、⑥驚《おどろ》くことがあ

二　次の文章を読んで、あとの問いに答えなさい。（設問に字数制限のある場合は、句読点や符号《ふごう》も一字と数えます。）なお、（※　）は作問者の注です。

私はときどきテレビの生放送番組でコメンテーター（※ニュース番組の解説者）を務める機会があるのだが、それを見た人からよく、「ああいう番組ってどのくらい打ち合わせをするの？　台本とかあるの？」ときかれる。実はどの番組でも台本はないし、打ち合わせらしきものもほとんど行われていない。せいぜい、番組開始の三〇分ほど前から簡単にその日の流れの説明を受けるだけだ。

それでも本番が始まると、まるで綿密な打ち合わせをしたかのように、司会者、コメンテーターたちの阿吽《あうん》の呼吸（※複数の人間で物事に取り組むとき、互《たが》いに感じる微妙《びみょう》な心の動き）で番組が進行していく。誰《だれ》もがテレビ番組として期待される役割をこなし、自分が期待されている、あるいは視聴者《しちょうしゃ》が期待しているだろうと思われる発言を的確に行う。

考えてみれば、①これは不思議なことではないだろうか。明確な意思をもって管理、支配する人がいるわけではないのに、誰もが自ら進んで目に見えない空気を読み、流れに従おうとしているのだ。逆に考えれば、そこで場の空気を読めず、議論の流れに対立してまでも自分の意見や考えを述べてしまうコメンテーターは、「テレビ向きではない」ということで淘汰《とうた》されて（※不要、不適なものとして取りのぞかれて）しまうのかもしれない。優先されるのは、自分の意見や考えを主張することではなく、周囲の空気を読みとり、自分に期待されている役割をこなすことなのだ。

私が勤める大学で接する、最近の学生たちを見ても、この「場の空気を読む」ということに必死になっているように感じる。誰かが「昨日のあの番組、見た？」と口を開いたときに、次に「見たよ、最高！」と言うべきか、それとも「見たけれどイマイチだったね」と言うべきか、自分が感じたことを言えばよさそうなものだが、学生たちにとって大切なのは、自分の意見を言うことではなくて、相手やまわりの空気の流れを読んで、それを乱さない発言ができるかどうか、なのだ。そして、たとえ自分ではその番組が気に入らなかったとしても、場の空気が肯定《こうてい》的（※ここでは、すぐれたものとして認めるようす）だと感じたら、「おもしろかったよね！」と明るく言わなければならない。そうしなければ、後から「あいつは空気が読めないヤツだ」と言われ、②敬遠されてしまう結果にもなりかねないからだ。こうなると、対話もコミュニケーションというよりは、〝空気を読み合うゲーム〟になってしまう。

日本人にはそもそも「　③　」という性格特性を持つ人が多い、と言われてきた。精神医学の世界で「メランコリー親和型」と呼ばれるタイプだ。このタイプの人たちは、組織や集団の秩序《ちつじょ》（※物事が正しく行われるための順序やきまり）が保たれているあいだは、まじめに働き自分の能力を発揮することもできるが、いったん和が乱れ予想外の事態となるとガタガタと調子を崩《くず》し、ときにはうつ病を発症《はっしょう》することさえある。最近は、この「メランコリー親和型」の人は減り、「周囲の和よりじられたから。

イ　みのりさんは有里にとっては親しい身内だが、自分にとってはやはり他人なので、弱みを見せたり迷惑をかけたりすることはしたくなかったから。

ウ　みのりさんに迷惑をかけて悪いと思い、何度も謝っているのに、許してくれないどころか、インフルエンザの可能性まで指摘されてしまったから。

エ　みのりさんが自分たちのために仕事を休んでくれただけでも迷惑をかけているのに、インフルエンザまで移すかもしれないことに気がついたから。

問７　⑥てきぱきと　はどのようなようすを表すことばですか。最も適切なものを、次の**ア**～**エ**の中から一つ選び、その記号を書きなさい。

ア　目立たないように静かに物事を行うようす。

イ　まじめにこつこつと物事に取り組むようす。

ウ　短時間でうまく物事を片づけていくようす。

エ　一つ一つていねいに物事を進めていくようす。

問８　⑦直球の言葉　とありますが、これと同じ表現技法を用いた文として最も適切なものを、次の**ア**～**エ**の中から一つ選び、その記号を答えなさい。

ア　雪のようにまっ白な花がさいている。

イ　トンネルをぬけると草原の海が広がった。

ウ　夏の日ざしが私を海へとさそっている。

エ　お母さんはまるで子どもみたいに喜んだ。

問９　⑧素直に『助けて』って言える人間のほうが、ほんとは強いの　とありますが、みのりさんは論里にどのようなことを伝えたいのですか。説明として最も適切なものを、次の**ア**～**エ**の中から一つ選び、その記号を書きなさい。

ア　父さんがわたしに助けを求めたのは正しいことで、迷惑をかけたからといってあなたが引け目を感じる必要はなく、あなたも父さんやわたしに素直に甘えていいのだということ。

イ　音信不通だった父さんが、困ったときだけわたしを頼るのは腹立たしいが、頼られれば知らん顔はできないから、結局先に助けを求めた人間のほうが得をするのだということ。

ウ　だれにも迷惑をかけずに生きることは不可能だから、今回はわたしが父さんやあなたを助けたように、あなたも母さんから迷惑をかけられるのをがまんするべきだということ。

エ　父さん一人であなたたちの世話をするのは無理で、結局わたしの助けが必要になったのだから、あとで大きな迷惑をかけないように、最初から助けを求めればよいということ。

問3　②ぼくたちのために、我慢しなくていいから。いや、違う。本当は、ぼくのために、だ　とありますが、「ぼくのために、我慢しなくていい」というのは、論里のどのような思いを表していますか。最も適切なものを、次の**ア**～**エ**の中から一つ選び、その記号を書きなさい。

ア　父さんが、内心では「論里まで熱を出したせいで自分の仕事がじゃまされた」と怒《おこ》っているなら、有里の世話は自分がするから仕事に行ってほしいという思い。

イ　父さんは、「自分は論里の父親でもあるのだから、仕事を休んで看病しなければならない」と考えているのだろうが、そんな義務感など必要はないという思い。

ウ　父さんは、「本当は論里より有里のほうが何倍も心配だが、それを論里に見ぬかれてはいけない」と気をつけているが、自分にはもうわかっているという思い。

エ　父さんは、「有里のめんどうを論里が一人で見るのは無理だ」と思っているかもしれないが、自分はちゃんと世話ができるから見くびらないでほしいという思い。

問4　③それでもよかった　とありますが、論里がそう思ったのはなぜだと考えられますか。その理由として最も適切なものを、次の**ア**～**エ**の中から一つ選び、その記号を書きなさい。

ア　父さんに対して悪いことを言ったと自覚しているから。

イ　今さら父さんにいたわってほしいとは思っていないから。

ウ　この機会に、父さんを本格的に非難したいと思ったから。

エ　父さんにどなられれば、それを口実に家を出られるから。

問5　④部屋の中に父さんの立っている気配だけがする　とありますが、このときの「父さん」の心情の説明として最も適切なものを、次の**ア**～**エ**の中から一つ選び、その記号を書きなさい。

ア　論里の乱暴な口のきき方にいらついたが、それは熱で苦しいせいだと思い直し、おだやかに対処しようと自分に言い聞かせている。

イ　生意気な言い方ではあるが、妹のめんどうは見るので仕事に行っていいと言われ、論里の成長ぶりを実感してうれしく思っている。

ウ　具合が悪いときでさえ自分に頼《たよ》ろうとせず、心を開こうとしない論里に対して、このあとどうすればよいのか、迷いなやんでいる。

エ　自分に対して乱暴な口をきく論里に腹が立つものの、熱のある子どもを相手に本気でどなるわけにもいかず、怒《いか》りをこらえている。

問6　⑤ますますいたたまれない気持ちになる　とありますが、そのような気持ちになったのはなぜですか。その理由として最も適切なものを、次の**ア**～**エ**の中から一つ選び、その記号を書きなさい。

ア　みのりさんは仕事を急に休むことになって迷惑なはずなのに、自分たちをやさしくいたわってくれて、まるで本当の母親のように感仕事先からだろうか。

　ふと、顔を上げたみのりさんと目が合った。目もとが少し父さんと似ている。

「今、またすいませんって言おうとしたでしょ」

　どきりとする。

「いや、だって、……ものすごく迷惑《めいわく》かけちゃってるし」

「そんなことないわ。――って言っても、きっといろいろ考えちゃうんでしょうね、あなたは」

　みのりさんはそこでふっと笑った。

「そうね。はっきり言えば迷惑だわ。朝の忙しい時間にいきなり電話してきて、助けてほしい、だなんて。それまでほとんど音信不通だったくせに。しかも女房《にょうぼう》はどこに行ったかわからない、ときてる」

　⑦直球の言葉がぐさりと刺《さ》さる。頬《ほお》がカッと熱くなった。

「……でも、だったら」

「でもね、論里」

　ぼくの言葉をさえぎって言う。

「迷惑かけずに存在できるものなんか、どこにもないのよ」

　みのりさんはカタリと箸《はし》を置くと、七味（※七味とうがらし）の蓋《ふた》を取ってものすごい勢いでうどんにふりかけはじめた。

「⑧素直《すなお》に『助けて』って言える人間のほうが、ほんとは強いの」

　みのりさんの手もとをじっとのぞきこんでいた有里が、そこで、

「ぶしっ」

と大きなくしゃみをした。

　結局、みのりさんは二晩泊《と》まって三日目の朝に帰っていった。来たときと同じスーツを着て、カッカッとヒールを鳴らしながら、直接、仕事場へ出勤していった。

「また来てくれるかなあ、みーばあ」

　有里がドアから顔を出して、後ろ姿をいつまでも見送っていた。

（市川《いちかわ》朔久子《さくこ》『紙コップのオリオン』による。）

問１　［Ⅰ］～［Ⅲ］にあてはまることばとして最も適切なものを、次の**ア**～**カ**の中からそれぞれ一つずつ選び、その記号を書きなさい。

ア　ちらりと　**イ**　さらりと　**ウ**　どきっと

エ　どさりと　**オ**　ぎくっと　**カ**　ぼうっと

問２　①久しぶりに母さんに対して腹が立ってきた　とありますが、論里はどのようなことについて「腹が立ってきた」と感じているのですか。次の文の［　］にあてはまることばを、文中から十一字で探して書きぬきなさい。

　自分と妹の世話や看病など、すべてを［　］せいで、父さんは思い通りに仕事もできず困っていること。

「保険証ある？　アレルギーは？　病院はどのあたり？　とりあえず、わたしは今日と明日、有休（※「有給休暇《きゅうか》」を略した言い方。仕事を休んでも給料が支払《しはら》われる休暇）取ったから」

　部屋に入ってきたのは、みのりさん（※父さんの姉）だった。

　それから一時間もたったころ、ぼくと有里とみのりさんは、三人でタクシーに乗っていた。

　みのりさんの姿を見て最初ははしゃいでいた有里も、さすがに具合が悪いのか、額に冷却《れいきゃく》シートを貼ったままみのりさんにもたれるようにして座《すわ》っている。みのりさんは通勤着のままだった。ベージュのコートの中に黒のパンツスーツを着ている。

「……すみません」

　みのりさんは　Ⅲ　ぼくを見て言った。

「それもう、五回目よ。それよりふたりともインフルエンザの予防接種は受けてる？」

「……いえ」

　そうか。その可能性もあるのか。⑤ますますいたたまれない気持ちになる。と、みのりさんはぼくの気持ちを読んだかのように言った。

「わたしは大丈夫、ちゃんと打ってあるから。それより、病院混んでないといいわね」

　そのまま窓の外に目をやる。ぼくたちはそれから黙って病院まで車に揺《ゆ》られていった。

　病院から戻ってきたときはもう昼近かった。

　結局、ぼくたちはインフルエンザではなかったらしく、熱冷ましや風《か》邪《ぜ》薬《ぐすり》などを山ほどもらって帰ってきた。みのりさんはぼくたちに薬を飲ませ、すぐに買い物に出かけていくと、いろいろなものを買って戻ってきた。

「はい、これスポーツドリンク。水分はこまめに摂《と》ってね。汗《あせ》をかいたらタオルで拭《ふ》くこと。なにか食べるならバナナかヨーグルト、あとりんごもあるから。食べられそうならおかゆかうどんを煮《に》てあげる。他になにかほしいものは？」

　みのりさんは⑥てきぱきと言って、ぼくのベッドに水枕《こおりまくら》を置く。

「いえ、大丈夫です、すみま……」

と途中《とちゅう》まで言いかけて、「ありがとうございます」に言いかえた。みのりさんは静かにドアを閉めて出ていった。

　なんだかひどく落ち着かない気がして、それでも、ぼくはすぐに眠《ねむ》りに落ちていった。

　目が覚めたときにはだいぶ楽になっていた。昼はベッドでおかゆを食べ、夜にはリビングで鍋焼《なべや》きうどんを食べていた。

　父さんはまだ帰ってこず、ぼくと有里とみのりさんの三人で食べる。有里はおでこに白いシートを貼ったまま、みのりさんにべったり甘えている。

　そのとき、みのりさんの携帯電話が鳴った。みのりさんはちらりと表示画面を見て、そのまま知らん顔をしてうどんをすすり続けている。

「なんか、おまえのほうが熱が高いみたいだな」

「父さん」

しゃべると息が熱かった。

「行ってきていいよ、ふたりで薬飲んで寝《ね》てるからさ」

「そういうわけにいくか」

「大丈夫だよ、ちゃんと有里のめんどうは見てるから」

「それはだめ」

「なんで」

つい口調が強くなる。

「行っていいって、無理するなよ。ずっと忙しかったんだろ」

父さんは黙《だま》って背を向け、有里のようすを見に行こうとする。

「いいよ、行って。ほんとに大丈夫だって」

その先をのみこむ。

②ぼくたちのために、我慢《がまん》しなくていいから。いや、違《ちが》う。

本当は、ぼくのために、だ。

父さんはそれには答えず、有里に話しかける。

「有里、のど渇いてないか?」

有里はめそめそと甘《あま》えた声で父さんに何か訴《うった》えている。それを聞いていたら、急にいらいらしてきた。

「ほんとに、行っていいってば。こんなのぜんぜんたいしたことないし、べつに父さんのせいじゃないだろ。……どうせぜんぶ、母さんに押《お》しつけられただけなんだから」

「論里」

父さんの声にとがめるような響《ひび》きがあった。そのときまた着信音が鳴る。父さんはすぐに出て短い受け答えをしてから、電話を切ってぼくに言った。

「ふたりとも、病院が開いたらいちばんで連れていくから。それまでに支度《したく》……」

ついカッとなった。

「いいから行けよ。行けって言ってるだろ!」

言ってしまって、頭からがばりと毛布をかぶった。

どなられる。

そう思った。③それでもよかった。

けれど、いつまでたってもなにも聞こえてこなかった。④部屋の中に父さんの立っている気配だけがする。ぼくは身を固くしてじっと息をひそめていた。のどと顔が熱い。

やがて、静かに、携帯電話のキーを押すような音が聞こえてきた。続けて父さんの声がする。

「……もしもし。ごめん、こんな電話かけたくなかったんだけど。でも、助けてほしい――」

――ピンポーン。

チャイムの鳴る音に続いてガチャガチャと玄関《げんかん》の開く音がした。毛布をかぶったままうとうとしていたぼくは、そこではっと目が覚めた。

父さんと女の人の話す声が廊下を近づいてくる。ドアが開いて、急にはっきりと声が聞こえた。

二〇二二年度 昌平中学校

【国 語】〈Tクラス第一回試験〉（五〇分）〈満点：一〇〇点〉

一 次の文章を読んで、あとの問いに答えなさい。（設問に字数制限のある場合は、句読点や符号《ふごう》も一字と数えます。）なお、（※　）は作問者の注です。

橘論里《たちばなろんり》は中学二年生。論里が三才のとき、母は今の父と結婚《けっこん》し、妹の有里《あり》はそのあとで生まれた。論里は今も、血のつながらない父に何かと気をつかって暮らしている。現在、母は行先を告げずに旅に出てしまい、家にはいない。

朝、目を開けたら頭ががんがん痛かった。布団《ふとん》の中にいてもぞくぞくと寒く、体じゅうが重《おも》たるい。

のどが渇《かわ》いてしかたがないので、起きあがってリビングに向かった。部屋に入ると、父さんがワイシャツのボタンを半分だけ留めたまま、ばたばたと走りまわっていた。

「あ、論里、なんか有里が熱があるみたいなんだ。あの冷たい、おでこに貼《は》るやつ、どこだっけ？」

ぼくの顔を見て、ふと目をとめる。

「あれ、おまえも顔色悪くないか……？」

「……ごめん。なんか、熱あるかも」

そう言って、［Ⅰ］ソファに腰《こし》を下ろす。そのままずるずると横になった。

「うそ、ふたりとも……？」

つぶやく父さんの後ろで、テレビの時報が七時を知らせた。

わきに体温計をはさむと、冷たさでぞくりとした。

有里が三十八度で、ぼくが三十八・五度だった。父さんが、慌《あわ》ただしくそれぞれの学校へ欠席の連絡《れんらく》を入れている。続けて今度は携帯《けいたい》電話から、あちこちへ電話をかけはじめた。仕事先なのだろう、廊下《ろうか》の向こうからとぎれとぎれに、しきりと謝《あやま》るような声が聞こえてくる。

ぼくは毛布にくるまってソファに転がったまま、［Ⅱ］する頭でその声を聞いていた。このところ、父さんはずいぶん忙《いそが》しそうだった。本当は今日も出張の予定で、本来なら一泊《いっぱく》になるところを無理して日帰りに変えてくれていた。今から予定の変更《へんこう》など、できるのだろうか。

電話口で謝る父さんの声を聞いていたら、①久しぶりに母さんに対して腹が立ってきた。母さんさえいれば、こんなふうに父さんが気兼《きが》ねすることなどなかったはずだ。

父さんがリビングに戻《もど》ってきた。難しい顔をしている。ぼくに目をやり、

「大丈夫《だいじょうぶ》か？」

と聞きながら額に手をあててきた。

2022年度 昌平中学校 ▶解説と解答

算数 ＜Tクラス第１回試験＞（50分）＜満点：100点＞

解答

1 (1) 11　(2) 1　(3) $\frac{1}{6}$　(4) 37　(5) 2　**2** (1) 62%　(2) 1.3L　(3) 105円　(4) 1150円　(5) 120度　(6) 144cm^2　**3** (1) 82　(2) 80個　(3) 60個　**4** (1) 16 ： 3　(2) 3 ： 1　(3) 45cm^2　**5** (1) 24cm^3　(2) 27cm^2　(3) 72cm^3　**6** (1) 分速40m　(2) 2880m　(3) 1時間43分30秒後

解説

1 四則計算，計算のくふう，逆算

(1) $117\div13+5-(51-6\times8)=9+5-(51-48)=14-3=11$

(2) １辺の長さが998の正方形ABCDと，縦の長さが997，横の長さが999の長方形AEFGを，右の図のように重ねると，998×998－997×999の値は，正方形ABCDの面積と，長方形AEFGの面積の差にあたる。図より，２つの四角形の面積の差は，共通する長方形AEHDを除いて，長方形EBCHと長方形DHFGの面積の差と等しくなる。よって，998×998－997×999＝１×998－997×１＝998－997＝１と求められる。

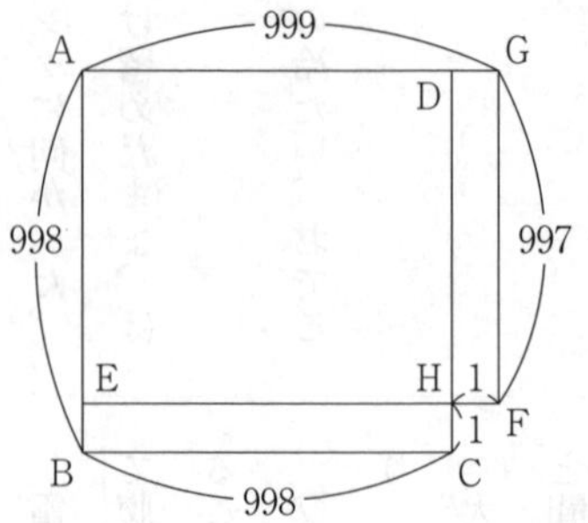

(3) $2\frac{2}{9}\div\frac{5}{6}-3\frac{1}{3}\times\frac{3}{4}=\frac{20}{9}\times\frac{6}{5}-\frac{10}{3}\times\frac{3}{4}=\frac{8}{3}-\frac{5}{2}=\frac{16}{6}-\frac{15}{6}=\frac{1}{6}$

(4) $5.7\div1\frac{1}{2}+3.25\times0.8+3.4\times9=5.7\div1.5+2.6+30.6=3.8+2.6+30.6=37$

(5) $3\times13-\{24+(7\times□-11)\}=12$より，$24+(7\times□-11)=3\times13-12=39-12=27$，$7\times□-11=27-24=3$，$7\times□=3+11=14$　よって，$□=14\div7=2$

2 割合と比，単位の計算，倍数算，角度，表面積

(1) Ｂの山の高さは，Ａの山の高さの，１＋0.2＝1.2(倍)である。すると，Ｃの山の高さは，Ｂの山の高さの，１＋0.35＝1.35(倍)だから，Ａの山の高さの，1.2×1.35＝1.62(倍)となり，(1.62－１)×100＝62(％)高いことになる。

(2) 1000cm^3＝10dL＝１Ｌより，５Ｌ－1700cm^3－20dL＝５Ｌ－(1700÷1000)Ｌ－(20÷10)Ｌ＝５Ｌ－1.7Ｌ－２Ｌ＝1.3Ｌと求められる。

(3) 針金1.6ｍの重さが40ｇなので，針金７ｍの重さは，$40\times\frac{7}{1.6}=40\times\frac{35}{8}=175$(ｇ)である。また，針金の100ｇあたりの値段は60円だから，針金175ｇの値段は，$60\times\frac{175}{100}=60\times\frac{7}{4}=105$(円)となる。

(4)　姉と妹が２人で同じ金額を使っても，２人の持っている金額の差は変わらない。２人が服を買った後に残った金額の比は９：５で，この比の差の，９－５＝４が，5200－3400＝1800(円)にあたる。つまり，比の１の値は，1800÷４＝450(円)で，姉が服を買った後に残った金額は，450×９＝4050(円)だから，２人が買った服の値段は，5200－4050＝1150(円)である。

(5)　下の図①で，角アと角イは対頂角なので，大きさが等しい。また，三角形ABCはAB＝ACの二等辺三角形で，三角形ACE，三角形ABDは正三角形なので，AB＝AC＝AD＝AEである。このとき，三角形ABEは二等辺三角形となる。角ウの大きさは，16＋60＝76(度)だから，角エの大きさは，(180－76)÷２＝52(度)である。同様に考えると，角オの大きさも52度となる。よって，四角形の内角の和は360度だから，角イの大きさは，360－(16＋60×２＋52×２)＝120(度)となり，角アの大きさも120度とわかる。

図①

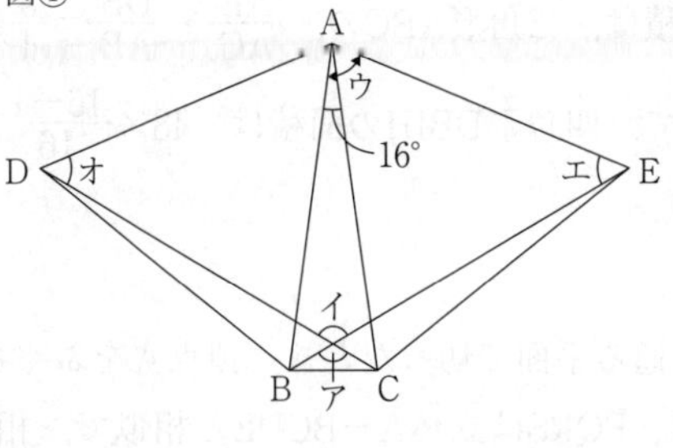

図②

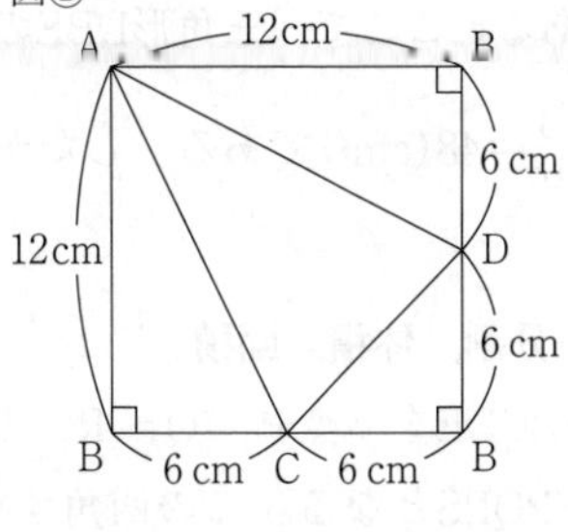

(6)　問題文中の図２の三角すいを，AB，BC，BDの辺で切り開くと，上の図②のような，１辺12cmの正方形の展開図となる。このことから，三角すいの表面積は，12×12＝144(cm^2)と求められる。

3　数列

(1)　２－１＝１，５－２＝３，10－５＝５，…，37－26＝11のように，問題文中の数列は，１に奇《き》数《すう》を小さい方から順に加えていることがわかる。すると，８番目の数は，37＋13＝50，９番目の数は，50＋15＝65，10番目の数は，65＋17＝82となる。

(2)　問題文中の数列を１番目から20番目まで調べると，右の表のようになる。これらの数を５個ずつ区切ると，５個の数の中で，３番目と４番目の数が５の倍数になっていることがわかる(表の○の数)。最初から数えて200番目までに並んでいる整数を５個ずつに区切ると，200÷５＝40のまとまりに分かれるので，この中に５の倍数は，２×40＝80(個)ある。

順番(番目)	1	2	3	4	5	6	7	8	9	10
数	1	2	5	10	17	26	37	50	65	82
順番(番目)	11	12	13	14	15	16	17	18	19	20
数	101	122	145	170	197	226	257	290	325	362

(3)　(2)と同様に，数を10個ずつ区切ると，10個の数の中で，１番目，５番目，７番目の数が２の倍数でも５の倍数でもないことがわかる(表の□の数)。最初から数えて200番目までに並んでいる整数を10個ずつに区切ると，200÷10＝20のまとまりに分かれるので，この中に，２の倍数でも５の倍数でもない整数は，３×20＝60(個)ある。

4　平面図形―辺の比と面積の比，相似

(1)　下の図で，三角形ABCと三角形ADEの相似より，AE：EC＝AD：DB＝３：１である。また，三角形ABEと三角形ADFの相似より，AF：FE＝AD：DB＝３：１である。このとき，AEの長さ

を12とすると，ECの長さは，$12\times\dfrac{1}{3}=4$，ACの長さは，12＋4＝16，FEの長さは，$12\times\dfrac{1}{3+1}=3$となる。よって，ACの長さとFEの長さの比は16：3とわかる。

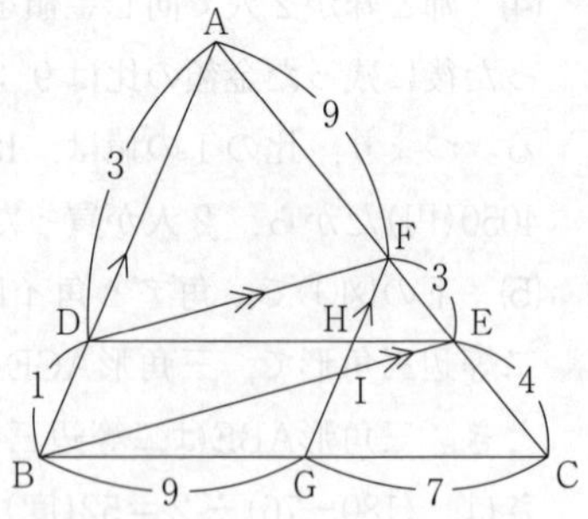

(2)　(1)より，ADとFIが平行で，DFとIEも平行だから，三角形ADFと三角形FIEは相似となり，DF：IE＝AF：FE＝9：3＝3：1である。

(3)　(2)より，DBとFIは平行で，DFとBIも平行なので，四角形DBIFは平行四辺形である。すると，DFとBIの長さが等しいことから，BI：IE＝DF：IE＝3：1となる。さらに，DBとIHが平行だから，三角形DBEと三角形HIEは相似で，相似比は，BE：IE＝(3＋1)：1＝4：1，面積比は，(4×4)：(1×1)＝16：1である。ここで，三角形DBEの面積は，三角形ABCの，$\dfrac{AE}{AC}\times\dfrac{DB}{AB}=\dfrac{3}{4}\times\dfrac{1}{3+1}=\dfrac{3}{16}$なので，$256\times\dfrac{3}{16}=48(cm^2)$である。したがって，四角形DBIHの面積は，$48\times\dfrac{16-1}{16}=45(cm^2)$と求められる。

5　立体図形―分割，体積，面積

(1)　立体A－BCDEを，点P，Q，R，Sを通る平面で切ったとき，頂点Aをふくむほうの立体は，四角すいA－PQRSとなる。この四角すいA－PQRSは立体A－BCDEと相似で，相似比は，AP：AB＝1：2，体積比は，(1×1×1)：(2×2×2)＝1：8である。よって，この四角すいA－PQRSの体積は，$8\times8\times9\times\dfrac{1}{3}\times\dfrac{1}{8}=24(cm^3)$となる。

(2)　立体A－BCDEを，点P，Qを通り，底面BCDEに垂直な平面で切ったとき，その切り口は，右の図①に色をつけて示した台形PQTUとなる。三角形APQと三角形ABCの相似より，PQ：BC＝AP：AB＝1：2，$PQ=8\times\dfrac{1}{2}=4$(cm)である。また，点Pの面BCDEからの高さは，点Aの面BCDEからの高さの$\dfrac{1}{2}$で，$9\times\dfrac{1}{2}=$4.5(cm)であり，これが台形PQTUの高さにあたる。さらに，TUはBCと平行で，長さは8cmなので，台形PQTUの面積は，(4＋8)×4.5÷2＝27(cm²)である。

図①

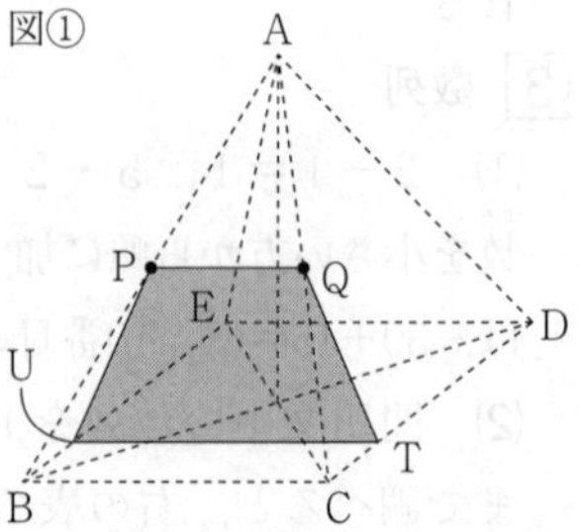

(3)　立体A－BCDEを，点P，Q，D，Eを通る平面で切ったとき，頂点Aをふくむほうの立体は，下の図②のような四角すいA－PQDEとなる。さらにこれを，点A，C，Eを通る平面で分割すると，下の図③のように，2つの三角すいA－PQE，A－QDEに分かれる。まず，三角すいA－PQEと，三角すいA－BCEを比べる。それぞれの三角すいの底面を三角形APQ，三角形ABCとすると，これらの面から点Eまでの高さが等しくなる。つまり，三角すいA－PQEと三角すいA－BCEの体積比は，三角形APQと三角形ABCの面積比と等しい。そこで，AP：AB＝AQ：AC＝1：2より，三角形APQと三角形ABCの面積比は，(1×1)：(2×2)＝1：4なので，三角すいA－PQEと三角すいA－BCEの体積比も1：4となり，三角すいA－PQEの体積は，$8\times8\div2\times9\times\dfrac{1}{3}\times\dfrac{1}{4}=24(cm^3)$である。同様に，三角すいA－QDEと，三角すいA－CDEを比べる。それぞれの三角すいの底面を三角形AQD，三角形ACDとすると，これらの面から点Eまでの高さが等しいので，三

角すいA－QDEと三角すいA－CDEの体積比は，三角形AQDと三角形ACDの面積比と等しくなる。AQ：AC＝1：2だから，三角形AQDと三角形ACDの面積比は1：2で，三角すいA－QDEと三角すいA－CDEの体積比も1：2となり，三角すいA－QDEの体積は，$8\times8\div2\times9\times\frac{1}{3}\times\frac{1}{2}=48(\text{cm}^3)$である。したがって，頂点Aをふくむほうの立体の体積は，$24+48=72(\text{cm}^3)$と求められる。

図②

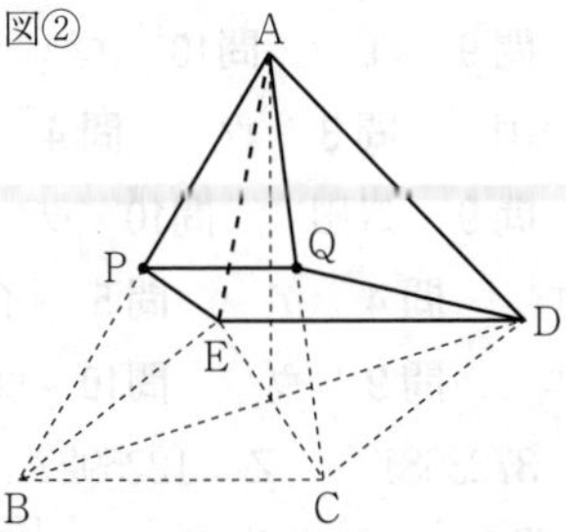

図③

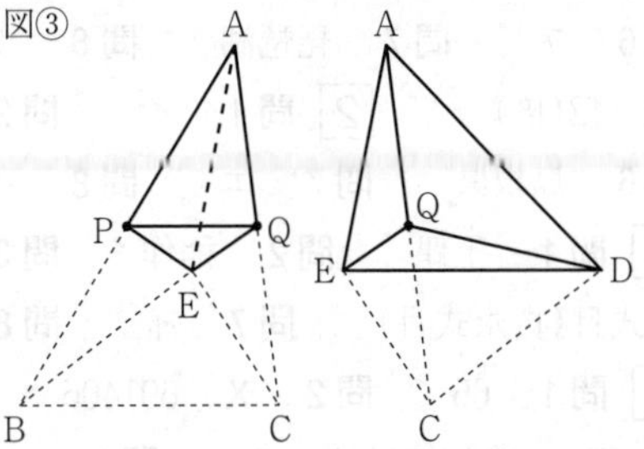

6 旅人算

(1) しんじ君ととおる君が1回目，2回目に出会ったときの様子は下の図①のようになる。2人が出会った地点がA地点とB地点のちょうど真ん中であることから，しんじ君ととおる君の進んだ距《きょ》離《り》の比は3：1で，速さの比も3：1である。また，2人は1回目に出会った18分後に，2回目に出会っており，その地点は1回目に出会った地点とA地点の真ん中になる。つまり，とおる君は18分で720m進んだことになるから，とおる君の速さは分速，720÷18＝40(m)である。

(2) 図①より，720mは全体の，$\frac{1}{2}\times\frac{1}{2}=\frac{1}{4}$にあたるので，A地点とB地点の間は，$720\div\frac{1}{4}=2880$(m)はなれている。

図①

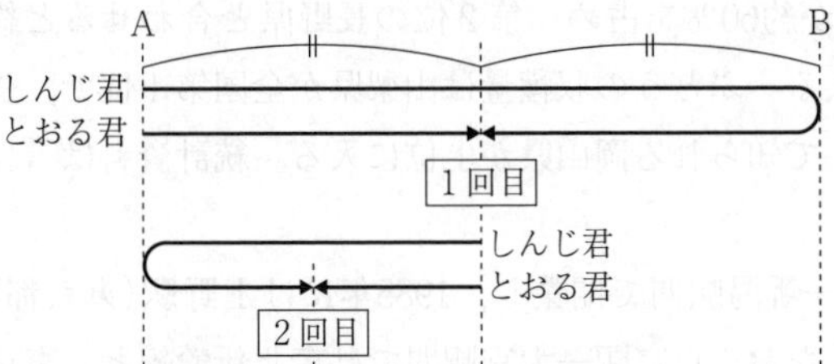

図②

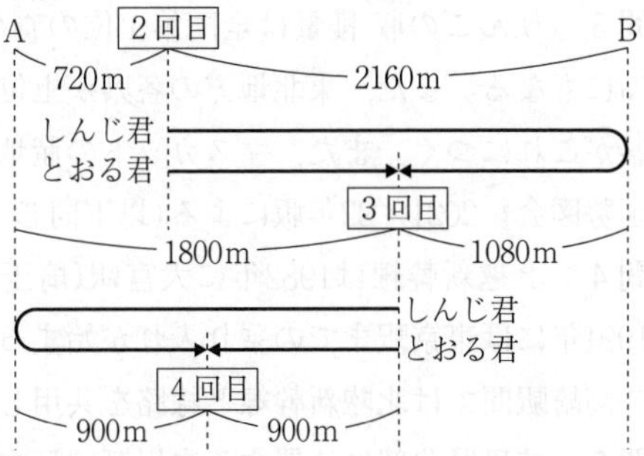

(3) 2人が2回目に出会った地点からB地点までは，2880－720＝2160(m)あるので，(1)と同様に考えると，2人が3回目に出会う地点は，B地点から，2160÷2＝1080(m)の地点である。また，2人が3回目に出会う地点からA地点までは，2880－1080＝1800(m)あるので，2人が4回目に出会う地点は，A地点から，1800÷2＝900(m)の地点である。よって，上の図②のようになり，2人が4回目に出会うまでに，とおる君は，2880÷2＋720＋1080＋900＝4140(m)進むから，2人が4回目に出会うのは，出発してから，4140÷40＝103.5(分)，つまり，103.5÷60＝1あまり43.5，0.5×60＝30より，1時間43分30秒後となる。

社 会　＜Tクラス第1回試験＞（理科と合わせて60分）＜満点：50点＞

解　答

[1] **問1**　**X**　盛岡（市）　**Y**　高松（市）　**問2**　サイロ　**問3**　ウ　**問4**　上越　**問5**　イ　**問6**　ア　**問7**　琵琶湖　**問8**　ウ　**問9**　イ　**問10**　エ　**問11**　ウ　**問12**　（およそ）42（倍）　[2] **問1**　イ　**問2**　鎖国　**問3**　ウ　**問4**　エ　**問5**　三角州　**問6**　島根県　**問7**　エ　**問8**　イ　**問9**　豊田　**問10**　ウ　**問11**　地方中枢　[3] **問1**　土偶　**問2**　稲作　**問3**　エ　**問4**　ア　**問5**　イ→ウ→エ→ア　**問6**　御成敗式目（貞永式目）　**問7**　イ　**問8**　エ　**問9**　ウ　**問10**　ウ　**問11**　冷蔵庫　[4] **問1**　66　**問2**　**X**　691406　**Y**　3723681　**Z**　1225927　**問3**　ウ，エ　**問4**　（例）　減り続けている　**問5**　イ　**問6**　二酸化炭素　[5] **問1**　生存権　**問2**　納税　**問3**　立法　**問4**　解散　**問5**　行政　**問6**　ア，イ，オ　**問7**　ア　**問8**　イ

解　説

[1] 各都道府県の特色や産業についての問題

問1　**X，Y**　岩手県の県庁所在地は県中部に位置する盛岡市，香川県の県庁所在地は県北東部に位置する高松市で，いずれも江戸時代に城下町として発展した。

問2　サイロは穀物や飼料用の草を乳酸菌《にゅうさんきん》で発酵《はっこう》させ，長期保存できるようにする施設で，写真のような塔《とう》型のほか，さまざまな形のものがある。かつては北海道の酪農地帯で多く見られたが，老朽化《ろうきゅうか》や技術の進歩によってその数が減っている。

問3　りんごの収穫《しゅうかく》量は全国第1位の青森県が約60％を占《し》め，第2位の長野県と合わせると約75％にもなる。また，東北地方の各県が上位に入る。ぶどうの収穫量は山梨県が全国第1位で，長野県がこれにつぐ。また，マスカットの産地として知られる岡山県が上位に入る。統計資料は『日本国勢図会』2021／22年版による（以下同じ）。

問4　上越新幹線は1982年に大宮駅（埼玉県）―新潟駅間で開業し，1985年には上野駅（東京都），1991年には東京駅までの乗り入れが始まった。なお，東京駅―大宮駅間では東北新幹線と，東京駅―高崎駅間では北陸新幹線と線路を共用している。

問5　岐阜県北部に位置する白川郷は日本有数の豪雪地帯として知られ，イの写真のような，雪がすべり落ちやすいように屋根の傾《かたむ》きを急にした，合掌《がっしょう》造りとよばれる茅葺《かやぶ》き屋根の大型民家が見られる。白川郷の合掌造り集落は，富山県五箇山《ごかやま》の合掌造り集落とともに，1995年に「白川郷・五箇山の合掌造り集落」としてユネスコ（国連教育科学文化機関）の世界文化遺産に登録された。なお，アは群馬県にある富岡製糸場，ウは兵庫県にある姫路《ひめじ》城，エは島根県にある石見《いわみ》銀山遺跡で，いずれも世界文化遺産に登録されている。

問6　鹿児島県は畜産がさかんで，ぶたの飼育頭数が全国第1位，肉用牛の飼育頭数と肉用若鶏《わかどり》の飼育羽数が全国第2位，採卵鶏《さいらんけい》の飼育羽数が全国第3位となっている。なお，乳用牛と肉用牛の飼養頭数は北海道が，採卵鶏の飼養羽数は茨城県が全国第1位。

問7　滋賀県の中央部に広がる琵琶湖は，日本で最も面積が大きい湖で，滋賀県の面積のおよそ6

分の１を占めている。京阪神地方の水がめとしての役割をはたしているほか，重要湿地としてラムサール条約にも登録されている。

問８　奈良県では飛鳥時代から墨《すみ》づくりが始められ，そのうち，平安時代に空海が唐(中国)から持ち帰った製法でつくられ始めたものが奈良墨として受けつがれている。イは奈良墨の墨とすずりを写したもので，奈良墨は2018年に国の伝統的工芸品に指定された。なお，アは石川県でつくられる漆器《しっき》の輪島塗《ぬり》，イは岩手県でつくられる南部鉄器，エは山形県でつくられる天童将棋駒《しょうぎこま》で，いずれも国の伝統的工芸品に指定されている。

問９　神奈川県にある横浜港は，江戸時代末に開港されて以来，日本有数の貿易港として発展した。自動車工業のさかんな横浜市や横須賀《よこすか》市が近くにあることから，輸出品目の上位には自動車や内燃機関が入るが，石油化学コンビナートのある川崎市にも近いため，輸入品の上位は石油や有機化合物が占めている。なお，アは成田国際空港(千葉県)，ウは名古屋港(愛知県)，エは東京港で，貿易額は成田国際空港，東京港，名古屋港，横浜港の順に多い。

問10　日本最南端の島である沖ノ鳥島は，東京都小笠原《おがさわら》村に属している。沖縄県には，日本最西端の島である与那国《よなぐに》島がある。

問11　京浜工業地帯は東京都と神奈川県の東京湾岸を中心に発達した工業地帯で，かつては製造品出荷額等が全国第１位の工業地帯だったが，統計の分類が変わったことや，内陸部に移転する工場が増えたことなどから製造品出荷額等が減り，三大工業地帯では最も少なく，関東内陸工業地域を下回るほどとなっている。なお，アは中京工業地帯，イは阪神工業地帯，エは関東内陸工業地域。

問12　表中で最も広いのは北海道で面積は78421km^2，最もせまいのは香川県の1877km^{2}なので，78421÷1877＝41.7…より，およそ42倍となる。

２　日本の神社を題材とした地理と歴史の問題

問１　平安時代なかば，藤原道長は娘をつぎつぎと天皇のきさきにして皇室との関係を強め，子の頼通《よりみち》とともに藤原氏による摂関《せっかん》政治の全盛期を築いた。1018年には三女の威子《いし》を後一条天皇のきさきとし，その祝いの席で自身の満ち足りた気持ちを「この世をば」で始まる「望月《もちづき》の歌」によんだ。

問２　外国との貿易や往来を厳しく制限することを鎖国といい，日本では江戸時代に行われた。これは，キリスト教禁止を徹底《てってい》し，幕府が貿易の利益を独占するための政策で，1639年にポルトガル船の来航を禁止し，1641年にオランダ商館を長崎の出島に移したことで，鎖国体制が確立した。その後は江戸時代末に開国されるまで，オランダと清(中国)だけが幕府との貿易を許された。

問３　富山県を流れる神通《じんずう》川流域では，上流の神岡鉱山(岐阜県)から流されたカドミウムが川を汚染したことが原因で，イタイイタイ病という公害病が発生した。イタイイタイ病は，水俣《みなまた》病，四日市ぜんそく，新潟(第二)水俣病とともに，四大公害病に数えられる。なお，阿賀野《あがの》川は福島県と新潟県，信濃川は長野県(長野県内では千曲《ちくま》川とよばれる)と新潟県，最上川は山形県を流れる川。

問４　サミットは年に一度，主要国の首脳が集まって開かれる国際会議で，当初は先進国首脳会議とよばれたが，その後，主要国首脳会議とよばれるようになった。1975年に日本・アメリカ・イギリス・フランス・ドイツ(当時は西ドイツ)・イタリアの参加で始められ，1976年にカナダ，1997年にロシアが加わったが，ロシアは一方的にクリミアを編入したとして2014年に参加資格を停止され，それ以降のサミットには参加していない。

問５　三角州は，川が海へと流れこむ河口付近に，川が運んできた土や砂が積もってできる平らな地形で，水が得やすいことから水田に利用されるほか，都市が発達することも多い。広島市の市街地は，太田川のつくった三角州の上に形成された。

問６　出雲《いずも》市は，島根県北東部に位置している。ここにある出雲大社は縁《えん》結びの神様として知られる大国主大神をまつっており，全国から多くの観光客が訪れる。

問７　栃木県は，西で群馬県，南で埼玉県，東で茨城県，北で福島県に接している。なお，千葉県は北で埼玉県・茨城県と，西で東京都と接している。

問８　関ヶ原は岐阜県南西部の地名で，古くからいくつもの街道が交わる交通の要所であった。1600年にはここで天下分け目の戦いともよばれる関ヶ原の戦いが行われ，徳川家康が率いる東軍が，石田三成を中心とする西軍を破って勝利をおさめた。なお，アは愛知県東部で1575年に長篠《ながしの》の戦いが，ウは京都市で1467～77年に応仁の乱が，エは兵庫県神戸市で1184年に一ノ谷の戦いが行われた。

問９　愛知県の豊田市は，もともとは挙母《ころも》市という名だったが，トヨタ自動車の本社と工場が設立されて以来，世界的な自動車工業都市として発展し，市名も豊田市とされた。豊田市は製造品出荷額等が全国の市区町村の中で最も多く，そのほとんどを自動車関連工場のものが占めている。

問10　894年，遣唐大使に任命された菅原道真は，唐がおとろえていることや航海上の危険を理由として遣唐使の停止を朝廷に進言し，受け入れられた。なお，アは聖徳太子，イは中大兄《なかのおおえの》皇子，エは足利義満が行ったこと。

問11　地方中枢《ちゅうすう》都市とは，各地方の中で，中央官庁の出先機関や大企業の支店などが置かれ，その地方の政治・経済・交通の中心となっているような都市のことをいう。国土交通省は，北海道地方の札幌市，東北地方の仙台市，中国地方の広島市，九州地方の福岡市・北九州市とその周辺を「地方中枢都市圏《けん》」としている。

3　各時代の歴史的なことがらについての問題

問１　写真は，青森県の亀ヶ岡《かめがおか》遺跡から出土した遮光器土偶《しゃこうきどぐう》で，縄文時代につくられた土人形である土偶を代表するものの１つである。土偶は，多産・安産，えものが豊かであることなどを祈るまじないの道具として使われたと考えられており，女性をかたどったものが多い。

問２　稲作は縄文時代末に大陸から九州地方に伝えられたと考えられており，弥生時代に本格的に開始された。弥生時代を通じて北海道を除く全国各地に広がり，人々の生活や社会に大きな変化をもたらした。

問３　吉野ヶ里《よしのがり》遺跡は佐賀県神埼《かんざき》市と吉野ヶ里町にまたがる弥生時代の遺跡で，集落の周囲を濠《ほり》や柵《さく》で囲んだ環濠《かんごう》集落の代表的な遺跡として知られる。なお，アは青森市の位置で，縄文時代の遺跡である三内丸山遺跡がある。イは東京都中心部にあたり，弥生土器の名前の由来となった弥生町遺跡がある。ウは静岡市で，弥生時代の農耕の跡を示す登呂《とろ》遺跡がある。

問４　奈良時代の農民は，律令制度にもとづいて口分田を支給され，かわりに収穫した稲の約３％を租として地方に納めた。なお，農民はこのほかに，都で労役につくかわりに布などを納める庸《よう》，各地の特産物を納める調などの税や，年間60日を限度として地方の土木工事などにつく雑徭《ぞうよう》などの労役・兵役の負担も課された。

問５　アは1167年，イは８世紀末～９世紀初め，ウは858年(正式には866年)，エは1156年のできごとなので，時代の古い順にイ→ウ→エ→アとなる。

問６　御成敗《ごせいばい》式目(貞永《じょうえい》式目)は，1232年に鎌倉幕府の第３代執権《しっけん》北条泰時《やすとき》が定めた日本初の武家法で，初代将軍であった源頼朝以来の先例や武家社会の慣習・道徳などをもとに作成された。行政や刑事訴訟など51か条からなるこの法律は，その後の武家法の手本となった。

問７　織田信長は尾張国(愛知県西部)の戦国大名で，1560年の桶狭間《おけはざま》の戦いで東海地方の有力大名であった今川義元を破って名を上げた。その後，京都に上って足利義昭を室町幕府の第15代将軍にしたが，のちに対立し，1573年に義昭を京都から追放して室町幕府をほろぼした。

問８　ア　1615年，江戸幕府の第２代将軍徳川秀忠のときに武家諸法度《しょはっと》が出された。第３代将軍徳川家光は1635年にこれを改定し，参勤交代を制度化した。　イ　1637年に島原・天草一揆《いっき》が起こると，江戸幕府は大軍を投入して翌38年にようやくこれをしずめた。こののち，江戸幕府は1639年にポルトガル船の来航を禁止するなど，キリスト教禁止をさらに徹底させるための政策を行った。　ウ　1853年にペリーが来日し，翌54年には日米和親条約が結ばれた。　エ　江戸時代末の1867年のできごととして正しい。

問９　岩倉具視《ともみ》は公家出身の政治家で，明治政府が1871年に欧米に派遣した使節団の大使をつとめた。大久保利通《としみち》・木戸孝允《よしたか》・伊藤博文・山口尚芳《なおよし》を副使とした岩倉使節団は，不平等条約改正の予備交渉《こうしょう》と視察をかねて欧米諸国をまわり，交渉は失敗に終わったものの，かれらが欧米で見聞した近代的な技術や制度は，明治政府の政策に大きな影響《えいきょう》を与えた。なお，板垣退助と西郷隆盛はこのとき国内にとどまって政府を守ったが，岩倉使節団の帰国後，征韓論(武力を用いてでも朝鮮を開国させようという考え方)をめぐって大久保利通らと対立し，政府を去った。

問10　日本は明治時代末の1910年に韓国を併合《へいごう》すると，よび名を朝鮮と改め，太平洋戦争に敗れる1945年まで植民地としてこれを支配した。なお，大正時代は1912年から1926年までで，アは1923年，イは1918年，エは1920年のできごと。

問11　高度経済成長の前半にあたる1950年代後半から1960年代には家庭電化製品が急速に普及《ふきゅう》し，白黒テレビ，電気洗濯機，電気冷蔵庫は「三種の神器」とよばれてもてはやされた。

4　日本の森林や林業についての資料の読み取りと計算

問１　グラフのすべての数値を足して日本の国土面積を求めると，2503＋442＋196＋140＋499＝3780より，3780万haとなる。森林面積は2503万haなので，これが国土面積に占める割合は，2503÷3780×100＝66.2…より，66％と求められる。

問２　まず，YとZを求めると，Yは，5241502－1517821＝3723681，Zは，5241502－4015575＝1225927となる。たとえば，Zの数値を用いてXを計算すると，Xは，1225927－534521＝691406と求められる。

問３　ア　国産材の供給量は1980年から2005年まで減少し続けたが，その後は増加に転じている。　イ　外国産材の供給量が最も多いのは1990年か1995年と考えられるが，全体の供給量が12000万㎥に届かないのに対し，国産材の供給量が2000万㎥以上あることから，外国産材の供給量は10000万㎥に満たないとわかる。　ウ　2019年の木材供給量は7127万㎥，1955年の木材供給量は4528万㎥なので，7127÷4528＝1.57…で，1.5倍を上回っている。　エ　折れ線グラフで表されている木材の自給率は，2000年以降増加し続けている。

問４　資料４から，1990年以降2015年まで，林家数が減り続けていることが読み取れる。

問５　ア　2000年と比べて，2015年は林業従事者の総数も65歳以上の林業従事者の割合も減っているのだから，65歳以上の林業従事者の数も減っているとわかる。　イ　2005年における65歳未満の林業従事者の数は，47000×（１－0.262）＝47000×0.738＝34686人で，2010年における65歳未満の林業従事者の数は，69000×（１－0.175）＝69000×0.825＝56925人なので，増えている。 ウ 林業従事者の総数は，2005年から2010年にかけて増えている。 エ 1990年の林業従事者の総数は10万8000人で，うち65歳以上が10％以上を占めているのだから，その数は１万人を超《こ》えるとわかる。

問６ 二酸化炭素は，太陽から地表に届いた熱を大気中に封じこめ，地表をあたためる働きがある温室効果ガスの１つで，地球温暖化の原因となっている。間伐《かんばつ》材をはじめとする木材は，光合成の過程で吸収した二酸化炭素をその中に閉じこめていることから「二酸化炭素のかんづめ」ともよばれ，地球温暖化を防ぐ役割をはたしている。

5 日本国憲法と政治のしくみについての問題

問１ 日本国憲法第25条１項で定められた「健康で文化的な最低限度の生活を営む権利」を，生存権という。第25条２項は国民の生存権を保障するため，社会福祉や社会保障，公衆衛生の向上と増進に努めることを国に義務づけている。

問２ 日本国憲法では，国民の権利とともに国民の義務についても規定されており，第26条の「子どもに普通教育を受けさせる義務」，第27条の「勤労の義務」，第30条の「納税の義務」が国民の三大義務と位置づけられている。

問３ 日本国憲法第41条は国会を「国権の最高機関であって，国の唯一《ゆいいつ》の立法機関」と位置づけ，法律を制定する権限である立法権を国会のみに認めている。

問４ 衆議院議員の任期は４年とされているが，任期の途中で衆議院が解散された場合には，４年たたないうちに任期が終了する。なお，参議院議員の任期は６年で，任期途中での解散はない。

問５ 国会が決めた法律や予算にもとづいて政治を行う権限を行政権といい，日本国憲法は第65条で行政権が内閣に属することを定めている。

問６ 国政調査権は，内閣がすすめる政治について調査する権限で，国会が行使する。また，国会の召集《しょうしゅう》は，日本国憲法第７条で定められた天皇の国事行為の１つである。

問７ 比較《ひかく》的軽い罪の刑事事件の第一審や，訴訟《そしょう》の対象額がそれほど高くない民事裁判の第一審は，全国438か所に置かれた簡易裁判所が担当することになっている。なお，家庭裁判所と地方裁判所は北海道に４か所とその他の都府県に１か所ずつの合わせて50か所，高等裁判所は札幌市（北海道），仙台市（宮城県），東京，名古屋市（愛知県），大阪市，広島市，高松市（香川県），福岡市の８か所にある。

問８ 最高裁判所の長官は内閣によって指名され，天皇によって任命される。長官以外の裁判官は，内閣によって任命される。なお，下級裁判所の裁判官は，最高裁判所の作成した名簿《めいぼ》の中から内閣によって任命される。

理 科 ＜Tクラス第１回試験＞（社会と合わせて60分）＜満点：50点＞

解 答

1 (1) ア (2) ウ (3) 12時４分 (4) 222km (5) 78.4度 2 (1) ㋐ やく

㋑　柱頭　　㋒　がく　　㋓　子ぼう　　⑵　受精　　⑶　ウ　　⑷　**開花条件**…エ／CとE，DとE　**3**　⑴　**水**…400cm^3　**塩酸B**…100cm^3　⑵　食塩2.56g，水酸化ナトリウム0.40g　⑶　60cm^3　⑷　2.1g　**4**　⑴　6.4cm　⑵　50cm　⑶　ルートⅠ　⑷　同じ　⑸　同じ　⑹　20cm

解説

1　太陽の通り道についての問題

⑴　日の出も日の入りも，太陽の上端《じょうたん》が地平線と重なったときをいう。つまり，日の出は太陽が見え始める瞬間《しゅんかん》，日の入りは太陽がまったく見えなくなった瞬間といえる。

⑵　緯《い》度０度の赤道上では，ウのように太陽の通り道がつねに地平線に対して垂直になる。

⑶　太陽が東から西へ１度動くのにかかる時間は，24×60÷360＝４(分)であり，明石市はさいたま市よりも，139－135＝４(度)西にあるので，太陽が最も高い位置にのぼる時刻がさいたま市で11時48分のとき，明石市ではその，４×４＝16(分後)の12時４分となる。

⑷　さいたま市と新発田《しばた》市では，最も高い位置にのぼったときの太陽の高度が，30.6－28.6＝２(度)ちがうので，緯度の差も２度とわかる。したがって，これら２点間の距離《きょり》は，$40000\times\frac{2}{360}=$222.2…より，222kmである。

⑸　北緯36度のさいたま市で最も高い位置にのぼったときの太陽の高度が30.6度のとき，その高度が90度になるのは，さいたま市から南に，90－30.6＝59.4(度)移動した地点である。この地点は，59.4－36＝23.4より，南緯23.4度とわかる。そして，南緯35度のアデレードはこの地点からさらに南に，35－23.4＝11.6(度)移動した地点なので，アデレードで最も高い位置にのぼったときの太陽の高度は，90－11.6＝78.4(度)になる。

2　花のつくりや開花の条件についての問題

⑴　おしべの先端部分の㋐はやくといい，中には花粉がある。めしべの先端部分の㋑は柱頭といい，柱頭に花粉がつくことを受粉という。花弁(花びら)を支えている㋒はがくである。めしべのつけねの部分である㋓は子ぼうで，受粉すると成長して果実になり，その中のはいしゅは種子となる。

⑵　受粉すると，花粉から花粉管がはいしゅまでのび，花粉の中にあった細胞《さいぼう》がその中を移動して，はいしゅの中にある細胞と合体する。このことを受精という。

⑶　リンゴでは，花たくが成長した部分を食用としていて，子ぼうが成長した部分は芯《しん》とよばれるふつうは食べないところである。ナシも同じつくりをしている。

⑷　CとEを比べると，植物に光が当たる時間の長さの合計はどちらも16時間，植物に光を当てない時間の長さの合計はどちらも８時間だが，Cは開花し，Eは開花しなかったので，これらの条件は開花に関係しないことがわかる。また，DとEを比べると，とぎれずに連続して植物に光が当たる時間の長さはどちらも最長で12時間だが，Dは開花し，Eは開花しなかったので，この条件も開花に関係しないことがわかる。さらに，C～Eの結果より，連続して植物に光を当てない時間が少なくとも８時間以上であれば開花すると考えられる。

3　水溶液《すいようえき》の中和についての問題

⑴　塩酸A500cm^3(ここでは500ｇ)にとけている塩化水素の重さは，500×0.02＝10(ｇ)なので，塩酸A500cm^3を得るのに必要な塩酸Bは，10÷0.1＝100(ｇ)，つまり100cm^3である。また，それ

に加える水は，500−100＝400（ｇ）より，400cm^{3}となる。

⑵　グラフより，塩酸Ａ50cm^{3}と水酸化ナトリウム水溶液ａ20cm^{3}が完全に中和し，食塩1.6ｇができることがわかる。また，加えた水酸化ナトリウム水溶液ａが20cm^{3}より多い場合に増える白い固体の重さは中和せずに残った水酸化ナトリウムであるから，水酸化ナトリウム水溶液ａ，25−20＝5（cm^3）には水酸化ナトリウムが，1.85−1.6＝0.25（ｇ）とけている。よって，塩酸Ａ80cm^{3}に水酸化ナトリウム水溶液ａ40cm^{3}を加えると，水酸化ナトリウム水溶液ａ，$20\times\frac{80}{50}=32$（cm^3）が塩酸Ａ80cm^{3}と完全に中和することで，食塩が，$1.6\times\frac{80}{50}=2.56$（ｇ）出てくる。そして，水酸化ナトリウム水溶液ａ，40−32＝８（cm^3）が中和せずに残るため，水酸化ナトリウムが，$0.25\times\frac{8}{5}=0.4$（ｇ）出てくる。

⑶　塩酸Ａ30cm^{3}と完全に中和する水酸化ナトリウム水溶液ａは，$20\times\frac{30}{50}=12$（cm^3）であるから，水酸化ナトリウム水溶液ｂ６cm^{3}と同じはたらきをする水酸化ナトリウム水溶液ａは，12−10＝２（cm^3）である。したがって，塩酸Ａ50cm^{3}と完全に中和する水酸化ナトリウム水溶液ｂは，$20\times\frac{6}{2}=60$（cm^3）とわかる。

⑷　水酸化ナトリウム水溶液ｂ90cm^{3}を，それと同じはたらきをする水酸化ナトリウム水溶液ａ，$90\times\frac{2}{6}=30$（cm^3）に置きかえて考えるとよい。すると，塩酸Ａ50cm^{3}と水酸化ナトリウム水溶液ａ20cm^{3}が完全に中和し，水酸化ナトリウム水溶液ａ，30−20＝10（cm^3）が中和せずに残るから，中和によってできた食塩1.6ｇと，中和せずに残った水酸化ナトリウム水溶液ａ10cm^{3}にとけている水酸化ナトリウム，$0.25\times\frac{10}{5}=0.5$（ｇ）の，合わせて，1.6＋0.5＝2.1（ｇ）の白い固体が出てくる。

4　物体の運動についての問題

⑴　表を見ると，レールと地面の角度に関係なく，木片が動いた距離は球をはなす高さに比例することがわかる。よって，球をはなす高さが16cmのとき，木片が動く距離は，$4\times\frac{16}{10}=6.4$（cm）と求められる。

⑵　木片が動いた距離が20cmのとき，球をはなした高さは，$10\times\frac{20}{4}=50$（cm）である。

⑶　ＢからＥまで球が進むのに，ルートⅠではBD間で加速しながら転がり下りてからDE間を進むのに対し，ルートⅡではBC間を進んでからCE間で加速しながら転がり下りる。つまり，ルートⅠのDE間を進む速さの方がルートⅡのBC間を進む速さよりも速い。また，ルートⅠのBD間を進む速さ（はじめの速さとその後の速さの増え方）はルートⅡのCE間を進むそれと同じになる。したがって，ルートⅠの方が早く木片にたどり着く。

⑷　球が木片にたどり着いたときの速さは，球の通り道に関係なく，球をはなす高さによって決まる。ここでは，ルートⅠもルートⅡも球をＡではなすので，球が木片にたどり着いたときの速さは同じである。

⑸　球が木片にたどり着いたときの速さが同じなので，木片が動いた距離も同じになる。なお，図２のような装置の場合，木片に衝突《しょうとつ》させる球の速さが速いほど，また，重さが重いほど，木片が動く距離が大きくなる。

⑹　ルートⅡにはと中に水平な部分があるが，それに関係なく木片が動く距離は球をはなす高さによって決まる。したがって，実験１の表より，球をはなす高さが50cmのときの木片が動く距離を求めればよく，$4\times\frac{50}{10}=20$（cm）とわかる。

国語 <Tクラス第1回試験>（50分）<満点：100点>

解答

一 問1 Ⅰ エ Ⅱ カ Ⅲ ア 問2 母さんに押しつけられた 問3 イ 問4 ア 問5 ウ 問6 エ 問7 ウ 問8 イ 問9 ア

二 問1 エ 問2 ア 問3 ウ 問4 エ 問5 Ⅰ A 公の場 B 素顔の自分 C 修正は可能 Ⅱ 相手やまわりの空気の流れ 問6 しかし最近 問7 イ，オ 問8 ノ 問9 ウ，エ

三 問1 オ 問2 イ 問3 イ，カ 問4 ウ 問5 ウ

四 問1 ① イ ② ア ③ オ 問2 ① ア ② オ ③ ウ

五 ① 木 ② 月 ③ 石 ④ 帯 ⑤ 花

六 ① しょうたい ② びんじょう ③ えんせん ④ い(た) ⑤ つら(なる) ⑥～⑩ 下記を参照のこと。

●漢字の書き取り

六 ⑥ 最善 ⑦ 歴然 ⑧ 冷静 ⑨ 快(く) ⑩ 温(かい)

解説

一 **出典は市川朔久子《いちかわさくこ》の『紙コップのオリオン』による。** 自分たちのために仕事を休もうとした父さんに，実子ではないゆえに気がねして素直《すなお》に甘《あま》えられない論里《ろんり》は，みのりさんにさとされる。

問1 Ⅰ 高熱で具合が悪く，だるさを感じている論里がソファに体を預けるように座《すわ》る場面である。よって，重い物が落ちたりたおれたりする音を表す「どさりと」が合う。 Ⅱ 高い熱があるのだから，頭は「ぼうっと」していたとするのがよい。「ぼうっと」は，意識がぼんやりしているようす。 Ⅲ 何度も「すみません」とくり返す論里に目を向けながら，みのりさんは「それもう，五回目よ」と指摘《してき》している。よって，ちょっと目をやるようすを表す「ちらりと」が入る。

問2 直後の「母さんさえいれば，こんなふうに父さんが気兼《きが》ねすることなどなかったはずだ」という論里の思いに注目する。すべてを「母さんに押《お》しつけられた」せいで父さんの仕事が思うように進まなくなってしまったので，論里は苛立《いらだ》ちを覚えたのである。

問3 「ぼくたち」とは，論里と妹を指す。前書きにあるように，妹とちがって論里は父さんと血のつながりがない。そのため，実の娘《むすめ》である妹のためにならともかく，自分のために仕事を休んでまで看病する義務は父さんにはないと論里は考えているのだから，イがあてはまる。

問4 ぼう線部③の「それ」は，父さんにどなられることを指す。熱を出した子どもたちの世話を優先し，仕事を休もうとしている父さんの優《やさ》しさを，論里はつっぱねてしまったが，父さんにひどいことを言ったと自覚はしているので，アがよい。

問5 父さんは，血のつながらない論里を実の娘と区別することなく，同じように大切にあつかおうとしている。しかし，論里は，具合が悪いときでさえ気兼ねし，素直にたよろうとしてくれないため，父さんは，今後どう論里と接していけばよいのかなやんでいると考えられる。

問6 ただでさえみのりさんに仕事を休ませて迷惑《めいわく》をかけているのに，彼女《かのじょ》からインフルエンザの予防接種は受けたかと聞かれ，論里は「ますますいたたまれない気持ち」になっている。みのりさんにインフルエンザをうつす恐《おそ》れがあることに気づいた論里は，やりきれない思いを抱いたものと想像できるので，エが合う。

問7　みのりさんは熱のある論里と有里のために買い物をしてきてくれたり，ほしいものはないかと気づかってくれたりと，さまざまなことを手早く処理している。よって，ウがふさわしい。

問8　ぼう線部⑦は，“直球のようにまっすぐな言葉”という意味なので，ここでは「ようだ」「みたいだ」などを用いずにあるものをほかのものにたとえる隠喩《いんゆ》が用いられているとわかる。よって，イが同じ。なお，アとエには「ようだ」「みたいだ」を使ってたとえる直喩，ウには人でないものを人にたとえる擬人《ぎじん》法が用いられている。

問9　だれにも迷惑をかけずに存在できるものはないとみのりさんは言い切っている。だから，自分のそんな弱さを認め，素直に助けを求められる人間のほうが強いのだとし，みのりさんは，助けを求めた父さんは正しいこと，論里も父さんや自分に素直に甘えていいことを伝えたかったのである。

二　**出典は香山《かやま》リカの『「悩《なや》み」の正体』による。**「準パブリック」な関係の中で，現代人は「場の空気」を読み合い，自分の行動や発言を周囲とすり合わせていくようになったことを考察している。

問1　ほぼ打ち合わせをしないにもかかわらず，どの番組も本番では出演者たちが期待される役割にそったふるまいや発言を行うことに対し，筆者は「不思議」だと感じているのだから，エがあてはまる。

問2　「敬遠」は，かかわることをいやがってその物事をさけることをいうので，アが合う。

問3　そもそも日本人には「メランコリー親和型」とよばれるタイプが多いのである。空らん③には，この「メランコリー親和型」の説明が入るものと推測できるので，ウがあてはまる。

問4　Ⅰ　「空気を読み合う」傾向《けいこう》が特に目立つのは，「準パブリック」な関係だと述べた後，筆者はテレビの情報番組での「出演者同士」の関係や，「視《し》聴《ちょう》者」と「出演者」の関係を例にあげているので，具体的な例をあげるときに用いる「たとえば」がよい。　Ⅱ　テレビの情報番組における「出演者同士」や，カメラの向こうにいる「視聴者」と「出演者」の関係も「準パブリック」だといえるし，若い人たちにとっては「大学の同級生，サークル仲間」がそれにあたるという文脈である。よって，ことがらを並べ立てるときに用いる「また」が合う。　Ⅲ　完全にプライベートな友人なら多少の行き違いの修正は可能だし，パブリックな関係なら失敗しても気にせずにすむので，その中間にある「準パブリック」な関係でこそ「評価や見られ方」が重要になってくるというつながりである。よって，前の内容を原因・理由として，後にその結果をつなげるときに用いる「だからこそ」が合う。

問5　Ⅰ　**A**　空らん③がある段落では，会社や学校などは「公の場」だとされている。　**B**　ぼう線部④をふくむ文の直前の一文で，パブリック（公的）な関係で評価されるのは「素顔の自分」ではないため，失敗もあまり気にならないと述べられている。　**C**　ぼう線部④をふくむ文の二つ前の文で，完全にプライベートな友人なら，多少の行き違いの「修正は可能」だと述べられている。　Ⅱ　四つ目の段落に，大学生にとって大切なのは自分の意見を言うことではなく，「相手やまわりの空気の流れ」を読み，それを乱さない発言ができることだという筆者の考えが述べられている。

問6　ぼう線部⑤をふくむ段落の次の段落に，「しかし最近，『少数派』には，『負け組』などという言葉が象徴《しょうちょう》するようなネガティブなイメージがつきまとっている」とある。そのため，「少数派」にはなりたくないという気持ちになると考えられる。

問７　生命倫理《りんり》の問題や外国での社会問題に意見を求めても，「わかりません」，「想像できません」と答える学生に筆者は驚《おどろ》いている。続く部分で，そういった学生の考えに対する筆者の分析《ぶんせき》が述べられており，イとオがふさわしいといえる。

問８　「現代人として生き抜《ぬ》くための“ゲームの基本ルール”」にあたる「かのような人格」とは，その場に合わせて人格構造をつくり変えてしまう性質を指す。よって，あくまでも自分の意見や考えを主張するアがあてはまらない。

問９　現代人は「少数派」になるのをこわがっていることがぼう線部⑤をふくむ文に，意見を述べる自由を放棄《ほうき》し，まわりに合わせようとすることが本文の最後で述べられているので，ウはよい。また，ぼう線部⑦の直後の文で，「『かのような人格』の人はいつからか自らの空虚《くうきょ》さに気づき破綻《はたん》をきたす」と述べられているので，エも合う。

三　**出典は北村 薫《きたむらかおる》の『水に眠《ねむ》る』所収の「くらげ」による。**幼い娘《むすめ》の遊び相手をしながら，妻がいなくなったことを実感し，岡崎《おかざき》は今後の生活に思いなやむ。

問１　「まるで」は，何かと似ていることを表す呼応の副詞で，後に「ようだ」などがくる。呼応の副詞は後に決まった言い方を取り，その言い方をふくむ文節を修飾《しゅうしょく》するので，オが選べる。

問２　ぼう線部②は助動詞の「られる」の連用形で，イと同様に受身の意味で使われている。なお，アとエは可能，ウは尊敬の意味になる。

問３　「洗面器」は，前の二字が後の一字を修飾する組み立て。よって，アの「初心者」，ウの「感想文」，エの「美術館」，オの「世界中」が同じ。一方，イの「新発売」とカの「大好物」は，前の一字が後の二字を修飾する組み立てなので，これらが選べる。

問４　主語は「何(だれ)が(は)」，述語は「どうする」「どんなだ」「何だ」にあたる文節をいう。「庭は狭《せま》い」という文の組み立ては，「何が(は)」「どんなだ」にあたるので，ウが同じ。なお，アは「だれが(は)」「何だ」，イは「だれが(は)」「どうする」，エは「何が(は)」「どうする」にあたる。

問５　ぼう線部⑤の「難しい」は“(解決するのが)大変だ”という意味で使われているので，ウが選べる。

四　**慣用句の知識，文の組み立て**

問１　①　“最初にやり始める”という意味の「口火を切る」が合う。　②　“自まんする”という意味の「鼻にかける」が入る。　③　“驚く”という意味の「目を丸くする」がふさわしい。

問２　主語は「何(だれ)が(は)」，述語は「どうする」「どんなだ」「何だ」にあたる文節をいう。まずは述語を定め，それから主語を探すとよい。　①　「通りぬけた」のは「列車」なので，アが選べる。　②　「行った」のは文の書き手だが省略されているので，オが正しい。　③　「なごむ」のは「心」なので，ウがよい。

五　**ことわざの完成**

①　「猿《さる》も木から落ちる」と似た意味のことわざには，「弘法《こうぼう》も筆のあやまり」「かっぱの川流れ」などがある。　②　「月とすっぽん」と似た意味のことばには，「ちょうちんにつりがね」などがある。　③　「石の上にも三年」と似た意味のことわざには，「雨だれ石をもうがつ」などがある。④　「帯に短したすきに長し」は，着物の帯としては短く，たすきには長すぎるというように，どっちつかずの状態をさす。　⑤　「花よりだんご」と似た意味のことばには，「色気《いろけ》より食い気」

などがある。

六 漢字の読みと書き取り

① 客としてまねき，もてなすこと。 ② 都合のよい機会をとらえてうまく利用すること。
③ 鉄道の線路に沿った場所。 ④ 音読みは「シャ」で，「射手」などの熟語がある。 ⑤ 音読みは「レン」で，「連続」などの熟語がある。訓読みにはほかに「つ(れる)」がある。 ⑥ 全力。できるかぎりのこと。 ⑦ とてもはっきりしているようす。 ⑧ 感情的にならずに，気持ちが落ち着いているようす。 ⑨ 音読みは「カイ」で，「快感」などの熟語がある。
⑩ 音読みは「オン」で，「温暖」などの熟語がある。

Memo

Memo

出題ベスト10シリーズ

①国語読解ベスト10

②漢字合格の2790題

③計算合格の820題

④図形問題ベスト10

■過去の入試問題から出題例の多い問題を選んで編集・構成。受験関係者の間でも好評です！

有名中学入試問題集

●男子校編

●女子校編

■中学入試の全容をさぐる!!
■首都圏の中学を中心に、全国有名中学の最新入試問題を収録!!

※表紙は昨年度のものです。

算数の過去問25年分

■筑波大学附属駒場
■麻布
■開成

○名門３校に絶対合格したいという気持ちに応えるため過去問実績No.1の声の教育社が出した答えです。

都立中高一貫校 適性検査問題集

■都立一貫校と同じ検査形式で学べる！

●自己採点のしにくい作文には「採点ガイド」を掲載。
●保護者向けのページも充実。
●私立中学の適性検査型・思考力試験対策にもおすすめ！

当社発行物の無断使用は固くお断りいたします。御使用の前はまずご相談ください。

当社発行物には500点余の首都圏中・高過去問をはじめ、６点の学校案内、そのほかいくつかの情報誌などがございます。その多くが年度版で、限られたスタッフが来るべき受験シーズン前に余裕を持って受験生へ届けられるよう、日夜作業にあたり出版を重ねております。

その中で、最近、多くの印刷物やネット上において当社発行物からの無断使用が見受けられ、一部で係争化しているところもございます。事例といたしましては、当社の新刊発行を待ち、それを流用して毎年ネット上に新改訂として掲載していたA社、当社過去問から三百箇所をはぎ合わせ「自社制作につき無断転載禁止」とし、集客材としてホームページに掲載していたB社、当社版誌面を無断スキャンし、記述式解答は一部殆ど丸取りして動画を制作していた家庭教師グループC社、当社発行物の表紙を差し替え、内容を複製し配布していた塾のD社などほか数社がございます。

当社発行物の全部もしくは一部を無断使用することは固くお断りいたします。

当社コンテンツの中にはリーズナブルな設定でご提供している事例もたくさんございますので、ご利用されたい方はまずは、お気軽にご相談くださいますようお願いします。同時に、当社発行物を無断で使用している媒体などにつきましての情報もお寄せいただければ幸いです（呈薄謝）。

株式会社 声の教育社

スーパー過去問の 解説執筆・解答作成スタッフ（在宅）募集！ ※募集要項の詳細は、10月に弊社ホームページ上に掲載します。

2025年度用
中学スーパー過去問

■編集人 声の教育社・編集部
■発行所 株式会社 声の教育社
〒162-0814 東京都新宿区新小川町8-15
☎03-5261-5061㈹ FAX03-5261-5062
https://www.koenokyoikusha.co.jp

※本書の内容についての一切の責任は当社にあります。内容・解説・解答・その他は当社ホームページよりお問い合わせ下さい。

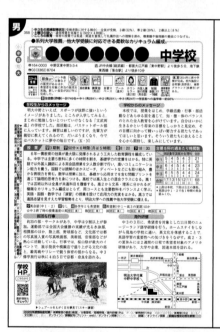

よくある解答用紙のご質問

01

実物のサイズにできない

拡大率にしたがってコピーすると，「解答欄」が実物大になります。配点などを含むため，用紙は実物よりも大きくなることがあります。

02

A3用紙に収まらない

拡大率164％以上の解答用紙は実物のサイズ（「出題傾向＆対策」をご覧ください）が大きいために，Ａ３に収まらない場合があります。

03

拡大率が書かれていない

複数ページにわたる解答用紙は，いずれかのページに拡大率を記載しています。どこにも表記がない場合は，正確な拡大率が不明です。

04

１ページに２つある

１ページに２つ解答用紙が掲載されている場合は，正確な拡大率が不明です。ほかの試験回の同じ教科をご参考になさってください。

昌平中学校

【別冊】入試問題解答用紙編

解答用紙は本体からていねいに抜きとり、別冊としてご使用ください。

※　実際の解答欄の大きさで練習するには、指定の倍率で拡大コピーしてください。なお、ページの上下に小社作成の見出しや配点を記載しているため、コピー後の用紙サイズが実物の解答用紙と異なる場合があります。

●入試結果表

— は非公表

年度	回	項目	国語	算数	社会	理科	2科合計	4科合計	2科合格	4科合格
2024	一般第1回	配点(満点)	100	100	50	50	200	300	最高点	最高点
		合格者平均点	—	—	—	—	—	—	191	275
		受験者平均点	74	57	19	35	131	185	最低点	最低点
		キミの得点							126	181
	回	項目	国語	算数	英語		合計		合格	
	グローバル第1回	配点(満点)	100	100	100		300		最高点	
		合格者平均点	—	—	—		—		272	
		受験者平均点	74	52	70		196		最低点	
		キミの得点							169	
	回	項目	国語	算数	社会	理科	2科合計	4科合計	2科合格	4科合格
	Tクラス第1回	配点(満点)	100	100	50	50		300		最高点
		合格者平均点	—	—	—	—		—		248
		受験者平均点	72	48	24	34		178		最低点
		キミの得点								148
年度	回	項目	国語	算数	社会	理科	2科合計	4科合計	2科合格	4科合格
2023	一般第1回	配点(満点)	100	100	50	50	200	300	最高点	最高点
		合格者平均点	—	—	—	—	—	—	185	260
		受験者平均点	62.5	57.6	31.9	22.1	120.1	174.1	最低点	最低点
		キミの得点							112	160
	回	項目	国語	算数	英語		合計		合格	
	グローバル第1回	配点(満点)	100	100	100*		300		最高点	
		合格者平均点	—	—	—		—		290	
		受験者平均点	63.0	59.3	86.8		209.1		最低点	
		キミの得点							201	
	回	項目	国語	算数	社会	理科	2科合計	4科合計	2科合格	4科合格
	Tクラス第1回	配点(満点)	100	100	50	50		300		最高点
		合格者平均点	—	—	—	—		—		276
		受験者平均点	72.3	47.7	32.8	21.1		173.9		最低点
		キミの得点								171
年度	回	項目	国語	算数	社会	理科	2科合計	4科合計	2科合格	4科合格
2022	一般第1回	配点(満点)	100	100	50	50	200	300	最高点	最高点
		合格者平均点	—	—	—	—	—	—	183	264
		受験者平均点	68.9	61.8	32.5	25.6	130.7	188.8	最低点	最低点
		キミの得点							120	195

〔参考〕　満点（合格者最低点）　2022年：グローバル1回 300(191)　Tクラス第1回 300(180)

(注)　*英語の配点(満点)は、記述＋リスニング50、グローバルコミュニケーション50です。

※　表中のデータは学校公表のものです。ただし、2～4科合計は各教科の平均点を合計したものなので、目安としてご覧ください。

声の教育社

２０２４年度　昌平中学校　一般・グローバル第１回

算数解答用紙

番号		氏名		評点	／100

	(1)	(2)	(3)	(4)
1				
	(5)			

	(1)	(2)	(3)	(4)
2	cm	m^2	g	人
	(5)	(6)		
	cm^2	cm^3		

	(1)	(2)	(3)
3		番目	

	(1)	(2)	(3)
4	cm^2	：	cm^2

	(1)	(2)	(3)
5	個	cm^3	cm^2

	(1)	(2)	(3)
6	m	分速　m	m

（注）この解答用紙は実物を縮小してあります。Ｂ５→Ｂ４（141%）に拡大コピーすると、ほぼ実物大の解答欄になります。

〔算　数〕100点（推定配点）

1, 2　各５点×11　3～5　各４点×9　6　各３点×3

２０２４年度　昌平中学校　一般第１回

社会解答用紙

番号		氏名		評点	／50

1

問1	問2	問3
（市）		

問4		問5	問6
X	Y		

問7	問8	問9	問10	問11

問12

2

問1	問2	問3

問4		問5		問6
(1)	(2)	(1)	(2)	

問7	問8	問9

問10
→ → → →

3

問1	問2	問3	問4
			→ → →

問5	問6	問7	問8	問9

問10	問11

4

問1	問2	問3

問4		問5	問6
(1)	(2)		

（注）この解答用紙は実物を縮小してあります。B５→B４（141%）に拡大コピーすると、ほぼ実物大の解答欄になります。

〔社　会〕50点（推定配点）

1～3　各１点×36<2の問 10，3の問４は完答>　4　各２点×７

２０２４年度　　昌平中学校　一般第１回

理科解答用紙

番号		氏名		評点	／50

1

(1)	(2)	(3)	(4)

(5)
m

2

(1)		(2)	(3)
A	B		倍

(4)	(5)
℃	mg

3

(1)		(2)	(3)
X	Y		

(4)				
A	B	C	D	E

4

(1)		
① m	②	③

(2)	(3)
m	度

（注）この解答用紙は実物を縮小してあります。Ｂ５→Ｂ４（141％）に拡大コピーすると、ほぼ実物大の解答欄になります。

〔理　科〕50点（推定配点）

1　(1)～(3)　各２点×３　(4)，(5)　各３点×２　2　各２点×６　3　(1)～(3)　各２点×４　(4)　各１点×５　4　(1)　①，②　各２点×２＜②は完答＞　③　３点＜完答＞　(2)，(3)　各３点×２

2024年度　昌平中学校　グローバル第１回

英語解答用紙

番号		氏名		評点	／100

1	(1)	(2)	(3)	(4)	(5)
	(6)	(7)	(8)	(9)	(10)

2	(1)	(2)	(3)	(4)	(5)

3	(1)	(2)	(3)
	c	h	t
	(4)	(5)	
	s	c	

4	(1)	(2)	3	(4)	(5)

5	(A)		
	(1)	(2)	(3)
	(B)		
	(1)	(2)	(3)

6	(1)	(2)	(3)
	(4)		
	③	④	⑤
	(4)		
	⑥	⑦	

（注）この解答用紙は実物を縮小してあります。Ｂ５→Ｂ４（141％）に拡大コピーすると、ほぼ実物大の解答欄になります。

〔英　語〕100点（推定配点）

1，2　各２点×15　3　各３点×５　4，5　各２点×15　6　(1)，(2)　各２点×２　(3)，(4)　各３点×７

２０２４年度　昌平中学校　一般・グローバル第一回

国語解答用紙

番号		氏名		評点	／100

一
問1　A　B
問2
問3
問4
問5
問6
問7
問8
問9
問10

二
問1　a　b
問2
問3
問4
問5
問6
問7
問8
問9

三
問1
問2
問3
問4
問5

四
問1　①　②　③　④　⑤
問2　①　②　③　④　⑤

五
①　②　③　④　⑤

六
①　②　③　④　（しい）⑤　（り）
⑥　⑦　⑧　⑨　（びる）⑩　（ける）

（注）この解答用紙は実物を縮小してあります。Ｂ５→Ｂ４（141％）に拡大コピーすると、ほぼ実物大の解答欄になります。

〔国　語〕100点（推定配点）

一　問1，問2　各2点×3　問3～問10　各3点×8　二　各3点×10　三　各2点×5＜問2は完答＞
四　各1点×10　五　各2点×5　六　各1点×10

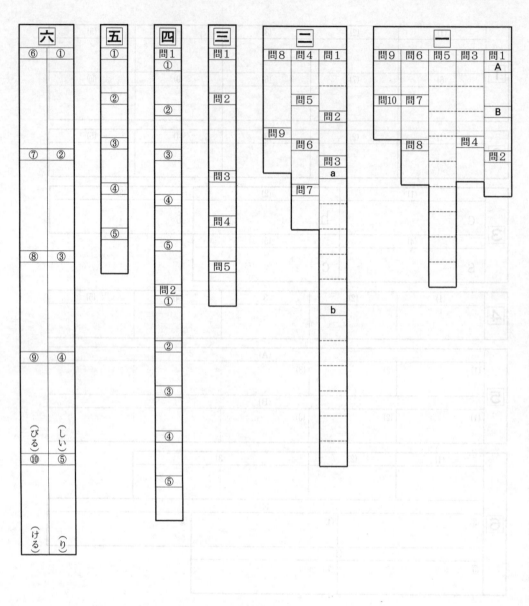

２０２４年度　昌平中学校　Ｔクラス第１回

算数解答用紙

番号		氏名		評点	／100

1

(1)	(2)	(3)	(4)

(5)

2

(1)	(2)	(3)	(4)
円	L	時間	点

(5)	(6)
度	cm^2

3

(1)	(2)	(3)
	番目	

4

(1)	(2)	(3)
：	：	cm^2

5

(1)	(2)	(3)
cm^2	倍	cm^3

6

(1)	(2)	(3)	
：	m	地点	回目

（注）この解答用紙は実物を縮小してあります。Ｂ５→Ａ３（163％）に拡大コピーすると、ほぼ実物大の解答欄になります。

〔算　数〕100点（推定配点）

1，2　各５点×11　3～5　各４点×9　6　各３点×3＜(3)は完答＞

２０２４年度　　昌平中学校　Ｔクラス第１回

社会解答用紙

番号		氏名		評点	／50

1

問1		問2	問3	問4
X　　(市)	Y　　(市)			

問5	問6	問7	問8	問9	問10
					(市)

問11	問12
(約)　　(倍)	

2

問1	問2	問3	問4	問5	問6	問7
→ → →						

問8	問9	問10	問11

3

問1	問2	問3	問4	問5	問6

問7	問8	問9	問10	問11
	→ → →			

4

問1	問2	問3	問4	
			X	Y

問5	問6

5

問1		問2			
(1)	(2)	(1)	(2)	(3)	(4)

問3	
(1)	(2)

（注）この解答用紙は実物を縮小してあります。Ｂ５→Ａ３（163%）に拡大コピーすると、ほぼ実物大の解答欄になります。

〔社　会〕50点（推定配点）

1～5　各１点×50＜2の問１，3の問７，問８は完答＞

2024年度　昌平中学校　Ｔクラス第１回

理科解答用紙

番号		氏名		評点	／50

1

(1)		(2)	(3)
A	E		

(4)	(5)
km	

2

(1)	(2)	(3)	(4)

(5)	(6)

3

(1)		(2)
①	②	

(3)	(4)
cm^3	$c:d=$　　：

4

(1)		(2)	
①　cm	②　cm	①　cm	②　cm

(3)
cm

（注）この解答用紙は実物を縮小してあります。Ｂ５→Ａ３（163%）に拡大コピーすると、ほぼ実物大の解答欄になります。

〔理　科〕50点（推定配点）

1, 2　各２点×12　3　(1)　各２点×２　(2)～(4)　各３点×３＜(2)は完答＞　4　(1)　各２点×２　(2), (3)　各３点×３

２０２４年度　昌平中学校　Tクラス第一回

国語解答用紙

番号		氏名		評点	/100

一

問1	Ⅰ		Ⅱ		Ⅲ	
問2	A 最初	〜 最後	B 最初	〜 最後		
問3		問4		問5		
問6	A		B			
問7		問8				
問9		問10				

二

問1	Ⅰ		Ⅱ		Ⅲ	
問2		問3				
問4	A 最初	〜 最後	B 最初	〜 最後		
問5		から。				
問6	A 最初	〜 最後	B 最初	〜 最後		
問7	A 最初	〜 最後	B 最初	〜 最後		
問8		問9				
問10						

三

問1		問2			
問3		問4		問5	

四

問1	① 季語	季節	② 季語	季節	③ 季語	季節			
	④ 季語	季節	⑤ 季語	季節					
問2	①	②	③	④	⑤				

五

①	②	③	④	⑤

六

①	②	③	④ （げる）	⑤ （んだ）
⑥	⑦	⑧	⑨ （ねる）	⑩ （く）

（注）この解答用紙は実物を縮小してあります。172％拡大コピーすると、ほぼ実物大の解答欄になります。

〔国　語〕100点(推定配点)

一　問1〜問6　各2点×10　問7〜問10　各3点×4　二　問1〜問7　各2点×12　問8〜問10　各3点×3　三　各2点×5　四〜六　各1点×25<四の問1は各々完答>

2023年度　昌平中学校　一般・グローバル第1回

算数解答用紙

番号		氏名		評点	／100

	(1)	(2)	(3)	(4)
1				
	(5)			

	(1)	(2)	(3)	(4)
2	人	m²	円	枚
	(5)	(6)		
	度	cm³		

	(1)	(2)	(3)
3	番目		

	(1)	(2)	(3)
4	度	：	cm²

	(1)	(2)	(3)
5		cm²	cm³

	(1)	(2)	(3)
6	m	分速　m	時　分

（注）この解答用紙は実物を縮小してあります。B５→B４（141%）に拡大コピーすると、ほぼ実物大の解答欄になります。

〔算　数〕100点（推定配点）

1　各５点×５　2～5　各４点×15　6　各５点×３

２０２３年度　昌平中学校　一般第１回

社会解答用紙

番号		氏名		評点	／50

1

問1	問2	問3	問4

問5	問6	問7	問8

問9		問10	問11
(1)	(2)		

2

問1	問2	問3	
		(1)	(2)

問4		問5		問6
(1)	(2)	(1)	(2)	

問7		問8
(1)	(2)	→ → → →

3

問1	問2	問3	問4
		→ → →	

問5	問6	問7	問8	問9

問10	問11

4

問1	問2	問3	問4

問5		問6	問7
(1)	(2)		

(注)　この解答用紙は実物を縮小してあります。Ｂ５→Ｂ４(141%)に拡大コピーすると、ほぼ実物大の解答欄になります。

〔社　会〕50点(推定配点)

1～3　各１点×35＜2の問８，3の問３，問９は完答＞　4　問１　１点　問２～問７　各２点×７＜問４は完答＞

２０２３年度　昌平中学校　一般第１回

理科解答用紙

番号		氏名		評点	／50

1

(1)	(2)		(3)

(4)	(5)
	図

2

(1)		(2)	(3)
A	C		

(4)	(5)

3

(1)		(2)
A	B	

(3)	(4)	(5)
%	%	

4

(1)	(2)	(3)
秒		

(4)	
②	③

(注)　この解答用紙は実物を縮小してあります。Ｂ５→Ｂ４（141%）に拡大コピーすると、ほぼ実物大の解答欄になります。

〔理　科〕50点（推定配点）

1～3　各２点×18＜1の(3)，3の(2)は完答＞　4　(1)　２点　(2)～(4)　各３点×４

2023年度　昌平中学校　グローバル第1回

英語Ⅰ解答用紙

番号		氏名		評点	／50

	(1)	(2)	(3)
1			

2	

	(1)	(2)	(3)
3			

	A	B	C
4			

	(1)	(2)	(3)	(4)	(5)
5					

	(1)	(2)	(3)	(4)	(5)
6					

	(A)		(B)	
7	(1)	(2)	(1)	(2)

	(1)	(2)	(3)	(4)	(5)
8					

（注）この解答用紙は実物を縮小してあります。Ｂ５→Ｂ４（141％）に拡大コピーすると、ほぼ実物大の解答欄になります。

〔英語Ⅰ（記述＋リスニング）〕50点（推定配点）

1～3　各２点×７　4，5　各１点×８　6～8　各２点×14

二〇二三年度　昌平中学校　一般・グローバル第一回

国語解答用紙

番号		氏名		評点	／100

一
問1　A　B
問2
問3　a　b
問4
問5
問6　a　b　c
問7
問8
問9　a　c　b
問10

二
問1　a　b
問2
問3
問4
問5
問6
問7
問8
問9
問10

三
問1
問2
問3
問4
問5

四
問1　①　②　③　④　⑤
問2　①　②　③　④　⑤

五
①　②　③　④　⑤

六
①　②　③　④　(た)　⑤
⑥　⑦　⑧　⑨　(い)　⑩　(す)

（注）この解答用紙は実物を縮小してあります。Ｂ５→Ｂ４（141％）に拡大コピーすると、ほぼ実物大の解答欄になります。

〔国　語〕100点（推定配点）

一　各２点×16　二　問１～問４　各２点×５　問５～問10　各３点×６　三　各２点×５<問１，問５は完答>　四　各１点×10　五　各２点×５　六　各１点×10

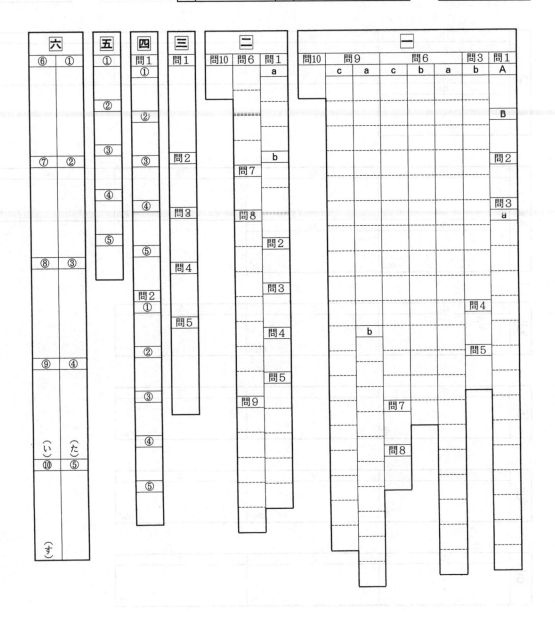

2023年度　昌平中学校　Tクラス第1回

算数解答用紙

番号		氏名		評点	／100

1

(1)	(2)	(3)	(4)

(5)

2

(1)	(2)	(3)	(4)
	L	kg	年後

(5)	(6)
cm^2	cm^3

3

(1)	(2)	(3)
	組目	

4

(1)	(2)	(3)
倍	：	cm^2

5

(1)	(2)	(3)
度	cm^2	cm^3

6

(1)	(2)	(3)
：	m	m

（注）この解答用紙は実物を縮小してあります。Ｂ５→Ａ３（163%）に拡大コピーすると、ほぼ実物大の解答欄になります。

〔算　数〕100点（推定配点）

1　各５点×５　2～5　各４点×15　6　各５点×３

2023年度　昌平中学校　Tクラス第1回

社会解答用紙

番号		氏名		評点	／50

1

問1		問2	問3
X　（市）	Y　（市）		

問4	問5	問6	問7	問8	問9	問10

問11	問12

2

問1	問2	問3	問4	問5	問6
				→　→　→	

問7	問8	問9	問10	問11

3

問1	問2	問3	問4	問5
			→　→　→	

問6	問7	問8	問9	問10

問11

4

問1	問2	
	X	Y

問3	問4	問5

問6		
P	Q	R

5

問1	問2	問3

問4		問5	問6	
(1)	(2)		A	B

問7

（注）この解答用紙は実物を縮小してあります。172％拡大コピーをすると、ほぼ実物大の解答欄になります。

〔社　会〕50点（推定配点）

1～5　各1点×50＜2の問5，3の問4，4の問6，5の問6は完答＞

２０２３年度　　昌平中学校　Ｔクラス第１回

理科解答用紙

番号		氏名		評点	／50

1

(1) A	(1) B	(2)	(3)

(4)	(5)
	日後

2

(1) A	(1) B	(1) C	(2)

(3)	(4)
	%

3

(1) A	(1) B	(2)	(3)
			g

(4)	(5)	(6)
g	g	g

4

(1) 点b	(1) 点c	(2)	(3)①
kg	kg	kg	cm

(3)② A	(3)② B
kg	kg

（注）この解答用紙は実物を縮小してあります。Ｂ５→Ａ３(163%)に拡大コピーすると、ほぼ実物大の解答欄になります。

〔理　科〕50点(推定配点)

1～4　各２点×25＜3の(2)は完答＞

二〇二三年度　昌平中学校　Tクラス第一回

国語解答用紙

番号		氏名		評点	/100

一

問1 Ⅰ　Ⅱ　Ⅲ
問2　問3
問4　問5 最初～最後
問6 最初～最後
問7　問8
問9

二

問1 Ⅰ　Ⅱ　Ⅲ
問2 最初～最後
問3
問4 A　B　C
問5
問6
問7
問8 A　B
問9

三

問1　問2
問3　問4　問5

四

問1 ①　②　③　問2

五

① A　B　② A　B　③ A　B

六

①　②　③　④（ち）　⑤（いた）
⑥　⑦　⑧　⑨（しい）　⑩（って）

（注）この解答用紙は実物を縮小してあります。B5→A3（163%）に拡大コピーすると、ほぼ実物大の解答欄になります。

〔国　語〕100点(推定配点)

一　各3点×11　二　問1～問3　各2点×5　問4～問9　各3点×9＜問9は完答＞　三　各2点×5＜問3は完答＞　四～六　各1点×20＜四の問2は完答＞

２０２２年度　　昌平中学校　一般・グローバル第１回

算数解答用紙

番号		氏名		評点	／100

1	(1)	(2)	(3)	(4)
	(5)			

2	(1)	(2)	(3)	(4)
	ページ	cm^3	円	人
	(5)	(6)		
	cm	cm^3		

3	(1)	(2)	(3)
	番目		

4	(1)	(2)	(3)
		cm	cm^2

5	(1)	(2)	(3)
	個	cm^3	cm^2

6	(1)	(2)	(3)
	分後	m	m

（注）この解答用紙は実物を縮小してあります。Ｂ５→Ｂ４(141%)に拡大コピーすると、ほぼ実物大の解答欄になります。

〔算　数〕100点(推定配点)

1　各５点×５　2～5　各４点×15＜4の(1)は完答＞　6　各５点×３

2022年度　　昌平中学校　一般第1回

社会解答用紙

番号		氏名		評点	／50

1

問1	問2	問3			
問4	問5	問6	問7	問8	
問9	問10	問11	問12		

2

問1	問2		問3	
	(1)	(2)	(1)	
問3	問4		問5	
(2)	(1)	(2)		
問6	問7		問8	
	(1)	(2)	→ → → →	

3

問1	問2	問3	問4	問5
問6	問7	問8	問9	
→ → →				
問10	問11			

4

問1	問2	問3	問4	問5
問6	問7			

（注）この解答用紙は実物を縮小してあります。Ｂ５→Ｂ４(141%)に拡大コピーすると、ほぼ実物大の解答欄になります。

〔社　会〕50点(推定配点)

1, 2　各１点×24＜2の問８は完答＞　3　問１〜問10　各１点×10＜問６は完答＞　問11　２点　4　各２点×７

2022年度　昌平中学校　一般第1回

理科解答用紙

番号		氏名		評点	／50

1

(1)	(2)	(3)	(4)
	星 ／ 理由	の方角	時

(5)	(6)

2

(1)	(2)	(3)	(4)

(5)	
① cm^3	② cm^3

3

(1)	(2)	(3)	(4)
	:	:	g

(5)
g

4

(1)		(2)	
① cm	② cm	① cm	② cm

(2)
③ g

（注）この解答用紙は実物を縮小してあります。Ｂ５→Ｂ４(141%)に拡大コピーすると、ほぼ実物大の解答欄になります。

〔理　科〕50点(推定配点)

1, 2　各２点×12<1の(2)は完答>　3　(1)～(4)　各２点×４　(5)　３点　4　各３点×５

2022年度　昌平中学校　グローバル第1回

英語Ⅰ解答用紙

番号		氏名		評点	／50

	(1)	(2)	(3)
1			

2	

	(1)	(2)	(3)
3			

	A	B	C
4			

	(1)	(2)	(3)	(4)	(5)
5					

	(1)	(2)	(3)	(4)	(5)
6					

	(A)		(B)	
7	(1)	(2)	(1)	(2)

	(1)	(2)	(3)	(4)	(5)
8					

（注）この解答用紙は実物を縮小してあります。Ｂ５→Ａ４（115%）に拡大コピーすると、ほぼ実物大の解答欄になります。

〔英語Ⅰ（記述＋リスニング）〕50点（推定配点）

1～3　各２点×７　4，5　各１点×８　6～8　各２点×14

二〇二二年度　昌平中学校　一般・グローバル第一回

国語解答用紙

番号		氏名		評点	／100

一
問1　A　B
問2
問3　Ⅰ　Ⅱ　Ⅲ
問4　a　b　c
問5
問6
問7
問8　a　b
問9
問10

二
問1　〜
問2
問3
問4
問5
問6　a　b
問7
問8
問9　a　b
問10

三
問1
問2
問3
問4
問5

四
問1　①　②　③　④　⑤
問2　①　②　③　④　⑤

五
①　A　B
②　A　B
③　A　B
④　A　B
⑤　A　B

六
①
②　(れ)
③
④
⑤　(く)
⑥
⑦
⑧
⑨
⑩　(め)　(す)

(注)　この解答用紙は実物を縮小してあります。B５→B４(141%)に拡大コピーすると、ほぼ実物大の解答欄になります。

〔国　語〕100点(推定配点)

一　各２点×16　二　問１〜問４　各３点×４　問５〜問10　各２点×８　三　各２点×５<問１は完答>
四　各１点×10　五　各２点×５　六　各１点×10

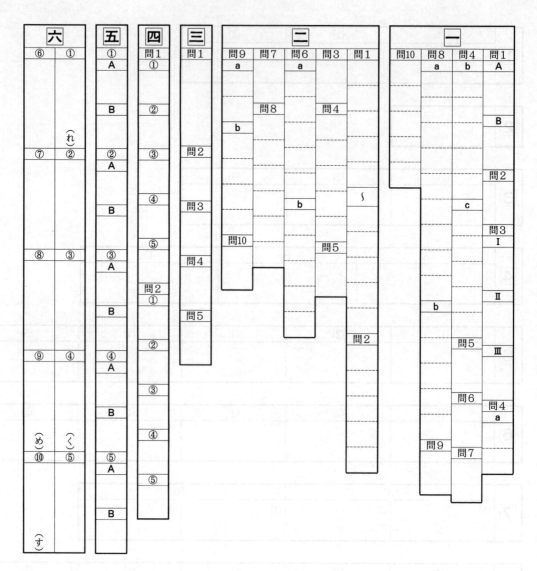

2022年度　昌平中学校　Tクラス第1回

算数解答用紙

番号		氏名		評点	／100

1

(1)	(2)	(3)	(4)

(5)

2

(1)	(2)	(3)	(4)
%	l	円	円

(5)	(6)
度	cm^2

3

(1)	(2)	(3)
	個	個

4

(1)	(2)	(3)
：	：	cm^2

5

(1)	(2)	(3)
cm^3	cm^2	cm^3

6

(1)	(2)	(3)
分速　m	m	時間　分　秒後

（注）この解答用紙は実物を縮小してあります。Ｂ５→Ａ３（163％）に拡大コピーすると、ほぼ実物大の解答欄になります。

〔算　数〕100点（推定配点）

1　各５点×５　2〜5　各４点×15　6　各５点×３

２０２２年度　昌平中学校　Ｔクラス第１回

社会解答用紙

番号		氏名		評点	／50

1

問1		問2	問3
X	Y　市	市	

問4	問5	問6	問7	問8	問9

問10	問11	問12
		およそ　倍

2

問1	問2	問3	問4	問5

問6	問7	問8	問9	問10

問11

3

問1	問2	問3	問4	問5
				→　→　→

問6	問7	問8	問9	問10	問11

4

問1	問2		
	X	Y	Z

問3	問4

問5	問6

5

問1	問2	問3	問4	問5

問6	問7	問8

（注）この解答用紙は実物を縮小してあります。Ｂ５→Ａ３（163%）に拡大コピーすると、ほぼ実物大の解答欄になります。

〔社　会〕50点（推定配点）

1～3　各１点×35＜3の問５は完答＞　4　問１　１点　問２　２点＜完答＞　問３～問６　各１点×４＜問３は完答＞　5　各１点×８＜問６は完答＞

２０２２年度　昌平中学校　Ｔクラス第１回

理科解答用紙

番号		氏名	

評点	／50

1

(1)	(2)	(3)	(4)
		時　分	km

(5)
度

2

(1)			
㋐	㋑	㋒	㋓

(2)	(3)	(4)	
		開花条件	と　・　と

3

(1)	
水　cm³	塩酸Ｂ　cm³

(2)

(3)	(4)
cm³	g

4

(1)	(2)	(3)	(4)
cm	cm		

(5)	(6)
	cm

（注）この解答用紙は実物を縮小してあります。Ｂ５→Ａ３（163%）に拡大コピーすると、ほぼ実物大の解答欄になります。

〔理　科〕50点（推定配点）

1　各２点×５　2　(1)～(3)　各２点×６　(4)　３点＜完答＞　3　各３点×４＜(1)，(2)は完答＞　4　(1)～(5)　各２点×５　(6)　３点

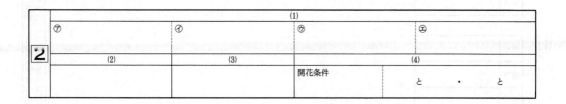

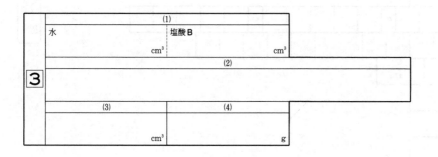

二〇二二年度　昌平中学校　Tクラス第一回

国語解答用紙

番号		氏名		評点	/100

（注）この解答用紙は実物を縮小してあります。B５→A３（163％）に拡大コピーすると、ほぼ実物大の解答欄になります。

一
問1　Ⅰ　Ⅱ　Ⅲ
問2
問3　問4
問5　問6
問7　問8
問9

二
問1
問2
問3
問4
問5　Ⅰ　A　B　C　Ⅱ
問6
問7
問8
問9

三
問1　問2
問3　問4　問5

四
問1　①　②　③　問2　①　②　③

五
①　②　③　④　⑤

六
①　②　③　④（た）　⑤（なる）
⑥　⑦　⑧　⑨（く）　⑩（かい）

〔国　語〕100点(推定配点)

一　問１　各２点×３　問２～問９　各３点×８　二　問１～問４　各３点×４　問５　各２点×４　問６　３点　問７　各２点×２　問８　３点　問９　各２点×２　三　各２点×５<問３は完答>　四　各１点×６　五　各２点×５　六　各１点×10

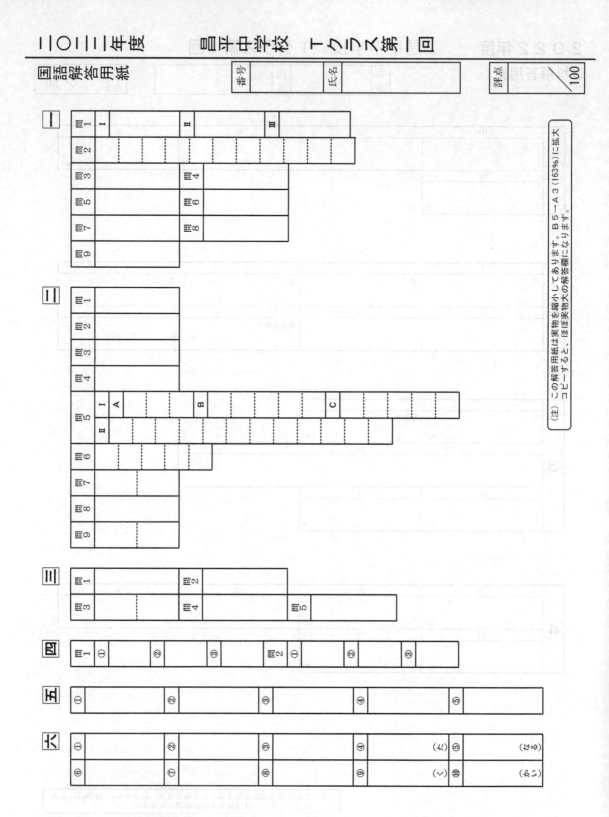